KB115414

명작 영화로
미국 역사를 읽다

Read American Histories through Famous Films

명작 영화로 미국 역사를 읽다

발행일   2022년 9월 29일

지은이   고지찬
펴낸이   손형국
펴낸곳   (주)북랩
편집인   선일영   편집   정두철, 배진용, 김현아, 장하영, 류휘석
디자인   이현수, 김민하, 김영주, 안유경, 신혜림   제작   박기성, 황동현, 구성우, 권태련
마케팅   김회란, 박진관
출판등록 2004. 12. 1(제2012-000051호)
주소   서울특별시 금천구 가산디지털 1로 168, 우림라이온스밸리 B동 B113~114호, C동 B101호
홈페이지 www.book.co.kr
전화번호 (02)2026-5777   팩스   (02)2026-5747

ISBN   979-11-6836-487-5   03900 (종이책)   979-11-6836-488-2   05900 (전자책)

팍스 아메리카의 빛과 어둠을
보여주는 **명작 30편**

명작 영화로
미국 역사를 읽다

고지찬 지음

Read American Histories through Famous Films

북랩

들어가는 말

이 책은 2년 전에 제가 펴낸 『명작 영화와 함께 읽는 역사와 인물』의 후편이라고 할 수 있습니다. 전편에서도 미국과 관련된 영화와 역사 얘기들이 여럿 실려 있습니다만 기회가 되면 본격적으로 미국사와 관련 영화들을 한 번 정리해 보겠다는 생각을 갖고 있다가 이번에 그 결실을 보게 되었습니다. 책의 편집방향은 전편과 마찬가지로 굵직굵직한 사건들과 주요 인물들을 시대순으로 배치하면서 이들을 가장 대표할 수 있는 영화들을 추려 소개하는 방식으로 진행했습니다. 순서는 전편과 마찬가지로 먼저 영화를 소개하고 관련 역사와 인물들을 살펴보도록 했습니다.

책은 맨 먼저 콜럼버스의 신대륙 발견으로 시작합니다. 이어서 서부개척사, 백인들의 흑인과 인디언들에 대한 박해, 남북전쟁, 베트남 전쟁 및 최근의 이라크 전쟁까지 오늘날의 미국을 이해하려면 빠질 수 없는 굵직굵직한 사건들을 살펴봅니다. 미국사에서 빠뜨릴 수 없는 미국의 독립전쟁과 조지 워싱턴, 남북전쟁과 에이브러햄 링컨, 알라모 전투,

프랭클린 루스벨트, 진주만 공습과 미드웨이 해전 등이 등장하는 태평양 전쟁, 패튼과 스티브 잡스 등에 관해서는 전편에 소개했기 때문에 이번 편에는 생략하였습니다. 이 책에서는 미국 역사를 상세하게 다루지는 않았습니다마는 책에서 소개하는 사건과 인물들만 알아두어도 미국을 이해하는 데 큰 도움이 될 것으로 사료됩니다.

전편 머리말에서도 언급했지만 우리가 역사적 배경을 모티브로 해서 만든 영화들을 감상할 때 그 이면의 역사나 인물들을 모르고 보면 대부분 수박 겉핥기식이 되기가 십상입니다. 반대로 영화의 배경을 알고 감상하시면 영화에 대한 이해는 물론 재미도 한층 배가됨을 느끼시게 됩니다. 이런 점에서 본 책에서 소개하는 역사와 인물들에 대해 읽고 관련 영화를 감상하시면 그 만족도는 훨씬 커지리라 믿습니다.

이 책은 영화와 역사에 관한 딱딱한 학술 서적은 결코 아닙니다. 이 책의 전편에 해당되는 『명작 영화와 함께 읽는 역사와 인물』을 펴낸 이후 많은 독자들로부터 이구동성으로 재미있다는 평이 답지했습니다. 마찬가지로 이 책도 독자 여러분들이 재미있게 읽으면서 술술 책장을 넘기시다가 무릎을 탁 치면서 "아! 그때 그런 일이 있었구나." 혹은 "그 인물의 실상은 이랬구나." 하고 감탄하는 모습을 내내 상상하면서 글을 썼습니다. 아무쪼록 재미있게 읽으시고 동시에 유익함도 얻을 수 있는 기회가 되기를 간절히 바랍니다.

책 내용 중 일부 오류가 있을지도 모르고 한편으로는 저자의 주관적인 시각에서 벗어나지 못한 서술이 있을 수도 있는 점 널리 양해 부탁드리며 향후 기회가 되면 보충하도록 하겠습니다. 마지막으로 맛깔스럽게 책을 편집해 주신 북랩 출판사 직원분들에게 감사의 말씀을 드립니다.

2022년 8월
광교산 기슭 우거寓居에서

고지찬

차례

1장

1492 콜럼버스

콜럼버스의 신대륙 발견과 생애

I. 영화 <1492 콜럼버스, 1492: The Conquest of Paradise>

이 영화가 개봉된 1992년은 크리스토퍼 콜럼버스Christopher Columbus가 아메리카 대륙을 발견한 지 꼭 500년이 되는 해였다. 당시 500주년을 기념하기 위해 유럽에서는 많은 이벤트가 기획되었고 이 이벤트 중 하나로 영국·미국·프랑스·스페인의 합작으로 이 영화가 만들어졌다. 이 영화가 프랑스에서 개봉된 날은 1992년 10월 12일이었는데 이 날은 콜럼버스가 항해를 시작한 지 두 달여 만에 서인도제도의 과나하니Guanahani 섬(이 섬은 콜럼버스가 '성스러운 구세주'라는 뜻으로 산살바도르San Salvado 섬이라고

명명했다)에 첫 발자국을 내디딘 바로 그날이었다.

극작가 로즈 보슈Rose Bosch는 대서양의 푸른 물결을 헤치고 인도로 가보겠다는 웅대한 꿈을 실현하려고 했던 몽상가이자 모험가였던 콜럼버스의 파란만장한 역정을 시나리오에 옮겼다. 그녀의 탁월한 시나리오에 공감한 프랑스의 제작자 알랭 골드맨Alain Goldman과 명감독 리들리 스콧Ridley Scott은 의기투합하여, 1980년 신대륙 발견 500주년을 겨냥해서 <1492: The Conquest of Paradise>라는 역사적인 대작을 만들겠다는 프로젝트를 발표했다.

이 영화는 단순히 콜럼버스의 항해와 신대륙 발견만을 묘사하는 것은 아니다. 꿈을 실현하기 위해 후원자를 찾기 위해 동분서주하는 모습, 그를 지원하는 사람들과 반대하는 사람들, 식민지 건설을 위하여 필사적으로 노력을 기울이나 결국 실패하면서 본국으로 소환되어 감옥에 수감되기도 하는 비참한 말년, 결국은 이사벨라 여왕의 호의로 마지막 항해를 떠나는 등 신대륙 발견과 관련한 콜럼버스 인생 역정이 고스란히 그려져 있다.

리들리 감독은 이 영화에서 콜럼버스의 인간적인 면을 묘사하면서 그의 복잡한 내면을 들여다보고 있다. 콜럼버스는 신항로 개척이라는 자신의 목적 달성을 위해 거짓말을 서슴없이 한다. 자신이 예측했던 시일 내에 목적지에 도달할 것이라고 큰소리를 뻥뻥 치고 다니지만 마음 한구석으로는 확신을 하고 있지 못하다. 이보다 훨씬 더 항해가 길어질지도 모른다고 두려워하고 있는 것이다. 또한 형제들과 말다툼을 벌이면서 자신의 고집스러움과 이기적인 모습을 가감 없이 드러내기도 한다.

　이 영화에서 가장 인상적인 씬 중의 하나는 콜럼버스가 신대륙을 발견하는 장면일 것이다. 자욱한 안개가 걷히면서 울창한 숲으로 가득 찬 초록빛의 해안이 서서히 펼쳐지는 장면은 장관이다. 이 장면은 영화 마지막 부분에도 다시 한 번 등장한다. 이 밖에 당시 중세 암흑기를 보여주는 종교 이단자들에 대한 끔찍한 화형 장면, 무어인들이 건설한 그라나다Granada의 웅장한 궁전의 위용, 또한 산타 마리아 호를 비롯한 3척의 범선이 미지의 바다를 향해 파도를 헤치고 나아가는 장쾌한 장면도 인상적이다. 이런 장면을 통해 할리우드에서 탁월한 비쥬얼리스트Visualist로 알아주는 리들리 감독의 솜씨가 곳곳에서 반짝이고 있다. 신대륙에서의 장면들은 영화 <쥬라기 공원> 시리즈의 촬영지로 유명한 코스타리카Costa Rica에서 촬영했는데 코스타리카는 콜럼버스가 4번째 항해 때 발견한 곳이기도 하다.

콜럼버스 역의 드빠르디유

　　　　주인공 콜럼버스 역을 맡은 제라르 드빠르디유Gerard Depardieu는 프랑스를 대표하는 최고 연기파 배우답게 화면을 카리스마로 꽉 채운다. 영화 제작 전, 리들리 감독은 드빠르디유가 반드시 콜럼버스 역을 맡아야 한다고 고집했다고 하며 드빠르디유 역시 이 역을 흔쾌히 받아들였다. 명배우 시고니 위버Sigourney Weaver가 스페인의 여걸 이사벨라Isabella 여왕을 맡아 콜럼버스에 대한 애증이 뒤섞인 복잡하면서도 섬세한 연기를 보여주고 있다.

영화 속 콜럼버스는 실제 콜럼버스와는 많이 다르게 그려져 있다. 그는 위대한 탐험가였지만 압제자이기도 했다. 그는 자신을 환대한 원주민들에게 문명과 기독교의 이름으로 여러 잔학행위를 저질렀다. 히스파뇰라Hispaniola 섬의 총독이 된 그는 금광 채굴에 징발됐던 원주민들이 반란을 일으키자 이를 무자비하게 진압했으며, 그 원주민들을 노예로 스페인에 보내기도 했다. 그러나 리들리 감독은 이와 같은 콜럼버스의 실제 모습과는 달리 원주민들을 박해하는 귀족들의 반대편에 서서 저항하는 호의적인 모습으로 그리고 있다.

음악은 그리스 출신의 세계적인 신디사이저* 음악의 거장 반젤리스Vangelis가 담당했다. 반젤리스는 15세기 당시의 스페인의 정서를 물씬 담은 풍부한 합창에 현대적인 요소를 가미하여 다이내믹한 사운드로 당시의 시대와 콜럼버스의 파란만장한 삶을 채색하고 있다.

영화 제작 후 리들리 스콧 감독은 인류의 달 착륙과 비교하면서 콜럼버스에 대하여 이렇게 소감을 피력했다.

"콜럼버스의 이야기는 NASA(미항공우주국)의 달 착륙에 비견될만한 사실이다. 그러나 NASA가 목표의 위치, 착륙까지의 거리나 시간을 알고 있었던 것과는 달리 콜럼버스는 자신이 도대체 어디에 당도하게

---

* 신디사이저synthesizer는 여러 주파수나 파형의 소리를 합성하여 새로운 소리를 만들 수 있는 전자악기를 말한다.

될는지조차 모르고 있었다. 그리고 결국에는 그가 발견한 지상의 낙원이 그에게 있어서는 지옥이 되어버리지만 그렇다고 해도 그는 당시 암흑의 시대에 빛나는 한 줄기 빛이었다. 그는 최초의 우주비행사라고 해도 좋을 모험가였다. 그의 비전은 NASA를 뛰어넘었다."

영화 마지막 장면에 다음과 같은 자막이 떠오른다.

"1992년 현재 콜럼버스의 후손 중 한 사람은 스페인의 해군 장성으로 근무하고 있다. 콜럼버스는 아들 페르난도Fernando와 함께 네 번째 항해를 떠났으며 파나마 지협에 당도하여 태평양으로 가는 길을 발견했다."

"인생이란 우리의 꿈 이상으로 기묘한 것이다."

ː 간략한 줄거리

영화는 콜럼버스가 아들에게 "지구는 둥글다."라고 말하면서 시작된다. 이윽고 스페인의 이사벨라Isabela 여왕의 후원으로 산타 마리아Santa Maria 호를 위시한 3척의 배가 서쪽으로 항해하는 것으로 이어진다. 미지의 세계에 대한 두려움과 예상보다 길어진 항해에 대한 선원들의 불만으로 분위기는 점차 험악해진다. 콜럼버스는 거짓으로 써놓은 항해일지를 내보이고 조금만 참으면 인도가 나타날 것이라고 감언이설을 늘어놓으면서 간신히 선원들의 불만을 잠재운다. 이윽고 2개월여 동안의 항해 끝에 마침내 카리브제도의 섬 과나하니에 닻을 내린다. 그는 신세계를 발견했지만 죽을 때까지 그곳을 인도의 한 지역으로 생각한다. 그곳에서 그는 신개척지를 위한 교두보를 마련한 다음 그야말로 금의환향하면서 후원자인 여왕을 비롯한 본국인들의 열광적인 환대를 받는다.

이어서 콜럼버스는 이전보다 더 커진 대규모 선단을 조직하여 2차 항해를 떠나 뒤에 두고 온 교두보에 도착하지만 있어야 할 선발대는 보이질 않는다. 그들은 포악한 행동을 일삼다가 원주민들에 의해 모두 학살당한 후였다. 콜럼버스는 신세계 개척에 매진하는 한편 금을 찾으러 동분서주한다. 그러나 기대하던 다량의 황금은 발견되지 않는다. 약간의 사금만 발견했을 뿐이다. 기대에 부풀었다가 실망에 빠진 일부 불만스러운 귀족들과 쥐꼬리만큼 나오는 사금 채취 과정에서 원주민들과의 갈등이 벌어진다. 이어서 무자비한 살육전이 벌어지면서 개척지는 쑥밭이 된다. 바다 너머에서 이 소식을 전해 들은 여왕은 콜럼버스를 쇠사슬에 묶어 소환하고 본국의 카스티유Castile 감옥에 쳐넣는다. 감옥에서 나온 콜럼버스는 애원 끝에 여왕의 마지막 호의好意 속에서 아들과 마지막 항해를 떠난다.

II. 콜럼버스의 신대륙 발견과 생애

크리스토퍼 콜럼버스Christopher Columbus는 1451년 제노바에서 직물공의 아들로 태어나 일찍부터 바다로 나갔다. 해양 도시국가인 제노바에서는 많은 젊은이들이 선원의 길을 택하는 것이 일반적이었다. 20대 중반 조그만 상선을 지휘하게 된 콜럼버스는 포르투갈 인근 해역에서 전투를 벌이다가 간신히 살아남아 리스본으로 오게 된다. 이후 수차례의 항해를 통해 항해술을 익히면서 한편으로는 동생인 바르톨로메오 Bartholomew와 지도 제작 일을 하고 있었다. 그는 지구는 둥글다는 인식을 갖고 있는 천문학자인 파올로 토스카넬리*의 저서를 반복해서 읽었고 마르코 폴로**의『동방견문록』도 읽으면서 동양에 대한 꿈을 키워갔

다. 당시 일부 항해 전문가들에게는 지구가 둥글다는 것이 받아들여지고 있기도 했다. 지구 구형론을 굳게 믿고 있던 콜럼버스는 서쪽으로 가기만 하면 반드시 향신료와 금이 무진장 있다고 여겨지는 인도에 도달할 수 있다고 확신하고 있었다. 이후 10여 년간 콜럼버스는 영국·프랑스 등 유럽 왕실을 찾아다니며 후원자를 구했다. 그러나 그의 계획이 너무 황당하다

크리스토퍼 콜럼버스

고 해서 어느 누구도 거들떠보지 않았다.

　　1483년 그는 포르투갈의 국왕 주앙John 2세에게 자기의 모험적인 계획을 제안했다. 포르투갈의 경우에도 그에게 실망감만 안겨주었다.

---

* 파올로 토스카넬리(Paolo Toscanelli, 1397~1482)는 이탈리아의 수학자 겸 천문학자였다. 그는 당시 평평하다고 여겨지는 지구가 둥글다는 것을 주장하였고, 유럽 서쪽으로 항해하는 계획을 만들었다. 콜럼버스는 토스카넬리와 서신을 주고받으면서 인도로 향한 그의 꿈을 굳혀나갔다.

** 마르코 폴로(Marco Polo, 1254~1324)는 베네치아 상인 출신이었다. 그는 동방여행을 떠나 중국 각지를 여행 다니기도 하면서 원나라에서 17년 동안 관직을 역임했다. 이후 본국으로 돌아와 작가인 루스티켈로 Rustichello에게 동방에서 경험한 것을 필록筆錄시켜 유명한 <동방견문록>을 낳았다.

특히 같은 업종에 종사하는 조선업자·항해사·선장들의 증언이 그에게 결정적으로 불리했다. 일부는 지구 구형설을 믿기도 했지만 많은 이들이 두려워했던 것은 대서양 자체가 수수께끼였다는 것이었다. 도대체 대서양의 넓이가 어느 정도가 되며 그 너머에는 무엇이 있을까에 대한 공포였다. 끝에 가면 나타난다는 한없이 깊은 낭떠러지에서 떨어지면 무시무시한 지옥이 입을 벌리고 있을지 누가 알겠는가? 이 밖에 콜럼버스의 요구조건이 지나쳤던 것도 문제였다. 그의 요구사항은 새로운 땅에서 나오는 황금과 보석의 10% 및 그 지역의 총독 자리를 평생 보장할 것 등이었다. 더구나 당시 포르투갈은 아프리카 식민지 확보와 인도항로의 개척에 열중하고 있어 이래저래 콜럼버스의 제안은 씨도 안 먹혔다.

1485년 포르투갈에서 퇴짜를 맞아 기분을 잡친 그는 이웃 나라 스페인을 기웃거렸다. 당시 스페인은 아라곤Aragon의 페르난도Fernando 2세와 여걸 카스티야Castilla의 이사벨라 여왕이 결혼을 하면서 강력한 왕국이 탄생되었다. 콜럼버스는 여왕의 궁전을 4년 동안이나 들락거리면서 자기의 계획을 설파하고 다녔으나 이곳에서도 별로 관심을 안 보였다. 특히 살라망카Salamanca 대학 교수들이 반대했다. 포르투갈과 마찬가지로 교수들은 콜럼버스가 대양의 넓이를 과소평가한다고 지적했는데 그것은 타당한 지적이기도 했다. 이들은 콜럼버스의 계획을 도저히 실현 불가능한 모험가의 공상 정도로 치부했다. 한편 여왕은 슬며

시 관심은 갖고 있었으나 남편인 페르난도 왕과 함께 한창 레콩키스타*를 목표로 이슬람과의 전쟁에 여념이 없을 때였다. 이런 연유로 왕 부처는 오랫동안 확답을 주지 않고 차일피일 대답을 미루고 있었다. 그러다가 1492년 이슬람 세력의 최후 거점인 안달루시아Andalucía의 그라나다Granada를 점령하자 그제서야 이사벨라 여왕은 콜럼버스의 계획을 기억해냈다. 여왕은 모험을 하기로 결심했다.

국토수복 전쟁 중에도 여왕은 이웃 나라 포르투갈이 항해왕자 엔리케**가 앞장서서 서아프리카지역을 개척하면서 막대한 이득을 챙기기 시작하는 것을 곁눈질로 잘 알고 있었다. 여왕은 콜럼버스에 의한 신항로 개척이 가능하다면 왕국의 미래에 큰 도움이 될 것으로 생각했다. 이 때문에 콜럼버스의 계획이 터무니없다는 살라망카 대학의 학자층을 비롯한 귀족들의 강력한 반대를 물리치고 지원에 나선 것이다. 우여곡절 끝에 여왕의 후원이 이루어졌다. 드디어 1492년 8월 3일, 콜럼버스가 이끄는 산타 마리아Santa Maria 호를 선두로 해서 핀타Pinta 호, 니나Nina 호 이 세 척의 범선들이 여든여덟 명의 선원들을 싣고 세비야Sevilla 과달키비르Guadalquivir 강 입구의 팔로스Palos 항을 떠나 서쪽으로 역사적인 대항해를 시작했다.

콜럼버스는 팔로스 항을 떠날 때 3주일만 지나면 인도에 도착할

---

* 레콩키스타Reconquista는 711~1492년까지 780년 동안 스페인의 기독교도들이 이슬람교도에 대하여 벌인 국토수복운동을 말한다.

** 엔리케(Henrique, 1334~1460)는 포르투갈의 주앙 1세의 셋째 아들로서 포르투갈을 최초의 해양 대국으로 이끌었으며 해양 탐험 사상 가장 위대한 선구자로 꼽힌다.

수 있다고 선원들에게 큰소리를 쳤다. 그러나 항해를 시작한 지 두 달이 넘어가도록 수평선에는 육지라고는 코빼기도 보이지 않았다. 길고 긴 항해에 점점 불안해진 선원들은 콜럼버스의 명령을 듣지 않으려 했고 아예 돌아가자고 떼를 쓰기 시작했다. 콜럼버스는 그동안의 실제 항해거리를 숨기고 기재한 항해일지를 보여주면서 곧 있으면 황금이 쏟아지는 인도가 나타날 거라고 감언이설을 늘어놓았다. 사흘만 더 기다려보자고 하면서 콜럼버스는 간신히 위기를 넘겼다. 그러나 사흘이 지나도 육지는 여전히 안 보였고 선원들의 분위기가 점점 더 살벌해져 갔다. 폭동의 낌새가 나타나기 시작했다.

10월 11일, 바다 위에 나뭇가지·갈대·풀잎 등이 떠다녔고 날아다니는 새들이 보이면서 점차 안정감을 찾은 콜럼버스는 가장 먼저 육지를 발견한 자에게 여왕이 약속한 1만 마라베디의 돈과 명주옷을 주겠노라고 공표했다. 이튿날, 팔로스 항구를 떠나온 지 70일이 되는 10월 12일, 핀타 호의 선원 로드리고Rodrigo가 다른 두 척의 배를 향해 "육지다! 육지다!"라고 외쳤다. 반란 직전에 마침내 육지를 발견한 것이다. 콜럼버스는 가슴을 쓸어내렸다. 그러나 로드리고는 한 푼도 받지 못했다. 콜럼버스가 꿀꺽했던 것이다. 전날 밤 자기가 이미 달빛에 반짝이는 백사장을 발견했다고 우긴 것이다.

그들이 발견한 육지는 과나하니라고 불리는 바하마 제도의 한 섬이었다. 콜럼버스는 중무장한 경호원들과 함께 보무당당하게 육지에 상륙해서 스페인 국왕의 깃발을 꽂고 그 섬을 산살바도르San Salvador라고

산살바도르에 상륙한 콜럼버스

명명했다. 모든 선원이 "신에게 영광 있어라." 하며 성가를 불러댔다. 콜럼버스 일행이 처음 맞닥뜨린 원주민은 아라와크Arawak 족이었다. 콜럼버스는 처음 만난 아라와크 족에 대해서 항해

일지에 다음과 같이 기록했다. "그들은 먹을거리·앵무새·솜뭉치·창 등을 가져와서 우리의 유리구슬이나 방울과 바꾸었다. 그들은 체격이 건장했고 용모도 수려한 편이었다. 내가 보기에 그들을 쉽게 기독교인으로 개종시킬 수 있을 것 같았다…."

이후 몇 주일 동안 본격적으로 황금을 찾아 나선 콜럼버스는 쿠바와 히스파뇰라* 섬을 발견했다. 그는 이 섬들을 인도라고 철석같이 믿었기 때문에 이후부터 이 카리브 해의 여러 섬들을 서인도제도라고 부르기 시작했다. 그리고 그곳에 사는 원주민들인 아라와크 족을 왕실에 제출할 보고서에 인디언이라고 기록했다. 스페인인들은 이후 이들을 인디오라고 불렀다. 콜럼버스는 히스파뇰라 섬에 나비다드Navidad(크리스마스 이브라는 뜻)라는 요새를 세웠는데 이는 유럽인들이 아메리카에 세운

* 히스파뇰라Hispagnola 섬에는 오늘날 오른편에 도미니카와 왼편에 아이티 공화국이 위치하고 있다. 왼편에 쿠바가 있고 오른편에는 푸에르토리코가 위치하고 있다.

최초의 근거지가 된다. 콜럼버스는 기어코 황금을 찾는데 허탕을 쳤으나 후일을 기약하면서 일단 귀국하기로 했다. 그는 자신의 업적을 증명하기 위해 몇 명의 원주민을 싣고 가기로 했다. 기함이었던 산타마리아호가 히스파뇰라 섬 앞바다에서 폭풍으로 침몰하는 바람에 핀타 호와 니나 호만 출발하기로 했다. 출발에 앞서 나비다드 요새에 40명의 지원자와 무기·화약·식량 등을 남겨두었다.

1493년 1월 16일 콜럼버스는 귀국길에 올라 약 2개월 후 3월 14일, 팔로스 항에 무사히 도착했다. 긴가민가했던 이사벨라 여왕과 페르난도 왕은 콜럼버스의 귀환에 깜짝 놀라면서 이들을 열광적으로 맞아주었다. 콜럼버스는 국왕 부처에게 몇 명의 원주민인 인디오들과 앵무새·창 그밖에 몇 가지 이국적인 물건을 내놓았다. 금덩어리와 향료가 없어 다소 실망스럽기는 했다. 하지만 국왕 부처를 비롯하여 많은 사람들은 서인도를 발견한 대탐험가인 콜럼버스의 애기에 너도나도 정신없이 귀를 종긋하면서 빠져들었다. 국왕 부처는 이제 인도로 가는 뱃길이 발견된 이상 황금과 향료는 따 논 당상이라는 그의 말을 믿어 의심치 않았다. 그는 대양大洋 제독과 인도 부왕副王으로 임명되는 등 그의 위세는 하늘을 찔렀고 이때가 그의 생애의 최고의 절정기였다.

그해 1493년 9월 25일, 국왕 부처의 성대한 환성을 받으며 의기양양해진 콜럼버스는 두 번째 항해 길에 올랐다. 이번에는 1,500여 명의 선원과 17척이라는 대 선단이 꾸려졌다. 그들은 황금의 발견은 물론 서인도라는 새로운 식민지를 개척하기 위하여 말과 훈련받은 개, 그리고

20명의 농장 경영자도 함께 떠났다. 그러나 이들이 히스파뇰라 섬에 도착하자마자 기다리는 것은 실망뿐이었다. 나비다드 요새는 불타서 잔해만 남아 있었고 남기고 온 지원자들은 갖은 약탈을 일삼고 여자들을 강간하는 등의 못된 짓을 자행하다가 원주민들에게 학살당한 후였다.

이후 콜럼버스는 서인도제도의 여러 섬들과 자메이카를 발견했지만 황금이 쏟아져 나오는 땅은 없었다. 황금으로 거부가 될 것이라고 꿈을 꾸고 따라왔던 귀족들과 그 졸개들의 실망감은 이만저만이 아니었다. 분위기가 점차 험악해져 갔지만 정작 콜럼버스는 이들을 제대로 통솔을 못 했다. 훌륭한 항해사이자 모험가이기는 했지만 콜럼버스는 지도자로서의 능력은 형편없었다. 그의 변변치 않은 리더십은 앞으로 두고두고 속을 썩일 터였다. 그는 황금을 계속 본국으로 보내기는커녕 오히려 본국으로부터 원조를 구걸해야 할 처지에 놓였다.

한편 스페인 궁정에서는 그에 대한 좋지 않은 소문이 계속 들려오면서 그의 통치 능력에 의문을 제기하기 시작했다. 그의 위신은 점차 떨어졌다. 하여튼 이런 저런 일들을 무마하기 위해 콜럼버스는 귀국하기로 결심했다. 그래서 어떻게 하든 배를 황금으로 채우겠다는 약속을 악착같이 이행해야만 했다. 마침 히스파뇰라 섬 하천에서 사금이 발견됐다. 콜럼버스는 인디언들에게 황금을 캐서 가져오라고 엄명을 내렸다. 황금을 캐오지 못한 인디언들은 손을 잘린 채 피를 흘리며 죽어갔다. 금이라고는 개울가의 사금 몇 줌이 고작이었다.

인디언들에게는 끔찍한 일이었다. 그들은 도망쳤으나 스페인인들은 사냥개들을 풀어 그들을 잡아 목매달아 죽이거나 불에 태워 죽였다. 스페인인들이 황금 탐사를 시작할 당시 히스파뇰라에는 약 25만 명의 원주민이 있었으나 2년 후에는 절반으로, 1550년경에는 5만 명으로 절단이 나면서 오늘날에는 씨가 말라버렸다. 인디언들에게 치명적인 재앙은 스페인인들이 가지고 온 질병이었다. 면역력이 전혀 없던 그들은 픽픽 쓰러져 갔다. 지금의 주민들은 아프리카에서 끌려온 흑인들의 후예이다. 싣고 갈 금을 찾지 못하자 콜럼버스는 대신 노예라도 싣고 가려고 500명의 인디언들을 잡아서 실었지만 그중 200명은 항해 중에 죽고 나머지는 귀국해서 경매시장에서 내다 팔았다. 여하튼 1496년 3월 10일, 털레털레 빈손으로 돌아온 콜럼버스에게 궁정 사람들의 시선은 싸늘하기만 했다. 세상인심은 원래 그런 법이다. 그러나 의지의 사나이 콜럼버스는 온갖 질시를 무릅쓰고 왕궁으로부터 세 번째 항해를 위한 승인을 얻어내자 그를 비난하는 사람들을 놀라게 했다.

그러나 1498년 5월 30일이 되어서야 겨우 6척의 선단을 꾸려서 떠날 수 있었다. 평판이 떨어진 그에게 선원들이 모여들 리 없었다. 부족한 선원은 질이 떨어지는 사면된 죄수들로 그럭저럭 보충했다. 이번에는 남쪽으로 행선지를 바꿔 오늘날의 베네수엘라 해안에 닿았고 이때 트리니다드Trinidad라는 섬을 발견하기도 했다. 그러나 그곳에서도 황금이 쏟아져 나오지 않았다. 그는 극도의 허탈감과 실망감을 안고 히스파뇰라 섬으로 돌아왔다. 그곳에는 이미 반란이 일어나고 있었다. 간신히 반란을 진압했지만 이후 지도자로서의 형편없는 자질이 다시 한 번

본국에 전해졌다. 여왕은 1506년 심복인 프란시스코 보바디야Francisco Bobadilla를 총독으로 임명해서 콜럼버스를 쇠사슬에 묶어 선창 바닥에 강금해서 본국으로 소환했다.

그는 훗날 그 쇠사슬을 자기 방 벽에다 걸어놓고 보면서 스페인의 배은망덕에 치를 떨었다. 스페인으로 잡혀 돌아온 그는 모든 직책을 박탈당하는 등 수모를 겪었으나 다시 한 번 불굴의 의지로 배 4척과 150명의 선원을 지원받아 열네 살 된 아들과 네 번째 항해에 나섰다. 바로 그때 포르투갈의 바스코 다가마*는 아프리카의 남단 끝인 희망봉을 돌아 인도로 가는 해로를 발견했다. 이번에는 콜럼버스는 쿠바 남쪽을 빠져나가 코스타리카·니콰라과·온두라스·파나마 등을 발견했을 뿐이었다. 다시 한 번 실망 끝에 자메이카로 돌아온 그는 관절염으로 1년쯤 고생하다가 풀이 팍 죽은 채로 의기소침해서 본국으로 귀환했다.

그 사이 그의 후원자였던 이사벨라 여왕은 죽었고 그녀의 남편인 페르난도는 콜럼버스에게 이제 그만 쉬라면서 은퇴를 종용했다. 콜럼버스는 병들고 경제적으로도 파산했고 모두에게 잊혀진 채 말년을 비참하게 보냈다. 그는 유서에서 "자비·진리·정의를 사랑하는 자들은 나를 위해 눈물을 흘려줄 것이다."라고 했다. 1506년 5월 20일 세비야 인근의 바야돌리도Valladolid에서 사망했고 세비야 수도원에 안치됐다. 한이 맺힌 콜럼버스는 죽을 때 "스페인 땅을 다시는 밟지 않게 해 달라."라고

---

* 바스코 다가마(Vasco da Gama, 1469~1524)는 포르투갈의 항해자였다. 국왕 마누엘 1세의 후원으로 70년에 걸쳐서 인도항로 발견이라는 대사업을 성취했다. 코친·카나놀 등에 상관을 설치하여 인도무역 독점의 기초를 다졌다. 말년에는 국왕의 인도정책 고문을 지냈다.

유언했다. 그래서 며느리 마리아 톨레도María Toledo는 1524년 그의 유해를 콜럼버스의 아들이자 남편인 디아고Diago의 유해와 함께 최초 식민지였던 도미니카Dominica 공화국의 산토도밍고Santo Domingo 성당에 안치했다.

이후 스페인은 프랑스와의 전쟁에서 패하자 그의 유해를 쿠바의 아바나Habana로 옮겼다가 1898년 다시 또 미국과의 전쟁에서 패하면서 세비야의 대성당에 안치되어 오늘날에 이르고 있다. 그의 관은 15세기 스페인을 대표하는 카스티야·나바라·레온·아라곤의 왕 4명이 상여꾼이 되어 들고 있는 모양새이다. 이는 콜럼버스가 스페인 땅을 다시는 밟지 않게 해달라라는 유언 때문에 바닥에 내려놓지 않고 공중에 붕 떠 있

4명의 왕이 메고 있는 콜럼버스 관

는 모습으로 되어 있는 것이다. 스페인이 이러한 무리수까지 두면서 그의 시신을 모시고 있는 이유는 비록 그의 행적에 대한 여러 논란과 비판에도 불구하고, 결과적으로 그가 스페인의 황금기를 일으킨 장본인이었기 때문일 것이다.

콜럼버스는 신대륙 발견이라는 역사적인 대위업을 달성했으나 정작 자신이 발견한 대륙에는 자신의 이름을 붙이지 못했다. 그랬더라면 지금은 아메리카 대륙이 아니라 콜럼버스 대륙이라고 불리고 있을 것이다. 그 영광은 피렌체의 상인 아메리고 베스푸치*에게 돌아갔다. 그는 포르투갈 탐사선의 승객으로 신대륙을 탐험하면서 이 지역들에 대해 생생한 기술을 남겨 놓았다. 그는 '신세계'라는 제목의 보고서를 통해 그곳이 신대륙이라는 사실을 밝혔다. 그때까지 콜럼버스가 인도를 발견한 것으로 알고 있었던 유럽인들은 깜짝 놀랐다. 아메리고의 글은 지리학 교수인 마르틴 발트제뮐러Martin Waldseemüller의 <세계 지리 입문>에 전재되었다. 이때 그의 이름을 따서 신대륙을 아메리카로 부르면서 오늘날 신대륙은 아메리카란 이름으로 불리게 되었다.

오늘날 콜럼버스에 대한 역사적인 평가는 극과 극으로 엇갈리고 있다. 달걀을 거꾸로 세우는 창의성과 누구도 감히 생각지 못했던 서쪽으로의 항해 등을 시도한 모험가, 불굴의 용기와 의지를 가지고 신대륙을 발견한 절세의 항해가로서 콜럼버스는 오랫동안 유럽인들에게 추앙을 받아 왔다. 그의 이름은 남미의 콜럼비아, 캐나다의 브리티시 콜럼비아, 미국의 수도 워싱턴 D.C.(District of Columbia)와 같은 지명으로 남았고 이 밖에도 여러 도시의 명칭들로 남아있다. 오랫동안 서양의 역사책들은 피비린내 나는 콜럼버스의 인디언들에 대한 잔혹사는 싹 빼고

---

* 아메리고 베스푸치(Amerigo Vespucci, 1454~ 1512)는 이탈리아 피렌체에서 태어났다. 메디치 가문의 상사원으로 스페인 세비야에 파견되었다. 그곳 베라르디 상관에 들어가서 네 번 신대륙을 항해했다.

그의 영웅적인 모험담만 들려주면서 미화해왔다.

한편 잔인한 정복자, 무능한 식민지 경영인이라는 부정적인 측면이 점차 밝혀지기 시작했다. 사람들은 성직자 바르톨로메 데 라스 카사스*의 책에 의해 콜럼버스가 히스파뇰라 섬에서 원주민들을 얼마나 잔인하게 취급하였는지를 알 수 있게 되었다. 그의 책에 의하면 '…남자들은 광산에서 금을 캐다가 죽어갔고 여자들은 뼈 빠지게 일하다가 죽어갔으며 아이들은 먹을 젖이 없어 죽어갔다. 나는 이처럼 인간성이라고는 찾아볼 수 없는 끔찍한 행위를 생각하면 지금도 몸서리가 쳐진다…'라고 기록되어 있다. 미국에서는 콜럼버스 기념일이 있으나 원주민들과 소수민족들의 거센 반발에 부딪혀 기념행사조차 제대로 열리지 못하고 있다. 흔히 콜럼버스가 아메리카 대륙의 발견자로 알려져있지만, 아메리카에는 원주민들이 이미 존재했으므로 "아메리카를 발견했다는 얘기는 서양인들 입장에서의 시각일 뿐이다."라고 폄훼하는 사람들도 많다.

---

* 바르톨로메 데 라스 카사스(Bartolome de Las Casas, 1474~1566)는 스페인의 성직자이자 역사가로 아메리카대륙 최초의 선교사로 신대륙으로 건너갔다. 산토도밍고·쿠바·멕시코 등지에서 선교활동을 했다.

2장

라스트 모히칸

프렌치-인디언 전쟁

I. 영화 <라스트 모히칸, The Last of the Mohicans>

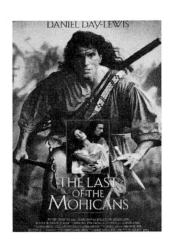

　　이 영화는 18세기 중엽 북아메리카대륙 쟁탈을 위한 영국과 프랑스 간의 전쟁인 프렌치-인디언 전쟁(1755-1763)을 그 배경으로 한다. 이 영화의 원작인 『모히칸족의 최후The Last of The Mohicans』는 미국 작가 제임스 페니모어 쿠퍼James Fenimore Cooper가 쓴 소설이다. 작가 쿠퍼는 병석에 누워 있는 아내에게 영국 소설을 읽어주다가, 이렇게 재미없는 소설들보다는 차라리 자신이 직접 쓰는 것이 더 낫겠다는 생각이 들어 이 책을 쓰기 시작하면서 소설가가 된 특이한 이력의 사람이다.

<라스트 모히칸>은 18세기 중반 프랑스와 영국이 북미 대륙에서 땅 따먹기 쟁탈전이 한창 벌어지고 있을 때 인디언 손에 자란 백인 용사 나다니엘(다니엘 데이 루이스Daniel Day Lewis 분)의 사랑과 투쟁을 그린 영화이다. 우리가 어린 시절에 한번쯤은 읽거나 들어보았던 명작『모히칸족의 최후』를 원작으로 해서 만든 스펙터클 대작이다. 원작에서는 영화에서 악당으로 나오는 인디언 모구아(웨스 스투디Wes Studi 분)와 백인 처녀 코라(매들린 스토우Madeleine Stowe 분)와의 사랑과 비극을 그렸다. 그러나 영화에서는 백인 나다니엘이 주인공으로 나오면서 코라와 사랑을 하는 것으로 그려져 원작을 훼손하였다는 비판의 소리도 있었다. 그러나 비평가들로부터 장대한 스케일, 주인공의 카리스마 넘치는 남성미, 그리고 전편에 걸쳐 물씬 풍기는 낭만주의적 분위기 등으로 대단한 호평을 받았다.

특히 영화 전반에 걸쳐 등장하는 구불구불 펼쳐지는 웅대한 산맥과 울창한 숲 장면은 미국 초기 식민지 시대를 그대로 표현했다는 찬사를 받았다. 또한 영화 내내 흘러나오는 트레버 존스Trevor Jones와 랜디 에델만Randy Edelman의 장엄한 음악도 영화의 분위기를 살리는 데 큰 기여를 했다. 세 번의 아카데미 남우주연상(나의 왼발·데어 윌 비 블러드·링컨)에 빛나는 명배우 다니엘 데이 루이스가 영화에서는 백인으로 나오지만 진짜 인디언 같은 야성적인 면모를 보여주었다. 자신을 위하여 무참하게 희생된 인디언 웅카스를 생각하며 장렬하게 절벽에 몸을 던지는 여주인공 코라의 동생 앨리스의 모습은 많은 관객들의 눈시울을 뜨

겁게 적시기도 했다.

나다니엘과 코라

남성 취향의 영화인데도 불구하고 <라스트 모히칸>은 오히려 여성 팬들에게 더 인기를 모았다. 이는 영화 속에서 주인공 나다니엘이 사랑하는 여인을 구하기 위하여 온몸을 던지는 치명적인 매력을 보여주었기 때문이었을 것이다. "살아만 있어요. 어디든 찾아갈 테니." 어쩔 수 없이 연인을 버려두고 일시적으로 몸을 피해야 하는 나다니엘의 이 절규는 여성 관객들의 마음을 절절히 적셔주고 있다. 마이클 만 감독은 인터뷰에서 1946년에 이미 제작된 조지 사이츠George Seitz 감독의 동명의 영화를 바탕으로 이 영화를 만들었다고 밝혔다.

: 간략한 줄거리

휴런Huron 족의 마구아는 영국군 먼로 대령에 의해 가족을 잃어 그에 대한 복수심으로 절치부심하고 있다. 대령의 딸 코라를 짝사랑하는 덩컨 소령은 먼로 자매를 대령이 있는 헨리 요새로 데려가는 동안에 마구아의 습격에 부닥친다. 이때 모히칸 족인 칭가치국과 그의 두 아들인 나다니엘, 웅카스가 이들을 구해주고 요새까지 동행한다. 나다니엘과 코라는 사랑에 빠지며 먼로는 프랑스군에 패하면서 헨리 요새를 내어준다. 몽캄Montcalm이 이끄는 프랑스군은 영국군을 풀어주나 먼로 가족에 대한 복수에 이를 갈고 있는 마구아는 돌아가는 영국군을 습격한다. 먼로 대령은 마구아에 의해 목숨을 잃고, 코라 자매와 덩컨, 칭가치국과 두 아들은 카누를 타고 도망친다. 하지만 마구아의 집요한 추적 끝에 붙잡힐 위기에 처한다. 나다니엘은 코라에게 반드시 구하러 갈 테니 기다려달라고 말하며 칭가치국·웅카스와 함께 떠난다. 코라·앨리스·덩컨은 마구아에게 붙잡혀서 휴런 부족의 마을로 끌려간다.

프랑스 편인 휴런 족 추장은 마구아의 요청에 의해 덩컨 일행을 모두 화형에 처할 것을 지시한다. 이때 나타난 나다니엘의 호소에 설득되어 코라는 화형에 처하도록 하고, 앨리스는 마구아에게 주며, 덩컨은 풀어줄 것을 지시한다. 나다니엘은 코라 대신 자신을 죽이라고 외치지만, 프랑스어를 통역하던 덩컨이 나서서 코라 대신 화형에 처해진다. 마구아에게 끌려가던 앨리스를 구하기 위해 웅카스가 뛰쳐나가 싸우다가 마구아의 손에 목숨을 잃는다. 이를 보던 엘리스는 절벽 아래로 몸을 던진다. 아들을 잃은 칭가치국은 마구아를 죽이고, 저녁 햇살 속에 살아남은 칭가치국·나다니엘·코라의 모습을 보여주며 영화가 끝난다.

II. 프렌치-인디언 전쟁

프렌치-인디언 전쟁은 유럽에서 국가들 간에 7년 전쟁이 일어나고 있을 때, 북미 대륙에서 오하이오 강 주변의 인디언 영토를 둘러싸고 영국과 프랑스 간에 벌어졌던 식민지 쟁탈 전쟁이다. 영국 측에서 볼 때 프랑스가 인디언과 동맹을 맺었기 때문에 '프렌치-인디언 전쟁'이라고 불렀다. 당시 북아메리카는 4대 세력(스페인, 프랑스, 영국, 인디언)이 할거하는 모양을 취하고 있었다. 스페인은 텍사스와 뉴멕시코 등 지금 미국의 남서부와 플로리다를 차지하고 있었고, 그 북쪽으로는 캐나다를 보유한 프랑스가 13개 식민주를 가진 영국과 맞서고 있었다. 그 밖의 지역에는 여러 인디언 부족들이 할거하고 있었다. 이들 인디언 부족들 중에는 이로쿼이Iroquois 연맹의 세력이 가장 강대했다. 모호크Mohawk·세네카Seneca·카유가Cayuga·오논다가Onondaga·오네이다Oneida·투스카로라Tuscarora 6개 부족이 연합한 이들은 허드슨 만에서 미시시피 강까지 프랑스령을 종단하는 지역에서 만만치 않은 힘을 과시하고 있었다. 이로쿼이어를 사용해서 이들을 이로쿼이 연맹이라 지칭한다.

인디언과 식민지군의 전투 상상도

프렌치-인디언 전쟁은 1749년, 이로쿼이 연맹과 영국이 힘을 합칠까봐 두려워한 프랑스 측에서 오하이오 계곡에 뒤켄Duquesne 요새를 구축하면서 촉발되었다. 선전포고는 없었어도 전쟁은 이미 시작되고 있었다. 전쟁 초기에는 프랑스가 우세했다. 본토에서

온 정규군이 아니라 식민지에서 모집한 영국군에 비해 프랑스군은 수는 적어도(총 인구수로 볼 때 프랑스 식민지 인구는 영국 식민지의 15분의 1도 되지 않았다) 정예병이었으며, 이로쿼이 연맹(그들도 일단 영국 편에 서기는 했으되, 프랑스와 정면 대결은 되도록 피했다)을 제외한 거의 모든 인디언들이 프랑스 편에 붙었기 때문이다. 그렇게 인디언들이 반영反英, 친프랑스의 입장을 보인 것은 프랑스인들이 영국인들보다 인디언의 문화를 관용하고 수용했으며, 영국인들의 토지 욕심이 프랑스인들보다 더 그악스러웠기 때문이었다.

싸움이 시작되자 프랑스군의 연전연승이 이어졌다. 최초의 대규모 충돌은 1755년 6월 두켄 요새(오늘날의 피츠버그) 부근에서 벌어졌다. 브래덕Braddock 장군이 이끄는 영국군은 초반에는 자신만만하게 진격하고 있었다. 브래덕은 거만하기가 이를 데 없었다. 그는 "이대로 가면 나이아가라까지 진격하는 데 아무런 문제가 없을 것이다."라고 큰소리를 탕탕 쳤다. 떠나기 전, 미국 식민지의 민병대를 대표하고 있는 벤자민 프랭클린*이 인디언 복병을 주의하라고 충고했는데 들은 체도 안 했다.

그는 "당신네 식민지 민병대는 조심해야겠지만 우리 국왕의 정예병들에게는 하나도 위협이 되지 않소."라고 허풍을 떨었다. 브래덕은 기세등등하게 서쪽으로 나아가고 있었다. 그러나 프랑스·원주민 연합군이 숲속에 숨어 있다가 브래덕군을 대패시켰다. 프랭클린의 걱정이 적

---

* 벤자민 프랭클린(Benjamin Franklin, 1706~1790)은 미국의 정치인이며 미국 건국의 아버지들 중 한 명이다. 인쇄공으로 시작해 외교관·과학자·발명가·언론인·사회 활동가·정치 철학자·사업가·독립운동가 등 온갖 직업들을 다 겸해, 보잘것없는 집안에 태어나 자수성가하면서 미국인의 전형으로 불리고 있다.

중한 것이다. 브래덕을 비롯하여 병사 3분의 2가 죽었다. 죽기 직전에 브래덕은 "설마 이럴 줄이야 알았겠어?"라고 중얼거렸다. 이후에도 계속해서 영국군은 헨리Henry 요새·타이콘데로가Ticonderoga 전투에서 패배했다. 이때 미국 독립전쟁을 진두지휘하고 미국 초대 대통령을 지낸 조지 워싱턴George Washington이 등장한다.

민병대장 워싱턴

당시 23세의 새파랗게 젊은 나이였던 워싱턴은 중령 직위로 버지니아 민병대를 이끌고 프랑스·인디언 혼성군에 맞싸우기 위해서 참전하였다. 워싱턴은 1754년 7월 네세시티Necessity 요새 전투에서 전투를 치렀으나 패배를 당하고 프랑스군에게 항복했다. 풀려난 다음에 그는 징계를 받기는커녕 적절한 판단을 했다며 표창까지 받았다. 이듬해에는 미국 최초의 정규 민병대인 버지니아 연대의 지휘관으로 임명되어 이후 여러 번 격렬한 전투를 치렀다. 그 후 미국 독립 전쟁에서 워싱턴이 발휘한 지휘관으로서의 탁월한 능력은 바로 이 실전을 통해 얻은 경험에서 비롯된다. 이때 영국군의 군사 전술과 장단점을 훤히 꿰뚫게 되었으며 군 조직·군사 교육 및 훈련·군수의 중요성 등을 이 기회를 통해 빠삭하게 파악했던 것이다. 그는 1758년 사직하고 버지니아의 최고 부자인 미망인 마샤 커티스Martha Custis와 결혼한다. 이후 그는 독립전쟁이 발발할 때까지 착실

몽캄 백작

하며 부지런한 대농장주로서 담배 재배에 전념했다.

이즈음 프랑스에서는 1756년에 '오스트리아 왕위 계승 전쟁*'의 명장 몽캄이 이끄는 원군을 보냈다. 몽캄은 캐나다 방면군 총사령관으로서 영국의 오스위고 Oswego 요새와 헨리Henry 요새를 차례로 함락시키면서 명장의 이름값을 했다. 헨리 요새가 함락되었을 때 몽캄의 만류에도 불구하고 프랑스 편이던 알곤킨Algonquian 족이 영국군 포로와 민간인을 무참히 학살하는 사건이 발생했다. 이 사건은 후에 제임스 쿠퍼의 소설 『모히칸 족의 최후』에서 자세히 등장한다. 몽캄은 용맹스러웠고 지극히 관대한 성격의 인격자였다. 소설가 제임스 쿠퍼는 그의 소설 『모히칸족의 최후』에서 몽캄을 기사도 정신으로 똘똘 뭉친 전형적인 프랑스인이자 고결한 인격의 인물로 묘사하고 있다. 영화 <라스트 모히칸>에서 헨리 요새를 탈취하는 장군으로 나온다.

몽캄에 의한 영국군의 패배가 이어지자 런던에서는 프렌치-인디언 전쟁이 그냥 지나쳐서는 안 될 중요한 전쟁이라는 인식을 하기 시작했

----

* 오스트리아 왕위 계승 전쟁(1740~1748)은 거의 모든 유럽의 강대국이 얽혔던 전쟁이다. 이 전쟁은 옛날부터 유럽에서 내려오는 여자의 왕위 계승을 금지하는 '살리카 법'에 따라 오스트리아의 마리아 테레지아가 왕위를 계승하는 것은 부당하다는 이유로 각국이 개입하면서 시작되었다. 이 전쟁은 1748년 '엑스라샤펠Aix-la-Chapelle' 조약이 체결되면서 종결되었다.

다. 1758년 대재상 윌리엄 피트가* 영국 수상이 되면서 사정이 확 달라졌다. 그는 프렌치-인디언 전쟁이 앞으로 신대륙 경영에 치명적으로 중요하다는 사실을 깨닫고 곧장 신대륙에 최정예 부대를 추가로 파견하기로 결정한다. 피트는 1758년에 대규모의 영국 정규군을 아메리카로 보내기 시작했는데, 그중에는 제프리 앰허스트Jeffrey Amherst, 제임스 울프James Wolfe 같은 뛰어난 장군들이 포진하고 있었다. 이제 승리의 바람은 영국 쪽으로 솔솔 불기 시작했다. 두 사람은 세인트로렌스St. Lawrence 강 북쪽에서 출발해 프랑스령 캐나다의 요새들을 하나씩 깨부수면서 나간다는 작전을 수립한다.

몽캄은 오랫동안 오대호 지방을 방어하는 데 성공했으나 1758년 프롱트나크Frontenac를, 그다음엔 뒤켄 요새를 차례로 빼앗겼다. 뒤켄 요새를 탈환한 영국군은 피트를 기념해 뒤켄 요새를 피츠버그Pittsburgh로 개명했다. 영국인은 이제 수적으로 우세해졌다. 영국 식민지의 인구는 프랑스의 열다섯 배였고, 해상권을 쥐고 있는데다가 이로쿼이 연맹의 지지까지 확보했다. 1759년 9월 앰허스트는 루이스버그Lewisburg를 탈취하고 울프는 9,000명이 넘는 병력으로 퀘백Quebec을 포위했다. 당시 몽캄은 단 한 명의 증원병도 받지 못했다. 7년 전쟁을 수행 중인 프랑스는 대륙에서 유럽 연합군을 상대로 격전을 벌이느

---

* 윌리엄 피트(William Pitt, 1708~1778)는 영국의 제10대 수상을 지냈다. 마찬가지로 수상을 역임한 아들(小피트)과 대비하여 大피트라고 불린다. 그는 해외에서 프랑스와의 식민지 쟁탈전에서 이기고자 했다. 결국 인도와 북아메리카 등지에서 식민지를 넓혀 대영제국의 기초를 닦았다. '위대한 평민The Great Commoner'이라는 말을 듣는다.

라 병력을 쪼개서 보낼 여유가 없었다. 실제로는 몽캄을 대신해 부갱빌Bougainville 대령이 병력을 요청하러 본국에 갔다. 그때 프랑스 정부는 "본집이 불타고 있는데 마구간 따위에 걱정을 쓸 여유는 없다."고 퇴짜를 놓았다.

싸움은 점차 프랑스군에 불리해지기 시작했다. 영국군은 잘 훈련된 정예부대였고 지휘관인 울프 장군은 젊지만 유능하고 용감했다. 게다가 영국군은 세인트로렌스 강의 제해권까지 완전히 장악하고 있었다. 프랑스군은 요새에 틀어박혀 쳐들어오는 영국군을 맞아 싸울 수밖에 없었다. 퀘백 요새는 워낙 견고하고 강 쪽으로 기암절벽이 솟아있어 공격이 쉽지 않았다. 울프는 야음을 틈타 병사들을 상륙시켰고, 영국군은 수비대의 저항을 가볍게 잠재운 뒤 9월 13일 아침, 가파른 절벽을 기어 올라 아브라함 평원Plain of Abraham에 떡하니 자리를 잡았다.

한편 몽캄은 영국 함대가 요새를 향해 포격을 퍼붓는 것에 신경 쓰느라 영국군이 절벽을 기어 올라와 아브라함 평원에 자리 잡았다는 사실을 까맣게 모르고 있었다. 이제 몽캄은 북쪽에서 기세등등하게 쳐올라온 영국군과 아브라함 평원에서 결판을 벌일 수밖에 없었다. 몽캄은 급히 병사들을 수습하여 영국군을 아브라함 평원에서 맞섰으나 민병대 수준으로는 감당할 수가 없었다. 결국 전투는 패했고 몽캄은 흩어져 도망가는 병사들을 수습하다가 총탄 한 발이 가슴을 꿰뚫었다. 병사 2명이 말에서 비틀거리는 몽캄을 부축한 후 퀘벡 시로 들어갔다. 몽캄은 긴급치료를 받았으나 9월 14일 아침에 47세의 나이로 세상을 떠났다. 울프도 전투 중에 전사했다. 영국군은 퀘벡 성벽을 겹겹이 포위하고는 인정사정없이 포탄을 퍼부어댔으며 사흘 후인 1759년 9월 18일에 퀘벡은 항복했다.

퀘벡 전투로 북아메리카에서 영국의 승리는 굳어졌으며, 1759년 11월에는 영국 함대가 프랑스 함대를 키브롱Quiberon 만에서 철저히 부수면서 프랑스는 아메리카로 지원군을 보낼 수도 없는 처지에 놓이게 되었다. 퀘벡 전투를 끝으로 프렌치-인디언 전쟁은 사실상 끝이 났다. 이듬해에는 최후의 요새인 몬트리올이 함락되었고, 프랑스의 캐나다 총독은 프랑스가 갖고 있던 캐나다의 모든 영토를 영국에 넘긴다는 항복문서에 서명했다. 그러나 영국과 프랑스 사이의 식민지의 모든 문제가 최종 타결된 것은 유럽에서 7년 전쟁*이 끝나고 열린 파리 강화회의(1763)에서였다.

프랑스는 뉴펀들랜드Newfoundland 연안과 카리브 해Caribbean Sea의 몇몇 섬을 제외한 신대륙의 모든 식민지를 영국에게 빼앗겼다. 프렌치-인디언 전쟁은 규모는 작았지만 결과는 대단히 중요했다. 우선 전쟁이 진행되면서 식민지들은 처음으로 단결의 필요성을 절감하게 되었다는 것이었다. 1754년 6월에 식민지 대표들은 뉴욕 주 올버니Albany에 모여 상호연합의 절대적 필요성을 확인하고, 벤자민 프랭클린이 기초한 연합 규약을 채택했다. 이 규약은 중앙정부의 조세권과 방위권을 명시함으

----

* 7년 전쟁(1756~1763)은 처음에는 오스트리아 왕위 계승 전쟁 당시 프로이센에게 슐레지엔을 빼앗긴 오스트리아의 마리아 테레지아가 이를 되찾고 프리드리히 2세에게 복수하기 위해서 벌어졌다. 점차 프로이센·오스트리아·러시아·영국·프랑스·스웨덴·스페인 등 당시 유럽 열강 전부가 휘말려 들어갔다.

로써 훗날 세워질 독립국가의 모습을 보여준 것이다.

　두 번째로, 프렌치-인디언 전쟁의 승리로 식민지에 대한 영국의 간섭이 본격화되기 시작했다. 전쟁 중 식민지들은 의용군도 차출하고 물자 보급도 담당하는 등 나름대로 기여를 했으나, 프렌치-인디언 전쟁은 근본적으로 영국 혼자 치러낸 전쟁이었다. 영국은 전쟁이 끝나자마자 당연하다는 듯이 식민지에 막대한 전쟁 비용에 관한 보상을 요구하기 시작했다. 여기서 비롯된 양측의 갈등이 결국은 미국 독립 전쟁으로 이어지게 된다. 아이러니한 것은 미국 독립의 아버지 조지 워싱턴 같은 독립전쟁의 영웅들이 프렌치-인디언 전쟁에 참전하면서 귀중한 실전 경험을 얻게 되었다는 것이다.

3장

서부 개척사

미국 서부개척의 역사

I. 영화 <서부 개척사, How the West was won>

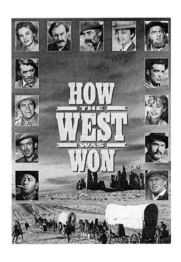

1962년도에 제작된 영화 <서부 개척사>는 당시 할리우드 최대 영화사였던 MGM에서 할리우드 최고의 배우들을 대거 동원해서 만든 대서사극이다. 다시는 기획조차 할 수 없다는 평이 돌았던 영화였다. 촬영이 진행되면서 점점 커지는 제작비 때문에 여러 차례 중단되기도 했다. 영화는 미국 서부가 어떠한 과정을 거쳐 현재의 모습에 이르게 되었는지 광대한 평원을 배경으로 하여 다섯 개의 에피소드(강·평원·남북전쟁·철도·무법자)를 통해 진행된다. 이 영화는 헨리 하사웨이Henry Hathaway·

존 포드John Ford·조지 마샬George Marshall 등 세 명의 서부영화의 거장들이 참여하여 완성했다. 먼저 하사웨이 감독은 강·평원·무법자 에피소드를 담당했고, 포드는 남북전쟁, 조지 마샬은 철도 에피소드를 각각 담당했다.

　이 영화는 당시 내로라하는 할리우드의 유명한 배우들이 총출동했는데 화면에서 이 배우들만 보아도 입이 쩍 벌어질 정도였다. 우선 제임스 스튜어트James Stewart·그레고리 펙Gregory Peck·헨리 폰다Henry Fonda·존 웨인John Wayne을 필두로 칼 말덴Karl Malden·리처드 위드마크Richard Widmark·리 J. 콥Leo Jacoby·엘라이 월락Eli Wallach·월터 브래넌Walter Brennan·조지 페파드George Peppard 등이 출연했다. 여배우로는 캐롤 베이커Carroll Baker·데비 레이놀즈Debbie Reynolds·아그네스 무어헤드Agnes Moorehead 등이 출연하고 있다. 내레이션은 원래 빙 크로스비Bing Crosby가 맡기로 했으나 명배우 스펜서 트레이시Spencer Tracy로 대체되었다. 스펜서 트레이시는 극중 인물로 출연을 희망했으나 노령으로 인한 건강 때문에 내레이션을 맡게 되었다.

　극중에서 캐롤 베이커가 조지 페파드의 어머니 역으로 나오는데 실제 페퍼드가 베이커보다 3살이 많았다. 당시 53세였던 제임스 스튜어드는 극중에서 28세의 롤링스 역을 맡았다. 원래 롤링스 역은 게리 쿠퍼Gary Cooper가 맡기로 되어 있었으나 영화 제작 직전에 죽는 바람에 부랴부랴 스튜어드로 바뀌었다. 그레고리 펙 역은 원래 프랭크 시나트라Frank Sinarta가 맡기로 했었다는 후문이다. 조지 페파드와 데비 레이놀즈는 이 영화에서 유일하게 3개의 에피소드에 출연했다.

　존 웨인은 하사웨이 감독의 에피소드에서 출연을 원했으나 포드 감독의 고집에 의해 그가 연출한 남북전쟁 에피소드에서 셔먼Sherman 장군으로 출연했다. 웨인을 스타로 만들어준 사부師父 포드의 요청에 감히 거절할 수는 없었을 것이다. 유명한 서부극 작가인 루이스 라모Louis L'Amour는 이 영화 개봉 이듬해인 1963년, 같은 제목으로 책을 써서 베스트셀러를 기록했다. 흐르는 주제곡인 'A Home in the Meadow'는 영국의 전통 민요인 'Green Sleeves'인데 새미 칸Sammy Cahn이 작사했다. '푸른 옷소매'라고 불리는 이 민요는 찬송가로 많이 알려졌다. 광대하고 황량한 서부의 평원을 배경으로 애잔하면서도 우

롤링스와 인디언

렁차게 흘러나오는 이 주제곡은 영화의 분위기를 한껏 몰아가고 있다.

　영화 <서부 개척사>는 와이드 스크린 시스템 중 하나인 시네라마 Cinerama를 사용해서 만들어진 대표적인 영화이다. 영상을 보면 가운데

는 움푹 들어가 있고 가장자리로 갈수록 폭이 커지는 것을 볼 수 있다. 이는 시네라마의 전형적인 특징인데 이는 3대의 영사기로 곡면 스크린에 투사하는 방식을 쓰기 때문이다. 즉 오른쪽 영사기는 스크린의 왼쪽, 가운데 영사기는 가운데, 왼쪽 영사기는 스크린의 오른쪽에 나타나게 하여 곡면 스크린에 투사됨으로써 현장감을 생생하게 느끼게 하는 방식이다. 하지만 세 개의 영상을 연결해야 하는 문제와 비용이 많이 든다는 문제점이 있어, 곧이어 등장하는 시네마스코프에 자리를 내주면서 사라졌다. 이 방식으로 <The Wonderful World of the Brothers Grimm>, <How the West Was Won> 단 두 편의 영화만 만들어졌고 이 밖에 <This is Cinerama>, <Cinerama Holiday> 두 편의 다큐멘터리가 제작되었다.

간략한 줄거리

배경이 되는 시대는 미국 서부개척시대가 본격적으로 진행되는 1839년부터 1889년까지 50년간이다. 영화는 먼저 '강' 에피소드로부터 시작된다. 1838년 이주민들이 원대한 꿈을 안고 본격적으로 서부로 이동하는 시기에 비버 사냥꾼 라이너스 롤링스(제임스 스튜어드 분)와 이주민 프레스콧(칼 말덴 분) 가족이 처음 만난다. 롤링스는 여기서 프레스콧의 딸 이브(캐럴 베이커 분)와 사랑을 하게 되지만 각자의 여정이 달라 아쉽게 헤어진다. 이후 롤링스는 무법자들의 손아귀에 걸려든 이브 가족을 구해주며 결국 롤링스와 이브는 결혼을 하게 된다.

1851년부터 시작되는 '평원' 에피소드는 백인들과 인디언들과의 대립을 보여주고 있다. 프레스콧의 둘째 딸 릴리스(데비 레이놀즈 분)는 세인트루이스에서 노래를 부르며 극단 생활을 하고 있다. 도박꾼 클리브 반 발렌(그레고리 펙 분)은 예쁘장한 그녀에게 접근한다. 마차를 타고 평원을 가로지르는 서부로 가는 긴 여정 속에서 클리브와 릴리스는 가까워진다. 릴리스와 클리브는 인디언들의 습격을 받는 등 어렵사리 캘리포니아에 도착한다. 클리브는 릴리스와 헤어졌으나 두 사람은 시간이 흘러 여객선에서 우연히 만난다. 클리브는 릴리스는 결혼을 하고 새로운 꿈을 향해 샌프란시스코로 떠난다.

다음에는 '남북전쟁' 에피소드가 전개된다. 화면은 롤링스와 이브의 농장으로 이동한다. 롤링스는 북군으로 전쟁에 참전했고 첫째 아들 재브(조지 페퍼드 분)는 입대하려고 한다. 이브는 슬픔에 잠겨 재브를 전쟁터로 보낸다. 전쟁은 재브의 생각과는 달리 피비린내 나는 살육이 벌어지는 참상의 현장이었다. 그곳에서 재브는 아버지 롤링스의 죽음을 알게 된다. 전쟁이 끝나고 재브는 집으로 돌아오지만 어머니도 묻혀있었다. 남편 롤링스의 전사 소식을 접한 이브는 큰아들 재브가 돌아오기만을 학수고대 기다리다가 세상을 떠난 것이다.

'철도' 에피소드는 1860년대 후반, 대륙 횡단 철도가 건설되던 당시의 상황을 그리고 있다. 이 에피소드에서는 철도 회사와 인디언들 사이에 벌어지는 대립과 갈등을 그리고 있다. 재브는 북군의 장교로 철도 회사와 원주민 사이의 평화를 유지하려 애쓰지만 결국 인디언들이 자기네들의 땅을 떠난다. 이 과정에서 많은 사람들이 희생당하는 것을 지켜보는 재브는 철도회사 간부 킹(리차드 위드마크 분)에 실망하며 그곳을 떠난다.

'무법자' 에피소드는 1889년, 보안관이 된 재브가 그의 가족과 함께 릴리스 이모를 만나는 섹션으로 구성되어 있다. 골드 시티의 열차역에서 재브 가족은 릴리스를 만나지만 동시에 재브는 앙숙인 무법자 찰리 간트(엘라이 윌락 분)와도 맞닥뜨리게 된다. 재브는 골드 시티의 보안관 램지(리 J. 콥 분)에게 무법자 간트가 온 것을 알린다. 이어서 간트가 금이 수송되는 기차를 탈취할 것을 예상한 재브는 램지의 도움을 받아 이들 무법자 일당들을 모두 처치해버린다. 마지막으로 재브 가족은 릴리스와 함께 애리조나에 있는 새로운 농장으로 떠난다.

모든 에피소드가 끝나고 스펜서 트레이시의 내레이션을 통하여 들려주는 에필로그를 마지막으로 영화는 대단원의 막을 내린다. 에필로그에서 개척자들이 이룬, 역사에 남긴 발자취는 영원히 남을 것이며, 후손들에게 영원히 기억될 것이라고 고창한다. 이어서 자유와 기회의 땅이 된 오늘날의 미국을 칭송하고 있다.

Ⅱ. 미국 서부개척의 역사

서부로 가는 출구, 컴벌랜드 갭Cumberland Gap과 전설의 개척자 다니엘 분Daniel Boone

컴벌랜드 갭은 북쪽 캐나다의 퀘벡에서부터 남쪽 앨라배마 주까지 장장 2,600㎞에 이르는 험준한 애팔래치아 산맥 아래쪽 켄터키의 한 지명地名이다. 식민지 개척 초기에 컴벌랜드 갭은 신천지를 찾아 새로운 삶을 개척하고자 하는 가난한 이민자들에게 서부로 나갈 수 있는 거의 유일한 출구였다. 일찍이 모피수집상들과 사냥꾼들은 엘리게이니

Allegheny 산맥을 통과하여 오하이오 강을 타고 이따금씩 서부지역으로 나가기도 했으나 이 지역은 영국에 적대적인 인디언들이 우글거리고 있어 개척민들이 꺼려하는 통로였다. 그래서 독립 무렵부터 1800년경까지 수십만 명의 개척민들은 그 아래에 있는 컴벌랜드 갭을 통해 서쪽으로 빠져나갔다.

서부개척이 본격화되는 1820년대에 이르러 애팔래치아Appalachia 산맥을 관통하는 다른 산길들이 개척되었다. 또한 이리 운하Erie Canal를 비롯해 북쪽의 여러 수로를 이용하여 오하이오Ohio 계곡으로 진출하는 길이 열리면서 컴벌랜드 갭의 중요성은 많이 줄어들었다. 그러나 컴벌랜드 갭은 대서양 연안에 새로이 독립국으로 자리 잡은 미국이 대륙국가로 나아가는 길을 연 첫 관문으로서 지금도 미국 서부 개척의 상징으로 남아있다.

다니엘 분

컴벌랜드 갭을 얘기할 때 반드시 언급되는 이름이 있으니 바로 전설의 개척자 다니엘 분이다. 그는 1734년 11월 2일 펜실베이니아 주에서 출생하였고 1750년에는 노스캐롤라이나 주로 이주하였다. 다니엘은 불굴의 용기를 가진 사냥꾼이자 탐험가였고 한편으로는 측량기사로도 활동했다. 방랑가의 기질이 다분했던 그는 최초의 서부의 사나이(당시 켄터키 주는 서부로 취급받았다)라고 할만하다. 걸출한 사냥꾼으로 이름을 날리던 다니엘은 사냥감을 찾아 켄터키의 컴벌랜드 갭을 찾아왔다. 그는 이곳을 드나들며 여러 사냥꾼들과 모피 수집을 하다가, 프렌치-인디언 전쟁에 함께 참전했던 친구들의 권유에 따른 것이다.

소문대로 사슴 등 사냥감이 풍부한 것을 발견한 다니엘은 이곳에서 가족과 함께 분스버러Boonesboro에 정착하기로 결심한다. 이후 동지약 30명과 함께 고투를 계속하면서 서쪽으로 향하는 길을 개척했다. 그들은 컴벌랜드 산길을 헤쳐 나가면서 뒤따라오는 개척자들이 안전하게 서부로 나아갈 수 있는 '개척의 길'을 닦았다. 한때 다니엘은 인디언 쇼니Shawnee 족에 잡혀 포로생활을 한 적이 있었다. 그때 인디언 추장이 그의 사냥 솜씨와 무예에 반해 그를 양자로 삼는 등 극진히 대접하기도 했다.

그러는 와중에 인디언들이 분스버러를 습격한다는 정보를 들은 다니엘은 곧바로 마을을 빠져나와 분스버러로 달아났다. 분스버러 주민들은 다니엘의 신출귀몰하는 지휘하에 인디언들을 물리쳤다. 이때부터 다니엘의 명성이 이 지역에 퍼지기 시작했다. 독립전쟁이 터지던 1776년, 인디언들이 다니엘의 딸과 다른 두 소녀를 납치해간 사건이 발생했다. 즉시 이들을 추적한 다니엘은 이틀 뒤에 전광석화 같은 기습으로 이들을 모두 구해냈다. 이를 계기로 인디언에 맞서는 걸출한 투사로서 다니엘의 명성은 전설로 굳혀지기 시작했다. 이후 다니엘은 변경인 미주리로 이주해서 살기도 했다. 평생을 측량사·민병대원·주 의회 의원 등을 거치며 개척민들의 길잡이로 살다가 1820년 85세를 일기로 개척자의 삶을 마감했다.

루이스와 클라크의 북서부 지역 탐험

미국이 대륙국가로 성장하는 결정적인 계기가 된 것은 1803년, 3대 대통령 토머스 제퍼슨Thomas Jefferson의 루이지애나Louisiana 매입이었다. 미국의 사가史家들이 헌법 제정 다음으로 미국사의 중요한 사건으로 꼽고 있는 것이 바로 이 루이지애나 매입이다. 나폴레옹의 압력에 의해 프랑스가 스페인으로부터 양도받은 루이지애나 땅은 지금의 루이지애나 주가 아니었다. 이 땅은 미시시피 강에서 로키산맥에 이르는 무지무지하게 광활한 지역이었다. 당시 나폴레옹은 유럽에서 영국과의 결전에 사활을 걸고 있었고 한 푼이라도 전비戰費가 필요했던 시점이었다. 이를 간파한 제퍼슨은 재빨리 손을 써서 이 지역을 프랑스로부터 단돈 1,500만 달러에 매입한 것이다. 1에이커당 4센트라는 헐값이었다. 이제 미국은 대륙국가로 커가는 중요한 주춧돌을 놓은 셈이 되었다.

'루이지애나 매입'사업을 성공시킨 제퍼슨 대통령은 미개척지인 북서부 지역에 관심을 기울이기 시작했다. 1804년 제퍼슨 대통령은 자신의 고향 후배이자 수행 비서관으로 근무하던 메리웨더 루이스Meriwether Lewis 대위에게 그 당시까지 다른 나라의 손길이 미치지 않았던 북서부 지역을 답사하여 태평양에 이르는 루트가 있는지 알아보도록 지시했다. 이에 루이스는 자신의 옛 상사였던 윌리엄 클라크William

Clark를 불러 33명으로 이루어진 탐험대를 조직하고 두 사람이 공동 탐험대장으로 역할을 맡기로 했다.

매스웨더 루이스

윌리엄 클라크

이때 제퍼슨은 루이스와 클라크에게 북서부로부터 흘러내려 오는 미주리Missouri 강이 태평양에 이르는 루트가 될지도 모른다고 귀띔했다. 마침내 1804년 5월, 이 탐험대는 미주리 주의 세인트루이스St. Louis에서 배를 타고 미주리 강을 거슬러 올라가기 시작했다. 탐험대는 이때 사카자Sacaga라고 하는 쇼쇼니Shoshone 부족의 소녀를 안내자로 삼은 것은 참으로 행운이었다. 중간에 인디언 부족과 크게 충돌한 적이 있었는데 이 인디언 부족의 추장이 사카자의 친척이어서 그녀에게 큰 덕을 본 것이었다. 여하튼 죽을 고비를 무수히 겪으면서 이 원정대는 1805년 11월 드디어 지금의 워싱턴 주에 있는 컬럼비아Columbia 강을 따라 태평양 연안에 이르렀다. 거의 19개월이 걸리는 긴 여정이었다. 이들이 출발지인 세인트루이스로 돌아온 것은 1806년 9월 23일이었다.

죽은 것으로 간주하고 있던 원정대의 귀환은 모두에게 놀라운 뉴스였다. 제퍼슨 대통령은 원정대원들을 백악관으로 불러 축하연을 베풀었고 루이스를 루이지애나 영지의 지사로, 클라크를 인디언 문제 담당관으로 임명하면서 이들의 노고를 치하했다. 루이스와 클라크의 원정은 콜럼버스의 항해로부터 시작된 서북항로 찾기의 마지막 탐험이기도 했다. 또한 이들의 성공적인 원정은 미국이 로키산맥 너머의 오레곤 Oregon 지역에 대한 영유권을 주장하는 근거가 되면서 향후 미국의 영토 확장에 큰 힘이 되었다. 아울러 미시시피 강 너머 깜깜했던 서부세계에 대한 상세한 정보를 미국 사회에 제공함으로써 서부 개척의 확고한 발판을 마련했다. 탐사의 영광 뒤에 비극도 있었다. 지사로 임명된 루이스는 업무수행 중 연방정부와의 잦은 마찰과 과도한 빚 때문에 스트레스를 받고 결국 자살로 생을 마감했다.

골드 러시Gold Rush

골드 러시란 1848년 캘리포니아를 시작으로 콜로라도·몬태나·사우스다코타·알래스카 등에서 대량의 금이 발견되면서 사람들이 물밀듯이 서부로 몰려간 현상을 말한다. 1848년 1월 24일, 캘리포니아 새크라멘토Sacramento 계곡에 있던 제재소 수로水路에서 제임스 마셜James Marshall이라는 젊은 목수가 물속에서 뭔가 반짝거리는 것을 보았다. 자세히 보니 사금砂金이었다. 그는 주인 요한 수터Johann Sutter에게 이 사실을 알렸다. 스위스에서 이민 온 수터는 아무도 관심을 가지지 않았던 이 땅을 헐값에 사들여서 농장으로 개간하고 있던 차였다. 그는 곧 자기 농장의 시냇물 바닥에 사금이 지천으로 널려있는 것을 발견했다. 그는 가슴이 벅차오르면서 금 채취 준비를 했지만 이 소식을 듣고 개척민들이 떼거지로 몰려왔다. 그들은 수터의 사유지에 침입해 허가도 없이 마구 금을 캐기 시작했다.

수터의 농장은 곧바로 쑥대밭이 되었다. 수터는 망연자실해서 넋을 놓고 있을 수밖에 없었다. 당시 새크라멘토는 조그만 촌구석에 불과하여 법보다 주먹이 앞서는 무법천지였다. 정신을 차린 수터는 사금 채굴로 개판이 된 농장의 소유권 회복을 위한 법정소송을 제기하면서 1855년 캘리포니아 법원으로부터 승소판결을 받아냈다. 하지만 막상 법 집행에 들어가자 금 채취자들은 적반하장격으로 오히려 법원을 불태우고, 담당 판사를 구타하는 등 난동을 벌였다. 이 난리 통에 수터는 아들 셋을 잃었다. 이후 수터는 20여 년 동안 땅을 되찾기 위해 동분서주하다가 결국 비통함을 안고 1880년 숨을 거두었다.

사금을 캐는 개척민들

여하튼 이와 같이 수터의 땅에서 사금이 발견되자 여기저기서 금 채굴이 불같이 번져나갔다. 캘리포니아에서 다량의 금이 발견되었다는 소식은 금세 미국 전역에 퍼졌다. 소문은 자꾸 확대 재생산되어 캘리포니아는 가는 곳마다 금이 널려있다는 소문으로 뻥

튀기가 되어갔다. 남쪽의 루이지애나부터 북쪽의 오대호까지, 서쪽의 미주리부터 동쪽의 뉴욕까지 온 미국이 벌집 쑤셔놓은 듯 난리 법석을 떨었다. 이윽고 전국에서 엄청난 수의 사람들이 일확천금의 꿈에 부풀어 보따리를 등에 메고 캘리포니아로 밀물처럼 쏟아져 몰려갔다. 한편으로는 남아메리카를 빙 돌아서 가는 멀고 먼 뱃길도 북새통을 이루었다.

골드 러시가 절정으로 치닫던 1849년에는 매일 800대 이상의 마차들이 덜컹거리면서 래러미 요새*를 거쳐 캘리포니아로 달려갔다. 수요가 폭발한 곡괭이·삽·장화·화기 등은 없어서 못 팔았다. 당시 금을 찾아 캘리포니아로 몰려가는 사람들을 이른바 '49년 노다지꾼들**'이라고 불렀다. 그래서 현재 샌프란시스코를 본거지로 하는 미식축구팀 이름이 '샌프란시스코 49년 노다지꾼들San Francisco Forty-Niners'이다. 간단히 '포티 나이너스Forty Niners'라고도 부른다.

세숫대야wash pan야말로 이들 노다지꾼들에게는 없어서는 안 될 필수적인 장비였다. 그래서 이들은 덜컹대며 서부로 달려가는 마차 위에서, '오! 수재너' 가사를 번안하여 소리 높이 불러댔다. "오! 수재너여! 울지 말아요. 무릎에 세숫대야 올려놓고 달랑대며 난 캘리포니아로 달려가고 있다오."이다. '캘리포니아로 득달같이 달려가 사금을 건져 큰 돈 벌어올 테니 그때까지 슬퍼하지 말고 기다려 달라'는 사랑하는 가족

---

* 래러미 요새Fort Laramie는 네브라스카 주와 와이오밍 주의 사이에 있었던 중간 휴게소였다. 래러미 요새는 황금에 이끌려 서쪽으로 여행하는 사람들에게 중요한 거점이 되었다.

** 노다지란 말은 조선 말기, 고종 시대 때 평북 운산의 금광을 소유하고 관리하던 미국인들이 금을 훔치러 조선인들이 들어오는 것을 막기 위해 "No touch!!"라고 소리를 친 데서 비롯되었다고 한다.

과 애인들에게 전하는 내용이다. 영화 <황야의 결투>에서 나오는 음악인 '클레멘타인Clementine'의 가사도 캘리포니아 사금의 채취와 관련이 있다. "깊고 깊은 산골짝에 오막살이 집 한 채 금을 캐는 아버지와 예쁜 딸이 살았네. 내 사랑아 내 사랑아 나의 사랑 클레멘타인 늙은 아비 혼자 두고 영영 어디 갔느냐…."

여러 사람들이 그야말로 한몫 잡아서 떼돈을 버는 행운을 누리기도 했지만 노다지를 찾느라 가산을 말아먹고 쫄딱 망하는 사람들도 부지기수였다. 그래서 '캘리포니아에서 한탕 하든지 망하든지(California or Bust)'라는 말도 유행했다. 온갖 부랑아와 창녀들·도박꾼·뚜쟁이·주정뱅이·깡패·날강도·어중이떠중이들이 몰려들어 캘리포니아는 글자 그대로 무법천지의 도가니가 되었다. 그러나 이 골드 러시 때문에, 그동안 지지부진하던 서부개척이 빠르게 진척되는 효과도 있었다. 골드 러시 이전에는 캘리포니아의 인구가 1만 5천 명에 불과했지만, 1852년에는 무려 25만 명으로 급속히 늘었다.

샌프란시스코는 골드 러시의 중심지로 흥청망청하면서 크게 번성했다. 이어서 콜로라도의 파이크스 피크Pikes Peak·몬태나의 엘코Elko·사우스다코타의 데드우드Deadwood·알래스카에서도 금광이 발견되면서 골드 러시 열풍이 이어졌다. 요컨대 미국 서부 개척의 일등공신은 골드 러시였다는 얘기다. 나날이 급증하는 이주민들을 실어 나르기 위해 험난한 로키 산맥을 가로질러 곳곳에 도로가 건설되고 1869년에는 대륙 횡단철도가 개통되면서 서부개척은 무서운 속도로 진행되었다.

명백한 사명과 프론티어Frontier의 소멸

1845년 뉴욕의 저명한 언론인인 존 오설리번John O'Sullivan은 어느 잡지에 이렇게 기고했다. "우리는 인류의 진보를 추구하는 국민이다. 어느 누가 감히 우리의 전진을 가로 막을 수 있을쏘냐? 미국이 북미 대륙 전역으로 뻗어나가는 것은 명백한 운명manifest destiny"이라고 오만을 떨었다. 당시 미국인들은 오설리번이 단언한 이 '명백한 운명'은 신이 내린 계시로 받아들였다. 미국인들은 이 구호를 신념으로 발판 삼아 멕시코와 전쟁을 벌여 텍사스·유타·네바다·애리조나·캘리포니아·콜로라도 및 와이오밍 등을 집어삼키며 미국 영토를 태평양 연안으로까지 넓혔다.

이후 계속해서 네브라스카·노스다코타·사우스다코타·몬태나·워싱턴·아이다호 등을 주州로 승격시키면서 광부·농민·목축업자들이 진출하던 서부개척시대의 대단원을 대충 마무리하게 된다. 1890년 미국 국세조사보고서는 "이제 프론티어는 소멸되었다."라고 발표했다. 70년 후 제35대 미국 대통령으로 당선된 존 F. 케네디 대통령은 취임사에서 '뉴 프론티어' 개념을 역설하여 다시 한 번 프론티어라는 말이 회자되었다. 그는 취임사에서 "'오늘날 모든 지평선은 개척되었다. 미국에는 이제 프론티어가 존재하지 않는다'라고 말하는 사람도 있을 것입니다…. 그러나 제가 제시하는 뉴 프론티어에는 지도에 나와 있지 않은 과학이나 우주 분야, 평화와 전쟁의 문제, 무지와 편견의 골, 그밖에 빈곤과 갈등의 문제 등이 펼쳐져 있습니다…."라고 하면서 새로이 개척해야 할 뉴 프론티어 개념을 제시하기도 했다.

4장

주홍글씨

청교도 & 마녀 재판

I. 영화 <주홍글씨, The Scarlet Letter>

이 영화는 미국 작가 나다니엘 호손[*]Natha-niel Hawthorne이 1850년에 쓴 『주홍글씨』를 원작으로 하여 <킬링필드>, <미션>, <시티 오브 조이> 등 서사적이고도 휴머니즘 가득한 영화들을 연출한 롤랑 조페Roland Joffe 감독이 만들었다. <주홍글씨>라는 호손의 소설 제목은, 오늘날에는 '되찾을 수 없는 불명예스러운 욕된 평판'을 비유적으로 이르는 말로써

---

[*] 나다니엘 호손(Nathaniel Hawthorne, 1804~1864)은 매사추세츠 주에서 선장의 아들로 태어났다. 당시 청교도들은 주민들을 마녀로 낙인찍으면서 고문하거나 처형하곤 했다. 이때 마녀 재판의 판사였던 존 호손 John Hathorne이 바로 호손의 고조부였다. 이러한 사실에 죄의식을 느낀 호손은 『주홍글씨』, 『일곱 박공의 집』등의 작품을 통해 청교도들의 위선과 편협성을 비판했다.

이제는 보통명사가 되었다. 조페 감독은 이 영화에서도 역사적인 사실에서 사회성을 놓치지 않는 그답게 17세기 말 초창기 미국 개척시대 뉴잉글랜드 지역에서의 청교도주의의 위선과 허상을 날카롭게 그리고 있다.

영화에서 나오는 세 사람의 주역배우(여자 주인공 헤스터 프린, 남자 주인공 딤즈데일, 헤스터의 남편 로저 프린)로 각각 나온 데미 무어Demi Moore, 게리 올드만Gary Oldman, 로버트 듀발Robert Duvall의 탁월한 연기가 영화를 빛내고 있다. 특히 로버트 듀발의 소름이 끼칠 정도로 광기 어린 연기가 인상적이다. 영화 제작 초기에 헤스터 역에 멕 라이언Meg Ryan·샤론 스톤Sharon Stone 등이 거론되었고 딤즈데일 역에는 리차드 기어Richard Gere·다니엘 데이 루이스·리암 니슨Liam Neeson·안소니 홉킨스Anthony Hopkins 등이 물망에 올랐었다.

딤즈데일과 헤스터

원작과 내용이 많이 바뀌었다는 지적을 받기도 했다. 원작에서는 마지막에 목사인 딤즈데일이 헤스터의 품 안에서 잘못을 고백하며 죽음을 맞이하나 영화에서는 인디언들의 습격으로 마을이 쑥대밭이 된 와중에 두 사람이 함께 마을을 떠나는 해피엔딩으로 끝나고 있는 것도 그중의 하나다. 영화는 당시 의복과 말투까지 완벽히 고증하는 공을 들였고 아메리카 신대륙을 묘사한 아름다운 영상미가 볼만하다. 음악은 아카데미상을 4번이나 수상한 바 있는 존 배리John Barry가 맡아 당시 뉴잉글랜드 풍광을 서정적이면서 낭만적으로 채색하고 있다.

영화에서의 여주인공 헤스터는 당차고 독립적인 여성으로 나온다. 그녀는 당시에는 보기 드물게 구약과 신약까지 섭렵한 지성적인 여성이기도 하다. 청교도 사회의 억압적이고 폐쇄적인 제도 속에서 고독하지만 당당하게 대처한다. 소설과 마찬가지로 죄의식으로 고통받기도 하지만 원작보다도 더 주체적인 여성으로 나온다.

엄격한 금욕주의 신앙운동을 펼쳤던 청교도들은 영국 국교회의 박해를 피해 신대륙을 찾아 메이플라워Mayflower 호를 타고 도착한 곳이 바로 오늘날 뉴잉글랜드라고 불리는 매사추세츠였다. 정작 종교의 박해를 받은 청교도들이 새롭게 정착한 곳에서 원주민인 인디언을 노예로 삼고, 한편으로는 엄격한 교리를 통해 교인들을 무시무시한 형벌로 다스린다는 사실은 커다란 모순이기도 했다.

작가 호손은 '아메리칸 드림'에 내재되어 있는 이런 모순적인 요소를 그 누구보다도 깊이 인식하고 있었고 비판했던 사람이었다. 그는 이 작품에서 실용주의와 함께 미국 전통의 양대 줄기를 형성하고 있는 청교도주의의 위선과 독선을 고발하고 있다. 이어서 그는 초기 개척민들이 신대륙에 세운 '아메리카란 과연 무엇인가?'라는 데에 심오한 질문을 던지면서 동시에 깊은 통찰력을 주었다. 후세 사람들은 호손의 이 작품에 대해, '죄지은 자의 고독한 심리를 치밀하게 묘사한 19세기 미국문학의 걸작'이라고들 평가하고 있다.

간음한 여인이라고 낙인찍히면서 가슴에 가장자리를 수놓은 주홍빛 A(Adultery의 첫 자)를 달고 사는 헤스터 프린은 몰락한 영국 귀족의 딸이다. 그녀는 부모의 강제에 의해 나이 많은 의사인 로저 프린과 원치 않은 결혼을 하고 남편보다 먼저 미국으로 건너온다. 헤스터는 아름답고 정의로우며 주체성을 지닌 여인이다. 그녀의 남편 로저는 나중에 신대륙으로 건너왔으나 인디언에게 잡혀가 죽은 것으로 알려진다. 그러는 와중에 그녀는 그 지방의 존경받는 청년 목사 딤즈데일과 사랑에 빠지게 된다. 그녀는 곧 임신했고 딸을 낳게 된다. 이를 알게 된 주민들이 들고일어나면서 실제 아버지가 누구냐고 형벌대 위에 올려놓고 무자비하게 추궁한다. 그러나 그녀는 끝내 입을 열지 않으면서 끝내 그녀는 불륜을 뜻하는 A를 가슴에 달고 살게 된다.

헤스터의 남편 로저는 인디언들로부터 탈출한다. 그러나 가슴에 A자를 단 헤스터를 군중들 사이에서 바라보며 아내의 간통 사실을 알고 치를 떤다. 로저는 질투심과 복수심으로, 밝혀지지 않은 상대방 남자를 찾아 나선다. 그리고 그가 림즈데일이란 걸 알고 복수의 기회를 노리고 있다. 그러던 어느 날 그는 딤즈데일로 오해한 마을 사람을 살해하고 양심의 가책으로 목을 매고 만다. 그때 마침 간통죄를 고백한 딤즈데일이 마을 광장에서 교수형에 처해질 순간, 인디언들이 마을을 습격하면서 마을은 풍비박산이 된다. 헤스터는 딸을 데리고 딤즈데일과 함께 지긋지긋하게 그녀를 괴롭혀 오던 이 마을을 마차를 타고 떠난다. 그리고 주홍글씨를 떼어 버리고 편견에 사로잡힌 종교 및 사회적 인습의 틀을 벗어나 새로운 세계를 찾아 나선다.

II. 청교도 & 마녀 재판

A(Adultery, 간통) 문자

뉴잉글랜드 지방에서는 사실 영화에서처럼 간통한 여자들이 Adultery를 뜻하는 A 문자를 달고 다녀야 하는 시련은 별로 크지 않았다고 한다. 청교도 사회에서는 일반적인 상식과는 달리 남녀 간의 통정通情 문제는 비교적 관대한 편이었다. 청교도들은 성행위를 식사만큼이나 자연스럽게 간주했고 별로 화젯거리도 안 되었다. 혼전 성관계가 권장되기까지 했으며 결혼을 하려는 남녀는 'precontract'라고 하는 성관계를 할 수 있는 허가를 받았다. 간음은 공개적으로 장려되지는 않았지만 뉴잉글랜드 청교도 사회에서 빈번하게 일어났다. 단지 소설이나 영화에서 간음을 아래와 같은 마녀사냥 비슷하게 극단적으로 묘사한 것은 청교도를 지나치게 교조적으로 묘사한 것으로 보인다.

18세기가 끝나면서 성행위에 대한 태도가 억압적으로 바뀌긴 했지만 그것도 공식적인 태도가 그랬다는 것일 뿐이다. 그러나 실제로 A 문자를 달고 다니기도 했다고 한다. 1636년 뉴플리머스New Plymouth 공동체는 간통한 사람에게 두 개의 문자, 즉 AD라고 새겨진 헝겊을 윗도리 윗부분에 붙이고 다니게 하는 법령을 제정했다. AD는 간통녀adulteress의 약자였다. 호손이 소설 속에서 이를 A자로 바꾼 것일 뿐, 원래는 간통녀에게 AD라는 두 글자를 달고 다니게 했다.

세일럼Salem의 마녀사냥

영화에서 여주인공인 헤스터는 간통을 해서 A자를 달고 다니다가 급기야는 마녀사냥의 일종인 화형을 당하는 직전까지 몰리지만 이는 허구적인 이야기이다. 마녀사냥은 간통 때문이 아니라 종교적인 이유로 뉴잉글랜드 지방에서 빈번히 일어났던 사건이었다. 서양에서 마녀 이야기는 아주 오래된 전통으로 내려오고 있다. 기독교 이전의 샤머니즘적 전통인지, 기독교적인 상상 속에서 만들어낸 것인지는 확실치 않다. 하여튼 서양에서 마녀라고 하면 일단 뾰족한 주걱턱에 매부리코를 가진 마귀할망구가 떠오른다. 이 마녀할망구는 망토를 걸치고 빗자루를 타고 공중을 날아다니며, 사발을 공중에 떠다니게 하고 숲속에서 주술을 중얼거리며 기괴한 잔치를 벌인다. 이런 마녀들이 1691년 뉴잉글랜드 지방의 매사추세츠 세일럼에 등장했다. 그것도 한둘이 아니고 150명 이상이나 되었고 이 가운데 19명이 붙잡혀 사형을 당했다. 이것이 바로 그 유명한 세일럼의 마녀소동인데, 이는 당시 뉴잉글랜드 지방을 휩쓸

세일럼 마녀재판 상상도

던 종교적 광신의 분위기를 잘 보여주는 사건이다.

세일럼의 마녀사냥은 하필이면 이 지역 담당목사인 사무엘 패리스 Samuel Parris의 집에서부

터 시작했다. 1692년 2월 어느 날, 패리스의 9살 난 딸 베티Betty가 갑자기 바닥을 뒹굴며 헛소리를 질러댔다. 며칠 뒤 베티의 사촌 에비게일Abigail, 열두 살의 마을 유지의 딸 앤Anne도 비슷한 증상을 보이기 시작했다. 이 밖에 마을에서도 서너 명의 소녀들이 같은 증상을 나타냈다. 패리스 목사와 소녀들의 부모는 급히 의사를 불렀으나 원인을 찾지 못했다. 패리스와 마을의 참견하기 좋아하는 몇 사람이 소녀들에게 그동안 무슨 일이 있었느냐고 꼬치꼬치 캐물었다. 그러자 소녀들은 패리스 집의 하녀 새라 굿Sarah Good과 바베이도스Barbados 출신의 흑인 여자 티투바Tituva, 마을 사람들의 구설수에 오르곤 하던 새라 오스본Sarah Osborne 노파 이 세 명을 콕 찍어서 이들이 자기들에게 악령을 씌운 마녀들이라고 헛소리를 해댔다. 이들은 곧 바로 투옥되었다.

이들이 투옥된 뒤에도 소녀들의 발작은 계속되었고 같은 증상을 보이는 사람들이 늘어가자 너도 나도 평소에 조금 이상한 행동을 한 만만한 여자들을 상대로 터무니없이 마녀로 지목하기 시작했다. 이렇게 해서 연쇄적으로 마녀 수는 늘어만 갔고 무려 100여 명이 투옥되기에 이르렀다. 마녀 수가 기하급수적으로 늘어가면서 매사추세츠 주 전체가 공포에 떨기 시작했다. 이른바 세일럼의 마녀재판이 시작된 것은 6월 초순이었다. 윌리엄 핍스William Phips 매사추세츠 주 총독은 윌리엄 스타우턴William Stoughton 부총독을 재판장으로 하여 7인의 특별 재판부를 구성하여 심리에 착수토록 지시했다.

이 재판과정에서 비롯된 마녀 히스테리로 인해 뉴잉글랜드 지역은 무덥던 여름 내내 광란에 휩싸였다. 재판 결과 28명이 유죄판결을 받았다. 이 중 9명이 처형당했고 1명은 무거운 돌덩어리에 눌리는 고문으로 압살당했으며 3명은 재판을 기다리다가 사망했다. 한편으로는 재판의 공정성이 문제시되기 시작했다. 나중에는 청교도 지도층의 부인들까지 마녀로 지목되는 지경에 이르자 핍스 총독은 할 수 없이 재판의 중지를 명령했다. 이듬해 5월 핍스는 감옥에 갇혀있는 사람들을 모두 석방했다. 이로써 마녀사냥이라는 광기가 걷히고 평정심을 되찾자 여기저기서 반성과 참회가 이어졌다. 재판관들과 배심원들도 잘못을 뉘우치며 사과했다. 이와 같이 광풍처럼 불었던 마녀사냥의 원인은 청교도 자체가 애초부터 지니고 있는 극단적인 선악관에서 비롯되었다고 일부에서 말하기도 한다. 즉 청교도들은 세상을 신과 악마의 싸움터로 보고 있었고 이 싸움의 일환으로 악마가 선량한 사람의 탈을 쓰고 나타나 사람들을 미치게 한다는 것이었다.

한편 세일럼의 마녀사냥은 진실 여부를 떠나서 미국인들이 자신들의 생각이나 생활방식에 어긋나는 상대방들을 콕 지목하여 독선적인 분노를 표출시켜 그것에 휩쓸리는 전형적인 미국인들의 기질을 보여준 사건으로 보는 사람들도 있다. 1950년대 초반, 미국을 들썩이면서 떠들썩하게 했던 빨갱이 소탕운동이라고 불리는 '매카시McCarthy 광풍'이 그 대표적인 예일 것이다. 다른 한편으로는 마녀사냥의 원인으로 지목되는 소녀들의 연쇄적인 발작은 세일럼 인근에서 많이 재배하는 밀이나 귀리에 기생하는 곰팡이균에 집단으로 감염되었기 때문이라고 일부

생물학자들이 주장하기도 했다. 당시 환각제 LSD는 없었지만 이 곰팡이균이 LSD의 원료가 되는 버섯 종류인 맥각곰팡이였다는 것이었다. 이 맥각곰팡이에 오염된 식품은 경련·망상·환각 증세를 불러일으킨다고 한다.

★ 5장 ★

역마차

웰스 파고 역마차 & 대륙횡단 철도

I. 영화 <역마차, Stagecoach>

　　서부극의 거장 존 포드가 애리조나 주와 유타 주 경계에 있는 모뉴먼트 밸리[*]를 배경으로 그려낸 영화 <역마차>는 서부영화의 전형을 확립한 위대한 작품으로 손꼽힌다. 이 영화는 고전 서부극 4대작(황야의 결투·셰인·하이 눈·역마차)의 하나로 일컬어진다. 1930년대는 서부극 장르가 무척 험난한 시기에 놓여 있었다. 몇 년 동

---

[*] 모뉴먼트 밸리Monument Valley는 애리조나 주와 유타 주 경계의 콜로라도 고원에 위치하고 있는 사암으로 된 절경이다. 서부극의 거장 존 포드가 <역마차>촬영지를 찾다가, 신비한 경관이 있다는 소문을 듣고 영화인으로선 처음으로 이곳에 왔다. 이후 존 포드 영화에서 반복적으로 나오면서 서부극의 대표적인 풍광으로 자리 잡게 된다.

안 <빅 트레일>과 <시마론>처럼 많은 비용을 처들이고 실패작만 낳은 메이저 영화사들은 모두 진저리를 치며 서부극에서 손을 뗐다. 소규모 영화사들만 B급 서부극을 만들면서 명맥을 이어가고 있었다. 바로 이때 <역마차>가 흥행에서 히트를 치면서 서부극 장르의 부흥을 촉발하는 역할을 하게 된 것이다.

<역마차>가 서부극의 전설적인 작품으로 일컬어지는 까닭은 비록 흑백필름이지만 무엇보다도 황량한 대지로부터 꿈같은 풍광을 이끌어 낸 뛰어난 촬영 기술에 있다. 또한 황야를 달리는 역마차 안에서 사회적 배경이 각양각색인 인물들에 대한 탁월한 성격 묘사도 압권이다. 이밖에 포드 영화의 특징이기도 하지만 때때로 등장하는 지적知的이고 익살스러운 대사도 이 영화를 걸작 서부극으로 만드는 데 한몫하고 있다.

<선풍>으로 시작, 모두 54편의 서부영화를 만든 포드는 <3인의 악당>을 만들고 난 후 서부극에서 잠시 손을 뗐다. 이후 13년 만에 서부극으로 돌아오면서 이와 같은 '웨스턴의 걸작'을 낳은 것이다. 포드는 1937년 『콜리어스Collier's』지에 실린 어니스트 헤이칵스Ernest Hcox의 단편 『로즈버그로 가는 역마차』를 읽고 영화화하기로 결심했다. 각본은 더들리 니콜스Dudley Nichols에게 맡겼는데 원작에 인물 묘사가 거의 없어 더들리가 각각의 인물들에 성격을 부여하느라 애를 먹었다고 한다.

주인공 링고 역으로 나온 존 웨인John Wayne은 1930년 서부영화 <빅 트레일>에 주연하면서 좋은 평을 받았으나 잠시뿐이었다. 이후 10년간 계속 B급 서부영화에 겹치기 출연하는 등 2류 배우로 지내다가

인디언을 만난 링고

<역마차>로 대박을 치면서 스타의 반열에 오르기 시작했다. 처음에 제작자 셀즈닉Selznick은 웨인의 링고 역에 시큰둥했다. 그러나 포드는 셀즈닉에게 <역마차>는 그때까지 존 웨인이 출연했던 B급 영화와는 수준이 다른 고전적인 서부극이 될 거라고 설득하면서 웨인의 출연을 강력히 요청했다. 웨인은 이후 포드의 웨스턴에 단골로 출연하면서 할리우드 최고의 스타로 우뚝 서게 된다. 두 사람의 우정은 죽을 때까지 이어진다.

영화의 배경으로 나오는 높은 사암砂岩 언덕들이 늘어서 있는 모뉴먼트 밸리는 포드의 정신적인 고향이라고도 할 수 있다. <역마차>는 바로 이 모뉴먼트 계곡의 숨 막히게 웅대한 풍광을 처음으로 스크린에 담은 작품이기도 하다. 포드는 이곳에서 <황야의 결투>, <아파치 요새>, <황색 리본>, <수색자> 등 주옥같은 9편의 서부극을 찍었다. 포드의 서부극에 공통적으로 등장하지만 이 영화에서도 그는 미국 민요 여러 곡을 번갈아 사용하면서 황야의 쓸쓸함과 시정詩情을 잘 표현하고 있다. '금발의 제니', '강가에 모이세', '나의 룰루', '멕시코로 가는 길', '카우보이 조' 등이 그것이다. 특히 역마차가 드넓은 광야를 달릴 때 아

코디언으로 연주되는 '쓸쓸한 초원에 나를 묻지 말아주오'가 흘러나오는 장면은 무척이나 인상적이다. 이 밖에 불과 5분여의 짧은 시간이지만 아파치 인디언들의 역마차 습격 장면은 서부영화사에 길이 남는 최고의 씬으로 평가받고 있다. 나바호Navajo 족 300여 명이 아파치Apache 족으로 분장해서 영화에 나온다.

이 영화는 서부극의 장르가 정착되는 시기의 작품이긴 하지만 여전히 인디언을 단순히 일차원적인 부족으로 묘사하는 데서 탈피하지 못하고 있다는 비평도 따라다닌다. 포드가 서부극을 개척하고 발전시키는 데 주도적인 역할을 했지만 당시만 해도 그 역시 인디언을 단순한 악으로 보는 시각에서 벗어나지 못했다. 이점에 대해서는 포드도 나중에 잘못된 시각이었음을 시인하기도 했다. 이런 연유인지는 몰라도 포드는 이후 <수색자> 등 수정주의 서부극*의 냄새가 풍기는 작품을 만들기도 했다. 포드는 그의 작품에서 버림받은 자들과 무법자들에게 깊은 연민을 느껴왔다. 그는 이 영화에서도 사회로부터 질시를 받거나 도망치는 범법자·주정뱅이·도박사·공금 횡령자·창녀와 술 판매원 등을 등장시켜, 이들이 황야의 여정旅程을 통해 우연이든 필연이든 나름대로 사회적 정의를 재발견토록 한다.

---

* 수정주의 서부극이란 선악이 분명한 정통 서부극과는 달리 그 구분이 애매하다. 그래서 인디언을 단순히 악으로 보지 않는다. 낭만성보다는 사실성을 더 추구한다. 이 경향의 서부극들은 60년대 중반에서 70년대 초반에 걸쳐 할리우드에서 나타난다. <작은 거인>, <와일드 번치>, <늑대와 춤을>, <용서받지 못한 자> 등이 수정주의 서부극의 대표작으로 손꼽힌다.

　　톤토를 떠나 로즈버그로 향하는 역마차 안에는 다양한 부류의 인물들이 타고 있다. 마을에서 쫓겨난 매춘부 달라스와 남편을 만나러 여행길에 오른 만삭의 부인, 면허를 박탈당한 술을 옆에 끼고 사는 의사 분, 사기 도박꾼 햇필드, 공금횡령을 하고 도망 중인 은행가, 위스키 장사꾼, 보안관 컬리 등… 그리고 여기에 아버지와 형을 죽인 원수 플리머 형제를 추적하고 있는 탈옥수 링고가 중간에 합류한다. 보안관은 감옥에서 탈출한 링고를 예의주시하고 있다.

　　로즈버그에 가까이 가는 도중에 제로니모가 이끄는 아파치 인디언들이 역마차를 습격한다. 달리는 역마차가 아파치들의 공격을 받는 동안 링고와 승객들은 필사적으로 대응한다. 그러나 인디언들이 점차 마차를 에워싸고 승객들은 절체절명의 위기에 놓인다. 이때 나팔 소리와 함께 기병대가 달려온다. 마차는 로즈버그에 도착하고 링고는 플러머 삼형제와 결투를 하려고 거리로 들어선다. 보안관 컬리는 복수극을 끝낸 링고와 그와 결혼을 약속한 달라스를 마차에 태워 떠나보낸다. 그리고 알코올 없이는 못 사는 의사 분과 한잔하러 술집으로 발을 옮긴다.

II. 웰스 파고 역마차 & 대륙횡단 철도

웰스 파고 역마차

거칠고 황량한 서부를 역마차로 다녀온 한 여행객이 이렇게 구시렁거렸다. "얼마나 덜커덩거리는지 마치 폭풍우 속의 배 밑창에 있는 것 같았다." 반세기 이상 역마차는 미국 서부의 주요 육상 운송수단이었다. 동부와 서부의 태평양 연안을 잇는 대륙횡단철도가 개통된 후에도 역마차는 여전히 거칠고 외딴 개척지에서 운송의 역할을 담당했다. 역마차와 관련해서 웰스 파고*라는 이름은 영원히 남을 것이다. 캘리포니아 금광에서 일하는 광부들에게 은행과 우편 업무를 수행하기 위해 1852년 웰스 파고라는 운송 회사가 처음으로 설립되었다. 웰스 파고 사는 이후에도 오랫동안 산지나 평지는 물론 방울뱀이 우글거리는 관목이 무성한 사막 등 개척민들이 가는 곳이면 어디든지 진출하여 역마차 노선을 개척하고 운영했다.

1870년대 이후 서부의 운송업을 독점했던 웰스 파고의 역마차는 뉴햄프셔 주의 콩코드Concord 사에서 제작했다. 역마차는 우편물 수하물을 비롯하여 각양각색의 사람들을 실어 날랐다. 무식한 광부들, 술집 여자와 매춘부, 담배를 쉴 새 없이 피워대는 카우보이들과 며칠 동안

---

* 웰스 파고Wells Fargo는 1852년 헨리 웰스와 윌리엄 파고에 의해 설립되었다. 캘리포니아에서 발생한 금광 열풍을 계기로 관련 서비스를 제공하기 위해 세운 금융회사다. 이 회사는 서부개척시대에는 역마차를 운영하는 바람에 역마차를 회사의 상징물로 쓰고 있다.

마차 속에서 꼼짝없이 함께 지내야 했던 부임지로 가는 여선생들이나 성경책을 낀 목사들에게는 죽을 맛이었을 것이다.

서부개척시대의 역마차

역마차가 다니는 울통불통한 길은 고약하기 짝이 없어서 승객들을 잠시도 가만 안 놔두고 요동을 쳤다. 여기에다가 푹푹 찌는 날씨는 참으로 고역이었다. 한밤중에 인디언 지역을 지날 때에는 인디언들의 습격이 우려되어 램프를 켜지도 못하고 캄캄한 채로 산과 들판을 달려야 했다. 와이오밍 주의 샤이엔Cheyenne 족과 수우Sioux 족 인디언이 출몰하는 지역을 거쳐 사우스다코타 주의 데드우드Deadwood로 가는 노선이 가장 위험했다. 이 노선에서는 특별히 호송대원이 장총으로 무장하고 역마차를 호위하며 달렸다. 역마차는 인디언뿐만 아니라 노상강도들의 만만한 먹잇감이었다. 그중 1877년부터 강도행각을 일삼은 '검은 남자'라는 별명의 악명 높은 찰스 볼튼Charles Bolton은 눈구멍을 낸 밀가루 부대를 머리에 뒤집어쓰고 악행을 저질렀다.

웰스 파고의 역마차 이야기와 함께 반드시 언급되는 것이 속달 우편제도인 포니 익스프레스Pony Express다. 포니 익스프레스는 미주리 주의 세인트 조지프Saint Joseph에서 캘리포니아 주의 새크라멘트Sacrament 간의 3,200㎞ 구간을 기수騎手들이 교대로 우편물을 운송하는 제도였다. 포니 익스프레스는 1860년부터 20개월이 채 못 되는 짧은 기간에만 존재했지만 서부개척시대의 영원히 잊지 못할 역사가 되었다. 200여 명에 달했던 포니 익스프레스의 기수들은 대략 8㎞에서 32㎞ 사이의 역 사이를 전속력으로 질주했다. 역에서 기수가 교체되거나 말을 바꿔 타는 데 소요되는 시간은 단 2분이었다. 이 낭만적인 배달사업은 전신기가 등장하자 하루아침에 무용지물이 되어버렸다.

대륙횡단 철도

마침내 철도가 역마차를 대체하는 시기가 도래했다. 남북전쟁 후에 대륙횡단철도 개발경쟁이 벌어지면서 동쪽에서는 유니언 퍼시픽Union Pacific 철도회사가, 서쪽에서는 센트럴 퍼시픽Central Pacific 철도회사가 철도부설사업에 뛰어들었다. 유니언 퍼시픽 사는 가는 길에 걸리적거리는 인디언들이나 들소 떼들을 쫓아버리면서 맹렬하게 서쪽으로 돌진해 나갔다. 반대로 서쪽의 센트럴 퍼시픽 사는 록키 산맥이라는 험난한 지형 때문에 무진장 애를 먹었다. 가파른 산허리에 터널을 뚫고 힘겹게 교량을 설치하면서 힘겹게 동쪽으로 나아갔다. 유니온 퍼시픽의 노동자들은 주로 아일랜드인, 패배한 남군 떨거지들과 흑인들이 주를 이루었던 반면에 센트럴 퍼시픽의 노동자들은 쿨리Coolie라고 부르는 중국인들이 많았다. 그래서 유니온 퍼시픽의 노동자들은 위스키로

힘을 내고 센트럴 퍼시픽의 노동자들은 차茶로 기운을 냈다는 얘기들도 전해진다.

대륙횡단철도가 만나는 날

드디어 1869년 5월 10일 새크라멘토에서 시작한 센트럴 퍼시픽 사와 오마하Omaha에서 시작한 유니언 퍼시픽 사가 서로 마주 보며 달려온 대륙횡단철도가 유타 주 프로몬토리 포인트Promontory Point에서 만났다. 두 철도의 만남은 황금빛 대못을 침목에 박으면서 대단원의 막을 내렸다. 만 3년이 걸린 2,830㎞의 대역사大役事가 끝이 난 것이다. 이 사실은 전신을 타고 미국 곳곳으로 퍼져나갔다. 뉴욕에서는 수백 발의 축포가 터지고 필라델피아에서는 자유의 종*이 울려 퍼졌으며 샌프란시스코의 신문들은 "미국은 이제 하나가 되었다."라며 대서특필했다. 이 연결은 대륙횡단 시간을 수주에서 수일로 단축시켰다. 1864년부터는 철도여행의 쾌적함이 요구되면서 부드러운 벨벳천으로 만든 좌석과 효율적인 난방·접이식 침대를 갖춘 새로운 종류의 객차들도 등장했다. 나중에 세면장이 달린 호화 침대차도 만들어졌고

---

* 자유의 종Liberty Bell은 필라델피아에 있는데 1776년 미국 독립전쟁이 발발하면서 첫 번째로 울렸다. 이후 1830년대 노예폐지론자들에 의해 '자유의 종'이라고 명명되었다. 대륙횡단철도가 개통된 날에도 울렸다.

식당차도 출현했다. 철도를 따라 새 정착지들이 증가하면서 애꿎은 인디언들은 변방으로 쫓겨나기 시작했다. 철도의 시대는 20세기에 들어와 자동차에 그 역할을 내주기 시작한다.

6장

황야의 결투

와이어트 어프 이야기 / 서부개척시대의 카우보이

I. 영화 <황야의 결투, My Darling Clementine>

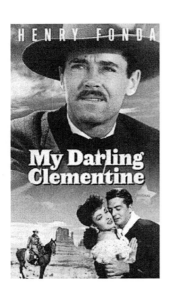

이 영화는 서부극의 거장 존 포드 감독이 스튜어트 레이크Stuart Lake가 쓴 소설 『Wyatt Earp: Frontier Marshal』을 원작으로 해서 만들었다. 와이어트 어프 형제들과 닥 할리데이Doc Holliday, 클랜튼 Clanton 악당 일가 간의 총격전을 테마로 해서 <OK 목장의 결투>, <OK 목장의 결투 2>, <툼스톤>, <와이어트 어프> 등이 만들어졌는데 이 중에서 가장 낭만적이고 시정詩情이 물씬 풍기는 영화로는 단연 존 포드의 <황야의 결투>를 으뜸으로 치고

있다. 포드 감독의 치밀한 연출 아래 할리우드의 지성파 배우인 헨리 폰다Henry Fonda와 터프한 인상의 빅터 마츄어Victor Mature가 각각 와이어트와 닥 할리데이 역을 맡아 열연하고 있다.

와이어트 어프와 클레멘타인

이 영화에서는 서부 개척시대에 반드시 등장하는 보안관·카우보이·바텐더·유랑극단 배우·이발사 등이 총망라 등장하면서 당시 서부의 활기 넘치는 모습을 잘 드러내주고 있다. 역마차

가 지나다니는 먼지가 폴폴 나는 황량한 서부의 풍경 속에 감도는 낭만이 영화의 전편을 수놓고 있다. 같은 내용을 다루고 있는 버트 랭카스터Burt Lancaster와 커크 더글라스Kirk Douglas가 주연한 <OK 목장의 결투>가 남성적이라면 <황야의 결투>는 여성적이라고 할만하다. 일요일 아침, 와이어트와 클레멘타인이 팔짱을 끼고 교회로 향하는 장면도 잊을 수 없다. 클레멘타인의 스카프와 리본이 바람에 날리고 맑은 하늘에는 구름 몇 점만이 떠 있는데 저 멀리서 산들바람이 불어오고 있다. 또한 의사인 닥 할리데이가 "살 것이냐 죽을 것이냐"라며 햄릿의 명대사를 읊는 장면도 잊지 못할 장면 중의 하나다.

이 밖에 옛 연인인 할리데이를 찾아온 클레멘타인을 멀리서 바라

보던 와이어트가 바텐더에게 이렇게 묻는다. "사랑해본 적 있어요?" "평생 바텐더로 살았는걸요." 서부의 총잡이답지 않은 로맨틱한 질문과 바텐더다운 쿨한 대답이 재미있다. 민요이기도 한 주제곡 '나의 사랑 클레멘타인My Darling Clementine'이 영화 곳곳에서 흘러나온다. 정겨운 멜로디가 화약 연기가 물씬 풍기는 총격전이 벌어지는 서부영화를 한 편의 서정시로 만들고 있다. 영화가 대성공을 거둔 후, 이 민요도 따라서 유명해졌다. 한국에서는 6·25전쟁 직전인 1949년에 상영되었다. 이 영화도 포드 감독은 애리조나 주의 모뉴먼트 계곡에서 올 로케를 했다.

: 간략한 줄거리

<황야의 결투>의 시간적 배경은 짧다. 겨우 며칠간의 이야기이다. 1882년 와이어트·버질·모건·제임스 등 4형제는 소떼를 몰고 캔자스로 가고 있었다. 툼스톤Tombstone 마을 근처에 이르렀을 때 클랜턴 악당 일가가 나타난다. 그들은 와이어프에게 소떼를 팔라고 요구하나 거절당한다. 막내인 제임스를 놔두고 세 형제가 마을에 간 사이 막내 제임스는 살해당하고 소떼는 도둑맞는다. 와이어프는 보안관 배지를 달고 제임스의 복수를 다짐한다. 와이어프는 마을의 술집에서 의사이자 도박사이며 폐결핵을 앓고 있는 닥 할리데이를 만나 절친이 된다.

어느 날 이 마을에 아름다운 여인 클레멘타인이 찾아온다. 연인이었던 닥을 데리러 온 것이다. 와이어프는 첫눈에 클레멘타인에 연정을 품는다. 그러는 와중에 와이어프

는 닥의 정부인 멕시코 여인 치와와의 목에서 제임스의 목걸이를 발견한다. 추궁 끝에 제임스를 죽인 일당이 클랜튼 일가라는 것을 알게 되나 그 와중에 동생 버질이 살해당한다. 이윽고 와이어프 형제들과 닥, 그리고 클랜튼 일가가 OK 목장에서 서부극 사상 가장 멋진 총격전을 벌인다. 이윽고 클랜튼 일가 4명은 처참하게 쓰러지고 닥도 목숨을 잃는다. 두 동생의 복수를 끝낸 와이어트는 선생으로 마을에 남겠다는 클레멘타인에게 캔자스로 갔다가 다시 돌아오겠다는 언질을 남기며 떠난다.

II. 와이어트 어프 이야기

와이어트 어프Wyatt Earp는 살롱 주인·도박사·보안관·총잡이로 일생을 보냈다. 그는 1848년 3월 19일, 일리노이 주 먼머스Monmouth에서 니컬러스Nicholas 어프의 8남매 중 셋째 아들로 태어났다. 형으로는 제임스James, 버질Virgil, 동생으로는 모건Morgan, 워렌Warren이 있었는데 형 제임스를 빼고는 4형제가 어프를 중심으로 생사고락을 여러 해 같이했다. 와이어트란 이름은 그의 아버지가 남북전쟁 당시 부대장의 이름을 따서 지었다고 전해진다. 1864년에 부모와 함께 캘리포니아 주 샌버나디노San Bernardino 콜턴Colton으로 이사했고 철도 노동자로 일했다. 1868년 가족은 일리노이스로 다시 돌아왔다. 1870년 미주리 주로 가서 혼자 정착했던 어프는 우릴라 서덜랜드Urilla Sutherland와 결혼했다. 아내가 당시 유행했던 티푸스에 걸려 죽는 바람에 잠시 방황하던 어프는 버팔로를 사냥하러 다녔다. 이때 목장주이자 사냥꾼인 팻 개러트Pat Garrett와 친분을 쌓으면서 버펄로 가죽을 벗기고 다녔다. 이 3년 동안의 사냥꾼 시절에 총 쏘는 법을 완벽히 마스터하면서 한편으로는 성격도 터프해졌다.

와이어트 어프

1870년 4월, 어프와 두 형이 오클라호마 인디언 보호 지역에서 말 도둑질을 하다가 체포되었으나 도주하기도 했다. 1874년 캔자스 위치타Wichita에 정착한 어프는 유곽촌의 경비원으로 일하다가 경찰관으로 직업을 바꿨다. 그 후 샌버나디노와 로스엔젤레스 사이를 오가는 웰스 파고 역마차 호위대로 한동안 근무하다가 1873년 캔자스로 이주하여 경찰관이 되었다. 이 시기에 엘스워스Ellsworth에서 무법자로 이름 날렸던 벤 톰슨Ben Thompson을 체포하면서 명성을 날렸다. 1875년 캔자스 주 위치타로 가서 부보안관 직을 수행했고 1년 후인 1876년에 캔자스 주 닷지 시티Dodge City로 이주해 보안관직을 맡게 되었다. 이곳에서 유명한 총잡이인 뱃 매스터슨Bat Masterson과 마찬가지로 총잡이이자 도박사이며 치과의사였던 닥 할리데이를 만나 교분을 쌓았다. 할리데이는 평생의 친구가 되었다. 이 시기 카우보이 조지 호이George Hoy를 쏴 죽이기도 했다.

이때 앤 매티Anne Matty와 두 번째 결혼을 했지만 곧 이혼을 하고 1879년 애리조나 주의 신생 은광 마을인 툼스톤으로 옮겨 오리엔탈 살롱Oriental Saloon(술집 겸 도박장)을 개업하고 형제들과 친구인 할리데이를 불러들였다. 이때 조시 마커스Josie Marcus와 세 번째이자 마지막 결혼을 한다. 1881년 10월 26일 드디어 이곳에서 클랜튼 갱단과 지역 이권을 두고 대결이 벌어졌다. 이 사건이 바로 미국 서부개척 시절에 벌어진 유명한 총격전인 이른바 'OK 목장의 결투'다. 이 대결은 OK 목장 인근의 공터에서 벌어졌다. 클랜튼 일당 4명과 할리데이를 포함한 어프 삼형제 4명, 4대4로 벌어졌는데 클랜튼 일당 3명이 숨지면서(한 명은 도주) 결판이 났다.

이듬해 1882년 동생인 모건이 당구를 치다가 클랜튼 잔당에게 등 뒤에서 총을 맞고 살해당하는 일이 벌어졌다. 분노한 어프는 형 버질과 동생 워렌과 함께 용의자를 추적하여 네 명의 용의자를 사살해 버렸다. 그 때문에 살인혐의로 기소가 되면서 아내와 함께 그곳을 떠나게 된다. 이후 샌디에고San Diego로 가서 도박과 부동산업에 종사하던 와이어트 부부는 1887년 골드 러시가 한창이던 알래스카 주 놈Nome으로 이동해 그곳에서 살롱을 운영했다. 말년에는 로스앤젤레스 근처에서 노년을 보냈다.

1907년경에는 자신이 머물던 호텔에서 스튜어트 레이크Stuart Lake라는 작가에게 구술을 통하여 자서전 『와이어트 어프, 서부 보안관 Wyatt Earp, Frontier Marshal』을 펴냈다. 후에 이 책은 와이어트를 전설적인 인물로 미화시키기 위해 허구적인 이야기를 많이 첨가했다는 비판이 뒤따르기도 했다. 1929년 1월 13일, 로스앤젤레스에서 아내인 조시가 곁을 지키는 가운데 숨을 거두었다. 노년에는 당시 영화 산업이 흥성하던 할리우드에서 많은 서부극이 만들어졌는데, 그때마다 초빙되어 나름대로 자문역을 맡기도 했다고 한다.

Ⅲ. 서부개척시대의 카우보이

서부개척 당시 텍사스 초원에는 엄청난 수의 롱혼Longhorn이라는 긴 뿔 육우가 서식하고 있었다. 콜럼버스의 아메리카 대륙 발견 이후 남부를 지배했던 스페인 사람들이 가져온 소들이 들판에서 야생으로 번식한 것이다. 이 소떼들을 붙잡아 텍사스를 벗어나 동북부 도시로 연결된 기차역으로 소떼를 운반하던 직업이 바로 원조 카우보이Cowboy였다. 카우보이는 목동牧童 내지는 소몰이꾼 등으로 불렀다. 카우보이들의 상징이 된 올가미 밧줄·가죽 바지·챙이 넓은 모자·굽 높은 장화·소에 찍는 낙인들은 모두 멕시코로부터 들어왔다. 남북전쟁이 끝난 다음 철도가 텍사스 인근까지 진출하기 시작했다. 이때 소 값은 동부에서는 40달러를 호가했으나 텍사스에서는 3~4달러에 지나지 않았다.

텍사스 목축업자들에게 이 소들을 철도역으로 운송해서 동부로 실어 나르면 떼돈을 벌 수 있는 기회가 생긴 것이다. 이래서 목장주들은 소들을 이끌고 철도역까지 운송해야 하는 머나먼 대장정을 구상하게 되면서 소몰이를 전담하는 카우보이들을 모집하기 시작했다. 먼저 가난한 멕시코인들이나 흑인들이 카우보이를 하겠다고 찾아왔고 이어서 소문을 듣고 동부에서 백인들이 일자리를 찾아서 몰려왔다. 종착역으로 향하는 기나긴 소몰이에 참가했던 카우보이들 중에는 너덜너덜한 회색군복을 입은 남북전쟁에서 싸웠던 남군 출신들도 꽤 있었다.

카우보이

장거리 소몰이의 최종 도착지는 대개 캔자스의 애빌린Abilene·위치타Wichita·엘스워스Ellsworth·닷지 시티Dodge City 등이었다. 게리 쿠퍼Gary Cooper나 존 웨인이 나오는 서부영화를 보면 이런 카우보이들의 삶이 무척이나 낭만적이고 폼 나게 보이지만 실제로 이들이 겪었던 고생이란 낭만과는 거리가 멀었다. 물과 풀을 찾아 광야를 며칠씩 헤매는 것은 보통이고 카우보이들끼리 기름진 초지와 물을 두고 총싸움을 불사하기도 했다. 할리우드 영화에서 묘사된 카우보이의 낭만은 신화에 불과할 뿐이지만 이것이 미국인들의 정서와 절묘하게 맞아떨어졌다. 가공된 카우보이들의 이야기는 미국 역사를 미화하는 데 큰 몫을 했다.

　카우보이들은 이 소떼를 몰고 철도역이 있는 중부까지 머나먼 거리를 올라와 소들을 팔아넘기면 소들은 열차에 실려 동부로 수송되었다. 이 와중에 지역 신문에 카우보이라는 존재가 그럴듯하게 포장되어 알려지면서 카우보이에 대한 전설이 후대에 생겨나게 된 것이다. 이 카우보이들의 활동을 가장 사실적으로 보여주는 대표적인 영화가 존 웨인·몽고메리 클리프트Montgomery Clift 주연의 <레드 리버Red River>였다. 그러나 실제로 이 영화에서 보는 것처럼 카우보이들은 잘 생긴 용모와 풍채를 지닌 멋진 백인들이 아니었다. 그들의 삶은 고되고 힘들었으며 저임금과 노동 속에서 술을 낙으로 삼아 삶을 이어갔다.

　대부분 소몰이꾼들은 주로 목장주인 수송대장을 중심으로 5~6명의 소몰이 카우보이, 그리고 요리사와 예비용 말을 돌보는 한두 명의 카우보이로 이루어져 있었다. 이들은 텍사스에서 여름 내내 초원에서 방목해서 기르던 소들을 보통 1,000~5,000마리씩 소시장이 있는 철도역으로 몰고 갔다. 이 수송대의 맨 앞에서 요리사가 보급품을 실은 마차를 덜커덩거리면서 몰고 갔다. 먹을거리는 주로 통조림·밀가루·콩·커피·베이컨·말린 과일 등이었다.

　요리사의 마차 뒤에는 카우보이들이 말떼를 몰고 따라갔고 소떼가 그 뒤를 이었다. 소떼들을 앞에서 이끌어 가는 카우보이는 '포인트 맨Point Man', 양쪽에서 따라가는 몇 명은 '스윙 맨Swing Man', 뒤쪽은 '드래그 맨Drag Man'이라고 했다. 천둥번개를 동반한 세찬 비바람이 휘몰아쳐서 소떼가 놀라 도망치는 경우도 있었다. 무엇보다도 강을 건널 때가 가장 조마조마했다. 소들은 카우보이들의 인도를 받으며 가까스로 강을 건너갔다. 도중에 인디언이나 소떼들을 노리는 무법자들도 만났고 간혹 농경지를 짓밟고 지나갈 때에는 농부들로부터 욕을 바가지로 얻어먹었다.

여정의 종착지인 철도역이 있는 카우타운Cow Town에 도착하면 카우보이들은 소를 우리에 가두어 두고 거래인에게 팔아넘겼다. 상인들은 소들을 중서부로 수송하거나 시카고 등지에 있는 도살장으로 보냈다. 카우보이들은 보통 100달러 정도의 보수를 받았다. 그들은 이 돈을 받자마자 목을 축이러 술집과 도박장을 겸한 살롱으로 달려갔고, 여자 생각이 간절한 일부는 유곽촌으로 사라졌다. 그 당시 어느 살롱도 애빌린에 있는 '알라모Alamo'만큼 화려한 곳은 없었다. 이 살롱에는 금맥기로 번쩍번쩍하게 장식한 긴 바, 초록색 펠트를 깐 도박 테이블, 그리고 벽에는 화려한 장식의 대형 거울이 걸려 있었다.

그러나 영화에서 보는 멋진 살롱들과는 달리 대부분의 살롱은 허름하고 누추했다. 1870년대 중반, 텍사스에 철도가 들어오면서 종착역까지 2,400㎞나 되는 긴 소몰이 여행을 할 필요가 없어졌다. 목축업자들은 텍사스를 떠나 점차 캔자스와 다코타 산맥을 지나 네브라스카·콜로라도·와이오밍·몬타나 등 북쪽으로 진출했다. 목축업자들은 튼튼한 황소는 북쪽의 초원지대에서도 잘 자란다는 것을 알게 되었다. 이제 멀고 먼 소몰이 여행도 필요 없어지고 현지에서 방목하는 형태의 목축이 생겨나기 시작했다.

　목장에서 일하는 카우보이들은 군대막사 모양의 합숙소에서 거주했다. 벽에는 안장·굴레·박차 등이 매달려 있었다. 식사는 커피·말린 고기와 과일·콩·베이컨·비스킷 정도였다. 간혹 허허벌판 초원에서 밤을 나야 할 때에는 눕기 전에 전갈이 있는지, 추운 평원의 밤을 지새운 다음 장화를 신기전에는 그 속에 방울뱀이 있는지를 확인해야 했다. 그런 다음에는 온종일 뙤약볕 아래서 말을 타고 소들을 돌보았다. 하루의 일이 끝난 다음에는 거친 식사와 잠자리가 기다리고 있었다. 카우보이들의 보수는 적었고 어떤 때는 술값도 넉넉하지 않았다. 마침 총도 있기도 해서 그냥 강도로 돌변하기도 했다. 때론 여러 카우보이들이 작당하여 강도짓을 저지르기도 했다. 이런 모습은 오 헨리O. Henry의 단편 소설인 『사라진 검은 독수리』에 자세히 묘사되어 있다.

　이윽고 너도나도 중북부 고원지대로 몰려와 방목을 하면서 문제가 발생하기 시작했다. 자연산 목초에 의존하고 있었던 방목업자들은 소의 수가 일정한 수준을 넘자 목초공급이 부족하게 되었다. 이제 넉넉하게 방목하던 좋은 시절은 거의 다 지나갔다. 마침 값싼 가시철조망이 개발되어 이제 목축업자들은 소떼를 끌고 초원에서 방목하지 않게 되었다. 철조망으로 울타리를 쳐서 집단적인 사육을 시작하게 된 것이다. 이렇게 해서 고원의 대목장에서 소들이 출하되고 질 좋고 값싼 쇠고기가 동부지역으로 공급되기 시작했다. 이제 카우보이들은 소몰이를 하거나 소를 잡기 위해 로프를 던지기보다는 울타리를 수선하는 데 더 많은 시간을 보내는 일꾼이 되었다. 수많은 소떼들을 몰고 광활한 초원을 질주하는 카우보이 시대는 끝이 났다. 하지만 그들이 남긴 전설은 책과 영화에서 한껏 미화되어 미국인들의 가슴 속에 영원히 남아 있을 것이다.

늑대와 춤을

눈물의 여정

I. 영화 <늑대와 춤을, Dances with Wolves>

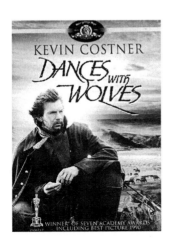

이 영화는 자연과 인디언들 속에 동화되어 살아가는 한 백인 병사의 이야기를 감동적으로 그린 마이클 블레이크 Michael Blake의 원작을 기반으로 만들어졌다. 케빈 코스트너 Kevin Costner가 기획·각색·감독·제작·주연 등 무려 1인 5역을 맡은 작품이다. 처음에 코스트너가 이 작품의 영화화를 결심하고 여러 제작자를 찾아다녔으나 모두 고개를 저었다. 이유는 서부극이 이미 한물갔다고 생각하고 있었기 때문이었다. 이 밖에 작품이 너무 길고 대사 중 절반 가까운 인디언 언어를 자막 처리하는 경우

관객들이 영화에 몰입하기에 무리가 있다고 난색을 표했던 것이다. 그러나 코스트너는 이러한 어려운 여건을 딛고 직접 제작하고 메가폰을 잡으면서 대성공을 거두었다. 그는 장쾌한 풍광을 무대로 서정성과 따뜻한 인간미를 녹여내면서 서부영화 사상 가장 매혹적인 영화 중의 하나를 만들었다.

<늑대와 춤을>이 개봉되자 이 영화는 그동안 침체기에 있던 할리우드 서부극을 부활시켰다는 점과 인디언을 단순히 악이 아닌 1970년대의 수정주의 서부극의 계보를 이었다는 점에서 높은 찬사를 받았다. 이 영화에서 인디언을 바라보는 시각이 이전 다른 영화들과는 사뭇 달라 신선하기까지 하다. 수정주의 서부극을 제외한 기존의 정통파 서부극에서는 인디언들을 난폭하고 야만족인 모습으로 그려 왔다. 대부분의 인디언들을 약탈자·머리 가죽을 벗기는 미개인·납치자 등으로 묘사해 왔고 이에 따라 백인들이 인디언들을 죽이는 것에 대해 관객들도 거부감 없이 자연스럽게 받아들여 왔던 것도 사실이었다.

그러나 인디언들의 시각에서 바라보면 백인들의 서부개척은 그들에게 있어 조상 대대로 살아온 땅을 강탈당하는 것에 다름 아니다. 그래서 이들에게는 백인의 군대가 더 무지하고 야만적으로 보이는 것이다. 이 영화에 등장하는 수우Sioux 족은 자연에 순응하고 던바(케빈 코스트너 분)와의 관계에서 보듯이 이웃과의 따뜻한 교제를 통하여 백인들보다 도리어 더 문명적으로 보인다. 이와 같은 대비는 수우 족과 백인들의 버펄로의 사냥을 통해서 더욱 극명하게 드러난다. 수우 족은 최소한의

생존을 위하여 버펄로 사냥을 하지만 백인들은 단지 가죽만을 위하여 무차별 사냥을 한다. 던바가 참혹하게 가죽만 벗겨진 채 벌판에 버려진 무수한 버펄로들의 사체들에 경악을 금치 못하는 장면이 그것이다.

던바와 '주먹 쥐고 일어서'

이 영화는 수우 족의 문화와 의복 등을 치밀하게 재현하였다. 영화에 출연하는 다른 부족 출신 인디언 연기자들은 수우 족 언어를 배워야 했다. 수우 족 언어 전문가를 초빙하여 인디언 엑스트라들을 교육시켰을 정도로 고증에 충실했다. 영화가 개봉된 후 상업적인 대성공과 함께, 아카데미 7개 부문(작품·각색·감독·편집·촬영·음악·음향)을 휩쓸었고, 골든 글로브 3개 부문과 베를린 영화제 곰상을 수상했다. 코스트너는 로버트 레드포드Robert Redford, 워렌 비티Warren Beatty, 리차드 애튼버러Richard Attenborough에 이어 배우출신으로 4번째 아카데미 감독상 수상자가 되었다. 이후 클린트 이스트우드Clint Eastwood가 이 반열에 합류한다.

시종일관 압도하는 풍광이 펼쳐지는 이 영화의 실제 촬영은 사우스다코타의 광활한 대평원에서 이뤄졌다. 무려 3,000마리의 버팔로를 사냥하는 장면은 영화사에 길이 남을만한 스펙타클한 장면이기도 했다. 초보 감독답지 않게 4시간(감독 판)이라는 긴 대작을 지루하지 않게끔 적재적소에 적절히 사건을 배합한 연출은 아카데미 감독상 수상자로 손색이 없다. 코스트너는 당시 각본에서부터 편집까지 많은 작업에 관여하였기에 마치 그의 일인극이나 마찬가지라고 할 정도로 이 작품에 그의 모든 것을 쏟아부었다.

이 영화는 인종과 국경을 초월한 휴머니즘을 짙게 풍기고 있다. 수우 족의 주술사인 '발로 차는 새'는 주인공인 던바 중위에게 "슈마니투통카 오브 와시테Shumanitutonka ob Washte" 즉 '늑대와 춤'이라는 이름을 지어준다. 참으로 시적이고 낭만적인 표현이 아닐 수 없다. 그는 매우 진중하고 의리가 있는 인디언으로 등장하는데 "발로 차는 새"는 실재했던 인물이었다고 한다. 그는 던바에게 "가장 멋진 길은 참다운 인간으로 사는 것이다."라는 철학적인 말을 건네기도 한다. 가죽만을 얻기 위해 버팔로를 무참하게 사냥하는 백인들을 향해 수우 족은 '영혼이 없는 자들'이라고 분노한다. 백인들은 이렇게 순박하고 정의롭게 살아가는 그들을 문명이라는 이름을 앞세우면서 무자비하게 침략하고 학살하였던 것이다.

남북전쟁이 한창이던 1863년 테네시 주의 데이비드David 평원에서 북군 중위 존 던바는 남군을 교란시키고, 아군을 위기에서 구한다. 그리고 서부를 직접 체험하기 위해 스스로 변방의 기지로 간다. 그러나 그곳에는 아무도 없다. 그에게는 한 필의 말과 일기장, 그리고 가끔씩 찾아오는 늑대 한 마리가 유일한 동무다. 어느 날 수우 족 인디언을 알게 되고, 그는 그들에게 버펄로의 대이동을 알려주면서 그들과 친숙해진다. 이윽고 수우 족과 함께 생활하게 된 그는 '늑대와 춤을'이라는 이름으로 불리면서 백인 출신 인디언 여자 '주먹 쥐고 일어서'와 사랑에 빠진다. 그러나 새로 온 북군 병사들은 그의 이런 변화를 무시하고 그를 체포하여 상부로 압송한다. 그러나 수우 족은 호송되는 던바 중위를 구해준다. 그러나 던바는 수우 족의 안전을 위해 아내인 '주먹 쥐고 일어서'와 함께 이들 곁을 떠나간다. 이윽고 아래와 같은 마지막 자막이 화면에 오른다.

"13년 후 수우 족 마을은 파괴되고 버펄로는 사라졌다. 남은 수우 족은 네브라스카 주 로빈슨Robinson 요새에서 미국 정부에 항복했다. 이로써 서부 정복은 막을 내리고 대평원에서 인디언들의 삶도 막을 내렸다."

II. 눈물의 여정

미국 독립전쟁 기간 동안에는 대부분의 인디언들은 영국 편을 들었다. 이는 영국이 패할 경우 백인 정착민들이 그들 지역으로 밀려 들어올 것을 우려했기 때문이었다.

인디언들의 판단이 옳았다. 영국이 패하면서 1800년경에는 70만 명의 백인들이 애팔래치아 산맥 서부의 인디언 지역으로 밀고 들어와 정착했다. 이후 미국인들은 점차 미시시피 강까지의 영역을 차지하고자 했고 '명백한 운명'이라는 미명하에 급기야는 태평양 연안까지의 전 지역을 다 차지해야 한다고 생각했다. 그때부터 미국 정부는 백인들의 거주지를 마련하기 위해 인디언 이주 계획을 추진하기 시작했다. 이러한 강제 이주로 인해 엄청나게 많은 인디언이 목숨을 잃었으며 고통의 나날을 보내야 했다.

영미전쟁* 후 미국은 서부로의 진출을 가속화했다. 이번에는 제퍼슨 대통령 당시 프랑스로부터 헐값에 사들인 애팔래치아 산맥을 넘어 미시시피 강까지의 루이지애나 지역이었다. 이 땅에는 오래전부터 여러 인디언 부족들이 터를 잡고 살아가고 있었다. 앤드류 잭슨Andrew Jacson이 대통령이 되기 전인 1820년대 초반에는 남부의 인디언들과 백인들은 함께 정착하여 사이좋게 지내며 왕래도 빈번했다. 백인들이 인디언 마을을 방문하기도 하였고 인디언들이 백인들의 손님이 되기도 하였다. 인디언들의 좋은 이웃이었던 이들 개척자들은 인디언을 추방하는 움직

---

* 영미전쟁은 1812년 6월에 영국과 미국 사이에서 일어난 전쟁을 말한다. 나폴레옹 전쟁 때 중립을 선언한 미국이 영국의 프랑스에 대한 봉쇄로 미국의 해운이 위협을 받자 영국에 선전포고를 하였으며 1814년 12월에 강화가 이루어졌다.

임에 적극적이지 않았다. 데이비드 크로켓*이나 샘 휴스턴** 같은 개척자들이 바로 그런 사람이었다.

1820년대에 들어오면서 백인들은 이들 인디언들을 미시시피 강 서쪽으로 쫓아내기 시작했다. 이와 같은 인디언 강제 이주를 밀어붙인 선봉장은 영미전쟁의 영웅이자 미국의 7대 대통령이었던 잭슨이었다. 잭슨은 인디언 역사에서 가장 무자비한 인물이었고 인디언들에게는 철천지원수였다. 잭슨의 뒤에는 정치가·사업가·부동산 투기자들이 도사리고 있었다. 잭슨은 전쟁이 끝난 후 휘하의 민병대를 동원해 플로리다와 조지아에 살던 인디언들을 잔인하게 토벌해 나갔다. 인디언들에게 '긴 칼'이라는 별명으로 불리었으며 그의 잔인성은 이루 말할 수가 없었다. 잭슨은 이렇게 해서 인디언들을 쫓아낸 땅을 자신의 친구들과 헐값에 매입하여 부를 축적했다.

대통령이 된 잭슨은 인디언들을 미시시피 강 너머의 백인이 살지 않는 곳으로 강제 이주시킬 것을 촉구하는 서한을 의회에 보냈다. 그는 "인디언들이 백인과 떨어져 있어야만 그들 방식대로 행복하게 살 수 있을 것이며, 이런 인도주의적 정책은 결국 인디언 자신들에게도 커다란 유익이 될 것."이라고 헛소리를 늘어놓았다. 잭슨의 촉구에 의해 연방정부는 이 지역 인디언들에 대한 이주 정책을 본격적으로 밀어붙이기 시작했다. 이

----

* 데이비드 크로켓(David Crockett, 1786~1836)은 미국의 군인, 정치가였으며 텍사스 독립운동을 위하여 알라모 전투에 참가하여 그곳에서 전사했다.

** 샘 휴스턴(Sam Houston, 1793~1863)은 멕시코와의 전쟁에서 승리하여 텍사스의 독립을 쟁취했다. 이후 텍사스 공화국의 초대 대통령을 지냈으며, 1845년 텍사스의 미국 합병을 주도했다.

런 와중에 수많은 인디언들이 이주하다가 또는 새로운 땅과 기후에 적응하지 못해 비참하게 죽어갔다. 대표적으로 고통을 받은 부족은 크리크 Creek 족과 체로키Cherokee 족, 그리고 세미놀Seminol 족이었다.

1826년 조지아 주정부에서 대규모 병사들을 파견하여 크리크 족에 대하여 이주하라는 압력을 가하기 시작했다. 미국 군인들은 크리크족 마을에 마구 밀고 들어와 2,000~3,000명 단위로 묶어 이들을 서부로 쫓아내기 시작했다. 위기를 느낀 크리크 족은 알아서 고향을 떠나는 것이 상책이라 생각하여 오클라호마로 떠나갔다. 낡고 썩은 배에 태워져서 미시시피 강을 건너다가 침몰해서 몰살당하기도 하고 기아와 질병으로 수백 명씩 죽어나갔다. 절반 이상의 인디언들이 험난한 여정 길에서 목숨을 잃었다.

체로키 족은 더 비극적이었다. 체로키 족은 일찍부터 백인 문명을 받아들여 스스로 농부·대장장이·목수 등이 됨으로써 백인들의 세상에 발맞추려고 노력했다. 그들은 통치기구를 조직했으며 백인 선교사들까지 받아들였다. 추장 세쿼이아Sequoia는 체로키 문자를 만들어 영어와 체로키어로 된 신문을 발행했고 인근 백인들과도 우호적인 관계를 유지하고 있었다. 그들은 1827년 그들만의 독립정부를 수립하고 조지아주에 승인을 요청했다. 그러나 조지아 주정부는 이를 단칼에 거부하고 그들의 거주지를 몰수하겠다고 위협했다. 그러자 체로키족은 연방대법원에 자신들의 권리를 확인해 달라는 소장을 제출했다. 대법원은 인디언을 조상 대대로 살아온 토지에서 몰아내는 것은 헌법위반이라는 판

결을 내렸다. 그러나 잭슨 대통령은 이 판결을 너무나 비상식적이라고
비난하고 나섰다.

눈물의 여정 상상화

조지아 주정부는 잭슨 대통령의 호응에 힘입어 대법원의 판결에 불복하고 체로키 거주지를 무력으로 점령해 나가기 시작했다. 당시만 해도 이런 소소한 일에 주정부가 반기를 들어도 힘이 약한 연방정부는 그냥 두고 볼 수밖에 없었다. 주 정부의 위협에 시달리던 체로키 족은 하는 수 없이 굴복했다. 마침내 1838년 10월 1일, 1만 7,000여 명의 체로키 부족이 첫 번째 '눈물의 여정The Trail of Tears'을 시작했다. 연방정부군은 마치 전쟁포로를 다루듯이 이들을 몰고 갔다. 반항하는 자는 쇠사슬에 묶이거나 가차 없이 처리되었고 잇따른 굶주림·갈증·질병 등으로 4,000여 명의 체로키족이 이동 도중 숨졌다. 그러나 잭슨에 이어 대통령이 된 밴 뷰런Van Buren도 도긴개긴이긴 마찬가지였다. 1838년 12월 의회에서 "체로키 족 전원이 미시시피 서쪽의 보금자리로 완전히 이주했다."고 말했다. 이어서 체로키 족을 이주시키기로 한 의회의 결정은 "체로키 족에게 최상의 행복한 결과를 낳았다."고 지껄여댔다.

한편 플로리다에 흩어져 살던 세미놀 족은 크로키 족과 체로키 족

을 반면교사로 삼아 목숨을 걸고 자신들의 땅을 지키기로 다짐했다. 그들은 오세올라Osceola라는 젊은 추장 밑에 수천 명의 전사들이 모여들어 늪지대인 에버글레이드Everglade를 근거로 치열한 항전을 벌였다. 이 싸움은 무려 8년이나 계속되었다. 세미놀 족은 치고 빠지는 전술을 택했다. 연방군은 진흙·늪·열기·질병 등에 시달리면서 1,500명 이상이 목숨을 잃었다. 그러나 오세올라가 연방군에 잡혀 처형을 당하면서 항전도 끝이 났고 남은 세미놀 족도 체로키족을 따라 오클라호마로 강제 이주당하고 말았다.

　세미놀 족의 이주로 미시시피 강 동쪽의 사우스캐롤라이나·조지아·플로리다 지역의 광대한 땅이 백인들의 손아귀로 넘어왔다. 백인들은 이를 개척과 진출이라고 미화했으나 원주민의 입장에서 볼 때는 이는 살육과 무자비한 강점에 다름 아니었다. 백인들의 욕심은 여기서 끝나지 않았다. 인디언들이 오클라호마로 이주한 지 채 20년도 되지 않아 백인들은 다시 그곳으로 몰아닥쳐 이들을 서쪽의 오지로 몰아냈다. 한편 미국의 서부 지역에는 아파치Apache 족·코만치Comanche 족·샤이엔Cheyenne 족·수우 족 등의 매우 강인한 부족들이 남아 있었다. 이들은 말을 타고 사냥을 하면서 먹을 것을 확보할 수 있어서 백인들에게 끈질기게 저항할 수 있었다. 양 진영 간에 끊임없이 충돌이 있었지만 결국 60년이 지나자 인디언들은 모두 평정되었다.

게티즈버그

남북전쟁의 분수령, 게티즈버그 전투 / 링컨의 게티즈버그 연설

I. 영화 <게티즈버그, Gettysburg>

이 작품은 미국 남북전쟁의 분수령이자 가장 유명한 게티즈버그 전투 사흘 간(1863년 7월1일~7월 3일)을 그린 영화이다. 퓰리처 상에 빛나는 마이클 사라Michael Shaara의 『The Killer Angels』을 원작으로 해서 만들었다. 이 책은 50쇄나 인쇄하는 등 인기리에 판매되었고 지금도 미국 고등학생들의 필독서로 꼽히고 있다.

이 영화의 감독 로널드 맥스웰Ronald Max-well은 1978년, 이 소설을 읽고 영화화하기로 결심했으나 제작자를 물색하는 데 무척이나 고생했다는 후문이다. 결국 켄 번스Ken Burns를 만나

영화제작에 들어갔고 CNN 사장 테드 터너Ted Turner도 여기에 참여하기에 이르렀다. 터너는 영화에서 남군 대령 월러 패튼Waller Patton 으로 찬조 출연하기도 했다. 패튼은 게티즈버그 전투 마지막 날 벌어지는 '피켓 돌격'에서 부하들을 이끌다가 전사한다. 당시 그곳에서 벌어졌던 피터지는 전투 장면 촬영에는 5,000명의 엑스트라들이 동원되었다. 현재는 게티즈버그 국립 군사 공원으로 바뀌었다.

여러 배우들이 온통 턱수염을 기른 채 연기를 펼치는데 당시에는

메인 연대를 이끄는 체임벌린 중령

장교들이 긴 수염을 기르는 것이 보편적인 현상이었다. 이 영화의 각본을 직접 쓴 맥스웰 감독은 원작의 내용을 거의 손대지 않고 곁가지 없이 전투 자체를 사실적으로 묘사했다. 아울러 남북전쟁에 대한 북부와 남부 병사들의 생각과 관점도 세심하게 전달하려고 노력했다. 영화에 등장하는 장교들과 장군들이 전투를 치르면서 틈틈이 남북전쟁의 의의에 관한 열띤 토론을 벌이고 있는 것도 이채롭다. 본고장 미국에서는 남북전쟁을 남부인의 시각에서 다룬 <바람과 함께 사라지다>에 대한 테드 터너의 응답으로 불리며 화제를 불러모았다.

1993년에 개봉한 이 영화는 5시간이라는 어마어마한 상영시간 때문에 흥행에는 실패했다. 나중에 비디오테이프·DVD로 출시하면서 흥행 부진에 따른 적자를 충분히 벌충했다. 1994년 미국 전역에 이틀에 걸쳐 TV로 방영했는데, 2,300만 명이라는 엄청난 사람들이 시청하면서 이 부문에서 역대 신기록을 세웠다. 한국에서도 개봉을 시도했지만 역시 긴 상영시간 때문에 배급사들마다 손사래를 치면서 상영은 물 건너갔다. 이후 DVD와 TV를 통해 우리나라에도 소개되었다. 영화 속 등장인물들은 모두 실존인물 그대로이다. 우리나라 관객들에겐 남북전쟁을 배경으로 한 영화의 대표작하면 <바람과 함께 사라지다>와 TV 시리즈물 <남과 북>을 많이 기억하는지 <게티스버그>는 의외로 잘 알려지지 않았다. 전편에 걸쳐 웅장하게 흘러나오는 메인테마는 <바람과 함께 사라지다>와 <남과 북>의 주제곡 못지않게 가슴을 울려준다.

원래 영화 제목은 원작처럼 <The Killer Angels>였는데 테드 터너가 제목이 마치 마카로니 웨스턴의 무법자 시리즈를 연상시킨다고 <게티스버그Gettysburg>로 바꾸었다고 한다. 'The Killer Angels'라는 단어는 셰익스피어의 희곡 『햄릿Hamlet』의 대사 중에 나온다. 'The Killer Angels'는 남북전쟁에서 남군과 북군이 각자가 대의에 충실한 천사라고 주장하면서 서로가 죽고 죽이지만, 결국 이들은 '한낱 상대방을 죽이는 천사'에 불과하지 않느냐는 의미를 지닌다. 영화의 줄거리는 아래에서 기술하는 전투 상보와 거의 대동소이해서 생략한다.

II. 남북전쟁의 분수령, 게티즈버그 전투

게티즈버그 전투 상보

　미국의 남북전쟁(1861년~1865년)이 오늘날의 미국을 이룩하는 데 중요한 전쟁이었다면 게티즈버그 전투는 그 남북전쟁의 분수령을 이룬 중요한 전투였다. 게티즈버그 전투는 남북전쟁이 거의 절반이 지나간 시점인 1863년 7월 1일부터 3일까지 3일 동안 워싱턴 북쪽, 자동차로 약 1시간 거리에 위치한 펜실바니아 주의 게티즈버그라는 자그마한 마을 근처에서 벌어졌다. 당시 남군과 북군의 대치상황을 살펴보면 남서부전선에서는 미시시피 강 유역의 빅스버그Vicksburg라는 도시에 갇

로버트 리

혀있는 남군이 율리시스 그랜트[*]가 지휘하는 북군에 포위되어 항복 일보 직전에 있었다. 그리고 북군의 수도 워싱턴과 남군의 수도 리치먼드Richmond가 있는 동부전선에서는 포토맥 군(북군)과 북버지니아 군(남군)이 서로 치고받으면서 혈전을 벌이고 있었다.

　이때 남군을 지휘하고 있는 로버트 리Robert Lee 장군이 난국을 타개하고자

---

[*] 율리시스 그랜트(Ulysses Grant, 1822~1885)는 남북전쟁 당시 북군의 총사령관이었으며 북부를 승리로 이끈 명장이다. 이후 미국의 제18대 대통령을 지냈으나 장군 시절의 명성에는 미치지 못했다.

획기적인 전략을 세운다. 즉 그때까지 일방적으로 밀고 내려오는 북군을 버지니아에서 맞아 싸우기만 했지만 이번에는 병력을 이끌고 북부로 깊숙이 쳐들어가서 북군과 일대 자웅을 결해보겠다는 것이었다. 리는 지금도 미 육군에서 군신軍神이라고 불릴 정도로 천재적인 전략가였다. 버지니아의 유서 깊은 집안에서 출생한 그는 웨스트포인트를 뛰어난 성적으로 졸업하고 멕시코 전쟁 때는 눈부신 활약을 펼쳤다. 남북전쟁이 발발하자 링컨은 그에게 북군의 총사령관을 제의했으나 그는 고향인 버지니아에 총부리를 겨눌 수 없다고 남군 쪽으로 발길을 돌렸던 인물이었다.

리 장군이 북쪽으로 치고 올라가 북군과 한 판 벌여보겠다는 결심을 한 배경에는 고전하고 있는 서부의 빅스버그에 대한 북군의 압박을 풀어보려는 의도가 담겨있었다. 한편으로는 북부 깊숙한 곳에서 북군을 깨부숨으로써 그때까지 북쪽 정부와 남쪽 정부 사이에서 왔다 갔다 하면서 양다리를 걸치고 있던 유럽의 영국·프랑스·스페인 등을 자기편으로 이끌려는 의도도 깔려있었다. 이들을 자기편으로 만들면 결국 북군과의 화평 교섭을 이끌어내어 애초의 의도대로 남부 연맹의 독립을 쟁취할 수 있다는 것이 그의 꿍꿍이였다. 남군의 리가 이끄는 북버지니아 군대는 총 75,000명이었고, 북군의 미드 장군이 이끄는 북군인 포토맥 군은 총 88,000명이었다. 이들 양쪽 군대는 우여곡절 끝에 워싱턴 북쪽의 조그만 도시 게티즈버그에서 7월 1일부터 7월 3일까지 역사적인 혈전을 벌이게 된다. 결국 이 한 방의 전투가 남북전쟁의 향방을 결정하는 중요한 터닝포인트가 된다.

　7월 1일, 리의 선봉 부대와 최초로 만난 북군은 새로이 포토맥군의 수장이 된 미드Meade가 내보낸 기병정찰대였다. 6월 28일, 후커Hooker가 사임한 후 사령관이 된 미드는 남군의 북상 소식에 접하자 즉시 군을 이끌고 북쪽으로 향한다. 그리고 뷰포드Buford가 이끄는 정찰대를 내보냈는데, 이 정찰대가 7월 1일에 게티즈버그 인근에서 힐Hill이 이끄는 남군 부대 일부와 조우하게된 것이다. 뷰포드는 처음에 힐의 남군 부대와 2시간 동안 물러나지 않고 총격전을 벌였지만, 이웰Ewell이 이끄는 남군 후속 부대가 도착하면서 전투를 포기하고 물러났다. 뷰포드는 물러나면서 게티즈버그의 바로 남쪽에 있는 말발굽 모양의 고지인 세메터리 힐Cemetery Hill에 부대를 배치시켰다.

　리는 이웰에게 이 세메터리 힐을 점령할 것을 주문하였다. 미드가 남군의 위치를 파악한 이상 북군의 주력부대가 들이닥칠 것은 뻔한 일이었다. 그래서 미드의 본군과 전투가 벌어지기 전, 인근의 고지를 반드시 장악해야 한다고 판단했기 때문이다. 그러나 애석하게도 리가 이웰에게 내린 명령문에는 '가능하면' 고지를 점령하라는 단서조항이 있었다. 애매한 문구였다. 반드시 점령하라는 의미가 아니었다. 이 때문에 이웰은 이 고지에 포진한 북군의 수비가 너무 단단하다고 지레 판단하고 우물쭈물하고 있었다. 그가 잠시 머뭇거리는 동안 남쪽에서 북군의 증원군이 도착하였고 세메터리 힐의 북군 방어진은 탄탄해졌다. 만약 이때 기회를 포착하는 데 천부적인 감각이 있는 리 장군의 오른팔이었

롱스트리트

던 잭슨*이 살아 있었더라면 결과가 뒤바뀔 수 있었을 것이다. 그러나 잭슨은 바로 이전 첸슬러즈빌Chancellorsville 전투에서 전사한 뒤였다.

북군 주력이 세메터리 릿지Ridge로 속속 도착하면서 북군은 이 능선을 따라 길게 수비진을 구축하였다. 아울러 이 능선 왼쪽의 컬프스 힐Culps Hill에도 방어선을 구축하고 남군의 공격에 대비하였다. 게티즈버그 북쪽에 있던 리는 북군이 강력한 방어선을 만든 것을 보고 어찌해야 할지 고심하였다. 일단 리는 양면 공격을 하기로 결심했다. 그러나 동시 공격이 아니고 적절히 시차를 두어 공격할 계획이었다. 요지는 제임스 롱스트리트**가 이끄는 군단으로 세메터리 릿지의 북군 좌익을 먼저 치면 위기에 몰린 좌측을 구하기 위하여 미드가 컬프스 힐에 있는 일부 병력을 차출하여 좌측을 보강할 것이고, 그러면 자신의 본군으로 컬프스 힐을 공략한다는 것이었다.

그러나 롱스트리트의 생각은 달랐다. 그는 유리한 지형에 자리를

---

* 토머스 조너선 잭슨(Thomas Jonathan Jackson, 1824~1863)은 리 장군의 오른팔로써 남북전쟁 초기에 혁혁한 전과를 올린 용장이었다. 그가 치른 눈부신 전투로 인해 돌담 잭슨Stonewall Jackson이라고 불렸다.

** 제임스 롱스트리트(James Longstreet 1821~1904)는 리 장군의 오른팔이자 북버지니아군의 부사령관을 지냈다. 그랜트의 친구이기도 해서 전쟁이 끝난 후 오스만 터키 대사 등 여러 공직을 지냈다. 게티즈버그 전투 당시 리 장군의 지시가 못마땅해서인지 소극적으로 대처했다는 구설수에 오르기도 했다.

잡은 적을 치는 대신 남군을 남쪽으로 돌릴 것을 리에게 건의하였다. 남군 병력이 북군 수도 워싱턴으로 향하게 되면 결국 미드는 어쩔 수 없이 워싱턴 방향으로 가는 남군을 막기 위하여 현 진지에서 나올 것이라는 예상이었다. 어찌 보면 합리적인 건의였지만 리는 롱스트리트의 건의에 일언반구 대꾸도 안 했다.

7월 2일, 롱스트리트의 건의를 한 귀로 흘려들은 리는 자신만만했다. 북군과 연전연승하고 있어 부하들의 사기가 하늘을 찌르고 있는 데다, 경험 많은 자신의 병사들이 북군 풋내기들과 싸워서 질 리가 없다는 것이 그의 생각이었다. 롱스트리트는 리의 거부에 기분이 찜찜했지만 어찌 되었건 명령은 명령이었다. 롱스트리트는 자신의 군단을 이끌고 북군 좌측에 대한 공격에 나섰다. 그런데 어찌 된 일인지 시클즈Sickles 장군이 이끄는 북군 병력이 세메터리 릿지의 남쪽 끝에서 더 남쪽으로 내려와 남군의 진격로를 가로막고 있었다.

시클즈는 좌측 끝을 방어하라는 명령을 받고 있었지만, 단순히 지키기만 해야 한다는 사실이 영 마음에 내키지 않았다. 그래서 제멋대로 원래보다 방어선을 쑥 앞으로 내민 것이다. 롱스트리트는 시클즈의 북군 병력 뒤에 있는 리틀 라운드 톱Little Round Top이라는 언덕을 눈여겨보고 있었다. 원래는 시클즈가 방어선 끝에 있어야 했지만 시클즈가 명령을 어기고 부대를 함부로 이동시키는 바람에 남군에게 노출된 것이다. 롱스트리트 생각으로는 만약 이 언덕을 점령할 수 있다면 북군의 진지를 완전히 우회함은 물론 야포를 올려 방열시켜 노출된 북군 진지를 뒤에서 때릴 수 있었다.

체임벌린

할 수 없이 롱스트리트의 공격은 먼저 시클즈의 부대에 집중되었고 시클즈의 부대는 퇴각하였다. 그러나 이 전투가 벌어지기 직전, 미드는 시클즈의 부대가 위치를 이탈해 있음을 알아채고 재빨리 방어선을 보강하기로 했다. 그래서 시클즈 부대가 한창 남군과 전투를 벌이는 동안, 리틀 라운드 톱에는 미시간 제16연대·펜

실베이니아 제83연대·뉴욕 제44연대 그리고 조슈아 체임벌린* 대령이 지휘하는 메인 제20연대가 허겁지겁 올라가 자리를 잡게 되었다. 이로써 리틀 라운드 톱을 차지하려고 했던 롱스트리트의 계획은 물거품이 되었다.

시클즈가 물러간 뒤 롱스트리트는 휘하의 후드Hood 소장이 이끄는 부대로 하여금 리틀 라운드 톱에 대한 전면 공격을 지시했다. 그러나 여러 차례에 걸친 남군의 돌격을 격퇴시켰으나 병력이 부족해진 북군은 오후 늦게부터 큰 위기를 맞았다. 특히 저지선 왼쪽 끝을 지키고 있던 체임벌린이 이끄는 메인 20연대는 남군의 돌격을 막아내느라 병

* 조슈아 체임벌린(Joshua Chamberlain 1828~1914)은 보든Bowdion 대학 철학과 교수였으나 남북전쟁이 발발하자 자원입대했다. 게티즈버그 전투 중 리틀 라운드 탑에서 메인 20연대를 지휘했다. 탄약이 떨어지자 병사들에게 착검돌격을 명령, 남군의 공격을 성공적으로 막아냈다. 이 공로로 미국 의회 명예 훈장을 받았으며 육군 준장까지 승진했다. 전후에는 메인 주 주지사, 보든대학 총장을 지냈다.

력이 간당간당해졌다. 탄약도 거의 바닥이 났다. 이에 체임벌린은 남군이 다시 돌격해 올라오기 전에 연대 병력을 일렬로 배치하였다. 그리고 '착검!'을 외치면서 진격해 올라오는 남군에게 거꾸로 돌격을 명하였다. 이에 기를 쓰고 올라오고 있던 남군은 쏟아져 내려오는 북군을 보고 혼비백산하여 다수가 포로가 되거나 꽁지 빠지게 아래로 달아났다. 물론 북군이 탄약이 떨어져 착검해서 달려 내려오고 있다는 사실은 까맣게 몰랐다.

하여튼 극적으로 리틀 라운드 탑에 대한 남군의 돌격은 멈추었다. 리틀 라운드 톱의 전투는 다음 날 5군단 소속 제3사단이 구원에 나서면서 북군의 승리로 마감되고 롱스트리트의 우회기동은 실패로 돌아갔다. 한편 컬프스 힐에 대한 남군 본대의 공격도 성공하지 못하였다. 북군의 우측과 좌측 공격에 모두 실패한 리는 다음날 중앙 정면 공격을 결심한다. 롱스트리트는 북군이 비록 좌측을 강화했다고는 하나 여전히 약하니 북군의 좌측을 돌아 워싱턴 방면으로 진출, 지리적 이점을 취한 다음에 결전을 벌이자고 재차 건의한다. 그러나 리는 또 다시 롱스트리트의 말에 이번에도 듣는 척도 안했다. 그리고 다음 날 북군 중앙에 대한 돌격 계획에 대해서만 얘기했다.

7월 3일, 리의 판단으로는 이틀간 계속된 전투로 북군 본대 역시 약화되었을 것이라는 계산이었다. 마침 피켓이 이끄는 증원군 1만 명이 도착하면서 리는 증원 병력으로 하여금 북군의 중앙을 공격한다는 계획을 세웠다. 오후 1시경 남군 포병대의 포격으로 전투가 개시되었다.

이 포격은 2시간 동안 이어졌다. 그러나 기이하게도 중앙에 포진하고 있는 북군 포병들은 잠시 반격을 하다말다 하더니 포격을 그쳤다. 리는 남군의 포격이 북군 포병대를 제압했다고 생각하고 피켓 소장의 병력 1만 명에다 힐 소장의 사단의 일부 병력을 차출하여 1만 2,500명의 돌격대를 준비시켰다.

오후 3시경, '피켓의 돌격Pickett's Charge'이라고 알려진 그 유명한 진격이 시작되었다. 진격이 시작되는 지점으로부터 북군의 진지까지는 약 1㎞ 정도의 거리였다. 그곳은 아무런 장애물도 없는 그야말로 개활지였다. 돌격은 처음에 비교적 차분하게 진행됐다. 처음 20분 동안은 아무 일도 일어나지 않았으나 남군이 개활지의 중간쯤에 도착하자 북군 포병대의 포 80문이 일제히 포격을 시작했다. 전투 초기에 남군의 포격이 개시되자 곧 돌격이 이어질 것임을 눈치챈 포병대장이 발포를 멈추었다가 결정적인 순간에 포문을 연 것이다. 빗발치는 포격 속에 팔다리가 떨어나가고 추풍낙엽처럼 쓰러져가는 아비규환 속에서도 피켓의 병사들은 돌격을 멈추지 않았다. 북군 진지로부터 약 200야드 지점에 이르자 기다리고 있던 북군의 일제 사격이 시작되었다.

엄청난 피해에도 불구하고 돌격대의 병력은 여전히 남아 있었고 일부는 북군이 있던 방어선에 돌입하여 쌍방 간에 치열한 육박전이 벌어졌다. 만약 남군이 제2파를 보냈다면 돌파가 가능했을 수도 있었겠지만, 남군에게는 병력의 여유가 없었다. 더군다나 북군은 전날 저녁에 1만 명의 후속부대가 도착한 후였다. 남아 있는 돌격대로는 북군의 방어선을 돌파할 여력이 없었다. 남군은 되돌아가기 시작하였고, 피켓의 돌격은 결국 절반 이상의 사상자를 내면서 완전히 실패로 돌아갔다.

7월 4일, 남군은 다음 날 쏟아지는 빗줄기 속에서 버지니아로의 퇴각을 시작하였다. 이전의 역대 북군 사령관들과 마찬가지로 우유부단한 미드는 리의 남군을 적극적으로 추격하지 않았다. 특히 공교롭게도 쏟아지는 비로 포토맥 강이 갑자기 불어나 남군은 강가에서 많은 시간을 허비하였는데, 만약 미드가 필사적으로 추격하였더라면 포토맥 강변에 고립된 리의 남군을 궤멸시켰을 수도 있었을 것이다. 그러나 미드역시 소극적인 대처로 그럴 기회를 놓쳤다. 링컨은 미드 후임으로 싸움닭이라고 불리는 그랜트를 임명하였고 이후부터는 링컨이 지긋지긋하게 골머리를 앓았던 북군 장군들의 우유부단한 모습은 사라진다.

이제 남군은 게티즈버그에서 완패하였고 이제는 더 이상 북진을할 여력이 없어졌다. 게티즈버그 전투가 벌어질 때는 남군의 전력이 가장 최고점에 이르렀던 때였다. 이 전투 이후 남군의 동력이 사라졌다. 그러나 리의 뛰어난 전략으로 남북전쟁은 2년간 질질 끌면서 지속되었다. 승리의 쾌보가 워싱턴에 전달된 것은 다음날이었다. 승전보는 북부를 전율케 하였다. 특히 7월 4일 독립기념일에 전달된 승전 소식은 워싱턴을 더욱 열광의 도가니에 빠뜨렸다. 3일 후 접수된 또 하나의 승전보, 남서부 전선의 빅스버그에서 북군의 그랜트가 거둔 남군의 항복 소식은 이들의 열광을 광희狂喜로 만들었다.

기쁨에 넘친 링컨은 백악관 발코니에 나와 환호하는 군중들을 향해 이렇게 연설을 했다. "인간은 누구나 평등하다는 우리의 주의 주장을 꺾으려던 반란군 집단이 마침내 우리의 영웅적인 아들들에게 굴복하였습니다."

피켓 돌격

미국사의 클라이맥스가 남북전쟁이라면, 그 남북전쟁의 클라이맥스는 게티즈버그 전투라고 할 수 있을 것이다. 또한 게티즈버그 전투의 절정은 '피켓 돌격'이라고 '남북전쟁Civil War'의 작가인 스튜어트Stuart가 말했다. 7월 3일 그날, 역사상 유례없는 일대 돌격이 펜실바니아 주 평화로운 들판에서 이루어지면서 엄청난 살육이 펼쳐졌다. 들판 서쪽 숲속으로부터 남군 주력부대 1만 2.500명이 총검을 내밀면서 대오를 갖추고 푸른 사단기와 남부 연맹기를 중심으로 수많은 군기가 휘날리면서 앞으로 전진하기 시작했다.

"그것은 내 생애를 통해 내가 본 가장 아름답고 가장 장엄한 광경이었다." 이는 전투가 끝난 후 어느 북군 장교가 남긴 말이었다.

이 벌판에서 일대 살육전이 벌어졌다. 최초 남군 포격에 의해 제압되었다고 여겨졌던 북군의 포대가 시퍼렇게 살아 있었고, 이 북군의 포 사격에 의해 벌판을 가로질러 오는 남군을 갈기갈기 찢어놓기 시작했다. 맹렬한 북군의 포 사격에도 불구하고 남군은 꾸역꾸역 벌판을 가로질러 전진을 계속했다. 포격을 가까스로 피해 북군 진영으로 가까이 접근한 기다리고 있던 북군들의 총알 밥이 되거나 총검으로 살육되기 시작하였던 것이다.

남군의 처절한 패배, 30분간 잠깐 사이에 일어난 완패였다. 돌격했던 남군 중 절반 이상이 눈 깜짝할 사이에 사라져 버린 것이다. 패하고 돌아오는 일부 부하들에게 리 장군은 "걱정 말게, 모두가 내 잘못이네, 패전한 것은 나야, 남은 일을 해나갈 수 있게 나를 좀 도와주게."라고 말했다고 한다. 덕장德將으로 유명했던 리 장군다운 말이었다.

남군의 패인

이 전투에서 남군의 패인은 무엇이었을까. 첫 번째는 너무 자신만만했던 리 장군이 세 번째 날, 무모한 중앙돌파를 시도했기 때문이라고들 말하고 있다. 사실 그동안 리 장군이 이끄는 남군은 북군과 싸워서 거의 진 적이 없었다. 상승군常勝軍에 대한 굳은 믿음 때문이었을 것이다. 두 번째는 리 장군이 가장 믿고 있는 롱스트리트 장군의 소극적인 자세에서 비롯되었다는 얘기도 있다. 애초부터 롱스트리트는 이 전투에 대해서 시종일관 시큰둥했다. 그래서 직속상관인 리에게 게티즈버그에서의 전투를 피하고 워싱턴 방향으로 군대를 돌려 유리한 지형을 확보하여 북군과 일전을 벌이자고 몇 번이나 건의를 했으나 정작 리 장군은 들은 체도 안 했다.

세 번째로는 3일째 피케트 돌격 직전, 남군 포대가 최후의 한발까지 퍼부은 포격이 정밀하지 못해 북군 포대를 잠재우지 못한 점도 패인으로 지적된다. 나중에 알려졌지만 포연 때문에 남군의 포탄들은 대부분 북군의 진지 뒤편으로 떨어졌다. 그리고 네 번째로 리가 간과한 것은 북군의 전력이 과거와는 확연히 달라졌다는 점이었다. 날이면 날마다 적지인 버지니아 지역의 전투에서 깨지던 북군도 이제 안방에서만은 질 수 없다는 단단한 각오로 나섰기 때문이었다. 그날 게티즈버그 전투장에서의 북군의 전투 의지는 전에는 전혀 볼 수 없었던 대단한 것이었다.

III. 링컨의 게티즈버그 연설

우리가 민주주의를 얘기할 때면 으레 입에 올리는 "인민의, 인민에 의한, 인민을 위한 정부"라는 유명한 구절은 링컨의 게티즈버그 연설에서 나온다. 게티즈버그 전투가 벌어진 후 4개월 후인 1863년 11월 19일, 당시 숨졌던 병사들을 위한 국립묘지 봉헌식에 참석한 링컨은 역사에 길이 남을 연설문을 남겼다. 이 연설문은 미국 역사상 가장 많이 인용된 연설 중 하나이자, 가장 위대한 연설로 손꼽힌다.

봉헌식 날 명연설가인 에드워드 에버렛*의 2시간에 걸친 연설이 있

---

* 에드워드 에버렛(Edward Everett, 1794~1865)은 매사추세츠 주 의원·하버드대학 총장·주지사·영국 주재 미국 공사·국무장관을 지냈다. 남북전쟁 전 명연설로 북부의 지지를 호소하면서 많은 호응을 받았다.

은 후 링컨 대통령의 봉헌사가 이어졌다. 그날 링컨의 연설은 불과 2~3분밖에 걸리지 않았다. 단지 12개의 문장으로만 되어 있었다. 연설을 하던 링컨은 스스로 감정에 복 받혀 눈물까지 글썽거렸다. 그러나 청중들은 너무 빨리 끝난 연설에 최면이라도 걸린 듯 망연자실해져 버렸다. 어떤 사진사는 사진을 찍으려고 준비하기도 전에 연설이 끝나버렸다고 상소리를 마구 해댔다. 연설이 끝났는지 뭔지 어리둥절한 청중들은 박수를 치는 둥 마는 둥 했다. 연단을 내려오던 링컨도 스스로 "망쳐 버렸구먼!"하며 중얼거렸다. 그리고 바로 직전의 연사였던 에버렛에게 이렇게 말했다. "나는 실패했습니다. 정말입니다. 이 연설에 대해 할 수 있는 말은 오직 그뿐입니다."

「시카고 타임스」는 "외국의 지성인들에게 우리 미국 대통령이라는 사람이 알맹이가 없고 밋밋하고 싱거운 연설을 지껄인 통에 참석했던 미국인들의 얼굴이 수치심으로 빨개졌다."라고 씹었다. 오늘날에는 링컨의 이 연설이 간결하고 명료해서 명연설의 대명사로 인정받고 있다. 하지만 링컨의 시대에는 최대한 어렵게, 길게, 복잡하게, 화려하게 말하는 것이 추앙받는 시대였다. 단순명료해야 할 신문 보도조차 장황하기 짝이 없는 만연체 일색이었다. 서부보다는 지성이 뛰어나다고 자부하는 동부인들에게는 특히 더 그랬다. 동부인들에게는 링컨에 대해서 항상 서부 변방의 촌뜨기라는 인식이 깔려있었다.

「런던 타임스」도 "한심한 링컨 대통령의 한심한 농담으로 게티즈버그 봉헌식은 한심한 꼴이 되어버렸다."라고 꼬집었다. 링컨이 원래 농담을 좋아하고 시도 때도 없이 농담을 즐기는 그의 스타일을 비아냥거린 것이었다. 반면에 「시카고 트리뷴」은 '게티즈버그 연설은 영원히 간직해야 할 명문 중의 명문'이라고 평가했다. 또한 공화당에 우호적이었던 「뉴욕 타임스」도 이 연설이 "명료한 생각과 표현, 모든 단어 하나하나에 우아한 맛이 깃들어있다."며 극찬했다.

다음 날 그날의 연사였던 에드워드 에버렛은 링컨에게 보낸 편지에서 "각하께서 어제 봉헌식에서 정말 간결하고 적절하게 각하의 생각을 표현하신 것에 대하여 진심으로 찬사와 존경을 보냅니다. 어제 장장 2시간에 걸친 제 연설이, 각하께서 2분간에 정확하게 표현하신 봉헌식의 의미에, 조금이라도 가까이 갔다고 생각할 수 있다면, 그보다 더 큰 기쁜 일이 없겠습니다."라고 하면서 링컨의 연설에 열렬한 찬사를 보냈다.

: 게티스버그 연설 전문

87년 전, 우리 조상들은 모든 인간은 평등하게 태어났다는 신념과 자유의 정신을 토대로 새로운 나라를 이 대륙에 세웠습니다. 지금 우리는 큰 내전으로 이 나라가 존속될 수 있는가를 묻는 시험대에 올라가 있습니다. 우리는 거대한 싸움터인 이곳에 모였습니다. 그리고 이 나라를 구하고자 기꺼이 자신의 목숨을 내던진 이들에게 이 땅의 일부를 안식처로 봉헌하고자 합니다. 희생자를 기리는 것은 마땅하고 옳은 일입니다. 하지만 더 넓은 의미에서 우리는 이곳을 봉헌할 수도, 신성하게 할 수도, 거룩하게 할 수도 없습니다. 여기에서 싸웠던 용사들이 이곳을 이미 신성하게 축성했기 때문에, 우리의 미약한 힘으로 더는 보태거나 뺄 수가 없기 때문입니다. 세상 사람들은 우리가 이곳에 모여 말한 것을 기억하지는 않겠지만, 그들이 이루어 놓은 공적만큼은 결단코 잊지 못할 것입니다. 이곳에서 목숨을 바쳐 그들이 남긴 위대한 미완의 과업에 헌신하는 것은 우리의 몫입니다. 우리는 고결하게 죽은 이들이 그토록 지키고자 했던 대의를 위해 헌신해야 합니다. 이들의 죽음이 헛되지 않도록 굳게 다짐합시다. 하나님의 보호 아래 이 나라는 새로운 자유의 탄생을 누리도록 해야 합니다. 그리고 인민의, 인민에 의한, 인민을 위한 통치가 이 땅에서 소멸하지 않아야 한다는 소명에 우리 스스로를 바쳐야 합니다.

9장

바람과 함께 사라지다

셔먼의 바다로의 진군 / KKK단 공포

I. 영화 <바람과 함께 사라지다, Gone with the Wind>

       1939년에 개봉한 영화 <바람과 함께 사라지다>는 인원·물량·예산 등 모든 면에서 당시로서는 상상을 초월하는 엄청난 스케일을 자랑했다. 대제작자 데이비드 셀즈닉David Selznick은 감독에서부터 엑스트라까지 1만 2,000여 명에 이르는 인원을 캐스팅하고 일사불란하게 동원하고 조정하면서 거대한 작품을 만들었다. 이 영화는 마거릿 미첼Margaret Mitchell이 1936

년에 발표한 소설을 원작으로 해서 제작되었다. 그해 여름에 출간된 이 작품은 그해 12월까지 100만 부가 팔렸으며 이 작품으로 그녀는 이듬해 퓰리처상을 수상했다. 셀즈닉은 소설이 출간되기도 전부터 관심을 가지고 있다가 책이 발간되자마자 5만 달러를 주고 부랴부랴 판권을 구매했다.

그는 이 판권을 구입한 뒤부터 무려 2년에 걸친 캐스팅 작업을 거쳤다. 셀즈닉은 처음부터 남자 주인공인 레트 버틀러 역할에 클라크 게이블Clark Gable을 염두에 두고 있었다. 하지만 당시 그와 계약관계에 있었던 MGM은 쉽사리 게이블을 놓아주려 하지 않았다. 셀즈닉은 하는 수 없이 게리 쿠퍼를 접촉했는데, 그도 계약 문제가 걸려 있었고 무엇보다도 본인이 <바람과 함께 사라지다>를 썩 내켜 하지 않았다. 결국 셀즈닉은 장인이었던 MGM 사장 루이스 메이어Louis Mayer를 구슬려 125만 달러에 클라크 게이블을 캐스팅하는 데 성공한다.

여자 주인공 스칼렛 오하라 역을 캐스팅하기 위해서는 엄청나게 요란을 떨었다. 셀즈닉이 영화의 선전을 위하여 일부로 거창하게 오디션 쇼를 벌였다는 후문이 뒤따랐다. 전국적으로 공개 오디션을 열었고 오디션에 신청한 인원만 무려 1,400명에 이르렀다. 그중에는 비비안 리Vivien Leigh, 진 아서Jean Arthur, 수잔 헤이워드Susan Hayward를 비롯하여 내노라 하는 여배우들 31명이 스크린 테스트를 받았다. 결국 비비안 리가 발탁되었다. 셀즈닉은 일찍이 비비안 리를 점찍어 놓고 영화에 대한 관심도를 높이면서 한편으로는 영국 배우가 미국의 미녀 역을 맡는 데에 대한 할리우드 여배우들의 반발을 막아내려고 했다는 설이 떠돌았다.

1939년 12월 15일 애틀랜타Atlanta의 로스 그랜드Loews Grand 극장

버틀러와 스칼렛

에서 첫 공식 시사회가 열렸다. 배우들은 공항부터 극장까지 리무진 퍼레이드를 가졌는데 30만 명으로 추산되는 인파가 연도에 몰려나와서 이 행사를 구경했다. 하지만 나중에 아카데미 여우조연상을 수상하는 스칼렛의 몸종 매미 역의 흑인 여배우 헤티 맥대니얼Hattie McDaniel은 불행하게도 백인들과 함께 영화를 볼 수 없다는 조지아 주의 법에 따라 시사회에 참석할 수가 없었다. 클라크 케이블이 이에 이의를 제기하면서 시사회에 불참을 고집하자 주최 측에서 애걸복걸해서 간신히 참석했다는 얘기도 있다.

이듬해 열린 제12회 아카데미 시상식에서 <바람과 함께 사라지다>는 13개 부문 노미네이트와 8개 부문 수상이라는 대기록을 세웠다. 이 기록은 1959년 <벤허>가 11개 부문을 수상할 때까지 깨지지 않았다. 또한 이 영화는 아카데미 작품상을 수상한 최초의 컬러영화이자 상영시간이 가장 긴(221분) 영화이기도 했다, 1962년 상영시간 222분의 <아라비아의 로렌스>가 최우수작품상을 수상하며 그 기록은 깨졌다. 위에서 얘기한 아카데미 여우조연상을 수상한 헤티 맥대니얼은 최초의 흑인 아카데미상 수상자로 기록되었다.

여주인공 스칼렛 오하라는 미국 남부 조지아 주의 부유한 농장주의 딸이다. 그녀는 자라면서 화려한 무도회와 수많은 열애자들로 둘러싸인 채 여왕벌처럼 군림하면서 성장한다. 그러나 남북전쟁의 발발로 대지주와 노예제도는 붕괴 직전에 있었다. 그러나 스칼렛은 그런 것에 도통 관심이 없다. 그녀는 오로지 애슐리에만 집착하고 있다. 그러나 그는 그녀의 친구인 멜라니와 결혼한다. 스칼렛은 홧김에 그녀를 숭배하는 사람들 중의 하나와 결혼하나 그녀의 남편은 전쟁에 나가 전사한다.

한편으로는 남부 사교계에서 평판이 안 좋은 건달 기질의 레트 버틀러가 그녀를 노리고 있다. 남부의 패배로 전쟁이 끝나고 스칼렛은 농장의 빚을 갚기 위해 사랑하지 않는 사람과 결혼하는 등 농장의 재건에 발버둥 친다. 그녀의 두 번째 남편 역시 사망하고 드디어 호시탐탐 기회를 엿보던 레트 버틀러와 결혼한다. 둘은 딸을 낳았으나 애슐리에 대한 그녀의 끈질긴 집착은 결국 두 사람의 결혼을 파탄에 이르게 한다. 딸아이가 승마 사고로 죽자 스칼렛은 이 사고를 딸에게 말을 선물했던 레트에게 돌린다. 레트는 결국 그녀를 떠난다. 울고불고하면서 그에게 매달렸지만 이미 때는 늦었다. 이제 스칼렛에게는 부모가 남겨준 타라 농장만 남게 되었다.

II. 셔먼의 바다로의 진군

영화 <바람과 함께 사라지다>에서 북군이 애틀란타 시를 공략할 때 시민들이 "셔먼이 온다!" "셔먼이 온다!"라고 소리들을 지르면서 난리를 떠는 장면이 나온다. 당시 북군의 장군 셔먼Sherman은 그야말로 남부인들에게 공포의 대상이었다. 남북전쟁이 막바지에 접어든 1864년, 그랜트가 지휘하는 북군이 리치먼드에 웅크리고 있는 리 장군의 남군에 총공세를 펼 때, 그랜트 휘하의 셔먼은 조지아로 진격해 남부와 리치먼드 간의 물자 소통을 차단하는 역할을 맡았다. 먼저 애틀란타 시의 공략에 나섰다. 조지아 주의 수도인 애틀란타는 남부지역 교통의 중심지였으며 물산의 집산지였다.

셔먼

1864년 9월, 셔먼은 4개월간의 개고생 끝에 가까스로 애틀란타를 점령했다. 이후 셔먼은 병사들을 이끌고 조지아 주를 가로지르면서 대서양 연안으로 진군하는 그 유명한 '바다로의 진군Sherman's March to the Sea'을 시작했다. 진격하면서 지척거리는 소규모 남군들을 박살내고 조지아 주를 초토화시키며 대서양 연안의 서배너Savannah로 쾌속도로 진군했다. 이어서 셔먼은 북쪽으로 방향을 선회하여 사우스캐롤라이나와 노스캐롤라이나로 진격하면서 이 지역 역시 철저하게 초토화시켰다. 그는 점령한 지역의 주민들에게 극도로 엄한 군율을 시행했고 남군이 숨어있을 만한 곳은 모조리 불태워버렸다.

　　그때마다 그는 "만약 주민들이 내 혹독한 처사에 대하여 불평한다면 나는 전쟁은 어디까지나 전쟁이라고 말할 수밖에 없다…. 그들이 정평화가 그립다면 먼저 그들 스스로가 전쟁을 그만두어야 할 것이다."라고 퉁명스럽게 말했다. 진군하는 도중 거추장스러운 장애물과 철로는 깡그리 파괴했다. 지나치는 마을들은 하나도 남기지 않고 모조리 잿더미를 만들어 셔먼은 남부인들에게 오랫동안 무시무시한 기억으로 남았다. 그의 병사들은 이제 약탈의 달인이 되어있었다. 그들은 장롱 속까지 샅샅이 뒤져 값나가는 물건들을 약탈했고 괜찮은 부인들의 옷가지들은 고향의 아내들에게 보냈다. 책들도 불태웠고 피아노와 가구들도 철저하게 때려 부수었다. 당시 셔먼군이 진군하는 동안 자기 손으로 양키들을 목매달아 죽였으면 속이 다 시원하겠다고 말한 남부 여성들은 한둘이 아니었다. 날씨는 쾌청했고 군악대는 신바람이 나서 '존 브라운*의 시신'을 연주하면서 본대를 따라다녔다.

　　거침없이 진군하는 병사들은 군악대에 맞추어 "글로리, 글로리, 할렐루야!"를 목이 터지라고 불러댔다. "살다보니 이런 일도 있구나." 하면서 눈을 동그랗게 뜬 흑인들이 길가에 몰려나와 하느님의 전사들이 도

---

* 존 브라운(John Brown, 1800~1859)은 무력을 동원해서라도 노예제도를 폐지해야 한다는 급진적인 사상을 가진 인물로서 전국적으로 명성을 떨쳤다. 하퍼스 페리Harpers Ferry에서 노예들의 반란을 계획하고 병기 창고를 습격하다 붙잡혀 처형되었다. 그의 죽음은 노예 해방론자들에게 큰 정신적인 자극을 주었다.

북군의 초토화 작전 상상화

착했다고 열광했다. 이렇게 조지아·사우스캐롤라이나·노스캐롤라이나를 초토화시키면서 진격한 셔먼 군대는 리의 군대를 후방으로부터의 보급을 완전히 차단했다. 이렇게 탄약과 무기, 그리고 식량이 거덜 난 남군은 결국 북쪽에서 밀고 내려오는 그랜트의 북군에 항복했다. 셔먼의 이와 같은 인정사정없는 초토화 작전은 남북전쟁을 종결하는 데 큰 역할을 했다.

윌리엄 테쿰세 셔먼William Tecumseh Sherman은 1820년 2월 8일 오하이오 주 랭커스터Lancaster 시에서 오하이오 주 대법원 판사인 로버트Chales Robert셔먼의 아들로 태어났다. 중간 이름이 상당히 특이해서 평생 이목을 끌었다. 이는 셔먼의 아버지가 당시 유명했던 인디언 추장처럼 강인해지라고 그의 이름을 따서 테쿰세라고 지었다고 한다. 웨스트포인트를 졸업하고 육군 장교로 임관해 미국-멕시코 전쟁에 참전했다가 소령으로 예편한 뒤 은행 지점장 등 여러 직업을 전전했다. 그러다가 루이지애나 군사학교의 교장으로 1860년에 부임했다가 1861년 남북전쟁이 발발하면서 북군의 여단장으로 복귀했다. 이때부터 그의 인생은 빛나기 시작했다. 전쟁 초기에는 동부전역에서 활약하다가 1861년 그랜트의 포트 헨리Port Henry, 포트 도널슨Port Donaldson 공략전에서 함께 싸우면서 평생 그의 친구가 되었다. 1862년 이후 셔먼은 그랜트 휘하에서 샤일로Shiloh 전투·빅스버그 포위전·채터누가Chattanooga 전투 등 주요 전투들을 치렀고 전쟁이 끝날 때까지 그랜트와 친분을 쌓으면서 그의 오른팔 역할을 충실히 수행했다.

그의 전략가적 능력을 보여주는 가장 중요한 점은 현대전에서 흔히 볼 수 있는 상대방의 전투역량과 의지를 뭉개버리는 초토화 전술을 구사한 것이다. 전략기동의 달인으로 남북전쟁 당시 남부 연맹의 중심지 조지아와 사우스캐롤라이나·노스캐롤라이나를 말 그대로 쑥대밭을 만들었다. 결국 셔먼의 예상대로 이런 초토화 작전에 철저하게 유린당한 남부는 더 이상 전쟁을 지속할 능력을 상실했다. 이는 남부 연맹의 수도였던 버지니아 주의 리치먼드 근처에서 접전을 벌이던 리와 그랜트의 싸움에도 엄청난 영향을 끼쳤다.

셔먼은 골초에다 성미가 급하고 다변가였지만 직관력은 대단했다. 성격도 얼마나 지랄 같았는지 한때 "셔먼이 미쳤다."는 신문 보도가 나와 직위해제를 당한 일도 있었다. 그는 "전쟁은 지옥이야."라는 말을 입에 달고 살았다. 총력전을 창안해 현대전의 선구자로 불리지만, 전장을 지옥처럼 만든 장본인이기도 했다. 남부인들은 그에게 북부의 악마·파괴자 양키 등 온갖 저주가 담긴 별명을 붙였다.

남북전쟁 이후 셔먼은 중장으로 진급했다. 대통령에 당선된 그랜트는 절친인 그를 미국 역사상 두 번째 육군대장으로 진급시키고 총사령관의 자리에 임명했다. 셔먼은 그 후 64세에 은퇴할 때까지 15년간 그 자리를 유지했다. 남북전쟁에 관한 그의 회고록은 명저名著로 평가받아 문인으로서의 명성을 날리기도 했다. 그는 어려서부터 편지 쓰기를 좋아해 거의 평생을 썼고 전쟁 중에도 매일 편지를 쓸 정도로 필력이 상당했다. 은퇴 후 셔먼은 정계 진출을 권유받았으나 모두 거절하고 조용히 살다가 은퇴한 지 7년이 되던 1891년, 71세의 나이로 눈을 감았다.

III. KKK단 공포

남북전쟁에서 패배한 남부는 철저히 파괴되었다. 너덜너덜한 회색 군복을 걸치고 돌아온 군인들이 고향에 돌아와 발견한 것은 불타버린 가옥과 황폐화된 토지뿐이었다. 과거 떵떵거렸던 부인네들은 길거리에 나와 품팔이를 하고 있었고 농장주들은 흑인들에게 식량을 내다팔 정도로 가난에 내몰렸다. 아주 간단한 생필품조차 구하기가 하늘의 별따기였다. 남부인들은 이 모든 역경과 고난을 몰고 온 양키들을 저주했다. 남부인들에게 절망의 시대가 도래한 것이다. 그들은 패자敗者였고 그들이 내세운 백인 우월주의·연방보다 주州 우선주의·노예제도 등 남부의 이념과 제도·문화가 모조리 무너졌고 사라졌다.

남부인들은 자신들이 고유하게 지켜왔던 삶의 토대가 근본부터 뿌리 뽑히고 있음을 실감했다. 그들은 전쟁이 끝나도 시대의 변화에 눈을 감았고 흑인들에 대한 차별적 시각도 여전했다. 그들은 악착같이 과거의 생활태도를 고수하려 했다. 형편없는 시대착오적인 생각이었지만 이들은 모든 걸 전쟁 이전 상태로 돌리려고 필사적으로 발버둥 쳤다. 이를 알아차린 북부 급진파들은 연방의회에서 남부재건법을 통과시켰다. 그것은 한 마디로 남부 주정부의 기능을 일시에 동결시키고 직접 군정을 실시해서 아직도 정신 못 차리고 있는 남부인들을 직접 통치하겠다는 것이었다.

남부는 경악했고 반발했다. 북부의 군정이 남부 각처에서 실시되자 남부는 다시 한 번 철저히 모욕을 당했다. 다시 한 번 남부가 침공당하는 것이라고 단정했다. 남부인들은 비록 지금은 전쟁에 패해서 어쩔 수 없지만 언젠가는 복수할 날이 올 것이라며 이를 갈았다. 남부에서는 애향심이 더욱 고취되었고, 이 모든 것을 흑인들에게 화살을 돌리면서 수많은 '흑인차별법'을 제정했다. 흑백 간의 결혼은 물론 공공장소에서 흑인이 백인과 어울리는 것을 일체 금지시켰다.

이런 와중에 1865년 크리스마스 이브인 12월 24일 밤, 테네시 주의 풀라스키Pulaski에서 남부의 퇴역군인 6명이 모였다. 그들의 이름은 캘빈 존스Calvin Jones·존 케네디John Kennedy·제임스 크로우James Crowe·프랭크 맥코트Frank McCourt·리처드 리드Richard Reed·존 래스터John Lester

였다. 장소는 토머스 존스Thomas Jones 판사의 법률사무소였다. 그들은 패전으로 남부가 엉망진창으로 되어가는 데 분노를 터뜨렸다. 위기감과 상실감이 그들의 적개심에 더욱 불을 질렀다. "북부가 남부를 깔아뭉개고 있다. 양키놈들이 남부를 만신창으로 만들며 모독하고 있다."라고 너도나도 게거품을 물었다. 이렇게 가만있으면 도저히 안 되겠다고 침을 튀기면서 남부의 고유정신과 문화를 지키기 위한 모임을 만들자는 데 의견을 모았다.

비밀결사의 명칭이 정해졌다. KKK(Ku Klux Klan)로 정해졌다. 앞의 두 자인 Ku Klux는 그리스어로 모임이나 단체를 뜻하는 kyklos에 기초를 두고 있고, Klan은 씨족 또는 가족을 뜻하는 clan을 두음에 맞춰 klan으로 바꾼 것이다. 이 비밀결사는 흑인과 흑인해방에 동조하는 백인들을 가차 없이 찾아내어 구타하거나 그들의 집을 불태우고 몽둥이나 채찍으로 때리고 살해하는 등 잔인한 테러행위를 자행했다. 그들은 밤이면 수의壽衣를 뒤집어쓰고 유령으로 분장해서 불타는 십자가를 들고 다니며 흑인들에게 린치를 가했다. 그들은 뾰족한 두건을 뒤집어쓰고 백포로 덮은 말을 타고 다녔다. 그리고 옷 속에 뼈다귀를 감추고서 덜거덕거리는 소리를 내고, 긴 막대기에 해골을 얹어 들고 다니고, 오밤중에 묘지에서 묘석에 걸터앉는 등의 온갖 요상한 행동으로 흑인들에게 무시무시한 공포감을 안겨 주었다.

비밀결사의 대표를 '대마왕大魔王'이라고 불렀다. KKK는 1867년 4월 본부를 주도州都인 내슈빌Nashville로 옮겨 맥스웰 하우스Maxwell

House에서 결성식을 가지면서 규모가 점점 더 커지기 시작했다. 결국 거절당했지만 대마왕으로 남군 총사령관이었던 점잖은 로버트 리 장군을 모시려고까지 했다. 기어코 전직 남군 기병대장이었던 네이선 포레스트Nathan Forrest를 포섭해서 대마왕으로 내세웠다. KKK의 주요 멤버들의 구성원은 주로 전직 사단장·남부 연맹 정치지도자·목사들이었다. KKK 단원들은 공격신호로 십자가를 불태웠다. 그래서 'A cross is burned(공격 시작이다)'라는 말도 생겨났다. 폭력 행위가 걷잡을 수 없이 번지자 연방정부는 서둘러 반테러조직법을 만들고 소요 지역에 군대를 파견하자 KKK의 위세가 어느 정도 수그러들었다. 그러나 이들의 공포는 여전히 남아 있었다. 각양각색의 협박과 테러에 겁먹은 대부분의 흑인들은 투표권을 자진해서 포기했다. 전쟁 전과 마찬가지로 남부에서는 백인 독재와 흑인 차별이 계속되었다.

한동안 활동이 뜸했던 KKK단은 1920년대에 종교적 보수주의가 전국을 휩쓸면서 화려하게 부활했다. 한때 회원 수가 450만 명을 넘었고, 1925년 8월 8일에는 5만 명 이상의 KKK 단원들이 흰 두건을 뒤집어쓰고 수도 워싱턴의 중심인 펜실바니아 가街를 4시간 동안이나 행진하면서 난리를 떨기도 했다. 아마도 이때가 KKK 최고의 절정기였을 것이다. 이후 많이 수그러지기는 했지만 KKK는 아직도 옛날의 좋았던 시절을 그리워하는 일부 극우 보수 백인층을 중심으로 세력을 유지하고 있다.

노예 12년

흑인 노예제도

I. 영화 <노예 12년, 12 Years a Slave>

<노예 12년>은 솔로몬 노섭Solomon Northup이라는 흑인이 남부로 끌려갔다가 살아 돌아와 쓴 회고록을 토대로 만들어진 영화이다. 그는 남북전쟁 발발(1861년) 꼭 20년 전인 1841년, 뉴욕 주 사라토가 Saratoga에서 자유 흑인이면서 바이올리니스트로 행복하게 살았다. 그러던 어느 날 백인 노예상들의 꾐에 빠져 남부의 뉴올리언즈New Orleans로 끌려가 12년 동안 갖은 고초를 겪다가 겨우 살아 돌아온 인물이었다. 솔로몬의 회고록은 한 해 먼저 출간되었던 해리엇 스토우Harriet Stowe의 『톰 아저씨의 오두막

집』과 함께 노예 해방을 외친 남북전쟁을 촉발시키는 계기가 되었다.

이 영화를 감독한 스티브 맥퀸Steve McQueen(왕년의 명배우 스티브 맥퀸과 동명이인同名異人이다)은 골든글로브 최우수 작품상 수상 소감에서 "브래드 피트Brad Pitt와 그의 제작사 플랜비Plan B가 아니었다면 이 영화는 탄생할 수 없었을 것이다."라고 했을 정도로 이 영화의 제작에는 브래드 피트가 깊숙이 관여되어 있다. 브래드 피트와 플랜비의 제작진들은 스티브 맥퀸 감독의 데뷔작 <헝거>에 무척 감명을 받고 그에게 감독을 맡아줄 것을 간절히 원해 성사되었다.

면화 농장에서 노역하는 노섭

브래드 피트는 이 영화의 역사적 사실을 많은 사람들이 알았으면 좋겠다는 휴머니즘 차원에서 영화를 제작했다. 브래드 피트는 영화 뒷부분에 잘못된 노예제도와 인간의 평등과 정의에 관해 구구절절 옳은 말들을 하는 목수 베스 역으로 등장한다. 비록 짧게 등장하지만 관객들에게 큰 감동과 존재감을 보여주었다. 이 영화에서 첫 번째 노예주인으로 등장하는 영국의 명배우 베네딕트 컴버배치Benedict Cumberbatch는 그의 조상이 바베이도스*에서 많은 노예를 혹

* 바베이도스Barbados는 카리브해 동쪽에 위치한 작은 섬나라이다. 바베이도스란 '수염난 사람들'이라는 의미이다. '카리브해의 영국'이라 불릴 정도로 영국 잔재가 많이 남아있다.

사한 대농장주였다는 사실이 알려졌다. 컴버배치는 인터뷰에서 이 영화에 출연한 동기 중에는 조상의 죄를 다소나마 속죄하려는 의미도 있었다고 말했다.

영화의 배경이 되는 루이지애나 주의 풍경 역시 영화의 분위기를 한껏 풍기고 있다. 울창한 숲·짙은 음영의 늪지대·나뭇가지에 축 늘어진 이끼 등의 남부지역 특유의 풍광이 노예들의 참혹한 생활을 더욱 도드라져 보이게 하고 있다. 흑인들의 찌그러져 가는 오두막집·백인 노예주들의 새하얀 대저택·어둑어둑해져가는 하늘과 뭉게구름 등 남부 특유의 풍광도 인상적이다. <드라이빙 미스 데이지>, <글래디에이터>, <진주만>, <한니발>, <인터스텔라>, <덩케르크> 등에서 음악을 담당했던 영화음악의 대가大家 한스 짐머Hans Zimmer가 음악을 맡았다. 그의 음악

노섭과 포드

은 흑인들의 애환과 암울한 삶을 더욱 돋보이게 한다. 이 영화는 아카데미에서 작품상·각색상·여우조연상을 받았고 골든 글로브에서도 작품상을 받았을 정도로 작품성을 인정받았던 영화였다. 제작자인 브래드 피트는 수상소감에서 그의 영화사인 플랜비가 창립한 이래 첫 아카데미 수상작이라면서 무척 기뻐했다.

이 영화의 원작인 『노예 12년』은 이전의 흑인 노예를 다룬 책들이 대부분 백인의 시각에서 써진 반면, 노예생활을 스스로 해 보았던 작가의 자서전이었기 때문에 더욱 실감이 난다. 이 작품은 1853년 당시 3만여 권이 팔려나갈 정도의 베스트셀러였다. 당시 흑인 노예들 대다수가 읽고 쓰는 것조차 못하는 일자무식들이었고 설사 노예 신분에서 풀려났다 한들 자신의 이야기를 풀어낼 표현력조차 없었다. 그러나 자유인으로서 살며 읽고 쓰는 것은 물론 바이올린까지 연주하면서 음악인으로서 살았던 노섭이었기에 이 책을 집필할 수 있었다.

그리고 노섭처럼 납치되어 노예로 살다 다시 자유인으로 풀려난 흑인들은 거의 없었기에 『노예 12년』이라는 책이 나온 것은 거의 기적과도 같은 일이었다. 영화에서 노섭은 바이올린 연주자로만 등장하지만 원작에서는 건축, 물류 분야 등 다양한 분야에서 종사한 다재다능한 인물로 나온다. 영화에서도 나오지만 이 경험으로 노예로 살면서 수상 운송 방안을 고안하는 등 첫 번째 노예주인으로부터 신뢰를 얻기도 한다.

: 간략한 줄거리

노섭의 신분은 노예가 아니라 자유인이었다. 흑인으로서는 드물게 음악인으로서 행복한 삶을 살던 노섭은 주변인의 소개로 만난 두 사람에게서 워싱턴에 가서 같이 일하자는 권유를 받고 이에 응하게 된다. 하지만 이들은 인신매매단들이었다. 그들은 저녁 식사를 하면서 술에 약을 타서 먹인 후 그를 노예상에게 팔아넘긴다. 결국 뉴올리언스로 끌려가게 되고, 노예시장에 끌려가서 플랫이라는 새 이름을 얻게 된다. 노섭은 먼저 윌리엄 포드라는 농장주에게 팔려가게 되는데 포드라는 인물은 그래도 어느 정도의 인간미는 가지고 있었다. 하지만 노예 소유자라는 한계를 벗지 못했다. 노섭은 지난 시절의 경험을 바탕으로 포드의 사업에 도움을 주게 되고 포드의 신뢰까지 얻게 된다.

이 덕분에 바이올린을 선물 받기도 한다. 하지만 그 과정에서 노예감독인에게 미운털이 박히고 누명까지 쓰게 된 노섭은 처분을 기다리게 된다. 노섭의 소식을 듣고 허겁지겁 달려온 주인 포드는 앞으로 노예감독인에게 괴롭힘을 당할 노섭을 알고 있었기에 그를 팔아넘긴다. 두 번째로 만나게 된 주인은 에드윈 엡스이다. 그는 노예들을 짐승처럼 부리는 악독한 농장주였다. 하루하루 끔찍한 생활을 하던 노섭은 탈출을 하려고 하지만 실패를 하나 자유인으로의 갈망은 여전했다. 희망이 사라지려던 때에 캐나다에서 온 목수 베스와 함께 건물을 짓게 되면서 상황이 달라진다. 베스는 엡스에게도 노예제의 부당함을 역설하는 열렬한 노예제 폐지론자였다.

베스와 가까워진 노섭은 베스에게 자신의 지인들에게 자신이 부당하게 노예가 되었으며 자유인임을 알리는 증서를 가지고 올 수 있도록 부탁한다. 베스는 이를 흔쾌히 수락한다. 다행히 베스는 정말로 노섭의 부탁을 들어주었고, 얼마 안가 노섭은 그의 원래 주인이 직접 찾아와 그가 자유인임을 증명하면서 고향으로 돌아 올 수 있게 된다. 그동안의 세월이 꼬박 12년이나 걸린 것이다. 꼬맹이었던 아이들은 어느새 자라서 손자까지 낳았다. 영화는 가족들과 감격스러운 상봉을 하며 끝이 난다.

II. 흑인 노예제도

미국이란 나라에게는 흑인 노예 문제는 개척시대부터 지금까지 '뜨거운 감자'로 존재해 왔다. 노예제도가 없어진 지금도 흑인문제는 언제 터질지 모르는 휴화산처럼 골치 아픈 숙제로 남아있다. 모든 인간은 평등하게 태어났으며 생명과 자유와 행복을 누릴 권리가 있음을 처음으로 세계만방에 선언한 미국 독립선언서의 내용과는 달리 200년 이상이나 흑인을 노예로 부려 먹어온 사실은 참으로 아이러니한 일이 아닐 수 없다. 개척 초기, 경제 규모가 소규모였던 시절에는 유럽에서 건너오는 백인 노동력으로 그럭저럭 헤쳐 나갔다. 그러다가 17세기 후반, 남부에 담배와 면화를 재배하는 대농장들이 여기저기 늘어나면서 노동력에 대한 수요는 폭발적으로 급등하기 시작했다.

이때부터 이전에 조금씩 있었던 흑인 노예 수입이 본격화되기 시작한 것이다. 제일 먼저 노예무역을 시작한 나라는 아프리카에 처음으로 진출한 포르투갈이었으며 이후 영국·네델란드·프랑스 등이 가담했다. 이 중에 영국이 가장 극성스러웠다. 이들 나라의 노예 무역상들은 서아프리카의 해안으로 가서 거침없이 노예사냥을 했다. 이 지역은 아프리카에서 유럽 국가들로부터 가장 수탈을 많이 당한 지역으로 오명이 자자했다. 이들은 노예뿐만 아니라 상아도 그악스럽게 약탈했던 곳으로 오죽하면 오늘날까지도 이 지역을 '상아해안', '노예해안'이라는 이름으로 불리고 있다.

이들 국가들로부터 시작한 노예무역은 신대륙 개척 초기 뉴잉글랜드 지역을 중심으로 하는 삼각무역의 한 축을 형성하는 주요 사업이기도 했다. 먼저 뉴잉글랜드 상인들이 서인도제도에서 생산되는 사탕수수를 사서 뉴잉글랜드의 양조장에 싣고 와 럼주를 만들어 아프리카 서해안으로 가서 흑인 노예들과 교환한다. 사탕수수를 재배하는 서인도제도에서는 흑인 노예들의 일손이 절실했다. 노예상들은 아프리카 서해안에서 싣고 온 노예들을 서인도제도의 노예시장에서 판 후 사탕수수를 구매했다. 이렇게 삼각무역이 이루어진 것이다. 당시 뉴잉글랜드에 만든 럼주는 아프리카 흑인들에게 특히 인기가 있어서 럼주 한 병이면 노예 한 명을 살 수 있었다.

아프리카 흑인들이 최초로 신대륙에 건너온 것은 1619년이었다. 네덜란드 선적의 선박 한 척이 그해에 스무 명의 흑인들을 싣고 미국 북동부의 제임스타운Jamestown에 들어왔던 것이 그 효시였다. 이후로도 간헐적으로 노예들이 실려 들어왔지만, 당시만 해도 백인 노동자가 흔했으므로 구태여 흑인 노예들에 대한 필요를 절실하게 못 느꼈다. 그러다가 17세기 말부터 남부에 담배 재배가 시작되면서 흑인 노예들이 쏟아져 들어오기 시작했다. 그리고 면화 재배가 시작되자 불과 수십 년만에 캐롤라이나 등 남부의 몇 개 주에서는 흑인의 수가 백인의 수와 맞먹기에 이르렀다.

노예 사냥꾼들에게 붙잡히거나 넘겨진 흑인들에 대한 비인간적인 처사는 아프리카에서부터 시작되었다. 붙잡힌 노예들은 머나먼 항해

길을 쇠사슬에 묶인 채 바닷가까지 끌려갔다. 그 과정에서 노예들의 5분의 2가 사망했으며 생존자들은 우리에 감금되었다. 이어서 노예선에 실린 노예들은 관棺보다 약간 더 큰 어두운 공간에 사슬에 묶인 채로 길고도 먼 항해를 거쳐 신대륙으로 끌려왔다. 사과궤짝에 빼곡히 실린 생선과 진배없었다. 그들 가운데 일부는 노예들로 꽉 찬 더러운 화물칸에서 질병과 기아로 목숨을 잃었으며 일부 노예들은 너무나 고통스러워서 바다로 몸을 던지기도 했다. 노예선에 실린 전체 3분의 1가량 되는 노예들이 항해 도중 사망했다. 그런데도 노예무역은 남는 장사였고 노예 상인들은 흑인들을 생선처럼 화물칸을 가득 채웠다.

신대륙 개척 초기에는 남부뿐만 아니라 북부 지역에도 흑인 노예들이 있었다. 북부의 노예들은 주로 집안일에 종사했고 남부의 노예들은 대부분 농장에서 일을 했다. 처음에는 남부 농장들이 너도나도 담배 재배를 하자 과잉생산으로 값이 폭락하는 바람에 경제적 타격이 심했다. 그러다가 19세기 초 면화라는 대체 작물을 재배하기 시작했다. 이는 당시 전 세계적으로 면직물이 인기를 모으기 시작한 것과 맞물리면서 수요가 급증했다.

특히 영국의 방직업체들이 미국 남부 지역에서 생산되는 모든 면화를 싹쓸이하고 나서고부터는 남부의 면화 재배 면적은 하루가 다르게 증가했다. 면화 재배는 막대한 일손을 필요로 하는 작업이었다. 뜨거운 땡볕 아래 끝없이 펼쳐진 평원에 심어놓은 목화송이가 벌어지면 사람이 하나하나 직접 손으로 따야 했다. 그리고 송이 속에 박혀있는 자잘한 씨들을 빼내야만 했다. 그러다가 1793년 엘리 위트니Eli Whitney 가 목화송이로부터 씨와 솜을 분리해 낼 수 있는 조면기가 발명되면서 면화 재배는 전 남부로 급속도로 확산되기에 이르렀다.

　면화 농장이 급증하면서 흑인 노예의 수요 역시 폭증했다. 1810년 120만 명 정도의 노예가 1860년경이 되면서 400만 명으로 늘어났다. 1830년대 이전에는 농장주가 노예들을 직접 감독하고 관리했으나 이후 노예들이 급증하면서부터는 노예들을 관리하는 소위 전문 감독관들이 등장하기 시작했다. 이들은 자기가 감독하는 노예들로부터 생산되는 면화량에 따라 보수나 일자리가 결정되었기 때문에 더욱더 노예들을 악랄하게 다루었다. 당시 남부의 백인 사회는 소유하고 있는 노예 숫자로 대략 세 부류로 나누어졌다. 일급 상류층은 100명 이상의 노예를 소유한 대농장주로서 약 2,000여 명에 달했다. 그 아래 급으로 50명 이상의 노예를 소유한 약 6,000여 명의 농장주들이 있었고, 그 아래 10명 이상을 소유한 5만여 명의 소규모 농장주가 있었다.

　남부에서 노예는 인간 대접은커녕 농장주의 한낱 재산 정도로 취급되는 존재였다. 노예는 언제든지 사고팔 수 있는 매매의 대상이었다. 노예들은 주인집에서 뚝 떨어진 밭이나 숲속에 허름한 통나무 움막집을 짓고 살았다. 하루 16시간 동안 직사하도록 노동을 했고 일요일 하루는 쉬도록 했다. 이들은 종소리나 나팔 소리를 듣고 새벽에 일어나 밭으로 나갔다. 노예들은 낮에 점심을 먹을 때 잠깐 쉬었고 어둑어둑해진 다음에야 숙소로 돌아왔다. 여자들도 남자들과 마찬가지로 들판에서 힘겨운 일을 했다. 운이 좋으면 하녀·요리사·세탁부·집사·마차꾼 노릇을 했다. 이렇게 농장주의 저택에서 일하는 노예들은 땡볕에서 일하는 일꾼보다 번듯한 옷을 입고 좋은 음식을 먹었으며 자기들 스스로를 노예귀족으로 생각했다. 농장주나 노예 감독관들은 공개된 장소에서 고분고분하지 않은 노예들을 채찍질로 다스렸고 심하면 쇠사슬로 묶고, 족쇄를 채워 헛간에 감금했다. 도주하면 사나운 사냥개를 풀어 물어뜯어서 죽였다.

노예들이 재산을 소유하거나 글을 배우는 것은 원천적으로 금지되어 있었다. 물론 법적인 혼인도 할 수 없어서 대부분 농장주가 시키는 대로 배우자를 만날 수밖에 없었다. 노예 부모 사이에 태어난 자식들 역시 노예시장에서 매매되면서 피눈물 나는 가족 간의 생이별이 벌어졌다. 여자 노예들의 경우 백인 주인의 성적 노리개의 대상이 되는 일이 허다했다. 둘 사이에 아이가 태어날 경우 어머니의 혈통에 따라 노예 신분으로 간주되었다. 애들은 열 살이 되면 밭으로 나갔다.

1807년 미국 연방 의회가 아프리카와의 노예무역을 폐지하게 되면서 남부로의 공식적으로 노예 유입이 금지되었다. 해외로부터의 노예공급이 어려워지자 노예상들은 밀무역을 통하거나 영화 <노예 12년>에서 보듯이 북부 자유 주에 살고 있는 흑인들을 납치해서 남부 농장주들에게 팔아넘기는 인신매매를 하기 시작했다. 자유노예였던 노섭이 한 순간에 노예상들에게 붙잡혀 남부 농장으로 노예로 팔렸던 사실은 인신매매의 대표적인 예다. 결국 말도 많고 탈도 많았던 노예제도는 남부와 북부 간의 지속적인 불화로 이어지게 되고 급기야 남북전쟁이라는 피 터지는 내전으로 비화된다.

농장 생활이 너무 혹독하여 자유를 찾아 북부나 캐나다로 탈출한 노예들도 꽤 있었다. 이들은 대부분 이른바 '지하철도Underground Railroad'를 통해 탈출했다. 지하철도는 노예들에게 호의적인 시각을 가진 일반시민들과 교회 성직자들이 만든 일종의 비밀조직이었다. 이들은 탈출한 노예들이 추적자들로부터 도망할 수 있게 도와주고, 한편으로는 식량·옷·숙소를 제공했다. 노예들은 주로 캄캄한 밤중에 탈출했다. 그들은 자기 자신들을 철도 용어로 승객 또는 화물이라고 불렀다. 그들이 숨는 집·상점·동굴·헛간은 '역', 그들을 도와준 사람은 '차장'이라고 불렀다. 지하철도는 1840년대에서 남북전쟁 직전인 1850년대에 가장 활발하게 작동했다. 이 '지하철도'에서 약 3,000명의 차장들이 일을 했다고 하는데 이 차장들 중에서 『톰 아저씨의 오두막집Uncle Tom's Cabin』을 쓴 스토우Stowe 부인도 그중 한 사람이었다.

11장

작은 거인

리틀 빅혼 전투

I. 영화 <작은 거인, Little Big Man>

영화 <작은 거인>은 1964년도에 출간된 토마스 버거Thomas Berger의 소설을 원작으로 하고 있다. 1970년 아서 펜Arthur Penn 감독이 메가폰을 잡은 이 영화는 그때까지 정통적인 서부극의 신화를 신랄하게 고발한 수정주의 서부극의 효시라고 불린다. 이 영화는 1990년 케빈 코스트너Kevin Costner의 <늑대와 춤을>이 개봉됐을 때, 가장 많이 비교되기도 했던 작품이다. 영화가 개봉될 당시까지도 미국인들의 시각에서 볼 때 인디언들은 미국인들의 숭고한 운명에 저항하는 야만인이자 약탈자일 뿐이

었다. 이런 면에서 이 영화는 미국인들에게 통렬한 관점을 던지는 독특한 작품이었다.

<보니와 클라이드>로 유명한 아서 펜은 감독생활 초기부터 미국적인 가치와 신화에 대해 삐딱한 시각을 견지해 오고 있는 감독으로 유명했다. 그리고 이 작품에서도 백인들과 인디언들 사이에서 자란 주인공 잭 크랩(더스틴 호프만Dustin Hoffman 분)을 통해 이른바 '명백한 운명'으로 일컬어지는 미국 서부개척사의 신화가 다름 아닌 인디언들에 대한 학살과 가혹한 수탈에 기초하고 있음을 말해주고 있다.

이 영화는 청년이 된 잭이 중간자의 입장에서 바라보는 '리틀 빅혼Little Bighorn 전투'와 인디언 보호구역의 약속을 스스로 깨고 미 기병대가 무차별적으로 원주민들을 도륙한 와시타 강 학살 사건* 등 굵직굵직한 역사적 사건들을 사실적으로 그렸다는 평을 받았다. 영화에서 등장하는 조지 암스트롱 커스터George Armstrong Custer 장군은 허영심에 들뜬 전쟁광으로, 총잡이 와일드 빌**은 무서울 것 없는 서부의 사나이라는 겉보기와는 달리 불안에 떠는 인물로 그려지고 있다. 반면에 샤이엔Cheyenne 족은 예절이 바르고 삶을 사랑하는 모습으로 그려지고 있어 아서 감독의 역사에 대한 시각을 엿볼 수 있다. 커스터 장군이 제7기병대를 이끌고 샤이엔

---

* 와시타Washita 강 학살 사건은 1868년 커스터 장군이 이끄는 제7기병대가 샤이엔 족이 거주하고 있는 와시타 강변으로 몰려가서 무차별 학살한 사건을 말한다. 민간인들을 포함하여 250명 이상의 인디언들을 도륙했다.

** 와일드 빌(Wild Bill 1837~1876)은 서부개척시대 당시 유명한 총잡이였다. 남북전쟁 때 북군에서 종군했다. 본명은 제임스 버틀러 히콕James Butler Hickok이었으며 와일드 빌 히콕이라는 애칭으로 잘 알려져 있다.

족을 도륙하는 와시타 대학살에 대한 묘사는 당시 한창이던 베트남 전쟁 중 일어났던 미라이 학살 사건*을 연상케 하고 있다.

잭 크랩과 샤이엔족 추장

아서 펜 감독의 새로운 시각과 뛰어난 솜씨로 다듬은 파란곡절 가득한 이 이색 서부극은 무엇보다 명배우 더스틴 호프만의 폭넓은 연기와 뛰어난 분장술로 더욱 빛났다. 14세에서 121세에 이르는 한 인간의 역사를 온전히 보여주는 호프만의 연기는 그야말로 일품이었다. 호프만이 역을 맡은 주인공 잭의 별명은 '리틀 빅 맨'인데 이는 덩치는 작지만 용기가 대단하다 해서 인디언 추장이 붙여준 이름이다. 영화는 능글맞을 정도로 여유롭고 영화 전편에 걸쳐 곳곳에 유머도 깔려있다. 이래서 이 영화를 코믹서부극으로 분류하는 사람들도 있다.

처음부터 코미디를 의도했다기보다는 여러 아이러니를 영화에 버무려 놓은 펜 감독의 의도적인 연출과 주인공 역할을 탁월하게 소화한 호프먼의 연기 덕분일 것이다. 펜의 전작 <보니와 클라이드>에서 나오는 여배우 페이 더너웨이Faye Dunaway는 이 영화에서 잭을 유혹하는 여인으로 나오고 있다. 그녀는 한때 목사의 아내였다가 정욕의 포로가 되

* 미라이My Lai 학살 사건은 1968년 3월 16일, 베트남의 미라이 마을에서 미군이 저지른 학살 사건을 말한다. 학살당한 사람은 504명이었으며 희생자들은 모두 비무장 상태였다. 상당수가 노인·여성·어린이·아기 등 비전투원이었다. 일부 여성 희생자들의 경우 집단 성폭행을 당했다.

면서 창부로 전락한 인물로 등장하는데 이는 감독이 던지는 짓궂은 농담처럼 보인다. 한창 시절의 더너웨이의 매력적이고 요염한 모습이 인상적이다. 잭은 미국 역사에 길이 남을 커스터의 제7기병대가 인디언들에 의해 몰살당하는 '리틀 빅혼 전투Battle of Little Bighorn'를 현장에서 목격하기도 한다. 그는 자그만치 121세까지 살았다. 영화는 요양원에서 한 역사학자가 잭과 인터뷰를 하면서 시작한다. 서부개척 비사를 곁들인 잭의 파란만장한 삶에 대한 얘기가 끝나면서 영화도 막을 내린다.

ː 간략한 줄거리

늙은 노인 잭은 자신이 10살 때인 111년 전 이야기를 꺼낸다. 인디안 포니 족의 습격으로 부모를 잃고 누나와 단둘이 살아남은 잭은 평화를 사랑하는 샤이엔족에게 구출되어 그들의 일원으로 성장한다. 작은 몸매 때문에 '작은 거인'이라 불린다. 그러던 어느 날 캠프를 습격해온 기병대에 의해 샤이엔 족은 몰살당하고 잭은 백인이라는 이유로 살아남아 백인들의 세계로 돌아가게 된다. 목사 집에 맡겨진 잭은 목사의 부인인 팬드레이크 부인(페이 더너웨이)의 유혹과 타락을 체험한 뒤 기독교도의 위선적인 모습에 환멸을 느껴 이 곳을 떠나게 된다. 떠돌이 장사꾼과 돌아다니면서 쿵짝이 맞아 사기꾼 약장사 짓을 하고 쉽게 돈을 벌지만 그의 배반으로 갖고 있는 돈을 모두 털린다.

다시 만난 누이에게 사격을 배우면서 자신의 엄청난 재능이 있음을 발견하고 총잡이가 되어 당대 최고의 총잡이 와일드 빌과 어울리기도 한다. 그러나 와일드 빌이 사람을 잔인하게 죽이는 것을 보고는 그를 떠난다. 그러다가 잭은 올가라는 북유럽인 여인을 만나 결혼도 하면서 살아가다가 평소 존경하던 카스터 장군을 우연히 만나는데 그의 충고로 서부로 떠난다. 서부로 가는 길은 험난한 여정이었다. 인디언들에게 같이 가던 사람들은 모두 죽고 아내까지 납치된다. 아내를 찾기 위해 가까운 곳에 있는 인디언 부족을 찾았는데 그곳에는 옛날에 알고 지내던 샤이엔 족이 있었다. 그곳에서도 아내를 찾을 수는 없었다. 추장인 올드 랏지 스킨스는 그가 아내를 되찾을 수 있도록 보내어 준다.

그렇게 백인 세계로 다시 돌아와 그가 기대한 것은 기병대에 합류해 아내를 찾겠다는 것이었다. 하지만 기병대가 인디언을 학살하자 견디지 못하고 탈영을 한다. 그러던 중 몰래 숨어 아이를 출산하는 션샤인을 발견한다. 잭은 그녀를 부인으로 받아들이고 인디언 보호구역으로 들어간다. 잭과 션샤인은 알콩달콩 잘 살고 있다가, 그곳에서 옛날에 앙숙이었던 '젊은 곰'을 만나게 되는데 젊은 곰의 부인이 전 부인 올가임을 알게 된다. 잭은 이럭저럭 인디언들 속에서 함께 살다가 어느덧 121세가 된다.

II. 리틀 빅혼 전투

서부 대평원의 인디언들의 삶은 대륙횡단철도의 개통에 따라 서부의 개척이 급속도로 이뤄지면서 더욱더 피폐해져 갔다. 애초부터 백인들의 서부개척이 시작할 때부터 그 지역에 거주하고 있던 인디언들과의 충돌은 필연적이었다. 남북전쟁이 터지는 1861년에는 미국에는 약

30만 명의 인디언들이 남았고 그중 20만 명 정도가 서부의 대평원에 살고 있었다. 이 인디언들에 대하여 연방정부는 남북전쟁이 발발하기 전 일정한 거주지를 정하여 강제적으로 백인들과 격리시켰다. 그 이후에도 인디언들이 살고 있는 땅이 필요할 때면 언제든지 윽박지르면서 조약을 맺고 그 땅을 점거했다.

이 밖에 일부 백인들이 인디언 거주지역에 무단으로 침입하는 사례는 다반사였고 인디언 거주지의 감독관들은 악덕 업체들과 결탁하여 온갖 수단을 동원하여 인디언들의 권리를 짓밟는 등 못된 짓을 일삼았다. 1862년에는 미네소타의 수우Sioux 족이 백인들의 압박과 협잡에 참지 못하고 들고 일어나 적지 않은 백인을 살해했다. 이에 반란을 진압하던 연방군대는 38명의 수우 족을 공개 처형한 후 수우 족 전체를 다코다 지방으로 추방하였다. 1864년에는 콜로라도에서 백인 광부들의 불법 진출에 항의하여 아라파호Arapaho 족과 샤이엔 족이 반란을 일으켰다.

이 반란의 진압 책임자 시빙턴Chivington 대령은 인디언들과 협정을 맺어 이들을 안심시킨 후 기습공격을 가해 500여 명의 인디언을 학살했다. 이 때문에 각지에서 인디언들이 들고 일어나면서 반란은 그치질 않았다. 더구나 버펄로 사냥꾼들이 떼거지로 몰려들면서 인디언들 생활의 기반인 들소까지 멸종 위기에 처하면서 백인들과 인디언들 사이에는 일촉즉발의 위기감이 감돌기 시작했다. 연방군의 시빙턴 대령의 속임수로 인해 억울하게 500여 명의 동족을 잃은 아라파호 족과 샤이엔 족은 이를 갈면서 수우 족과 함께 틈틈이 전쟁준비를 하고 있었다.

1870년대 중반, 사우스다코타의 블랙힐Blackhill에서 금이 발견되자 노다지꾼과 총잡이들이 밀물처럼 이곳으로 몰려들었다. 원주민들에게 이 땅을 보장했던 1868년의 협약은 휴지 조각이 되고, 정부는 모든 수우 족에게 1876년 1월 31일까지 따로 설정된 원주민 보호구역 내로 떠나라는 명령을 내렸다. 명령에 대한 불응은 정부에 대한 적대 행위로 간주된다는 엄포가 뒤따랐다. 다른 것은 몰라도 그 엄동설한에 노인과 아녀자, 그리고 아이들을 이끌고 장장 400km를 이동하는 것은 자살행위나 다름없었다. 수우 족은 이를 단호히 거절하고 압박해오는 연방군과 대항하기 위해 수우족의 추장 시팅불Sitting Bull(앉은 황소)을 지도자로 떠받들고 항전의 의지를 굳혔다.

여기에 그동안 이를 갈면서 맹훈련을 해오던 아라파호 족과 샤이엔 족이 가담했다, 수우 족은 주로 기병 역할을 맡았고 아라파호 족과 샤이엔 족은 육탄전에 대비했다. 긴장이 고조되자 정부군은 원주민들에게 1876년 1월 31일까지 지정된 보호구역으로 들어갈 것을 명령하고 군대를 파견했다. 수우 족의 일파인 훙크파파Hunkpapa 족의 추장이었던 시팅불은 인디언들에게 이상적인 인물이었다. 그는 어려서부터 강인한 체력과 지도력을 겸비했으며 용맹·인내심·관용·지혜 등 네 가지 덕목을 고루 갖춘 이상적인 추장이었다. 본명은 '타탕카 이요탕카 Thatangka Iyotangka'로 이는 인디언 말로 엉덩이를 바닥에 대고 앉아 있는 끈기 있는 황소를 의미했다. 시팅불은 '타탕카 이요탕카'를 백인들이

자기네 식으로 붙인 이름이다. 그리고 시팅불 곁에는 탁월한 용사 미친 말Crazy Horse이 버티고 있었다.

조지 암스트롱 커스터

연방군은 시팅불이 이끄는 수우 족을 이번 기회에 단단히 토벌할 목적으로 리틀 빅혼 강과 로즈버드Rosebud 강이 만나는 지점에 진지를 구축했다. 그리고 사령관 테리Terry 장군은 커스터 중령을 대장으로 하는 제7기병연대에 수우 족 공격 명령을 내렸다. 웨스트포인트 출신인 커스터는 남북전쟁 때 20대의 나이로 혁혁한 전공을 세워 소장계급까지 올랐던 인물

이었다. 전쟁이 끝나고 원래 계급인 중령으로 돌아왔는데 이와 같이 전쟁 전 계급으로 복귀하는 것은 당시에는 늘 있었던 일이기도 했다. 커스터가 이끄는 제7기병연대는 로즈버드 강을 따라 올라가 6월 24일 리틀 빅혼 강 동쪽에 도착했다.

그때 커스터가 가장 신임하는 척후를 담당하던 아리카라Arikara 족의 블러디 나이프Bloody Knife 추장은 "수우 족이 너무 많으니까 조심하라."라고 몇 번이나 커스터에게 충고를 했다. 그러나 커스터는 인디언들의 전력을 무시했다. 아리카라 족은 수우 족과는 앙숙 관계에 있었다. 1876년 6월 25일, 구름 한 점 없이 맑고 무더운 날이었다. 리틀 빅혼 강을 끼고 자리한 인디언 야영지는 평화롭기 그지없었다. 커스터가 이끄

는 제7기병연대는 이 야영지 근처에 도착했다. 한편 시팅불의 지휘 아래 인디언 전사들은 이미 정탐꾼의 보고로 커스터 부대가 접근하고 있다는 것을 알고 있었다. 아침부터 그들의 야영지 곳곳에는 전투에 대비하여 만반의 준비를 하고 있었다.

이때 커스터는 그간의 전투를 통해 너무 자신만만했기 때문인지는 몰라도 성급히 달려들었다. 원래대로 하면 당연히 테리 장군이 이끄는 본대가 수우 족을 포위하고 난 뒤에 공격했어야 했다. 그러나 커스터는 본대의 포위가 끝나기도 전에 공격을 개시했다. 시팅불이 이끄는 인디언의 병력이 무려 약 3,500여 명에 달한다는 것을 전혀 고려하지 않았던 것이다. 또한 개틀링Gatling 기관총과 야포 같은 최신 병기들도 '기병의 기동력을 떨어뜨리는 무기'라며 그냥 남겨놓고 가는 실책까지 저질렀다.

리틀 빅혼 전투 상상화

돌격 명령에 이어 250명의 커스터 기병연대가 막상 수우 족 진영에 뛰어들었을 때는 그들의 전력은 수우 족에 비해 10대 1에도 못 미쳤다. "아뿔싸, 큰 실수를 했구나!"하고 생각했으나 때는 이미 늦어버렸다. 당초 계획과는 정반대로 커스터 기병연대가 오히려 수우 족에게 완전 포위된 상태에서 전투가 시작되었다. 커스터 연대를 에워싸고 인디언들은 빗발같이 총탄과 화살을 날렸고 도끼날이 번뜩였다. 혼비백산 넋을 잃은 커스터의 병사들은 필사적으로 저항했다. 그러나 수적으로 워낙 열세여서 전투가 시작된 지 한 시간여 만에 커스터 연대는 완전히 몰살당했다.

다음날 테리 사령관의 본대가 이곳에 도착했을 때에는 커스터 중령의 시체와 드문드문 머리 가죽이 벗겨진 249구의 보기 흉한 시체들만이 뒹굴고 있을 뿐이었다. 인디언들에게는 역사에 없었던 대승리였다. 인디언의 경우는 27명 정도가 전사했다. 이 소식이 대륙 전역으로 퍼지자 남북전쟁의 명장 커스터의 패배와 죽음은 미국인들에게 큰 충격을 주었고, 역으로 적장 시팅불은 신화적인 존재가 되었다. 그러나 이 전투에서의 승리에도 불구하고 시팅불은 백인과의 전쟁을 승리로 이끌수 없었다. 약이 바짝 오른 연방군은 전체 전력의 절반을 동원하여 수우족의 일망타진을 외치면서 인디언들을 몰아붙였다. 인디언 전사들도 이에 맞서 초인적 사투를 벌였지만 끊임없이 밀어닥치는 연방군에 대해 버텨낼 재간이 없었다.

한편으로 연방군은 인디언들의 먹거리인 버펄로를 닥치는 대로 죽여 그들을 아사시키는 작전을 폈다. 결국 굶주림에 지친 동료 부족들이 하나둘씩 정부군에 항복했다. 그러나 강철 같은 정신의 소유자인 크레이지 호스는 나머지 900여 명의 인디언들을 이끌고 악착같이 항쟁을 계속해 나갔다. 그러나 탄약이 떨어졌고 굶주림으로 더 이상의 항쟁은 불가능했다. 그러자 연방군은 항복하면 땅도 주고 살게 해주겠다고 회유를 해왔다. 크레이지 호스는 할 수 없이 항복을 했으나 이 역시 백인들의 사탕발림에 불과했다. 이에 분노한 크레이지 호스는 반항을 했으나 결국 유치장으로 질질 끌려가다가 첩보원 노릇을 하던 한 인디언의 손에 칼에 찔려 죽었다. 전설적인 용사는 이렇게 허망하게 쓰러져갔다.

한편 시팅불은 400여 명의 추종자들과 함께 캐나다 국경을 넘어갔다. 하지만 미국을 의식하지 않을 수 없는 캐나다 정부 역시 그를 반길 리가 없었다. 결국 그는 도주와 기아에 지쳐 도피 4년 만에 항복하고 말았다. 1881년 7월 20일, 몬태나의 부포드Buford 요새에서 시팅불은 굴복하고 말았다. 시팅불은 어린 아들 까마귀발에게 장총을 주어 미군에게 전달했다. 이후 시팅불은 백인 사회에 동화하면서 한동안은 그럭저럭 평안하게 살기도 했다. 그러다가 시팅불은 그의 명성과 인디언에 대한 호기심을 이용해서 돈벌이를 하는 버펄로 빌Buffalo Bill(본명은 윌리엄 프레드릭 코디William Frederick Cody)의 초청을 받아들였다.

시팅불은 빌의 서부유랑극단의 일원으로 4개월 동안 순회공연에 나서면서 전국적인 명사가 되는 웃기는 일도 벌어졌다. 버펄로 빌은 아메리카 들소 사냥꾼 겸 쇼맨이었다. 버펄로 빌은 서부개척 시대를 소재로 한 '버펄로 빌의 와일드 웨스트'라는 쇼로 순회공연을 벌이면서 시팅불도 꼬셔 와서 무대에 등장시켰다. 이후 시팅불은 1889년 수우 족의 반란을 교사한다는 혐의로 다시 체포령이 떨어졌다. 결국 1890년 12월 15일 시팅불은 그랜드Grand 강변에서 추격대의 총탄에 맞아 영웅적이고 비극적인 삶을 마감했다.

운디드니Wounded Knee의 학살

시팅불의 피살 소식은 나머지 수우 족 인디언들에게 큰 충격을 안겨주었다. 그들은 차츰차츰 조여 오는 기병대의 압박을 느끼고 추장 '큰 발'의 인도로 사우스다코타 주의 운디드니로 피신했다. 남자가 106명이었고 244명은 아녀자와 아이들이었다. 1890년 12월 28일, 이들을 쫓아온 500여 명의 기병대는 인디언들의 천막을 발견하고 언덕에 기관총 4정을 배치했다. 이튿날 아침 정부군은 이들에게 무기를 모두 내놓으라고 요구했다. 이때 한 명의 수우 족 용사가 칼을 놓지 않는다면서 양측 사이에 실랑이가 벌어지고 인디언과 기병대 사이에 총격전이 벌어졌다. 그 결과 추장 큰 발을 포함하여 아녀자들과 아이들, 인디언 146명이 그 자리에서 사살됐고 정부군도 25명이 사망하는 사건이 벌어졌다. 이것이 '운디드니 학살Wounded Knee Massacre'의 실상이었다. 미국인들은 이것으로 인디언과의 전쟁은 완전히 끝난 것으로 간단히 치부하고 말았다. 당시 많은 백인들은 "죽은 인디언만이 좋은 인디언이다."라고까지 했다. 일부는 '야만적이고 길들여지지 않는' 인디언들의 완전 박멸을 고집하고 있었다.

제로니모

마지막 아파치, 제로니모

I. 영화 <제로니모, Geronimo>

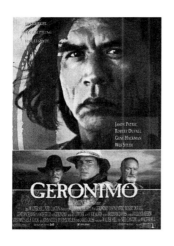

이 영화는 남북전쟁 직후 벌어진 이른바 인디안 전쟁에서 가장 최후까지 저항했던 아파치Apache 족 추장 제로니모의 일대기를 그렸다. 미국사를 전공한 월터 힐Walter Hil 감독은 백인의 침략으로 설 땅을 잃어간 인디언들의 역사를, 아파치 인디언을 대하는 연방 정부의 이중적 행태와 그들에 저항했지만 몰락해가는 아파치족 추장 제로니모를 통해 상징적으로 그려내고 있다. <제로니모>는 궁극적으로 백인들의 침략의 역사인 서부개척사에 대한 자기비판과 성찰을 담고 있다. 이 영화는 아서 펜 감독

의 <작은 거인>이 개봉된 60년대 중반 이후의 일련의 수정주의 서부
극들의 연장선상에 있는 작품이라 할 수 있다.

제로니모와 아파치

영화는 시종일관 인
디언의 입장을 옹호하고
있으나 한계가 있는 것
처럼 보인다. 제로니모가
"신은 어째서 백인들에
게 땅을 주는가?" 하고
절규하고 있으나 영화
속 백인들은 인디언들의
처지는 동정이 가나 어쩔 수 없느냐는 식으로 얼버무리는 것이 바로 그
것이다. 힐 감독의 독특한 리얼리즘에 입각한 감각적 영상이 도드라져
보인다. 무대인 유타 주의 경관도 장관이다. 존 밀리어스John Milius와 래
리 그로스Larry Gross가 쓴 시나리오도 깊이가 있으며 뛰어난 기타리스
트로 많은 영화음악에도 참여했던 라이 쿠더Ry Cooder의 독특한 멜로디
가 분위기를 잘 이끌어 나가고 있다.

명배우 진 핵크만Gene Hackman과 로버트 듀발Robert Duvall이 배역
으로 나오기는 하나 그리 분량이 많지 않다. 관객들을 끌어 모으기 위
한 장치일 수도 있다. 대부분 제이슨 패트릭Jason Patric(게이트우드 역)과
웨스 스투디Wes Studi(제로니모 역) 위주로 영화가 진행된다. 지금은 대배
우의 반열에 올라 있지만 맷 데이먼Matt Damon(데이비스 역)은 조연급으

로 출연하고 있다. 맷 데이먼은 당시 할리우드에서 초짜 배우였고 제이슨 패트릭은 당시 주연급이기는 했으나 그리 썩 알려지지 않은 배우였다. 웨스 스투디는 <라스트 모히칸>에서 복수심에 불타는 휴런Huron 족 인디언인 마구아로 나와 깊은 인상을 남겼다. 쿠엔틴 타란티노Quentin Tarantino 감독은 이 영화에 대해 '훌륭한 고전 서부극'의 하나라고 상당히 호의적인 평가를 내리기도 했다.

간략한 줄거리

영화는 1886년 제로니모의 항복으로 이어지는 사건들을 찬찬히 그려 나간다. 제로니모는 미 정부가 승인한 보호구역에 정착하기로 합의하지만 곧이어 너무나 황폐한 땅이라고 알아차린다. 제로니모는 약속과 다른 미국 정부의 이중적인 행태에 분노하여 30명의 전사와 함께 보호구역을 탈출하여 저항을 시도한다. 제로니모의 탈출은 그에게 존경과 호의적인 입장을 보여주던 조지 크룩George Crook 장군(진 핵크만 분)의 사임으로 이어진다. 새 사령관이 부임하면서 제로니모와 그가 이끄는 아파치에 대한 대응 방안이 완전히 바뀌게 된다.

넬슨 마일스Nelson Miles 장군은 제로니모를 다시 체포하려 하지만 진척이 없자 결국 게이트우드를 작전에 투입한다. 그렇게 해서 게이트우드와 데이비스, 알 시버(로버트 듀발 분)와 아파치 차토는 제로니모를 설득하기 위한 멕시코 국경 부근으로 먼 길을 떠난다. 게이트우드는 결국 제로니모를 찾아서 항복을 받고 그를 데리고 돌아온다. 그러나 마일스 장군의 약속은 끝내 지켜지지 않는다. 마일스 장군은 게이트우드의 성공은 곧 크룩의 방침을 인정하는 꼴이었기 때문에 게이트우드를 외곽 수비대로 전근 보낸다.

　미국 측을 위해 일하던 차토를 비롯한 아파치들과 제로니모는 모두 전범이 되어 나중에 고향으로 보내주겠다는 약속과 함께 일단 플로리다로 보내진다. 영화 말미에는 미국 정부가 결국 그를 집으로 돌려보내지 않았다고 했는데 실제로 그는 고향은 아니지만 가족과 함께 오클라호마에서 살았다. 아마도 고향이 아니어서 그렇게 표현했던 것 같다. 후에 그는 농사를 짓고 교회까지 나갔으며 시어도어 루스벨트 대통령의 취임식 때 퍼레이드 행렬의 일원으로 참가하기도 했다. 이런 사정으로 백인들은 그가 백인 사회에 잘 적응했다고 간주했으나 그건 백인들의 시각일 뿐이다.

II. 마지막 아파치, 제로니모

　미국 서부개척시대에 백인들에 대한 인디언들의 조직적인 저항은 헤아릴 수 없을 정도로 많았지만 최후를 장식한 것은 애리조나에 근거를 둔 아파치 족이었다. 아파치 족은 사나운데다가 싸움에는 이골이 난 부족으로 멕시코인들이나 미국의 백인들과 무수히 싸움을 벌였다. 그러나 19세기 후반에 접어들면서 유능한 추장들은 모두 죽거나 지정된 거류지로 들어갔고, 제로니모라는 지도자가 그들의 뒤를 이어 최후까지 버티면서 마지막을 장식했다.

　전투적인 아파치 족의 최후의 투사로 용맹을 떨쳤던 제로니모는

1829년 애리조나의 노도욘No-Doyohon 계곡에서 태어났다. 원래 이름은 '고야틀레이Goyathlay', '하품하는 사람'이란 뜻이다. 아파치 족 제일의 용맹을 자랑하는 제로니모의 인디언 이름이 '하품하다'라는 뜻이라는 게 웃기기도 하다. 제로니모로 불리게 된 것은 성 제로니모 축일에 멕시코군을 작살낸 데서 유래했다고 한다. 이 또한 아이러니하게도 가톨릭 성인의 이름이 백인들이 가장 두려워하는 적의 이름으로 바뀐 것이다. 아파치족은 미국 남서부, 오늘날의 애리조나 주와 멕시코 일대에 퍼져 살던 부족이었다. 그래서 서부영화에서 백인들과 자주 전투를 벌이는 부족으로 등장하는 게 바로 아파치족이다. 이 지역에는 아파치 외에도 나바호Navajo, 푸에블로Pueblo, 코만치Comanche 등의 인디언들이 살고 있었다.

제로니모는 어려서부터 천재적이라고 할 만큼 사냥에 뛰어났고 이는 나중에 최고의 전사로 탈바꿈하는 밑거름이 된다. 당시 아파치족의 가장 큰 적은 멕시코군이었다. 쌍방 간에 끊임없는 습격과 보복이 지속되었고 그러는 과정에서 죄 없는 여자들과 어린이들이 희생되는 경우도 비일비재했다. 당시 멕시코 정부는 인디언들을 쫓아내기 위해 아파치 족 아이의 얼굴 가죽을 벗겨오는 자에게 포상금까지 내걸었다. 그런 잔인한 행위도 제로니모와 그 부족의 전투 의지를 꺾지는 못했다. 17살이 되자 부족의 전사회의에 들어가 전사가 되었다. 제로니모는 매우 감각적인 전사로 알려졌다.

그는 오감을 이용할 줄 알았으며, 적이 무슨 생각을 하는지를 꿰뚫

어보는 능력이 있었다. 제로니모는 알로페Alope와 혼인하여 아이 셋을 낳았으나, 행복은 오래 가지 못했다. 어느 여름날 제로니모의 부족은 남쪽 멕시코로 교역을 위해 떠났다. 가는 길에 카스키예Kaskiyeh라는 마을의 교외에 천막을 치고 며칠을 묵게 되었다. 제로니모를 비롯한 다수의 전사들이 외출한 틈을 타 멕시코 병사들이 천막을 습격하였다. 멕시코군은 경계를 서던 전사들과 천막에 남아있던 마을 사람들을 모두 죽였다. 특히 제로니모 가족의 피해가 컸다. 어머니와 아내, 그리고 어린 자식 셋이 모두 죽은 것이다.

엄청난 비극 앞에 그는 망연자실했다. 악에 받힌 제로니모는 200명의 전사를 모아 가족을 살해한 멕시코 군인들을 찾아 보복했다. 제로니모는 그 후 일생 동안 모든 멕시코인을 원수로 여기게 되고 만나는 족족 잔인하게 도륙했다. 이런 멕시코군 대한 제로니모의 보복은 10년 동안이나 줄기차게 계속됐다. 신출귀몰하는 제로니모 때문에 멕시코군은 어지간히 골치를 썩였다. 1848년 미국·멕시코 전쟁에서 이긴 미국은 멕시코가 차지하고 있던 광대한 영토를 빼앗았다. 이곳은 아파치 인디언들이 살고 있는 곳이기도 했다. 마침 이 지역에 많은 금이 발견됐다. 아니나 다를까 광산업자들을 선두로 백인들이 아파치가 살고 있는 지역으로 떼를 지어 몰려왔다.

백인 이주자들과 아파치들 사이에 끊임없이 충돌이 발생했다. 그러나 쪽수와 무기에 있어 아파치는 멕시코군과 달리 미국 연방군에 대적할 수 없었다. 아파치 족의 추장이기도 한 제로니모의 장인 코치스Cochise는 앞날이 어떻게 될지를 뻔히 짐작했다. 그는 싸움꾼인 제로니모에게 백인과의 싸움을 중단하라고 타일렀다. 그리고 미국 정부와 아파치 족을 위한 보호구역을 설치하는 안에 합의했다. 미국 정부는 아파치 족을 지정된 인디언 보호구역으로 이주시켰다. 아파치가 대대로 살아오던 지역에는 백인 정착민들이 몰려 들어왔다.

1874년 미국 정부는 4,000여 명의 아파치 족을 애리조나 중동부에 있는 불모지인 산칼로스San Carlos의 인디언 보호구역으로 강제 이주시켰다. 평원을 달리면서 사냥해서 먹고사는 아파치 족에게는 이 좁아터진 구역에 갇혀 사는 게 도저히 견딜 수 없었다. 옹기종기 모여 살다보니까 말라리아와 같은 각종 질병도 끊이질 않았다. 식량은 정부가 주는 배급에 의존했지만 일부 부패한 인디언 관리가 중간에 떼먹는 등 농간을 부리는 바람에 굶주림이 조금도 나아지질 않았다. 그리고 사사건건 이래라저래라 하는 각종 규정도 그들의 삶을 옥죄었다.

4년 동안 꾹 참으면서 보호구역에 살던 제로니모는 마침내 동조자들과 함께 그곳을 탈출하기로 했다. 제로니모는 고향인 애리조나 산지로 돌아가고 싶은 아파치들을 설득하기 시작했다. 그는 설득력도 발군이었다. 많은 아파치들이 결국 목숨을 걸고 제로니모를 따랐다. 본거지로 돌아온 제로니모와 동조자들은 그동안 당한 것에 대한 복수심도 있고 해서 백인들에 대한 약탈과 살인을 감행하기 시작했다. 제로니모의 행각은 남서부 지역을 공포와 혼란 속에 몰아놓으면서 백인들에게 골칫덩어리로 부상했다.

드디어 연방군이 본격적으로 나설 차례가 되었다. 영화에서 나오는 것처럼 애리조나 군관구 사령관 조지 크룩George Crook은 다소 이성적인 사람이었다. 대규모 연방군에 의해 압박을 당하던 제로니모는 1881년 1월 결국 백기를 들었다. 인디언 보호구역으로 끌려간 제로니모는 도저히 견딜 수 없어 다시금 30여 명의 남자와 100여 명의 여자들을 이끌고 인디언보호구역을 탈출했다. 크룩 사령관은 이 사건의 책임을 지고 호전적인 넬슨 마일즈Nelson Miles 장군으로 교체되었다. 이후 제로니모 일행의 소탕작전에는 5,000명 이상의 연방군과 500여 명의 인디언 정찰부대가 동원되었다.

1885년 연방군은 5,000명이나 되는 병력을 동원해 시에라 네바다Sierra Nevada 산맥의 소노라Sonora 협곡에서 웅크리고 저항을 하고 있던 제로니모와 약 150명의 아파치 소탕전을 벌였다. 이 싸움은 제로니모 세력과의 마지막 전투가 됐다. 수적인 열세와 탄약의 고갈, 그리고 먹을거리가

제로니모

떨어진 제로니모와 아파치들은 결국 항복을 할 수밖에 없었다. 1886년 9월 3일 제로니모와 만난 토벌대의 사령관 마일스는 제로니모에게 플로리다에서 잠시 살고 있으면 반드시 애리조나로 되돌아가게 해주겠다고 약속하면서 항복할 것을 권유했다. 이튿날 공식적으로 항복한 제로니모는 이후 다시는 전사의 길을 갈 수 없었다. 그는 미

국 역사에서 가장 최후에 항복한 인디언으로 기록되었다.

1894년, 고향인 애리조나 대신 오클라호마의 포트실Fort Sill 요새로 옮겨진 제로니모는 차츰 미국식 자본주의에 길들여졌다. 그는 기독교로 개종까지 했다. 1898년 제로니모는 트랜스미시시피와 오마하의 국제 박람회에 구경거리로 등장했다. 미국인들에게 지나가버린 야성의 시대가 흥미로운 추억거리가 등장한 것이다. 미국 정부도 제로니모를 여러 공식 행사에 등장시켜 미국의 인디언 정책이 성공했음을 대내외에 보란 듯이 과시했다. 사람들은 제로니모를 보러 모여들었다. 그의 사진이나 그가 직접 만든 활과 화살을 사 갔다.

정부의 인디언 문제 담당국은 1905년 시어도어 루스벨트Theodore Roosevelt 대통령의 취임식장에도 제로니모를 초대했다. 제로니모는 루스벨트 대통령에게 자기 부족 사람들을 애리조나의 고향 땅으로 보내 달라고 요구했지만 대통령은 귓등으로 흘려들었다. 포트실 기지에서 제로니모는 글을 쓸 줄 몰랐지만, 구술을 통해 자서전을 남겼다. 그의 이야기는 1906년 <제로니모의 삶의 이야기>라는 제목으로 출판됐다. 손수 만든 활과 화살, 기타 기념품을 팔며 돈을 벌었다. 자신의 물건이 인기가 있다는 것을 안 제로니모는 한때 신바람이 나기도 했다. 말년에는 술에 의탁해 고향에 대한 그리움을 달랬다.

제로니모는 죽기 며칠 전 자신이 만든 활과 화살을 팔기 위해 집을 떠났다가, 활과 화살을 판 돈으로 술에 잔뜩 취해서 집으로 돌아오던 길에 달리던 마차에서 떨어졌다. 의식을 잃은 채 한겨울 차가운 땅바닥에서 밤을 지냈다. 겨울비는 밤새도록 계속 내렸다. 다음날 발견되어 병원에 옮겨졌지만 이미 늦은 뒤였다. 1909년 2월 17일 제로니모는 다시 의식을 되찾지 못한 채 폐렴으로 숨졌다. 향년 80세였다. 한때 미국 남서부지방을 헤집고 다녔던 전사의 최후치고는 허망했다. 그의 죽음은 백인에 맞선 원주민의 저항이 공식적으로 종식되었음을 의미했다.

임종을 앞둔 그는 침상에 누워 이렇게 말했다. "나는 결코 항복하지 말았어야 했다. 나는 최후의 1인이 될 때까지 싸워야 했다. 나의 애마에 안장을 얹어서 나무에 묶어놓도록 해라. 그러면 내가 사흘 후에 그 말을 타러 오겠다." 사람들은 제로니모의 유언을 지키지 않았다. 그러나 살아서 진정한 자유를 얻지 못한 제로니모의 영혼은 죽어서 자유롭게 자신의 말을 타고 그토록 그리던 땅 애리조나의 산악지대로 갔을 것이다. 산천초목을 종횡무진 누비던 제로니모는 이렇게 초라하게 세상을 떠났다. 제로니모의 죽음으로 200여 년에 걸친 백인과 아메리카 인디언 사이의 전쟁이 완전히 끝났다.

그가 묻힌 곳은 포트실기지의 인디언 묘지이다. 그곳은 전범으로 잡혀 있다 고향을 그리며 숨겨간 다른 아파치 인디언들도 함께 묻혀있는 곳이다. 제로니모가 사라진 후 미국에는 그에 관한 숱한 출판물·영화·다큐멘터리·음악들이 쏟아져 나왔다. 제로니모라는 명칭을 붙인 군부대도 등장했고, 공수부대원들이 비행기에서 강하할 때 "제로니모"를 외치고, 어린애들이 수영장에서 다이빙하기 직전에 무슨 뜻인지도 모르고 '제로니모'라고 외치기도 한다. 미 해군 함정에도 제로니모 호가 있다. 미국 남서부에는 그의 이름을 딴 도시도 세 군데나 있다. 비록 죽고 죽이는 비극의 역사였지만 조상 대대로 살아온 땅을 지키려고 분투한 제로니모는 용맹의 상징으로 미국인들의 마음속에 남아 있다.

　제로니모가 이끄는 아파치족의 저항을 마지막으로 인디언과 백인들의 싸움은 막을 내렸다. 이후 연방정부는 1887년에 '도오즈 개별토지 소유법'을 제정하여 새로운 인디언 정책을 마련했다. 이 법은 그동안의 인디언들의 토지 공유를 인정한 거류지 제도를 폐지하고 개인별로 분할 소유하게 하는 것이었다. 그리고 땅을 지급받은 성인 인디언들에게 시민권을 주기 시작했고 1891년에는 인디언에게도 의무교육을 실시했다. 1894년에는 모든 인디언에게 시민권이 부여되었다.

내일을 향해 쏴라

전설의 무법자들

I. 영화 <내일을 향해 쏴라, Butch Cassidy and The Sundance Kid>

　　이 영화는 19세기 말엽 미국의 살아 있는 전설이 되어버린 서부 최후의 무법자들인 부치 캐시디와 선댄스 키드의 후반기 갱스터 행각을 그린 일대기이다. 이들은 미국 중서부 일대를 무대로 종횡무진 은행을 털지만 사람은 결코 죽이지 않는 인물들이었다. 이들은 미국 초등학교 교과서에도 등장할 정도로 유명한 미국 최후의 무법자들이었다. 갱스터인 부치와 선댄스를 그린 이 영화는 이 두 사람의 단순한 강도행각뿐만 아니라 서

부개척시대의 일종의 낭만을 살짝 보여주기도 하는 독특한 작품으로 기억되고 있다.

조지 로이 힐George Roy Hill 감독은 폴 뉴먼Paul Newman과 로버트 레드포드Robert Redford를 부치와 선댄스로 각각 등장시켜 멋진 버디 무비*를 만들었다. 로이 힐 감독은 이들이 여교사 에타 플레이스Etta Place(캐서린 로스Katharine Ross 분)와 함께 3인조가 되어 서부를 누비는 행동을 마치 마크 트웨인Mark Twain의 <허클베리핀Huckleberryfinn>에 나오는 악동들처럼 묘사했다. 로이 힐 감독은 존 웨인으로 상징되는 웅대하고 거친 남성적인 서부극보다는 부드럽고 가볍고 여성스러움을 풍기는 웨스턴을 만들었다. 자극적이면서도 재미있고 낭만적인 요소들이 영화 전편에 녹아있다.

이 영화가 오랫동안 팬들의 사랑을 받고 있는 이유는 단연 폴 뉴먼과 로버트 레드포드의 익살스럽고 재치 있고 경쾌하고 건방지기도 한 그들의 연기 앙상블에 있다. 이들은 비록 강도행각을 벌이지만 잔인하지 않고 코믹하고 사랑스럽기까지 하다. 이 둘의 환상적인 콤비는 로이 힐 감독과 4년 후 다시 만나 반전反轉의 묘미를 만끽하게 하는 영화 <스팅, The Sting>을 찍었다. 이 영화는 1973년도 아카데미 시상식에서 최우수 작품상을 비롯해서 7개 부문을 수상하는 기염을 토했다.

----

* 버디 무비buddy movie란 영화 장르의 하나이다. 명칭에서 보듯이 두 명(buddy:단짝)의 주인공들이 콤비로 활약하는 영화인데 주로 서부극과 형사물에서 많이 볼 수 있다. 로이 힐 감독의 <내일을 향해 쏴라>를 시발점으로 본격적으로 출현하기 시작했다.

캐시디와 선댄스의 마지막 장면

<내일을 향해 쏴라>를 찍을 때 폴 뉴먼은 이미 할리우드의 유명스타였고 로버트 레드포드는 조연과 단역 등에만 출연하던 무명이었다. 처음 폭스Fox 사에서는 선댄스 역으로 스티브 맥퀸에게 제안을 했지만 몇 가지 문제로 하차했다. 이후 워렌 비티와 말론 브랜도에게도 제안이 갔지만 브랜도는 자기가 만들고 주연으로 출연했던 영화 <애꾸눈 잭>의 캐릭터가 겹치는 것을 우려해 출연을 고사했다. 폭스 사는 처음에 로버트 레드포드를 그리 탐탁지 않아 했는데, 이는 뉴먼 수준에 맞먹는 인기 스타를 염두에 두었기 때문이다. 그러나 로이 힐 감독은 계속해서 그를 고집했다. 결국 선댄스 키드를 연기한 그는 이 영화로 불쑥 스타덤에 올랐다. 그는 훗날 자신을 있게 한 선댄스 키드의 이름을 따 전 세계적인 독립영화를 후원하고 응원하는 선댄스 영화제*The Sundance Film Festival를 자신이 직접 창립하기도 했다.

이 영화는 다른 서부극과는 달리 먼지가 폴폴 나는 황량한 서부의

---

* 선댄스 영화제는 1970년대 중반 로버트 레드포드가 유타 주 솔트레이크시티에서 열리던 이름 없는 영화제를 후원하면서 출발하였다. 레드포드는 <내일을 향해 쏴라>에서 자신이 맡았던 배역 이름을 따서 선댄스 영화제를 만들었다. 이 영화제는 매년 1월 20일 미국 유타 주 파크시티Park City에서 열린다. 세계에서 가장 알아주는 독립영화제이다.

대평원보다는 숲이 우거지고 강물이 흐르는 풍광이 뛰어난 자연을 배경으로 하여 찍었다. 볼리비아에서의 도피행각에서는 스틸사진으로만 편집 처리하면서 새로운 서부극의 장르를 시도하기도 했다. 이 영화는 아카데미 시상식에서 최우수 각본상·촬영상·주제가상·작곡상을 수상하였다. 주제가 'Raindrops Keep Fallin' On My Head'는 지금도 많이 불리고 있다.

: 간략한 줄거리

1890년대 미국 중서부, 부치 캐시디와 선댄스 키드는 은행 강도들이다. 그러나 한편으로는 살인을 최대한 자제하는 보기 드문 갱스터들이기도 하다. 보스인 부치는 머리 회전이 빠르나 총 솜씨는 별로이고 선댄스는 부치와는 정반대로 임기응변은 떨어지나 총 솜씨는 타의 추종을 불허한다. 돈이 생기면 있는 대로 써버리고 없으면 은행을 터는 낭인 같은 생활을 영위하고 있다. 그러나 한편으로 그들은 낙천적이며 낭만적이기도 하다. 선댄스에게는 애인 에타가 있다. 그러다 모처럼 몇 차례 열차를 턴 것이 문제가 되어 이들 셋은 볼리비아로 도주한다.

하지만 볼리비아는 그들이 생각했던 것보다 지지리 가난한 나라로 영어도 통하지 않는다. 이들은 제 버릇 남 못 준다고 털고 도망치고를 반복하는 은행털이를 지속한다. 에타는 미국으로 돌아간다. 그리고 이곳까지 이들을 체포하러 보안관 조 르퍼즈Joe Le-fors에게 쫓기자 강도질을 그만두고 은 광산의 노동자의 봉급을 호송하는 일을 맡게 된다. 하지만 은행에 돈을 찾아 돌아오는 길에 이곳 산적들에게 습격을 받지만 이들을 모두 소탕한다. 이후 두 사람이 마을에 내려와 식사를 하고 있을 때 신고를 받은 군대가 출동한다. 군대와 총격전을 벌이다가 그들은 권총을 치켜들고 밖으로 뛰쳐나온다. 이 영화를 불멸의 작품으로 만드는 씬 중의 하나는 이 둘이 자신들을 향해 빗발처럼 총알이 쏟아붓는 한가운데로 달려 나가는 마지막 정지화면일 것이다.

II. 전설의 무법자들

부치 캐시디 & 선댄스 키드

　　영화 <내일을 향해 쏴라>의 두 주인공 부치 캐시디와 선댄스 키드는 미국의 전설적인 무법자 반열에 올라있다. 부치의 본명은 로버트 파커Robert Parker이다. 1866년 4월 13일 미국 유타 주 비버Beaver에서 태어났다. 그의 부모는 1850년대 미국으로 이주한 영국인이었다. 부치는 13자녀 중 첫째였다. 그는 솔트레이크시티Salt Lake City 남쪽에서 346㎞ 떨어진 서클빌Circleville 근교 농장에서 자랐다. 그는 10대 초반 집을 떠나 목장에서 일하였는데, 그곳에서 소도둑 출신인 마이크 캐시디Mike Cassidy를 만났다. 그때 그는 마이크로부터 강도행각에 대해서 주워들으면서 그를 멘토로 삼았다. 부치는 이후 여러 목장들을 전전하며 일하다가, 잠시 와이오밍 주 록스프링스Rock Springs에 있는 푸줏간에서 일하면서 부치라는 별명을 얻었다. 그는 자신의 멘토였던 소도둑 마이크 캐시디를 존경하는 의미에서 그의 성姓에 이 별명을 더하여 부치 캐시디라는 이름을 사용하기 시작했다.

앞 열 좌측이 선댄스, 우측이 캐시디

부치는 1880년에 옷 가게에 들어가 옷을 훔치는 것으로 강도 행각을 시작하였다. 이후 감방도 들락거리며 여러 범죄자들과 어울리기 시작했다. 그는 이 범죄자들을 묶어 본격적으로 '와일드 번치Wild Bunch' 라는 이름의 갱단을 조직하면서 여러 번에 걸쳐서 열차와 은행 강도질 행각에 나섰다. 결국 당국에서도 알렌 핑커튼*의 탐정사무국에 의뢰하여 이들을 집요하게 추적하게 되면서 대부분의 멤버들이 사살당하거나 붙잡힌다. 마지막으로 남은 부치와 본명이 롱어바우Longabaugh인 선댄스는 이제 도저히 미국에서 발을 붙일 수가 없게 되자 남미로 도주계획을 세운다.

부치와 선댄스는 동쪽으로 달아나 뉴욕에 도착, 1901년 선댄스의 애인 에타 플레이스를 데리고 배를 타고 아르헨티나로 도주한다. 이들

---

* 알렌 핑커튼Allen Pinkerton은 시카고에서 보안관을 지내다가 1850년 핑커튼전미탐정사무소Pinkerton National Detective Agency를 설립했다. 이 사무소는 무법자들을 소탕하면서 철도경비업무도 함께 수행했다. 당시 미국을 떠들썩했던 와일드번치와 제시 제임스 갱단 등을 추적해 체포, 사살하는 실적을 올렸다.

은 아르헨티나 중서부의 안데스 산맥 근처에서 목장을 구입하고 1905년까지 지낸다. 그러나 아는 게 강도질이라고 이들은 아르헨티나 최남단에 있는 타라파카Tarapaka 은행을 털어 10만 달러를 강탈하여 북쪽으로 도주한다. 세 사람은 칠레로 일단 도망했다가 다시 아르헨티나로 돌아와서 은행강도 행각을 벌이고 칠레로 다시 도망하게 된다. 1906년 도망자의 행각에 지친 에타 플레이스는 미국 샌프란시스코로 돌아간다. 부치와 선댄스는 볼리비아로 가서 일단 은행강도 행각을 접고 주석 광산에서 일을 한다.

1908년 11월 3일, 볼리비아 남부 산 비센테San Vincente 근처에서 아라마요Aramayo 은광 노동자들을 위한 급료를 운송하던 사람이 복면을 한 두 명의 미국인 강도에게 강탈당했는데, 아마 이 두 사람은 부치와 선댄스로 추정된다. 두 강도는 산 비센테 지역의 작은 광산마을에 있는 하숙집으로 향했다. 이들의 행태를 수상히 여긴 하숙집 주인은 인근의 군대에 신고하였고, 잠시 후에 하숙집은 군인들에 의하여 포위당하게 된다. 저녁 무렵 총격전이 벌어지고 나서 새벽 2시경 경찰과 병사들은 집안에서 한 남자가 비명을 지르는 것을 들었다. 곧 집안에서 한 발의 총성이 들렸고, 비명 소리는 멈추었다. 몇 분 후 다시 한 발의 총성이 들렸다.

하숙집은 아침까지 포위상태로 있었다. 날이 밝자 조심스럽게 집안으로 들어간 경찰들과 병사들은 두 구의 시체를 발견했는데, 온몸에 총상으로 벌집투성이가 되어 있었다. 경찰은 시체의 위치를 보아 한 용의자가 치명상을 입은 다른 용의자를 쏜 후 자기도 자살한 것으로 추정하였다. 경찰의 추가 수사가 이루어진 결과 두 강도 용의자는 아라마요 광산 급료를 강탈한 범인들로 확인되었다. 그러나 볼리비아 당국은 이들의 이름을 몰랐으며 신원을 밝혀낼 수도 없었다. 후대의 사람들은 막연히 이들이 부치와 선댄스라고 추정하고 있지만, 일부에서는 이들이 몰래 미국으로 돌아와서 생존하다가 죽었다는 전설 같은 얘기도 전해진다.

제시 제임스Jesse James 형제 이야기

제시 제임스는 미주리 주에서 목사의 아들로 태어났다. 남북전쟁 때는 형 프랭크Frank와 함께 남군에 자원하여, 당시 잔인하기로 이름났던 캔트릴Cantril이 지휘하는 게릴라부대에 들어가 미주리 주와 캔자스 주에서 활약하였다. 남북전쟁이 끝난 후 제시와 프랭크는 게릴라 부대의 다른 동료 8명과 합세해 1866년 2월 13일 미주리 주 리버티Liverty의 한 은행을 털어 무법자로서의 길을 걷기 시작했다. 제임스 갱단이라고 이름을 지은 이들은 아이오와에서 앨라배마와 텍사스에 걸쳐 여러 은행을 털었다. 1873년부터는 열차 강도질을 시작했으며, 이 밖에도 역마차와 상점을 습격하고 사람들을 강탈하기도 했다.

당시 철도 경비업무도 맡았던 핑커튼이 이끄는 전미탐정사무소는 제시의 집에 폭탄을 던져 제시 가족이 참혹하게 폭사하는 일이 벌어졌다. 핑커튼은 제시 일당이 계속 열차 강도질을 하자 약이 바짝 올라 있었던 것이다. 이 일로 오히려 제시 제임스 일당은 남부인들의 동정심을 얻었고, 그들의 강도 행각이 어느 정도 합리화 되는 계기가 마련된다. 당시 은행과 철도는 거의 북부의 자본이 지배하고 있었으므로 남부인들은 제시일당의 악행에 오히려 갈채를 보내며, 그들을 '서부의 로빈후드'라고 부르면서 자랑스러워했다.

서부의 잔혹하고도 대담무쌍한 이야기를 원하는 미국 동부 독자들의 욕구에 맞춰 여러 작가들에 의해 이들의 이야기는 과장되기도 하고 낭만적으로 그려지기도 했다. 특히 형제의 고향인 미주리의 오자크 Ozark 사람들에게 제시 제임스는 남군에 동조했던 과거를 절대로 용서하지 않으려는 당국에 의해 어쩔 수 없이 범죄 세계로 들어선 낭만적 인물로 회자되었다. 이런 이유로 제시와 프랭크는 항상 당국의 박해를 이유로 들어 그들의 강도행위를 정당화하려 했다. 한편으로는 그들이 저지른 일이 아닌데도 그들의 소행으로 간주된 사건들도 많았다. 세월이 흐르면서 제시를 소재로 한 민요나 다임 노벨(dime novel: 10센트짜리 싸구려 소설)과 서부극 영화도 많이 만들어졌다.

1876년 9월 7일 제임스 일당은 미네소타 주의 노스필드Northfield에 있던 한 은행을 약탈하려다 거의 일망타진 당했다. 8명의 강도일당 중 제임스 형제만이 겨우 도망쳤다. 이후 제시 제임스는 자신을 보호하기 위해 함께 강도를 벌였던 찰리 포드Charlie Ford와 그의 동생인 로버트 포드Robert Ford를 데리고 시골구석에 칩거한다. 1881년 미주리 주지사 토머스 크리튼던Thomas Crittenden은 제임스 형제를 죽이거나 사로잡는

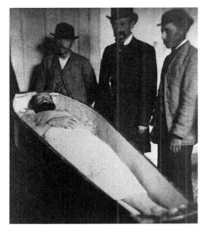

관 속의 제시 제임스

사람에게 현상금 1만 달러를 주겠다고 공고를 했다. 토머스 하워드라는 가명으로 세인트 조지프Saint Joseph에 숨어 살고 있던 제시는 집에서 벽에 그림을 고쳐 달던 중, 현상금을 노린 포드 형제가 쏜 총에 뒤통수를 맞고 즉사했다. 포드 형제가 미주리 주지사와 모종의 거래를 했던 것으로 알려져 있다. 몇 달 후 프랭크 제임스는 자수했다.

형 프랭크는 미주리에서 살인죄로 재판을 받았으나 무죄판결을 받았고, 앨라배마에서 강도죄로 재판을 받았으나 역시 무죄판결을 받았으며, 마지막으로 미주리에서 무장 강도죄로 재판을 받았으나 다시 석방되었다. 아마도 가족이 폭사 당했고, 동생 제시도 제거되었으며 스스로 자수했기 때문에 이런 판결이 나온 것으로 추측된다. 거기다가 남부주의 판결은 남부인에게 유리했을 것이다. 자유의 몸이 된 그는 가족 농장으로 돌아가 조용히 살다가 1915년 자신이 태어난 방에서 죽었다. 제시 제임스 형제를 다룬 영화도 여러 편 나왔으나 그 중 브래드 피트가 주연한 <비겁한 로버트 포드의 제시 제임스 암살>이 가장 유명하다.

소년 무법자, 빌리 더 키드Billy the Kid

본명이 헨리 매카티Henry McCarty인 빌리 더 키드는 남북전쟁 직전인 1859년 뉴욕 시에서 태어났다. 아버지가 죽자 어린 나이에 뉴멕시코 주로 이주했다. 이후 22살로 죽을 때까지 줄 곳 이곳과 멕시코 국경 사이를 오가면서 살인 행각을 일삼으며 무법자로 살았다. 빌리는 어릴 때부터 살인하는 데는 비범한 소질을 보였다. 12살이 되던 해, 어머니를 강제로 범한 남자를 자신이 평소 들고 다니던 접이식 나이프로 찔러 죽였는데 이것이 그의 첫 살인행각이었다. 이후 그는 어머니에게 작별인사를 드린 후 떠돌이 생활을 하기 시작했다. 1877년에 뉴멕시코 주의 링컨 카운티Lincoln County에서 행세깨나 하는 존 턴스톨John Tunstal의 목장에서 일을 하게 된다. 빌리는 턴스톨을 양아버지처럼 따랐다.

당시 턴스톨은 마을에서 그의 사업을 방해하는 로렌스 머피Lawrence Murphy, 제임스 돌란James Dolan, 이 두 사람을 눈엣가시처럼 여겼다. 위협을 느낀 이 두 사람은 보안관 윌리엄 브래디William Brady에게 뇌

빌리 더 키드

물을 찔러 주면서 턴스톨을 체포하게 했다. 이때 턴스털이 체포되는 과정에서 보안관이 쏜 총에 맞아서 숨을 거두었다. 빌리는 곧바로 턴스톨의 복수를 결심하고 보안관 브래디, 그리고 같이 있던 부보안관까지 살해했다. 브래디와의 혈투는 기록에 남을 정도로 치열했다고 한다. 브래디를 사살하면서 빌리는 또다시 쫓기는 몸이 된다. 이

후 그의 현상금을 노리고 보안관 두 명이 달려들었으나 맨몸으로 이 둘을 처치한 사건이 세간에 알려지면서 빌리의 명성은 널리 알려졌다.

이제 어느 누구도 그를 잡으려 하지 않았다. 그는 22살로 사망할 때까지 총 21명을 사살했다. 그가 죽인 멕시코인과 인디언까지 합하면 두 배가 될 것이라는 후문이 나돌 정도로 살인을 밥 먹듯 했다. 살인과 강도짓, 그리고 경호원 등의 일을 하며 살아가던 중 팻 개릿Patrick Garrett이라는 바텐더와 친하게 지낸다. 허나 얼마 있다가 팻 개릿이 보안관으로 취직하자 빌리는 개릿에게 쫓기는 몸이 된다. 그러다가 1880년 12월 살인혐의로 개릿에게 붙잡힌다. 그러나 붙잡힌 지 4개월 후인 1881년 4월 18일, 탈옥에 성공한다.

이 사실이 동부지역의 「뉴욕 타임스」에까지 실리면서 전국적으로 알려지게 된다. 하지만 그로부터 3개월 후인 7월 14일, 결국 개릿의 총에 맞아 죽는다. 불과 22세 때였다. 그는 나이도 비교적 어린데다가 호리호리한 체격과 수염까지 없어 '키드'라는 이름으로 불리었다. 쫓기는 신세이고 보니 윌리엄 보니William Bonney라는 가명도 사용했다. 빌리 더 키드를 주인공으로 한 영화도 여러 편 나왔는데 그중에서 가장 알려진 것으로는 샘 페킨파* 감독의 <관계의 종말>을 치고 있다.

----

* 샘 패킨파(Sam Peckinpah, 1952~1984) 감독은 폭력미학의 거장이라고 일컬어진다. <와일드 번치>, <철십자 훈장>, <가르시아의 목을 가져와라> 등의 명작을 남겼다. 그는 스크린을 피바다로 만들었으며 허무주의적인 냄새를 많이 풍긴다는 평을 받았다. 약물 중독으로 사망했다.

14장

언터처블

밤의 제왕, 알 카포네 / 웃기는 미국의 금주법

I. 영화 <언터처블, The Untouchables>

이 영화는 로버트 드 니로Robert De Niro와 캐빈 코스트너, 숀 코네리Sean Connery 등의 대배우들이 출연하고 브라이언 드 팔마Brian De Palma 감독이 메가폰을 잡은 갱스터물로, 엔니오 모리코네Ennio Morricone가 영화 음악을 담당한 걸작이다. 007로 유명한 숀 코네리는 이 작품으로 생애 최초로 아카데미 남우조연상을 수상했다. 파라마운트사가 <대부> 이래 회심의 역작으로 내놓은 이 영화는 흥행 면에서 히트를 쳤다. 알 카포네의 전성 시절, 시카고 경찰은 부패의 극에 도달해있었다. 대부분의

공무원들과 경찰들이 갱들로부터 뇌물을 받아 챙기고 있었다. 이에 카포네를 비롯한 갱 조직을 일소하려는 특수수사반을 조직한 네스 반장(케빈 코스트너 분)은 강직한 성품의 경관 3명을 휘하에 모아서 갱들과의 싸움을 시작한다.

그와 부하들은 전혀 뇌물과는 거리가 멀었기에 갱들은 그들을 가리켜 '손댈 수 없는 사람들Untouchables'이라고 부르기 시작했고 이것이 그들을 상징하는 말이 된다. 네스 반장의 이 조직은 후에 FBI의 모체가 되며 그래서 지금도 FBI의 수사관을 상징하는 말(언터쳐블)로 쓰이고 있기도 하다. 원래 이들의 활약상을 그린 동명의 인기 TV 시리즈가 있었는데 드 팔마 감독이 이를 영화로 만든 것이다. 그는 이미 알 카포네를 다룬 알 파치노Al Pacino 주연의 <스카페이스>를 연출한 바 있다. 일류 시나리오 작가인 데이비드 마멧David Mamet의 치밀하면서도 사실적인 각본은 영화의 흥미를 불러일으키고 있으며 영화음악의 거장인 엔니오 모리코네의 음악도 긴박감을 한층 불러일으키고 있다.

왼쪽부터 스톤, 말론, 네스, 월레스

당시 신인 배우였던 케빈 코스트너는 로버트 드 니로와 숀 커네리의 관록에 맞서 결코 밀리지 않는 탄탄한 연기력을 보여주었다. 형사 말론으로 등장하는 숀 커네리는 세파에 진력이 났지만 그렇다고 결코 세상에 굴복하지 않는 정의로운 경찰관 역을 노련하게 소화하고 있다. 앞이마가 벗겨진 카포네로 분한 드니로의 카리스마 넘치는 악역 연기 역시 볼만하다. 드니로는 살찌울 시간이 없어 패드와 베게로 뚱뚱한 알 카포네의 몸집을 재현했다. 약 15분 동안 피 튀기는 총격전이 벌어지는 시카고 역 내에서 유모차가 굴러 내려가는 장면은 이 영화의 하이라이트 씬이기도 하다. 이 장면은 영화사에 길이 빛나는 세르게이 에이젠슈타인* 감독의 1925년도 무성영화 <전함 포템킨>에서의 오데사 계단에서의 민중학살 장면을 드 팔마 감독이 멋지게 오마주**했다.

실제 밤의 제왕이라고 불렸던 알 카포네Al Capone는 영화와는 달리 수사관을 살해하거나 위협하지 않고 주로 뇌물을 써서 회유를 했다. 그는 식당이나 극장에서도 팁과 후원금을 후하게 건네줄 정도로 자기 관리에 힘썼던 인물이었다. 영화에서 알 카포네가 경찰단속을 당한 자신의 부하를 야구방망이로 때려죽이는 장면은 실제 알 카포네가 자신을 죽이려던 갱 두 사람을 야구방망이로 때리고 머리에 총을 쏴 죽인 사건을 차용했다고 한다. 영화 마지막 부분, 재판정에서 서로 주먹질을 하려고 으르렁거리던 네스와 알 카포네는 실제는 얼굴조차 마주치지 않았

* 세르게이 에이젠슈타인(Sergei Eizenshtein 1898~1948)은 라트비아 출신의 소련 영화감독이다. '몽타주 기법'을 확립하여 이름을 날렸다. <전함 포템킨>, <오래 된 것과 새로운 것>등의 작품을 발표하며 러시아 영화의 황금기를 이끌었다. '몽타주 기법'이란 각각의 장면을 적절하게 이어 붙여서 스토리가 있는 하나의 내용으로 만드는 것을 말한다.

** 오마주Hommage는 특정한 작품이나 감독·배우에 대한 존경의 의미로 어떤 장면을 그대로 모방하거나 따라하는 것을 말한다.

다. 원래 시나리오에서는 알 카포네 회계사가 탄 열차를 세우려고 총격전을 벌이는 장면이 있었지만 1930년 열차를 배경으로 사용하기엔 너무 제작비가 많이 든다는 이유로 열차 역 내 계단에서 총격전을 벌이는 장면으로 바꾸었다. 원래 엘리엇 네스의 역으로는 케빈 코스트너가 아니라 미키 루크Mickey Rourke를 점찍었으나 그가 거절했다.

간략한 줄거리

　시대는 미국에서 금주법이 시행되던 1930년대 초, 시카고에서 마피아들이 전성기를 누리던 때이다. 밀주·매음·살인·폭력 등이 난무하던 미국 역사상 가장 위험하고 무질서한 혼란의 시절이었다. 시카고 최대 갱단의 보스인 알 카포네는 온갖 범죄를 저지르면서도 경찰과 정치인들을 매수하며 마음껏 활개를 치고 있었다. 재무성 요원인 엘리엇 네스는 집에서 신문을 보다가 이들 갱단이 벌인 폭발사건의 뉴스를 접한다. 그는 밀주와 폭력을 근절하겠다는 다부진 목표를 세우고 수사에 나선다. 그러나 기자들이나 경찰들 모두 그에게 냉소적이고 비협조적이다. 모두가 돈에 매수되어 있거나 공갈·협박에 몸을 사리고 있기 때문이었다.

　그러는 와중에 다량의 캐나다 위스키가 시카고에 도착한다는 첩보를 입수한 그는 경찰병력과 함께 현장을 급습하지만 허탕을 친다. "경찰의 투사 한방 먹다."란 신문기사가 그를 조롱할 뿐이다. 실의에 빠진 그에게 다가오는 노쇠한 경찰관 지미 말론, 그가 믿을만한 경찰임을 간파한 네스는 그에게 도움을 요청한다. 말론은 네스에게 이러저러한 카포네 잡는 방법을 일러주며 범죄와의 전쟁에 함께 뛰어든다. 그들은 워싱턴에서 파견된 회계사 오스카 월레스(찰스 스미스Charles Smith 분)와 경찰학교를 막 나온 최고의 총잡이 조지 스톤(앤디 가르시아Andy Garcia 분)과 팀을 이루어 이른바 4인의 '언터쳐블'을 결성한다. 이들은 불법 밀주공장을 급습하는 등 의욕적으로 수사를 펼쳐나가지만 도중에 말론과 월레스가 죽음을 당한다. 이들은 온갖 난관에 봉착하지만 마침내 알 카포네를 법정에 세우는 데 성공한다.

II. 밤의 제왕, 알 카포네

알 카포네는 1899년 1월 17일 뉴욕의 브루클린Brooklyn에서 이태리 이민자 부모에게서 태어났다. 본명은 알폰소 가브리엘 카포네Alphonse Gabriel Capone인데 애칭을 '알'이라 부르면서 알 카포네로 알려져 있다. 그의 아버지는 나폴리에서 이발사였고 어머니는 재봉사 일을 했는데 이들은 1893년 미국으로 이민을 오게 된다. 카포네의 형제들은 모두 9남매로 카포네는 가톨릭 학교를 다녔지만 14살 때 여선생의 얼굴을 주먹으로 후려갈기는 바람에 퇴학을 당하고 만다.

퇴학당한 카포네는 뉴욕 브루클린의 조직폭력배인 조니 토리오 Johnny Torrio의 부하가 되었다. 깡패치곤 성격이 온화하고 섬세한 편인 토리오는 폭력배들을 조직하여 범죄를 저지르는 데는 아주 지능적이었다. 그는 특정한 업종의 지배권을 장악하는 데는 선수였다. 예를 들어

알 카포네

일정한 구역의 모든 얼음집들은 토리오에게 수수료를 상납하는 대가로 독점적인 영업권을 허락받아 가격을 인상하는 횡포를 부릴 수 있었다. 그들의 독점권에 감히 도전하는 사람은 다이나마이트 선물을 받거나 두 다리가 부러지거나 소유한 건물이 시 당국으로부터 부실 건물로 판정을 받는 등 여러 가지로 골탕을 먹었다.

토리오는 전성기에 음료수 판매기에서부터 빵·크래커·효모·파이 노점상 조합 등 200여 개의 협회를 좌지우지했다. 심지어 구두닦이들까지도 그에게 상납해야 했다. 이러던 어느 날, 뚜렷한 이유도 없이 토리오는 1920년에 뉴욕을 떠나 시카고로 둥지를 옮기기로 결심한다. 맨 먼저 그는 시카고의 조직폭력배인 콜로시모Colosimo를 때려눕히고 그의 활동영역을 빼앗았다. 이후 몇 년간 토리오의 깡패 사업은 잘 나가고 있었다. 1925년 1월 어느 추운 날 오후, 토리오가 아내를 도와 차에 싣고 온 장바구니를 집 안으로 옮기는 도중 상대방 조직폭력배 세 명이 그에게 다가와 총알 5발을 선사했다.

토리오는 간신히 목숨을 건졌다. 그러나 그는 이런 생활은 도저히 사람이 할 짓이 못된다고 판단하고 3,000만 달러를 챙긴 다음에 모든 깡패사업을 부하였던 카포네에게 넘겨주었다. 그리고 홀연히 고향인 이태리로 돌아갔다. 이탈리아로 돌아간 토리오는 잠시 있다가 몸이 근질

거리자 다시 뉴욕으로 돌아왔다. 그리고 루치아노*Luciano가 뉴욕 마피아 최고의 보스로 등극하는 데 큰 도움을 주었다. 하여튼 카포네는 토리노의 뒤를 이어 시카고의 깡패 두목이 되었다. 평소에 카포네는 토리어를 가리켜 "토리어는 나를 이끌어 준 사람이며 나의 아버지와 다름이 없다."라는 말을 입에 달고 다녔다. 이제 미국 역사상 가장 유명한 카포네의 무법자 시대가 막이 올랐다.

다른 조폭 두목들과 카포네가 특별히 다른 점은 그가 아주 젊었으며 왕초 노릇하던 기간이 다른 두목들보다는 비교적 짧았다는 사실이다. 카포네가 토리오로부터 지배권을 물려받았을 때 나이가 겨우 스물여섯 살이었다. 또한 조직폭력배의 두목으로 시카고를 주름잡던 시기는 1925년부터 1927년까지 3년간이었다. 카포네는 흉터가 있는 얼굴을 뜻하는 '스카페이스Scarface'라는 별명이 붙어 있었다. 이는 그가 뉴욕의 브루클린의 한 술집에서 만취해서 건너편에 있는 한 여자에게 "아가씨, 엉덩이가 정말 예쁘네, 어쩌고저쩌고…" 하다가 옆에 있던 그녀의 남동생에게 당한 것이다. 그가 휘두른 나이프가 카포네의 왼쪽 뺨을 그어버렸던 것이다. 카포네에게 상처를 입힌 인물은 프랭크 갈루치오Frank Gallucio로 추후 카포네에게 사과를 하고 카포네는 그것을 선선히 받아들이고 그를 경호원으로 데리고 다니기까지 했다. 카포네를 미화하는 것은 아니지만 그만큼

---

* 루치아노의 본명은 살바토레 루카니아Salvatore Lucania이다. 미국 뉴욕 시의 마피아조직인 루치아노 패밀리의 두목을 지냈다. 자신의 이탈리아계 마피아뿐만 아니라 유대계·아일랜드계 등 거물 범죄 조직들을 망라한 전미범죄연합체(일명 신디케이트)라는 혈통이나 인종을 초월한 기업형 범죄 조직을 미국에서 최초로 창안한 전설적인 인물이다.

명성을 날렸던 인물이라 대범함도 남달랐던 것 같다.

카포네는 이 흉터를 가리느라고 얼굴을 땀띠약으로 떡칠을 하고 다녔다. 나중에 여러 번 영화화된 <스카페이스>는 바로 이 알 카포네를 모델로 만들어진 영화이다. 금주법이 시행되는 동안 시카고에서는 맥주가 유달리 다량으로 공급되었다. 맥주에는 공무원들의 대규모 부패가 필수적이었다. 다른 술과 달리 덩치가 큰 양조장을 숨길 도리가 없었기 때문이었다. 그래서 거액의 입막음용 돈이 필요했다. 시청 공무원들 중에 이 돈을 먹지 않은 자가 거의 없었다. 경찰들과 관리들은 카포네의 본부가 있는 메트로폴Metropole 호텔에 풀 방구리에 쥐 드나들 듯 뻔질나게 들락거렸다. 시카고 경찰은 사실상 그의 사병집단이었다. 금주법은 정부가 카포네와 같은 깡패들에게 더할 나위없는 최고의 선물이었다. 1927년 여름이 끝나갈 무렵 카포네는 최고의 전성기를 구가하고 있었다. 당시 카포네 조직은 6,000군데의 밀주집, 2,000곳의 마권 판매소와 갈보집, 보호비와 거리세 갈취, 고리대금업 등과 노조 개입으로부터의 부당 수익까지 일주일에 무려 600만 달러를 호주머니에 챙기고 있었다.

원래 시카고 암흑가는 아일랜드계가 이탈리아계를 압도하고 있었다. 유구한 마피아의 전통을 자랑하는 이탈리아계로선 이를 그냥 두고 볼 수 없었다. 가장 널리 알려진 게 1929년 2월 14일 시카고 북쪽 링컨 공원 근처에서 카포네 부하 7명이 아일랜드계의 벅스 모란Bugs Maran 부하 7명을 톰슨 기관총으로 아작을 낸, 이른바 '밸런타인데이 학살

Saint Valentine's Day Massacre'사건이다. 그러나 이 사건으로 처벌받은 사람은 아무도 없었다. 알 카포네가 깔아놓은 거대한 인맥이 움직인 것이다. 경찰과 검찰은 물론 윌리엄 톰슨William Thomson 시카고 시장도 알 카포네의 영향력 아래에 있었다. 당시 시카고에는 낮과 밤, 2명의 대통령이 존재한다는 얘기가 나돌았다. 밤의 대통령이 바로 알 카포네였다. 이 밖에 그가 매수한 경찰·판사·시의원·시장·주지사 그리고 노조 지도자들까지 부지기수의 인물들이 그와 한편이었다.

때는 바야흐로 조직범죄의 춘추전국시대였다. 1929년 시카고에는 무려 수십 개의 깡패 조직이 주류 밀매업을 하거나 사업가들로부터 돈을 갈취하고 있었다. 이들은 조직 성격에 따라 사용하는 무기가 달랐다. 주류 밀매업에 종사하는 갱단은 톰슨 기관총을 애용한 반면, 업체들을 협박해서 갈취하는 조직들은 주로 다이나마이트를 사용했다. 1927년부터 1929년까지 무려 157건의 폭탄이 터지고 기관총 난사 사건이 발생했지만 처벌을 받은 사람은 한 사람도 없었다. 시카고의 조폭들이 특별히 사용했던 무기는 토미 건Tommy gun이라는 애칭으로 널리 알려진 톰슨 기관단총이었다. 이 총의 이름은 미국 군대의 병기감이었던 톰프슨Tompson 장군에게서 유래했다. 톰프슨은 전장에서 병사 개인이 휴대하기에 충분히 가벼운 기관총을 제조하는 것이었고 기어코 이 목적에 맞는 기관단총을 만든 것이었다. 이 총은 발사 때 반동이 너무 심해 정확한 조준이 불가능해서 경찰들은 이 총을 별로 사용을 하지 않았다. 그러나 조직폭력배들에게는 딱 안성맞춤이었다. 이 총의 방아쇠를 당기기 시작하면 정확도는 제쳐두고 마구 난사되기 때문에 가까이 있는 사람들에게 아주 무시무시한 공포심을 불러일으켰기 때문이었다.

1927년을 기점으로 카포네의 짧은 전성기가 지나가고 있었다. 1929년, 영화 <언터처블>에서 주인공으로 나오는 연방주류 단속요원 엘리엇 네스Eliot Ness가 카포네에 대한 수사를 개시했다. 그리고 결국 1931년 카포네는 소득세 탈세 및 주류금지법 위반혐의로 기소를 당한다. 카포네는 변호사를 통해 유죄를 인정하고 형량을 줄이는 청원을 했으나 기각을 당한다. 결국 혐의를 인정하고 판결을 받는 것으로 마음을 굳힌다. 하지만 재판부는 결국 카포네의 주류금지법 위반혐의는 기소하지 못했고 탈세부분의 죄목으로 11년의 형량을 선고한다. 카포네는 1932년 5월에 애틀란타의 연방 교도소에 수감되었다. 카포네에게 감옥생활은 식은 죽 먹기였다. 그는 스프링이 장착된 푹신한 침대를 제공받았고 그럴듯한 요리가 사식私食으로 들어갔다. 추수감사절에는 그날을 위해서 특별히 고용된 요리사가 준비한 칠면조 만찬이 제공되기도 했다.

그는 개인적으로 고급 위스키를 소지하고 있었으며 방문객을 접견할 때에는 교도소장의 방을 이용했다. 교도소장은 카포네에게 특별대우를 한다는 사실을 강력히 부인하기도 했지만 카포네의 승용차를 사용하는 것이 들통이 나기도 했다. 1934년 8월에 샌프란시스코 앞바다의 알카트라즈 섬*에 교도소가 완공되자 카포네는 그곳으로 이송된다.

---

* 알카트라즈Alcatraz 섬은 연방정부의 형무소가 있었던 곳으로 한번 들어가면 절대 나올 수 없다고 해서 '악마의 섬'이라고 불렸다. 빠른 조류와 차가운 수온 때문에 헤엄을 쳐서는 도저히 살아서 탈출할 수가 없었기 때문이다. 형무소가 폐쇄된 지금은 관광객들의 투어 장소로 이용되고 있다.

알카트라즈 감옥의 교정국은 카포네가 조직과 연락할 수 있는 방법을 모두 차단했다. 시카고를 쥐락펴락했던 밤의 황제는 이 감옥 안에서는 특별대우는커녕 꼼짝달싹 못했다.

한번은 죄수들이 이발소에서 줄을 서있었는데 카포네가 새치기하는 것을 본 죄수 하나가 그에게 새치기하지 말라고 점잖게 타일렀다. 그는 텍사스에서 은행 강도를 하다 잡혀 온 루카스Lucas라는 인물이었는데 카포네는 내가 누군지 알고 하는 얘기냐고 했다. 그러자 루카스는 돌연히 이발사의 가위를 뺏어 카포네의 목에 들이댔다. 그리고 네가 누군지는 알지만 줄은 서야 한다고 위협을 했고 이 일로 카포네는 가벼운 상처까지 입게 되었다. 망신살이 뻗친 것이다. 이후 카포네는 정신적, 육체적으로 쇠약해진 상태로 1939년 11월에 가석방으로 출감해 마이애미의 저택에 은둔하게 된다.

카포네가 감옥에 있는 동안 조직은 거의 와해가 되어 더 이상 갱스터로서의 삶을 이어갈 수가 없었다. 매독까지 걸려 있어 회복하지 못할 정도로 정신과 육체가 피폐해져 있었다. 1946년에 그를 진단한 의사는 카포네가 12살 정도 소년의 정신상태 수준이라고 진단했다. 그는 때때로 공산주의자나 라이벌이었던 아일랜드 갱단의 두목이었던 벅스 모란이 자신을 죽일 거라고 횡설수설했다. 1947년 1월 27일, 심장발작으로 쓰러진 카포네는 나흘 후 가족들에 둘러싸여 짧지만 굵었던 깡패 인생을 마감했다.

III. 웃기는 미국의 금주법

금주법은 미국이 역사상 시행했던 제도 중 가장 우매했으며 판단이 잘못되고 대가가 컸던 사회공학적 실험이었다. 그 결과는 참담했다. 1919년 금주법이 제정되면서 미국은 자국의 다섯 번째로 큰 산업인 주류산업을 단번에 조직폭력배들에게 넘겨주었다. 금주법은 선량한 시민들을 범죄자로 만들었고, 음주량은 도리어 증가했다. 금주법과 관련된 모든 것이 미숙하거나 웃음거리가 되었다. 금주법을 시행하기 위한 예산도 쥐꼬리만 해서 금주 단속기관에서는 전국적으로 불과 1,520명의 감시요원만을 채용할 수밖에 없었다.

압수한 술을 쏟아버리는 금주 단속반

요원들은 3만 킬로미터의 국경선을 밀수꾼들로부터 지켜야 했으며 1억 명 인구(요원 1인당 대략 7만 5,000명)의 밀주 생산과 소비를 막아야 했다. 국가적인 경제적 대가도 엄청나게 컸다. 연방정부는 연간 5억 달러의 주류세를 졸지에 상실했다. 이는 국고 수입의 10분의 1에 해당되었다. 주 정부 차원에서는 그 고통이 훨씬 컸다. 한편 주류 밀매점은 나날이 번창했다. 맨해튼 중심가의 한 블록에만 술을 마실 수 있는 장소가 32곳이나 되었다. 시카고에서는 대략 2만 개의 선술집이 계속 영업을 하고 있었고 일부 동네에서는 버젓이 대놓고 술을 팔았다. 뉴욕에서는 술집이 3만 2,000개로 알려졌고 이는 금주법 시행 이전의 두 배에 해당되는 숫자였다.

1919년 금주법이 제정된 배경에는 캐리 네이션Carrie Nation이라는 여성과 웨인 휠러Wayne Wheeler라는 인물을 빼놓을 수가 없다. 19세기 말, 극단적인 금주 반대 운동론자인 캐리 네이션이라는 여자가 기독교 여성 금주회 회원들과 함께 전국을 돌아다니면서 "미국의 여성들이여, 이 나라의 술집들을 모조리 때려 부수자."라고 선동하고 다녔다. 캐리 는 남편이란 작자가 허구한 날 술만 마셨다 하면 두들겨 패는 바람에 일찍이 이혼했는데 술이라면 치를 떨었다. 그녀는 마차에다 도끼와 벽돌을 잔뜩 싣고 여기저기 다니며 술집 박멸 운동을 펼쳤다. 아마 벽돌은 술집 창문을 부수고 도끼는 술집 테이블 등을 박살내려는 의도였던 것 같다.

웨인 휠러는 1869년 오하이오의 한 농장에서 자랐다. 그곳에서 어느 날 술이 잔뜩 취한 농장 일꾼 하나가 휘두른 쇠갈고리에 다리를 찔렸다. 이때부터 휠러는 미국에서 영원히 술을 추방하겠다는 오기를 품고 이를 필생의 과업으로 삼았다. 변호사 자격증을 딴 후 오하이오의 술집반대연맹의 회장이 된 그는 전국적으로 술 추방 전도사로서 그 명성을 떨치기 시작했다. 그는 미국에서 술을 추방해야 가정 파탄·질병·소득 상실 등 모든 사회악의 근원을 뿌리 채 뽑을 수 있다고 거품을 물고 떠들면서 다니기 시작했다. 술집반대연맹이 내건은 이른바 휠러주의에 따라서 미국의 대부분 지역은 금주법 시행 오래전부터 술을 추방하기 시작했다. 1917년이 되자 27개 주가 완전히 금주 조치를 시행했고 이는 점차 다른 주로 번져나갈 조짐을 보였다.

드디어 1919년 10월 28일 볼스테드 법Volstead Act으로 알려진 전국 금주법이 제정되고 이듬해 발효되면서 공식적으로 술은 자취를 감추었다. 이때부터 미국인들은 하루하루 경건한 삶을 살아가야 했다. 그런데 세상 일이 그런 방식으로 관리될 수 있다면 오늘날 무슨 사회 문제가 존재할까? 술의 합법적 생산이 금지되면서 제한적으로 유통되는 술의 가격이 급등했고, 이는 당연히 서민들에게 고통을 안겨주었다. 반면에 사회 지배층은 약간의 돈이 더 드는 불편을 겪었지만 술을 마시는 데는 거의 지장이 없었다.

그런데 전혀 예상치 못한 일이 발생했으니 갱단들이 밀주密酒 제조에 나서기 시작한 것이다. 알 카포네라는 전설적인 갱스터가 두각을 나타낸 것도 이 무렵이었다. 술을 추방하여 사회가 경건해지고 맑아지면 각종 사회악이 뿌리를 뽑힐 거라는 순진한 예상과는 달리 각종 부작용이 속출하기 시작했다. 금주법 시행 이후 전국의 살인사건이 3분의 1가량이 증가했다. 시행 이후 처음 2년 반 동안 30명의 금주 단속요원이 근무 중에 살해당했다. 이에 따라 요원들도 마구잡이로 총을 쏘아대는 바람에 무고한 민간인도 23명이나 총격을 당했다.

또한 가짜 술 때문에 많은 사람들이 죽어나갔다. 예나 지금이나 알코올은 방부제 등 수많은 화학제품 제조에 사용된다. 따라서 공업용 알코올의 생산은 막을 수가 없었다. 그런 알코올이 밀주로 전용되는 것은 시간문제였다. 공업용 알코올을 마시지 못하도록 한답시고 정부는 수은 같은 독극물을 섞도록 했다. 이런 변성된 독극물을 마시는 사람들은 시력을 잃었고 더 나아가 신체적인 불구 및 죽음에까지 이르렀다.

변성된 알코올이 "미국의 새로운 국민 음료수가 되었다."고 어느 금주 단속 요원이 신나게 떠벌리고 다니기도 했다. 변성 알코올을 마시고 죽은 사람들의 숫자는 1927년 한 해에만 2만 명에 육박했다. 휠러와 같은 금주법 지지자들은 독성물질을 탄 알코올을 마시는 사람들은 죽어도 싸다고 떠들었다. 금주 단속 요원들의 부패도 나날이 늘어갔다. 요원들은 술을 압수한 다음에 원래 소유자에게 되파는 수법으로 주머니를 채웠고 뇌물은 다반사가 되었다. 1926년 여름 북부 캘리포니아의 금주법 집행관인 그린은 금주 단속국 사무실에서 음주를 곁들인 대규모 파티를 벌인 사실이 발각되면서 징계처분을 당했다. 그는 기자들에게 "나는 진작부터 정직을 당했어야 마땅했다."고 뻔뻔스럽게 지껄여댔다.

시카고에서는 1920년 여름, 수십만 병에 이르는 위스키가 압수되어 있던 창고에서 한 병도 남김없이 소리 소문 없이 사라져버렸다. 야간 경비를 담당했던 직원들은 전혀 몰랐다고 오리발을 내밀었으나 어느 누구도 이를 믿지 않았다. 금주법은 너무나 허점이 많았다. 의사들은 환자들에게 치료용으로 위스키를 합법적으로 처방해줄 수 있었다. 1920년대 말에는 의사들은 이렇게 독주를 처방해준 덕분에 연간 4천만 달러의 거액을 주머니에 가볍게 챙겨 넣을 수 있었다. 성당에서는 미사에 필요하다는 이유로 무진장 포도주를 비축할 수 있었다. 캘리포니아에서는 금주법 시행 이후 처음 5년 동안 포도재배 면적이 일곱 배로 급증했다. 이는 포도주 수입이 금지되었기 때문이었다. 포도농장에서는 포도 농축액을 마음껏 팔 수 있었다. 웃기게도 그들은 포도 농축액 병에 이런 딱지를 써 붙여놓았다. "발효 이후 60일 이내에 포도주로 변하니 각별히 유의 바람." 눈 가리고 아웅 하는 격이었다.

대부분의 사람들은 술을 마시기 위해 주류 밀매점을 찾았다. 이런 주류 밀매점을 단속하기 위하여 요원들을 급히 투입하기도 했으나 대부분 헛발질을 하기가 일쑤였다. 뒷돈을 챙기면서 미리 일러주거나 알아도 눈감아주었다. 또한 비밀 클럽들은 앞문을 닫아걸고 뒤쪽으로 손님을 받았다. 클럽들은 언제 영업정지를 당할지 몰랐기 때문에 내부시설과 장식 같은 것에는 별로 신경을 안 썼다. 손님들도 술만 마실 수만 있다면 내부시설이야 어떻게 생겨 먹었든 도통 관심이 없었다. 대부분의 국민들이 금주법이 끔찍하게 실패했다는 사실을 알아차렸지만 국가는 무려 13년간이나 금주법을 유지했다.

뉴욕에서 공포의 금주 단속관으로 애주가들과 주류 밀매업자들의 간담을 서늘하게 만들었던 버크너Buckner 검사는 후에 이렇게 말했다. "금주법으로 인하여 부지기수의 각종 범죄 행위가 발생했다. 폭력·살인·관리들의 부패·절도 등 가지각색의 범법행위가 이루어졌다. 금주법 때문에 발생하는 여러 가지 중범죄에 비하면 법 집행으로 인해 얻은

이득은 새 발의 피에 불과했다." 결국 말도 많고 탈도 많았던 금주법은
새로이 대통령에 당선된 루스벨트에 의하여 1933년 폐지되었다. 그러나
각 주 정부의 결정을 기다려야 했고 1966년이 돼서야 미국 전역에서
금주법은 완전히 철폐되었다.

15장

신데렐라 맨

미국 대공황

I. 영화 <신데렐라 맨, Cinderella Man>

Russell Crowe   Renée Zellweger
Cinderella Man
BASED ON A TRUE STORY

영화 <신데렐라 맨>은 실재했던 미국의 복서 제임스 브래독James Braddoc(러셀 크로우Russell Crowe 분)이 불굴의 의지로 재기에 성공한 실화를 바탕으로 2005년 론 하워드Ron Howard 감독이 연출한 작품이다. 가난과 좌절에서 벗어나기 위해 링 위에 올라 마침내 불후의 명성을 얻게 되는 한 위대한 복서의 이야기를 다룬 전형적인 할리우드 스타일의 영화이다. 이 영화 제목은 미국 대공황 당시 라이트 헤비급 복싱 챔피언이었던 제임스 브래덕의 별칭에서 붙여졌다. 복싱 역사상 가장 위대한 역전승으로 회자되는 브래덕과 맥스 베어Max Baer의 경기를 지켜본 스포츠 작가인 데이먼 러니언Damon Runyon이 브래덕에게 붙여준 별명이 바로 '신델레라 맨'이었다. 지독한 가난과 실의를 딛고 일어선 동화 같은 이야기라고 해서 그런 닉네임을 지어줬다고 한다.

러셀 크로우, 르네 젤위거Renee Zellweger, 폴 지아마티Paul Giamatti 등이 출연했다. 아카데미 4개 부문 수상에 빛나는 <뷰티풀 마인드>에서 환상의 호흡을 보였던 하워드 감독과 크로우가 의기투합해서 만든 작품이다. 스포츠영화의 격렬함과 휴먼드라마로서의 감동이 적절히 버무려진 수작이다. 브래덕과 그의 매니저 겸 트레이너로 나오는 조 굴드Joe Gould와의 끈끈한 우정 이야기도 놓칠 수 없다. 이 영화는 링에 오르면 죽을 수도 있다는 사실을 뻔히 알면서도 가족을 위해 링에 올라야만 하는 퇴물복서의 이야기가 가슴 아프게 다가온다. 먹을 것이 없어서 아이들을 먼 친척집에 보내야만 했고, 아이들에게 물을 타지 않은 신선한 우유를 마시게 해주고 전기와 가스가 공급되는 따뜻한 집에서 재우기 위해 죽기를 각오하고 링에 오르는 브래덕의 뒷모습에서 옛날 우리들의 아버지 모습을 떠올리게 한다.

제임스 브래덕의 일대기를 그린 <신데렐라 맨>의 대본을 읽고 깊은 감동을 받은 러셀 크로우는 <뷰티풀 마인드>의 촬영 당시 론 하워드 감독에게 이 영화를 만드는 것에 대해 처음 이야기를 꺼냈다고 한다. <뷰티풀 마인드> 촬영이 끝난 다음에 러셀 크로우와 론 하워드를 비롯한 <뷰티풀 마인드>의 제작팀은 새 영화 <신데렐라 맨>을 위해 다시 모였다. 크로우는 후에 이렇게 말했다. "이야기가 가슴에 와 닿았고 여러 번 되풀이하여 읽었다. 읽을 때마다 색다른 감동을 느꼈다. 대본이 수정될 때마다 읽었으니까 아마 수십 번은 읽었을 것이다."

링 위의 브래덕

몇 년 동안 짐 브래덕에 푹 빠져있던 러셀 크로우의 집념이 결국 이 영화의 탄생을 가져온 것이다. 촬영이 끝난 다음에 르네 젤위거가 러셀 크로우의 입 냄새 때문에 키스 신을 찍기 힘들어했다는 후문도 있었다. 크로우는 복싱 장면을 위한 훈련 중 어깨 탈골을 겪었고 촬영 중에도 여러 번 부상을 입었다. 그는 <신데렐라 맨> 촬영이 <글래디에이터>보다 몇 배나 힘들었다고 토로했다. 론 하워드 감독은 <분노의 역류>, <파 앤드 어웨이>, <아폴로 13> 등의 수작을 연출한 할리우드의 명감독으로 인정받고 있으며 특히 2001년 크로우를 주연으로 하여 만든 <뷰티플 마인드>는 그의 대표작으로 손꼽히고 있다. 그의 연출 스타일은 스토리텔링 위주의 정공법적으로 알려져 있다. 그는 가장 미국적인 소재를 가지고 부담 없고 재미있는 볼거리를 만들어내는 것으로 유명하다.

경제 대공황이 휘몰아치던 1930년대 당시, 나락에 빠진 미국인들은 허겁지겁 간신히 나날을 보내고 있었다. 이때 한 사람이 그의 가족을 위해 얼마만큼 최선을 다해 싸울 수 있는가를 보여줌으로써 국민들에게 희망을 안겨다 준 이야기가 탄생한다. 그가 바로 역사상 가장 놀랍고도 경이적인 복싱계의 전설로 남아있는 신데렐라 맨, 제임스 브래독이었다. 대공황이 극성을 부리던 시절, 가난한 전직 프로복서였던 브래독의 삶은 당시 대다수의 미국인들이 그러했듯이 지치고 힘들기만 했다. 부두 노동자 생활·무료 급식소 배급·극빈자 지원금 등으로 간신히 가족의 생계를 이어갔다.

경기를 하다가 금이 간 오른손 주먹 때문에 그의 복싱 생활은 이제 끝난 것처럼 보였다. 집세조차 내지 못할 형편에 놓였었고 정부의 보조를 받아 근근이 생계를 유지할 뿐이었다. 그러나 그는 결코 복싱에 대한 그의 꿈을 단념하지 못했으며, 마침내 아내와 자식들을 위하여 불굴의 의지를 불태우면서 불가능하게만 보였던 꿈을 이루고자 도전의 길로 나선다. 가족을 도울 수 있는 마지막 기회를 살리기 위해 브래독은 링 위에 다시 선다. 그 누구도 그가 재기하리라고는 상상조차 못했다. 그는 그 무언가의 힘에 의해 연속 무패행진을 이어간다. 직장조차 없어 궁지에 몰려있던 그는 불패의 신화를 남기게 된다. 그리고 그는 마침내 감히 상상조차 할 수 없는 목숨을 거는 선택을 하게 된다.

그것은 다름 아닌 이미 두 명의 상대 선수를 죽음에까지 이르게 한 세계 라이트 헤비급 챔피언 맥스 베어와의 결전이었다. 혈투 끝에 마침내 그는 기적적인 승리를 거둔다. 경기가 끝난 후 "무엇 때문에 권투를 하느냐?"는 기자들의 질문에 '우유'라고 답했다. 이 불가능했던 브래독의 승리는 경제대공황 시절, 절망의 나락으로 굴러떨어져 가던 수많은 미국인들에게 희망의 불씨를 일구어내는 희망을 안겨주었다. 이후 브래독은 2년 동안 챔피언 타이틀을 보유하다가 1937년 젊은 신예 조 루이스Joe Louis에게 벨트를 내준다.

II. 미국 대공황

31대 미국 대통령으로 당선된 허버트 후버Herbert Hoover는 1929년 취임사에서 빈곤에 대한 최후의 승리가 눈앞에 다가왔노라고 대내외에 천명했다. 대부분의 미국인들도 이에 고개를 끄덕였다. 실제로 1920년대 말까지 미국은 끝없는 산업 확장과 끊임없는 투자로 경제성장은 나날이 고공행진을 지속하고 있었다. 금융가들과 실업가들은 대중들의 우상이 되었고, 많은 미국인들이 주식 광신도들이 되어있었다. 당시 미국이 낳은 최고의 경제학자로 알려진 어빙 피셔Irving Fisher 교수는 "주가는 저 영원히 높은 고원으로 기관차처럼 쉬지 않고 힘차게 달려갈 것이다."라고 말하며 미국 경제의 핑크빛 미래에 대해서 나발을 불어댔다. 주가는 날마다 올랐고 누구나 손쉽게 부자가 될 수 있었다. 평범한 점원이나 간호사가 주식을 사서 돈벼락을 맞았다는 식의 이야기들이 시중에 마구 떠돌아다녔다.

처음에는 비교적 여유가 있는 의사나 변호사들이 주식을 샀다. 그

다음에는 사무원들이나 장사꾼들이 사기 시작했고 그 다음으로는 공장 근로자들이나 트럭 운전사들이 사기 시작했다. 전업주부들도 팔을 걷어붙였고 구두닦이들까지 나섰다. 너도나도 땅과 집을 담보로 은행 돈을 빌려 주식 사기에 나섰다. 주식 값은 고무풍선처럼 마냥 부풀어 올라 터지기 일보 직전까지 치솟았다. 전 미국이 주식 광풍 속에 휘말려 들어갔다. 그러나 미국 경제는 1929년 9월부터 사실상 어두운 먹구름 속으로 빠져들어 가고 있었다.

호경기가 끝날지도 모른다는 이야기가 슬슬 퍼져나가기 시작했다. 그러는 와중에 기어코 사태가 터져버렸다. 1929년 10월 24일 목요일, 증권거래소가 문을 열기 전까지는 평상시와 같았다. 그런데 11시가 되자 낌새가 이상했다. 처음에는 거래가 정상적으로 진행되는 것 같더니 갑자기 매도 주문이 늘어나기 시작했다. 이는 곧 눈덩이처럼 커지면서 너나 할 것 없이 "팔아, 빨리 팔아. 얼마라도 좋다. 팔기만 하면 된다고!"라고 난리 북새통을 떨었다. 그러자 주식 값이 곤두박질치기 시작했다. 전신과 전화는 매도신청으로 북새통을 이루었다. 불안에 떠는 수많은 사람들이 거래소 앞에 모여 갈피를 못 잡고 우왕좌왕하고 있었다. 달리 무슨 뚜렷한 이유가 있는 것도 아니었다.

굳이 원인을 따지자면 사람들이 너나없이 주식 값이 떨어질지도 모른다는 두려움에 주식을 팔려고 한꺼번에 거래소로 몰려나왔기 때문이었다. 이날 하루 동안 주식 값이 떨어져 알거지가 된 주식투자가들 가운데 무려 11명이 고층빌딩에서 몸을 던지는 등 이런저런 방법으로

혼란에 빠진 월가

목숨을 끊었다. 단 몇 시간 만에 파산해 버린 투자자들이 부지기수로 쏟아져 나오면서, 그날 이후 월가에는 뛰어내리려고 고층 빌딩의 창문 앞에 긴 줄이 생겼다는 소문이 파다했다. 심지어 당시 뉴욕의 호텔에서는 문 앞에서 벨 보이가 투숙객에게 "주무실 겁니까? 아니면 뛰어내리시겠습니까?" 하고 물어보는 진풍경이 일어나기도 했다. 주식 값은 잠시 주춤하다가 닷새 지난 화요일에 또다시 곤두박질치는 바람에 무려 반 토막이 났다.

다른 도시의 증권시장들도 아등바등 시세하락을 막다가 포기하고 아예 폐장하고 말았다. 피셔의 공언은 헛소리가 되고 말았다. 피셔는 명예만 잃은 것이 아니었다. 그는 전 재산을 주식에 투자하고 있었다. 그는 모든 주식을 탈탈 털리고 완전히 알거지가 되어버렸다. 그가 잃은 재산은 무려 1,000만 달러에 이르렀다. 잠시 잠잠하던 주식시세가 10월 29일 화요일, 다시 한 번 곤두박질쳤다. 이 하락세가 11월까지 이어지자 소액투자가뿐만 아니라 거액투자가들도 모두 파산하고 말았다. 대부분의 주식은 휴지 조각으로 변해버렸다. 이듬해 여름이 되자 지난해에 비해 8분의 1수준까지 급전직하했다.

5,000개 이상의 은행이 부도를 냈고 그 바람에 900만 개의 저금 통장이 깡통이 됐다. 절단 난 기업은 이루 헤아릴 수가 없었다. 경제 전문가들이 영원할 것이라고 믿었던 번영은 이제 물거품처럼 사라져 버렸고 마침내 암울하고 고달프기 짝이 없는 고난의 '대공황'이 시작되었다. 사람들은 피땀 흘려 모은 재산이 눈앞에서 허망하게 사라져 가는 것을 멍하니 지켜봐야만 했다. 주식을 사려고 은행돈을 꾼 사람들은 땅과 집을 빼앗겼다. 빌려준 돈을 제대로 돌려받지 못하자 은행들이 부도를 내기 시작했다.

도저히 은행을 믿지 못하겠다고 생각한 사람들은 은행 창구로 몰려와 돈을 내놓으라고 아우성을 쳤다. 은행들은 걷잡을 수없이 추풍낙엽처럼 쓰러져갔다. 오늘날에는 정부나 중앙은행이 두 팔을 걷고 나서서 부도를 막아 주겠지만 당시에는 정부가 경제에 개입하는 것을 죄악시했고 중앙은행제도란 것은 아예 없었다. 그냥 자유방임경제가 최고라고 생각하던 시대였다. 시민들은 깡통으로 변해 버린 예금통장을 보며 한숨만 내쉴 뿐이었다. 국민들은 어쩔 수 없이 지출을 줄일 수밖에 없었다. 이런 판국이 되고 보니까 물건은 안 팔리게 되고 기업가들은 생산을 줄이면서 애꿎은 근로자들만 잘려 나갔다. 자금이 거덜 난 기업들이 줄줄이 파산하자 실업자는 더 늘어났다. 국가가 개입하지 못하고 오로지 개인의 판단과 의사결정에 맡긴다는 자유방임 경제는 이렇게 절단 나게 된 것이다. 1932년에는 노동 인구의 4분의 1인 1,300만 명의 실업자가 발생했고 100만 명 이상의 무주택자가 생겨났다.

실업자 대열

가난한 사람들은 겨우내 떨며 살았다. 거지 꼴을 한 아이들은 철조망을 뚫고 여기저기 석탄을 훔치러 다녔다. 빈민가 어린이들은 영양실조로 픽픽 쓰러져갔다. 대도시 빈민 구호소 앞에 긴 줄을 이룬 실업자들은 몸과 마음이 모두 부서져 갔다. 미래에 대한 희망도 사라졌다. 이제 후버라는 이름은 가난의 대명사가 되었다. 노숙자들이 추위를 막기 위해 뒤집어썼던 신문지를 '후버 담요', 텅 빈 호주머니를 '후버 주머니', 빵꾸난 신발은 '후버 신발', 문을 닫은 공장은 '후버 공장', 기름이 없어 말이 끌고 다니는 자동차를 '후버 마차'라고 불렀다. 미국에서 시작된 이 경제적 재앙은 전 세계로 일파만파 퍼지면서 역사상 가장 최악의, 그리고 최장기 불황으로 기록되었다.

1919년 제1차 세계대전이 끝난 후 1920년대의 미국의 경제는 눈부실 정도로 화려했다. 미국 경제의 호황을 선도한 산업은 자동차와 석유·가전·건축업이었다. 19세기 후반부터 등장하기 시작한 각종 가전제품들이 1920년대에 들어서면서 본격적으로 일반 가정으로 보급되기 시작했다. 또한 일관작업으로 표현되는 디트로이트의 포드 자동차 회사는 17초마다 1대씩 승용차를 토해내면서 미국인들에게 마이카 시대를 선도했다. 자동차 산업은 석유·강철·고무 등의 소비량을 엄청나게 급증케 했고, 또한 기동성이 담보되자 교외 거주자들이 늘기 시작했다. 도시의 팽창에 따라 성장을 거듭하던 건설업도 교외의 주택건설 수요가 증가하자 더욱 호황을 누리게 되었다. 1920년대는 그야말로 '흥청망청 시대'였다.

그러나 이와 같은 10여 년간 지속된 표면적인 대호황 뒤에는 다가올 대붕괴의 조짐이 보이고 있었다. 정부는 대통령부터 나서서 미국은 '기업인들의 나라'라고 홍보하고 다녔다. 정부는 기업인들을 간섭하지 말아야 한다면서 부유한 사람들의 세금을 크게 줄여주었다. 독점금지법도 완화되었다. 주식시세는 아무리 치솟아도 규제할 생각은 꿈도 안 꾸었다. 이런 정부의 시책은 기업인들을 대만족시켰고 기업인들의 이윤도 함께 치솟았다. 기업가들은 신바람이 났다. 뭐든지 만들기만 하면 팔린다는 생각들로 꽉 차 있었다. 공장은 쉴 새 없이 확장되었고 생산은 급증했다. 반면에 노동자들의 실질소득은 별로 증가하지 않았다.

또한 새로운 비료 및 농기구의 도입으로 농부들의 수확량은 대폭 늘었지만 만성적인 공급과잉으로 농산물 가격은 계속 떨어졌다. 이와 같이 노동자들과 농민들의 구매력 저하는 생산력과 구매력 간의 큰 괴리를 낳았고 이는 곧 대공황을 초래하는 근본적인 요인이 되었다. 1929년에는 전체 인구의 5%밖에 안 되는 부유층이 전 국민 소득의 1/3을 차지하고 있었다. 바로 이 고소득층이 비정상적인 주식투기 열풍을 주도하면서 주식시장의 거품이 거침없이 부풀어 올랐다. 주가는 기업의 자산가치나 수익성에 대한 전망과는 상관없이 하늘 높이 치솟고 있었다. 이런 상황에서 그동안 곳곳에서 누적되어 오던 불안 요인들이 한순간에 터진 것이 바로 1929년 10월 24일 목요일이었다. 이 '검은 목요일' 이후, 미국의 수많은 은행과 공장들이 줄줄이 문을 닫고 사람들은 일자리를 잃었으며, 미국과 전 세계 경제는 끝도 모를 침체의 늪으로 빠져들어 갔다.

16장

저것이 파리의 등불이다

파란만장했던 린드버그의 일생

I. 영화 <저것이 파리의 등불이다, The Spirit of St. Louis>

1927년 미국 뉴욕에서 프랑스 파리까지의 머나먼 거리, 망망대해를 소형 비행기에 올라타고 33시간에 걸쳐서 단독으로 대서양 횡단 비행에 최초로 성공한 찰스 린드버그Charles Lindbergh라는 약관 25세의 청년이 있었다. 1902년에 태어나 1974년에 72세로 사망한 린드버그는 세계 항공사상 커다란 족적을 남긴 전설적인 비행사였다. 그의 대서양 횡단기록은 세계 항공역사에 전설로 기록되었으며 항공업의 발전에 큰 기여를 했다. 물론 그는 영웅이 되어 엄청난 유명세를 떨쳤고 한편으로는 빛과 그림자로 점

철된 개인사를 남기기도 했다.

1957년 명장 빌리 와일더Billy Wilder에 의해서 린드버그의 일대기가 영화로 만들어졌다. 바로 제임스 스튜어트James Stewart가 주연한 <저것이 파리의 등불이다>이다. 빌리 감독은 40년대 필름 누아르*, 50년대 로맨틱 코미디로 이름을 날린 감독이었으며 할리우드에서도 알아주는 시나리오 작가였다. 주연은 당시 가장 호감 가는 미국적 이미지의 배우인 이른바 '국민배우' 제임스 스튜어트였다. 지금은 톰 행크스Tom Hanks가 미국의 국민 배우로 대접받고 있다. 25세의 린드버그를 연기해야 하는 스튜어트의 나이는 당시 47세였다. 그래서 젊게 보이려고 다이어트를 하는 등 꽤나 고생을 했다. 실제로 찰스 린드버그는 스튜어트가 자기 역을 맡은 데 대하여 지극히 못마땅해했다. 제2차 세계대전 당시 유럽전선에서 폭격기 조종사로 근무했던 스튜어트에게는 비행기 조종이 전혀 낯설지 않았다.

이 영화의 제목은 한국 제목과 미국 원제가 각각 의미가 있다. 한국에서의 제목인 <저것이 파리의 등불이다>는 린드버그의 저서 『날개여, 저것이 파리의 등불이다Wings, That is the lamp in Paris』를 그대로 옮겨 온 것이다. 단순한 책 제목을 떠나서 꽤 감동적인 말이다. 이는 정신없이 쏟아지는 졸음과 외로움을 견뎌내며 33시간의 목숨 건 비행에 도전한 린드버그가 목적지인 파리 상공에 이르자 감격에 겨워 외친 말이

---

* 필름 누아르의 누아르noir는 '검은'이라는 뜻의 프랑스어다. 제2차 세계대전 이후 프랑스에 소개된 할리우드 영화들 중에서 어두운 분위기의 범죄 스릴러물들을 통칭 필름 누아르라고 불렀다. 필름 누아르는 음산한 톤과 어둡고 칙칙한 느낌을 특징으로 하고 있다.

다. 영어 원제인 <The Spirit of St. Louis, 세인트루이스의 정신>는 린드버그가 타고 날아간 비행기의 이름이다. 세인트루이스의 사업가 여러명이 이 비행기를 만드는데 스폰서 역할을 했기 때문에 붙여진 이름이다. 이 비행기는 현재 워싱턴 스미소니안Smithsonian 국립항공우주 박물관의 공중에 매달려 전시되어 있다.

대서양 상공의 리드버그

이 영화는 전반부와 후반부로 나누어 진행된다. 항공기 업체와 계약하고 비행기를 제조하고 비행준비를 하는 과정을 다룬 전반부와 비행기에 올라타서 대서양이라는 길고도 먼 미지의 항로를 따라서 역사적 비행에 도전하는 후반부가 그것이다. 전반부에서는 곡예비행을 하는 등 린드버그의 당차면서도 도전적인 성격과 용기를 보여주고 있다. 한편으로 역사적인 비행이 가까워짐에 따라 잠 못 이루고 초조해하는 모습도 보여준다.

후반부는 비행기를 조종하면서 혼자만의 독백을 하거나 지난날을 회상하는 장면이 번갈아 교차되면서 나온다. 외로움과 밀어닥치는 졸음과 싸우고, 영하의 추위 속에서 사투를 벌이는 비행장면이 펼쳐진다. 관객들은 이렇게 진행되는 이 영화의 2시간 15분의 상영시간이 지루하다고 여긴다면 33시간 동안 대서양의 상공에서 홀로 잠 한숨 못 자고 비행한 린드버그가 알면 꽤나 섭섭할 것 같다.

영화 중간중간에 나오는 유머러스한 대사들도 지루할 수도 있는 영화를 흥미롭게 한다. 예를 들면 승객을 태우고 곡예비행 알바를 하던 린드버그는 위험하지 않느냐는 한 노인의 질문에 "정히 염려되시면 제 낙하산을 드리겠다."라고 대답한다. 그러자 "만약 낙하산 줄이 끊어지면 어떻게 되느냐"라고 되묻자 "그렇게 되면 원금에 이자까지 쳐서 두 배로 싹 갚아 드리겠다."라는 대답을 하는 장면 등이 그것이다. 이 작품이 지루하지 않게 느껴지는 것은 시나리오 작가인 와일더 감독의 탁월한 각본 솜씨 때문이라고 할 수 있다.

간략한 줄거리

영화는 1925년 5월, 뉴욕의 롱아일랜드에서 시작한다. 역사적인 대서양 횡단 비행을 앞둔 린드버그는 계속되는 강우로 이륙을 못 하고 마음을 졸인다. 자신의 운명을 결정할 도전을 앞두고 억지로 잠을 청해보지만 착잡한 생각에 몸을 엎치락뒤치락한다. 당시 25세인 청년 린드버그는 세인트루이스에서 낡은 복엽기를 몰며 우편기 조종사로 일했다. 하지만 비행 중 엔진 고장으로 비행기를 잃고 낙하산으로 간신히 살아남았다. 이제 삶의 밑천인 비행기마저 잃고 반 거지가 된 린드버그는 새 비행기를 사기 위해 2만 5,000달러(현재 가치로 35만 달러)의 상금이 걸린 뉴욕~파리 논스톱 비행에 도전한다. 하지만 타고 갈 비행기를 살 돈이 턱없이 모자라 세인트루이스의 부유한 사업가들에게 지원 요청을 한다. 그들은 이 모험에 찬 계획에 투자하면서 비행기의 이름을 'The Spirit of St. Louis'로 해줄 것을 요구한다.

린드버그는 캘리포니아 주의 샌디에이고에 있는 라이언 사에 비행기를 주문한다. 장시간 동안의 비행에는 충분한 연료가 문제였다. 라이언 사는 비행기의 여유 공간 대부분을 연료통으로 채우기로 했다. 심지어는 조종석 앞부분도 연료통을 추가하는 통에 조종석에서는 앞을 볼 수도 없을 정도였다. 대신 특수 제작된 작은 잠망경을 설치했다. 하늘을 나는 연료통이라고 해도 과언이 아니었다. 대략 40시간이 예상되는 비행시간을 조종사 혼자서 감당하는 것은 무리라고 여겨져서 다른 경쟁자들은 죄다 2인1조로 도전을 했다. 하지만 린드버그는 연료를 더 채우기 위해 혼자 조종하기로 결심했다. 그러고도 모자라 조명탄·낙하산, 심지어는 무전기도 떼어내는 등 비행기 무게를 최대한 줄였다. 대서양 하늘에 배수의 진을 친 것이다.

지루한 기다림 끝에 외로운 비행이 시작되었다. 대서양 하늘의 추위, 날개에 얼어붙은 얼음, 안개, 그리고 끊임없이 밀려오는 수마와 같은 졸음과 싸우며 린드버그는 드디어 파리 인근의 르부르제Le Bourget 공항에 도착한다. 비행 거리는 5,809㎞, 비행시간은 33시간 30분이었다. 오늘날에는 여객기들이 이 구간을 7시간 남짓으로 비행한다. 33시간의 비행 끝에 착륙하자, 무려 10만여 명에 달하는 인파가 르부르제 공항에 몰려들어 린드버그를 환영한다. 영국을 경유하여 고국으로 돌아와 보니 놀랍게도 이보다 더한 인파가 그를 기다리고 있었다.

II. 파란만장했던 린드버그의 일생

찰스 린드버그는 1902년 2월 4일 미시간 주 디트로이트에서 태어나, 미네소타 주의 리틀 폴스Little Falls와 수도 워싱턴에서 어린 시절을 보냈다. 그는 부유한 집안에서 자라나 비교적 풍파 없는 어린 시절을 보냈다. 단지 일곱 살 때 부모가 이혼한 것은 그에게 약간의 시련이었을 것이다. 린드버그의 아버지가 딴 여자와 바람피우는 것을 목격한 어머니가 아버지의 머리에 권총을 들이대고 자초지종을 캐묻자 화가 난 아버지가 그 자리에서 어머니를 두들겨 패면서 부부는 갈라서게 된 것이다. 그는 소년 시절에 소심한 편이었고 골똘히 생각에 잠기는 버릇이 있었다. 하도 조용해서 나중에 기자들이 그의 소년 시절을 취재하러 그가 자란 동네로 갔는데 아무도 그를 기억하는 이가 없었다. 조용한 것은 어머니를 빼닮았다. 그의 어머니는 하루에 꼭 필요한 기본적인 몇 마디만 했고 혹시 그 이상 했을 경우에는 말을 많이 했다고 스스로 자책할 정도였다.

할아버지 때에 스웨덴에서 이민을 왔다. 아버지는 1907년부터 1917년까지 하원의원을 지냈으며, 어머니는 고등학교 교사였다. 아버지는 제1차 세계대전의 미국 참전을 반대하였는데, 아버지의 영향을 받아 린드버그도 철저한 반전주의자가 된다. 학교 성적이 별로 좋은 편은 아니었고 기계를 만지고 수리하는 데는 재주가 있었다. 1918년 고등학교를 졸업하고 2년 동안 농장에서 일한 후 위스콘신 대학교 기계공학과에 입학했다. 2년의 교육을 마치자 그때 한창 세계적으로 주목받기 시작한 항공기에 관해 관심을 가지게 되었다. 1922년에는 링컨 비행학교에 들어가 본격적으로 비행사의 꿈을 꾸게 된다. 그해 4월 처음으로 비행기를 탄 경험은 평생 잊지 못할 짜릿한 추억이었다. 하늘에서 내려다본 무한히 펼쳐진 세상은 그 무엇과도 비교할 수 없을 정도로 매력적이었다.

그는 더 멀리 더 높이 나는 것을 꿈꾸기 시작했다. 하늘을 나는 것, 그것이 곧 린드버그가 추구하는 세상이었다. 링컨 학교에서의 순회비행을 통해 그는 조종사가 되어 이 세상을 마음껏 날아다니리라 굳은 결심을 한다. 1923년 린드버그는 드디어 자신의 비행기를 갖게 된다. 미국 정부가 제1차 세계대전에서 사용하던 커티스 JN-4 'Jenny'를 경매에 내놓은 것이다. 500달러로 이 비행기를 구입한 린드버그는 비행술은 물론 비행기 구조 자체에 대해서도 깊이 연구한다. 당시 비행기는 위험천만한 기계였다. 그는 이 비행기를 팔 때까지 여러 번에 걸친 아슬아슬한 사고를 겪었다. 반면에 이런 사고를 통해 위험에 대한 대처 방식도 터득하게 되었다. 당시 비행기를 탄다는 것은 그 자체가 죽음을 각오한 모험이었다.

이후 1년 동안 텍사스 육군 비행학교에서 다른 비행기와 공중에서 충돌하는 사고를 만났지만 다행히 구사일생으로 살아났다. 비행학교를 졸업한 후 1925년 린드버그는 세인트루이스의 로버트슨Robertson 항공회사에 취직했다. 하늘을 나는 것에 대한 린드버그의 집념이 결국은 직업까지 선택하게 만든 것이다. 세인트루이스에서 시카고까지 우편물을 배달하는 조종사가 된 것이다. 이 밖에 공중에서 비행기 날개 위를 걷는 등 등골이 오싹한 곡예비행을 시도하기도 했다. 그러던 중 오티그상Orteig Prize에 대한 소식을 들었다.

1919년 5월 15일 라파예트Lafayette 호텔 경영자인 레이먼드 오티그Reymond Orteig는 특별한 상을 제정하여 발표했다. 뉴욕과 파리 간 무착륙 비행을 성공하면 상금 2만 5,000달러를 주겠다는 것이었다. 결과적으로 항공기의 발전에 엄청난 공헌을 하게 된 상이었지만, 한편 여러 사람의 목숨을 앗아간 위험한 상이기도 했다. 1924년까지 기다려도 아무도 나타나지 않자 오티그는 기간을 5년 더 연장했다. 린드버그를 비롯하여 도전자들이 여기저기서 나타나기 시작했다. 여러 도전자 중 린드버그는 나이도 가장 어리고 비행 경력도 별로 내세울 만한 것이 없었다. 첫 번째 도전자는 제1차 세계대전 때 프랑스의 전설적인 격추왕 르네 퐁크*였다. 1926년 9월 21일 루스벨트 비행장에서 첫 번째 시도한 도전은 비행기가 채 이륙하지도 못하고 그 자리에서 폭발해버렸다. 퐁크는 가까스로 살아났지만, 함께 탄 두 명의 승무원은 즉사했다.

린드버그가 도전하기까지 6명의 젊은이가 목숨을 내놓아야 했다. 린드버그는 오랜 시간 비행하기 위해서는 충분한 연료가 필수적이며

---

* 르네 퐁크(Rene Fonck 1894~1953)는 제1차 세계대전 당시 적기를 75대를 격추한 프랑스의 에이스였다. 독일에는 붉은 남작이라는 별명의 에이스인 리히트호펜이 있었는데 그는 80대를 격추했다. 실력만으로만 볼 때 퐁크가 붉은 남작보다 더 뛰어난 조종사였을지도 모른다. 그는 45초 동안에 3대, 3시간 만에 6대 격추 같은 당시 어느 누구도 달성 못 한 대기록을 세웠다.

그러기 위해서는 비행기가 최소한의 무게가 되어야 한다고 생각했다. 그는 먼저 무게를 줄이기 위해 홀로 비행하기로 했고, 식량도 최소한으로 줄였고 모든 구명장비도 생략했다. 그리고 그는 엔진과 연료통을 앞에 설치하고 비행을 하기로 했다. 불시착할 경우 많은 조종사들이 엔진과 연료통 사이에 껴서 찌부러졌기 때문이었다. 그래서 비행기 앞부분에 연료통을 설치하고 조종석은 훨씬 뒤로 물렸다. 이는 전방 시야를 확보하지 못한다는 불리한 점이 있었으나 대신에 잠망경을 설치했다. 실제로 그는 잠망경을 거의 사용하지 않았다.

이런저런 조치 덕분에 충분한 연료를 싣고 비행할 수 있게 되었다. 린드버그의 비행기 이름은 그 비행기를 사는 데 후원을 해준 세인트루이스의 사업가들에게 경의를 표하는 의미로 '세인트루이스의 정신'이라고 붙였다. 린드버그가 대서양 횡단 비행에 처음으로 성공한 것은 아니었다. 1919년 6월 14~15일, 영국의 비행사 존 앨콕John Alcock과 아서 브라운Arthur Brown이 한 번도 쉬지 않고 대서양을 건넜다. 따라서 최초의 대서양 무착륙 횡단 비행은 앨콕과 브라운이 이룩한 것으로 보아야 한다. 그들은 뉴펀들랜드에서 아일랜드까지 약 3,030㎞의 최단거리를 16시간 27분 비행했다. 린드버그는 앨콕과 브라운에 비해 훨씬 먼 거리를 장시간에 걸쳐 혼자서 비행했다는 데 의미가 있다.

마침내 1927년 5월 20일 아침, 롱아일랜드의 질퍽거리고 정비도 제대로 안된 활주로에 린드버그와 애기愛機 '세인트루이스 정신'이 역사적인 비행을 앞두고 있었다. 기자들·친구들, 그리고 호기심 많은 관중

애기 앞의 린드버그

들이 구름처럼 모여들었다. 여기저기서 플
레시가 터졌다. 사실 이 무명의 젊은 비행
사가 최초로 대서양을 논스톱으로 비행
해 내리라고는 아무도 기대하지 않았다. 2
만 5,000달러의 상금 때문에 목숨을 잃
은 사람이 한둘이 아니었기 때문이었다.
린드버그의 운명도 별수 없을 거라고 여
겼다. 기자들이 연료를 싣느라고 나침판
도, 낙하산도 가져가지 않는 것에 대해서

묻자 이렇게 대답했다. "정작 필요할 때 작동하지 않는 것이 그런 것들
입니다. 무엇보다 중요한 것은 연료입니다."

드디어 린드버그가 천천히 엔진에 시동을 걸자 '세인트루이스 정
신'은 아직 굳지 않은 활주로에서 날개를 흔들며 구르기 시작했다. 활주
로 끝이 점차 가까워져 왔다. 마침내 조종간을 힘껏 당겼다. 비행기는
낮게 드리운 구름을 향해 힘차게 날아올랐다. 이제 대망의 대서양 횡단
이 시작된 것이다. 그날 뉴욕 양키즈 구장의 4만여 명의 야구팬들은 린
드버그의 성공을 기원했다. 그가 비행을 시작하고 얼마 후 연락이 끊기
고 말았다. 이 소식에 대서양 건너의 런던·베를린·암스테르담의 주식거
래소에서는 거래가 한때 중단되기도 했다. 린드버그의 비행은 저녁때
가 되자 예상치 못한 문제가 생겼다. 고공이다 보니 기온이 내려가 비행
기 날개에 얼음이 덮인 거였다. 그는 손전등으로 날개를 살펴가며 고도

를 낮추고 조심조심 비행했다. 다행히 얼음은 얼마 안 있다가 녹기 시작했다.

이번에는 쏟아지는 졸음이 린드버그를 괴롭혔다. 사실 지난 며칠 동안 날씨 때문에 출발이 자꾸 늦어지는 등 신경이 날카로워져서 린드버그는 잠을 설쳤다. 게다가 캄캄한 오밤중에 하늘을 나는 것은 지루하고 단조로운 일이기도 했다. 눈꺼풀이 천근만근 무거웠다. 그는 쏟아지는 잠과 필사적으로 싸우며 비행했다. 비행기가 미 대륙을 떠난 지 이틀째가 되자 파리 시청에서는 자가용차를 갖고 있는 사람들 모두에게 비행장으로 나와 달라고 파리시민들에게 요청했다. 착륙 예정지인 르부르제 공항에 차를 달리게 하여 그곳에서 두 줄로 나란히 헤드라이트를 켜서 안개 낀 밤에라도 활주로가 보이도록 해주기 위한 배려에서였다.

에펠탑 위를 나는 린드버그

린드버그는 이렇게 쉬지 않고 33시간 30분 동안을 날아, 파리 시각으로 5월 21일 밤 10시 24분, 파리 인근의 르부르제 공항에 착륙했다. 센트루이스의 정신이 르부르제의 넓은 풀밭 활주로에 내려앉자 10여만 명의 사람들이 비행장을 가로질러 비행기를 향해 노도와 같이 달려갔다. 린드버그의 비행기가 대서양을 날아 르부르제 공항에 착륙할 것이라는 소문이 파리 시민들을 온통 들썩거리게 만든 것이다. 비행장을 둘러싼 울타리와 바리케이트가 단번에 박살이 났다. 비행기에 접근한 흥분한 시민들이 린드버그를 조종석에 끌어내린 다음 약탈한 전리품처럼 으쌰 으쌰 하면서 그를 떠메고 공항 청사로 행진하기 시작했다. 그의 헬멧은 누군가 잡아채서 벗겨갔고 옷은 서로 잡아당겨 거의 찢겨지기 직전이었다. 공항청사로 옮겨진 그는 가까스로 땅 위에 내려섰다. 두 명의 프랑스 안전요원들이 재빨리 린드버그를 구조하여 공항 접견실로 안내했다. 이후 미국 대사관저로 가서 우유 한잔과 약간의 음식으로 공복을 채운 그는 기나긴 잠 속으로 빠져들어 갔다.

린드버그를 떠메고 군중들이 난리굿을 떨 때 비행장 한구석에서는 괴이한 사태가 벌어졌다. 희미한 불빛 속에서 어느 불운한 미국 구경꾼 한 사람이 린드버그와 비슷하게 생겼다는 죄로 군중들이 그를 헹가래를 치고 움직이기 시작한 것이다. 졸지에 린드버그가 된 불쌍한 이 미국인은 몸부림을 치면서 나는 린드버그가 아니라고 악을 바락바락 써보았으나 아무 소용이 없었다. 군중들은 유리창이 부서지는 소동 끝에 공항 통제실로 떠메고 가서 그를 내려놓았다. 그는 거의 정신이 나가 있었다. 윗도리와 셔츠 절반이 뜯겨 나갔고 벨트와 넥타이, 구두 한 짝은 온데간데없었다. 폭풍우 속을 헤치고 겨우 살아 돌아온 난파선의 선원 같은 몰골이었다. 그는 뭐가 뭔지 모르겠다는 표정의 공항 직원에게 자기 이름은 해리 휠러Harry Wheeler이며 뉴욕에서 온 가죽옷장수라고 말했다. 그는 한숨을 꺼지게 내쉬면서 지금 당장은 오직 집 생각밖에 안 난다고 착잡한 심경을 토로했다.

린드버그가 도착한 다음 날 아침 비행장에는 틀니·안경·지갑·신발 짝을 포함한 각종 분실물들이 산처럼 쌓여 있었다. 린드버그가 깊은 잠에서 깨어나 대사관 발코니에 나타나자 수많은 시민들이 그를 보려고 이른 새벽부터 진을 치고 기다리고 있었다. 이후 대통령 관저로 가서 레종 도뇌르 훈장을 받고 곧이어 파리 시가 행진을 시작했다. 엄청난 수의 파리 시민들이 연도에 운집했다. 중간 기착지인 영국에서도 마찬가지로 인산인해였다. 왕실에서 주최한 환영 만찬에서 옆 좌석에 국왕 조지 5세가 앉아있었다. 그는 만찬 내내 린드버그에게 하늘에서 소변 문제는 어떻게 해결했느냐고 그 점만 꼬치고치 물어보는 통에 진땀을 흘렸다.

린드버그가 대서양 횡단에 성공했다는 소식을 들은 미국도 곧바로 광란의 도가니에 빠져 들었다. 그야말로 린드버그 광풍이 불었다. 별의별 기상천외한 제안들이 쏟아져 나왔다. 그에게 평생토록 세금을 면제해 주자, 새로운 별이 발견되면 린드버그별이라고 명명하자, 항공성을 만들어 종신토록 장관을 해먹게 해주자, 5월 21일을 국가 공휴일로 지정하자 등등. 사람들은 자기네 마을의 공원·거리·뒷동산·개천·연못·다리 등 갖다 붙일 수 있는 것에는 죄다 그의 이름을 갖다 붙였다. 그는 평생토록 프로 야구 경기를 관람할 수 있는 무료입장권을 받았다. 미혼인 린드버그에게 발송된 편지가 산더미처럼 쌓였는데 대부분 미혼 여성들이 보낸 것이었다.

린드버그는 이후 3개월 동안 미국 전역을 '센트루이스 정신'을 타고 다니면서 각종 환영식에 참석했다. 환영식에 참석한 그의 얼굴은 원래 그렇기도 하지만 별로 표정이 없었고 비행기를 타고 있을 때만 살짝 만족스러운 표정이었다. 하룻밤을 묵게 될 경우에는 그런 난리바가지가 없었다. 아침에 방을 나서는 순간부터 사람들이 그를 졸졸 따라다녔다. 산책도 할 수 없었다. 화장실까지도 따라다녔다. 미치고 환장할 노릇이었다. 그를 환영하는 행사는 처음부터 뒤죽박죽이었다. 기다리던 구경꾼들과 심지어 환영식을 준비하는 요원들조차 활주로를 달리는 그의 비행기를 향하여 정면으로 달려갔다. 모두 제정신들이 아니었다. 그의 비행기가 구조상 전방이 안 보이기 때문에 매번 가슴이 철렁한 사태가 벌어질 뻔했다. 이렇게 난리법석을 떨면서 미국 전체 순회 비행이 끝난 다음 그는 이 비행기를 워싱턴의 스미소니안 박물관에 기증했다.

세기의 모험에 성공한 린드버그는 미국은 물론 전 세계에서 추앙받는 유명인사가 되었다. 1929년 그는 재력가의 딸이자 소설가인 앤 모로Anne Morrow와 결혼했다. 신혼부부는 세계일주를 하며 행복한 나날을 보냈다. 1930년 6월에는 사랑의 결실인 아들까지 낳게 되어 행복은 배가되었다. 그러나 불행의 씨앗이 잉태되고 있었다. 린드버그 부부가 뉴저지에서 조용히 전원생활을 하고 있던 1932년, 그들의 생후 20개월 된 아들이 유괴당하는 불행한 사건이 발생했다. 유괴범은 린드버그에게 5만 달러를 내놓으라고 협박했다. 린드버그는 경찰의 도움을 뿌리치고 알음알음 암흑가의 두목들을 통해 유괴범과 접촉하려고 했지만 아이는 끝내 주검으로 발견되었다.

독일 이민자인 브루노 하우프트만Bruno Hauptmann이 살인 용의자로 검거되었다. 그의 재판 첫날 10만 명의 인파가 몰려들었다. 당시에는 구경 거리만 있으면 사람들이 인산인해를 이루었다. 전기의자에 앉아 처형된 그는 결코 자기는 살인자가 아니라고 주장했다. 이 사건은 마크 라이델 Mark Rydell 감독의 영화 <린드버그 유괴사건>로 만들어져 전 세계인을 안 타깝게 하기도 했다. 아들의 죽음으로 미국에서의 삶에 진저리를 친 린 드버그는 아내와 둘째 아들 존을 데리고 영국으로 이사했다. 유럽에서 프 랑스의 생리학자 알렉시스 카렐Alexis Carrel과 협력하여 장기臟器를 몸 밖 에서 산 채로 보존하는 '카렐-린드버그 펌프'를 만들기도 하였다.

린드버그는 제2차 세계대전의 미국 참전을 반대하여 군에서 해임 되기도 한 반전주의자였다. 그런데 이와 모순된 행동을 하는 바람에 사 람들을 아연케 했다. 전쟁을 반대한 그가 독일을 방문한 후 그들의 뛰 어난 군사력과 기술력에 감탄하면서 돌연 나치 숭배자가 된 것이다. 심 지어는 히틀러의 딸랑이 괴링*에게서 훈장을 받아 많은 사람들을 기분 나쁘게 만들었다. 독일과 미국이 전쟁을 시작한 뒤에도 린드버그는 훈 장을 끝내 반환하지 않았다. 사람들은 점차 린드버그가 국가의 영웅이 되기에 마땅한 인물인가에 대하여 의아해하기 시작했다.

---

* 괴링(Hermann Göring 1893~1946)은 제1차 세계대전 당시 전투기 에이스였던 그는 히틀러의 심복이 되 면서 나치 공군의 총사령관과 제국원수를 지냈으며 호가호위하면서 각종 악행을 저질렀다. 뉘른베르크 Nuremberg에서 교수형을 기다리다 집행되기 전날 음독자살했다.

일본이 진주만 공습을 감행했을 때 린드버그는 공군에 복귀할 의사를 표시했으나, 루스벨트 대통령이 그의 요청을 거부한 데는 이런 이유가 있었다. 1954년 아이젠하워 대통령에 의해 공군 준장의 계급으로 지위를 회복했지만, 나치 숭배 경력은 그의 생애에 끝내 과오로 남았다. 그는 인생 후반기에 건실한 보수주의자로서 많은 공헌을 했으나 미국인들은 끝내 그를 외면했다. 린드버그는 1974년 8월 26일 하와이에서 세상을 떠났다. 20세기에 가장 추앙받던 국가의 영웅이 도대체 알쏭달쏭한 수수께끼에 싸인 인물이며 높이 칭송받던 자질이 사람들이 생각한 것에 훨씬 못 미친다는 사실만을 후세에 남겼다.

17장

퍼블릭 에너미

존 에드가 후버

I. 영화 <퍼블릭 에너미, Public Enemies>

영화 <퍼블릭 에너미>는 1930년대 미국 대공황 시대의 전설적 은행 강도 존 딜린저John Dillinger의 행각과 최후를 그린 범죄물이다. 이 영화는 브라이언 버로우 Bryan Burrough의 논픽션인 『공공의 적들, 미국의 거대한 범죄의 물결과 FBI의 탄생』을 원작으로 해서 만들어졌다. <라스트 모히칸>, <히트>, <마이애미 바이스> 등을 만든 마이클 만Michael Mann 감독이 메가폰을 잡았다. 만 감독은 그의 작품에서 선이 굵은 남성들을 주로 구현해 왔다. 만의 영화는 대체적으로 쿨하면서도 어둡거나 구질구질

하지가 않다. 질척거리지 않는 감정선과 군더더기 없는 전개는 그의 영화가 센티멘털하거나 유치하지 않은 이유일 것이다. 이 영화에서는 말이 필요 없는 입체적이고도 풍성한 총격전이 볼거리로 등장한다. 선과 악 사이의 경계선을 의도적으로 구별하지 않아서 생기는 아이러니 또한 호소력이 있다.

만 감독은 이 영화의 사실성을 높이기 위해 실제로 사건이 일어났던 곳에서 촬영했다. 특히 당시의 은행들이나 총격전이 벌어지던 당시의 모습, 거리의 자동차들, 전화 교환소의 모습까지 치밀한 고증을 거쳐 촬영했다. 아카데미에서 11개 부문에 노미네이트되었으나 음악상만 유일하게 받았다. 다이애나 캐롤Diana Carol이 부르는 "Bye, Bye, Bluebird"는 딜린저(조니 뎁Johnny Depp 분)와 연인 빌리(마리옹 코띠아르Marion Cotillard 분)의 사랑을 상징하는 노래로써 강렬한 인상을 남겨주었다. 이 말은 주인공 딜린저가 죽기 전 마지막으로 빌리에게 전해달라는 말이기도 했다.

이 영화는 조니 뎁과 크리스찬 베일Christian Bale이라는 매력적인 두 배우가 쫓고 쫓기는 역을 맡아 더욱 화제에 올랐다. 조니 뎁은 인터뷰에서 이렇게 말했다. "존 딜린저에 대한 여러 자료 없이도 그를 느끼고 이해할 수 있다. 그는 마치 나의 핏줄인 것 같았다. 그는 남의 시선에 개의하지 않고 자신이 원하는 삶을 살아가는 그런 사람으로 보였다."딜린저를 쫓는 멜빈Melvin 역의 크리스찬 베일은 감독 마이클 만과 함께 버지니아 주의 FBI 본부를 방문했고 멜빈 퍼비스Melvin Purvis의 아들

엘스톤 퍼비스Elston Purvis를 직접 만날 정도로 고증에 충실했다. 멜빈의 음성기록이 없어 그의 아들의 말투를 따라서 남부 특유의 느린 억양을 연습했다. 이 영화를 관람한 엘스톤은 크리스찬 베일이야말로 세상에서 자신의 아버지를 똑같이 재현할 수 있는 유일한 배우라고 극찬했다.

은행강도 행각을 벌이는 딜린저

실제 존 딜린저는 대중스타 같은 인기를 누렸다고 한다. 그는 은행을 털 때 고객의 돈에 손을 대지 않았고 훔치고 나서도 고객의 돈이라는 것을 알면 돌려주었다. 심지어 강탈한 돈의 일부를 빈민구제에 썼다고 하니 마치 로빈 후드처럼 행세한 것 같다. 대공황 시절 살인적인 물가와 높은 실업률로 인해 정부에 반감을 품은 대중들은, 공권력을 조롱하는 듯한 딜린저의 이러한 행각에 열광했던 것이다. 딜린저는 경찰에게는 반드시 잡아야 할 '공공의 적'이었다. 두 번의 탈출, 1933년부터 1934년까지 13개월 동안 무려 10여 곳의 은행을 털고 다녔으니 경찰이 조롱거리가 되었음은 불문가지不問可知였을 것이다.

신출귀몰하는 딜린저에 대한 검거 작전을 전개한 법무부 검찰국은 후에 FBI(연방수사국)로 개칭되어 오늘날에 이르고 있다. '공공의 적The

Public Enemy'이란 용어는 밀주와 폭력이 난무하던 1920년대 시절 「시카고 트리뷴」의 기자 프랭크 로시Frank Rossi에 의해 처음 쓰였다. 그는 당시 시카고를 장악하고 있던 10명의 갱스터들을 지칭할 때 이 단어를 사용했으며 특히 알 카포네를 '공공의 적 1호'로 지목했다. 이후 FBI 국장 에드가 후버Edgar Hoover는 1930년대 대공황 시대의 갱스터들을 몽땅 '공공의 적들'이라고 불렀다.

⫶ 간략한 줄거리

미국의 대공황 시대에 한 획을 그은 전설적인 갱스터 딜린저는 갱 조직을 이끌고 24개의 은행과 경찰서 네 곳을 털었다. 두 번이나 잡혔지만 두 번 모두 탈옥하여 대공황 시대의 가장 유명한 무법자로 명성을 날렸다. 딜린저가 은행을 터는데 걸리는 시간은 단 1분 40초밖에 안 걸렸다. 도망칠 때는 인질을 데리고 도망치지만 절대로 인질을 죽이지 않았다. 하지만 경찰에 대하여는 인정사정 볼 것 없이 중화기를 난사했다. 딜린저의 은행 강도 행각에 대응하기 위해 정부는 연방수사국을 설치했고, 딜린저와 그의 갱단을 잡기 위해 모든 걸 걸었다. 하지만 매번 딜린저와 그의 갱단을 잡는 데 실패하고 체포해서 감옥에 보내도 탈옥을 해버린다. 그는 FBI의 수사력을 조롱하며 은행을 거침없이 털고 다녔다.

그러던 어느 날 빌리라는 여인에게 첫눈에 반하게 된다. 빌리에게 모든 걸 쏟아 붓고 자기가 은행 강도라는 사실도 속이지 않는다. 그런 딜린저에게 빌리 역시 반하게 되고 둘은 연인 사이가 된다. 하지만 점점 조여 오는 연방수사국의 압박에 동료들 역시 하나

둘 사살당한다. 전국에 딜린저의 수배가 떨어지고 극장·쇼핑가·호텔·모텔 할 것 없이 어디든 그의 수배전단이 뿌려진다. 어디 한 군데 몸 둘 데가 없다.

점점 연방수사국의 압박 때문에 결국 딜린저의 조직은 그를 버리기로 한다. 조직은 딜린저에게 그 어떤 지원도 끊고 내팽개쳐 버린다. 하지만 딜린저는 빌리만은 끝까지 포기하지 않는다. 연방수사국은 빌리를 미끼로 딜린저를 잡기로 한다. 결국 빌리는 체포되고 딜린저는 고립된다. 극장에서 나오는 딜린저를 체포 중 사살되면서 죽음을 맞이한다. 그는 빌리를 포기했으면 목숨을 건질 수 있었지만 그녀를 포기하지 않고 빌리 곁에 있다가 사살된다. 딜린저를 사살한 연방수사국의 멜빈은 1936년 FBI를 사직하지만 1960년에 스스로 목숨을 끊었다. 딜린저의 애인 빌리는 1936년에 석방되었다. 빌리는 평생을 위스콘신에서 살았다.

II. 존 에드가 후버

존 에드가 후버는 1895년 정월 초하루, 워싱턴 D.C.에서 태어났다. 가난한 형편 탓에 미국 국회도서관에서 보조 사서로 일하면서 조지 워싱턴 대학 야간학부에서 법학을 전공했다. 이후 변호사 시험에 합격한 뒤 법무부에 들어가 후에 FBI의 전신인 법무부 산하의 수사국에서 두각을 나타내기 시작했다. 당시 법무부 수사국은 40여 명에 불과했고 수사관들의 권한도 제한적이었다. 전국적인 수사망을 펼치기에는 인원이 태부족이었고 심지어 총기 소유도 제약을 받았다. 1924년 5월10일, 미국 30대 대통령 캘빈 쿨리지Calvin Coolidge는 경력 7년의 29세의 약관 수사관 후버를 법무부 수사국장 서리에 임명했다. 그의 48년간의 장기집권이 시작된 것이다.

존 에드가 후버

후버가 국장에 선임될 무렵에는 수사국이 확대되어 441명의 특별수사관을 포함해 모두 650명으로 늘어났다. 젊은 나이에 적지 않은 규모의 조직의 책임자에 오른 이유는 딱 두 가지였다. 먼저 그는 정부의 골칫덩어리인 무정부주의자 엠마 골드만*의 혐의를 찾아내어 외국으로 추방하면서 정부의 신임을 얻었다. 두 번째로는 자료를 구분하고 보관하는데 발군의 능력을 보였다는 점이었다. 도서관 사서 보조로 일하며 쌓은 경험 덕분 때문이었다. 이 파일 관리 능력은 그가 종신토록 자리를 유지할 수 있게 만드는 요긴한 자질로 써먹는다.

금주법이 시행되던 1930년대의 미국 정부는 전국 곳곳에서 조직 폭력배들의 범죄 때문에 골머리를 앓고 있었다. 시청이나 주정부의 힘만으로는 이들 마피아와 갱들을 잡기가 어렵다고 판단한 미국 정부는

* 엠마 골드만(Emma Goldman 1869~1940)은 러시아 출생의 미국 무정부주의자로 산아제한 운동과 제1차 세계대전 당시에는 반전활동을 펼쳤다. 이후 미국에서 추방되어 영국·캐나다 등지에서 살았다. 1936년 스페인 내전이 발생하자 무정부주의자로서 참전했다.

연방 정부 차원에서 이들에 대항할 만한 조직을 만들게 된다. 이리하여 1935년 수사국을 장관급인 연방수사국인 FBI로 확대개편 했다. 이제 무소불위의 권한을 갖게 된 후버는 물 만난 고기처럼 활개를 치기 시작했다. 이후 후버의 FBI는 그동안 신출귀몰하면서 미국을 떠들썩하게 했던 갱스터 존 딜린저와 일당들을 당시로서는 최첨단 수사기법을 동원하여 척결했다. 후버는 딜린저에게 '공공의 적'이라는 딱지를 붙이고 요란한 언론 플레이를 벌이면서 악당들로부터 미국을 지키는 정의의 사도라는 이미지를 국민들에게 깊이 각인시켰다.

한편 후버는 FBI의 첩보능력을 이용해 유명인이나 잘나가는 정치인의 뒤를 샅샅이 캐고 다녔다. 그리고 그들의 구린 치부를 고스란히 기록한 비밀 파일들을 차곡차곡 모아서 캐비넷에 쌓아 두었다. 혹시라도 정치권에서 그에 대한 퇴진 말이 나오면 그 말을 발설한 인물들에게 관련 비밀 파일을 슬그머니 들이밀며 찍소리 못하게 했다. 이런 식으로 후버는 죽을 때까지 48년 동안 FBI 국장직을 해먹었다. 그러나 닉슨 정부가 집권하면서부터 차츰 힘을 잃어가기 시작했고, 당시 그가 죽지 않았더라도 닉슨의 손에 의해 숙청당했을 거라고 뒤에서 수군거리기도 했다.

후버가 승승가도乘勝街道를 달리기 시작한 것은 프랭클린 루스벨트Franklin Roosevelt 대통령 시절부터였다. 후버의 첫 번째 연임은 루스벨트가 커밍스Cummings 법무장관의 요청에 의한 것이지만 그의 연임을 승인한 것은 범죄 없는 미국을 만들겠다는 루스벨트의 생각에서 비롯되었다. 당시 후버는 딜린저 갱단들을 소탕한 뒤라 주가가 고공행진을 할 때였다. 한편으로 후버는 언론을 십분 조정하고 활용했다. 예를 들어 딜린저 갱단을 처치할 때 현장에 직접 나가 진두지휘하는 모습을 언론에 자주 내보였다. 반면에 언론은 후버에게 놀아나기도 했다. 후버는 자기에게 살랑거리는 기자들에게는 특종 기사감을 먹이로 던져 주었고, 마음에 안 드는 기자들은 부하들로 하여금 따라다니게 하고 도청하는 등 협박을 일삼았다. 이와 같은 행태는 죽을 때까지 계속되었다.

후버의 장기집권의 길을 터준 루스벨트도 그를 정치적 목적을 위해 이용하기도 했다. 이때부터 후버는 각종 내밀한 정치정보를 수집하기 시작했다. 그는 수집된 정보를 틈틈이 대통령에게 갖다 바쳤다. 백악관과 후버의 관계는 악어와 악어새 관계 같았으며 차츰 악어새가 악어에 위협적인 존재가 되기도 했다. 후버가 죽은 3년 뒤인 1975년 상원 정보위원회에서는 루스벨트·트루먼·아이젠하워·케네디·존슨·닉슨 등 그의 재임 시절의 대통령들이 모조리 국가안보와는 무관하게 FBI의 도청 정보를 이용했다고 밝혔다.

루스벨트 대통령 시절부터 FBI는 국외 첩보까지도 관장할 정도로 권한과 위상이 강화되었다. 특히 제2차 세계대전이 터지면서 후버는 스파이를 색출한다면서 광범위한 도청과 감시를 통해 더욱더 많은 고급 정보들을 수집해 쌓았다. 그러나 루스벨트가 죽자 후임인 트루먼 대통령은 FBI가 너무 커졌다고 판단하여 해외 첩보를 관장하는 기관을 창설했다. 그게 바로 오늘날의 미국 중앙정보국(CIA)이다. 이로 인해 국외 첩보까지 장악해서 명실상부 모든 정보를 틀어쥐려 했던 후버의 야심은 물 건너갔지만 후버는 여전히 국내 정보 수집을 통해 자신의 지위를 유지해나갔다.

다른 대통령들과는 달리 35대 존 F. 케네디 대통령 시절은 후버에게도, 케네디 형제에게도 밀고 당기는 긴장의 연속이었다. 이는 마피아를 전면 소탕하겠다고 선언한 대통령의 동생인 로버트 케네디Robert Kennedy 법무장관 때문이었다. 후버의 약점은 동성연애였다. 그는 평생을 독신으로 살았다. 그의 취향인 동성연애는 당시에는 대외적으로 알려지면 큰일 날 일이었다. 후버의 동성연애 행위 사진이 마피아의 손에 들어간 것이다. 약점을 잡힌 후버는 속으로 끙끙 앓으면서 마피아들의 범죄에 대하여 모르쇠로 일관했다. 그가 마피아의 존재를 공식적으로 인정한 것은 1963년에야 이르러서였고 그것도 로버트 케네디 법무부장관의 마피아 척결 의지 때문에 마지못해서 인정한 것이다.

마피아의 눈치를 보며 마피아 소탕운동에 한 발을 빼고 있던 후버의 발등에 불이 떨어진 것이다. 로버트 케네디에게 시달리던 마피아들은 거꾸로 후버에게 "당신 도대체 뭐 하고 있느냐."는 힐난까지 받았다. 그러나 후버는 역시 후버였다. 후버가 케네디 형제에게 여배우 마릴린 몬로Marilyn Monroe와의 정사 스캔들을 들이대자 케네디 형제는 꿀 먹은 벙어리가 되었다. 원래 케네디가 정실 인사라는 비판까지 얻어먹으면서까지 동생을 법무장관에 임명한 것은 무소불위로 까부는 후버를 통제하려고 한 것인데 본인들의 약점 때문에 꼬리를 싹 내리고 만 것이다.

케네디 대통령이 암살된 뒤, 존슨 대통령도 처음엔 후버를 내쫓으려고 했다. 그러나 존슨도 "그 인간이 텐트 밖에서 텐트 안으로 오줌을 싸게 하느니 텐트 안에서 텐트 밖으로 오줌을 싸게 하는 것이 낫겠지."라고 했지만 거꾸로 후버를 종신 FBI 국장으로 임명해줬다. 후버의 오줌과 관련해서 그도 뭔가 구린데가 있었기 때문일 거라는 뒷소문이 나돌았다. 한편 존슨은 잠들기 전에 후버가 갖다 바치는 정적들의 전화나 대화기록을 읽는 재미에 푹 빠져 살았다. 아마도 이런 이유 등으로도 후버를 내치지 못했을 것이다. 결국 후버는 죽을 때까지 FBI 국장에 앉아있을 수 있었다. 오죽하면 닉슨 대통령은 "저 영감탱이는 100살까지도 국장 짓 해먹을 놈"이라고 할 정도였다. 그러나 닉슨의 예언이 빗나가서 결국 후버는 닉슨 1차 재임 시절인 1972년 5월 2일 79세로 사망했다.

후버가 뒤를 캐고 다닌 대표적인 사람들 중에 루스벨트 대통령의 부인인 엘리너Eleanor 여사도 있었다. 후버는 엘리너 여사의 자유주의적인 행보가 무척 못마땅했다. 엘리너는 사회주의자, 급진주의자들과의 접촉을 마다하지 않는 진보주의적인 여성이었다. 후버는 루스벨트 대통령의 좌익성향 정책들이 모두 엘리너의 영향 때문이라고 추측했다. 한편 엘리너 여사는 자기의 비서였던 루시 머서Lucy Mercer와 대통령이 바람을 피우면서 부부관계가 소원해지자 본인도 은밀히 외간 남자들과 염문을 흘리고 다녔다. 천하의 후버가 엘리너의 혼외정사에 관한 정보를 놓칠 리가 없었다. 그는 루시 때문에 부인의 눈치를 보고 있던 루스벨트에게 쪼르르 달려가서 엘리너의 애정행각 관련 정보들을 갖다 바쳤다. 이때부터 후버는 최고 권력자의 입맛에 맞는 이런저런 정보를 갖다 들이미는 맛을 즐기기 시작했던 것 같다.

이 밖에 시각·청각장애자였던 헬렌 켈러Helen Keller 여사를 공산주의자로 의심하면서 뒤를 캐기도 했다. 작가 존 스타인벡John Steinbeck도 공산주의 성향이 있다고 생각해서 FBI로 하여금 지겹도록 따라다니게 하자 스타인벡은 법무장관에게 "저 후버 똘마니 새끼들 좀 어떻게 해 주었으면 좋겠소."라고 했을 정도였다. 그렇지 않아도 스타인벡은 제2차 세계대전이 끝난 후 소련을 방문하기도 해서 후버가 삐딱한 눈초리로 지켜보고 있던 터였다. 극도로 백인 우월주의자였던 후버는 흑인 민권 운동가 마틴 루터 킹Martin Luther King도 단골로 뒷조사를 하고 다녔다. 그는 마틴 루터 킹 목사가 1963년 "나는 꿈이 있습니다."로 시작되는 유명한 연설을 마친 바로 그날, 호텔에서 치른 혼외정사를 몰래 찍은 사진을 언론에 돌렸다. 그러나 모든 언론이 이를 깔아뭉개자 이번에는 아예 가정을 파탄시키려고 킹 목사의 부인에게 직접 테이프를 보낸 적도 있다. 반핵운동에 나선 천재 물리학자인 알버트 아인슈타인Albert Einstein을 멀쩡하게 빨갱이로 몰았던 얘기도 유명하다. 천재 희극배우 찰리 채플린Charles Chaplin은 영화 <독재자>를 만든 뒤 십여 년에 걸친 후버의 지긋지긋한 추적의 등쌀에 못 이겨 미국을 등지고 스위스로 망명길을 떠났다. 노동조합도 그의 밥이었다. 그는 끊임없이 노동운동을 방해하고 노동자들을 이간질 하는 데 앞장섰다.

후버는 일생 동안 제일 싫어하는 게 세 가지였는데 공산주의자, 노동조합 그리고 동성애자들이었다. 그런데 정작 후버가 동성애자였다는 것은 참으로 아이러니한 일이 아닐 수 없다. 후버는 재직시절에 마피아란 존재하지 않는 가상의 범죄 조직이라고 말하며 그들을 애써 못 본 체했다. 후버가 마피아를 수사하자는 부하들의 간청을 묵살하고 그들의 존재를 애써 부정한 것은 위에서 잠깐 언급했지만 마피아 측에서 후버의 동성애 행각에 대한 결정적인 증거를 갖고 있었기 때문이었다.

그는 심복이었던 클라이드 톰슨Clyde Tompson과 연인 사이였는데 당시 마피아의 최고 두목인 루치아노Luciano의 꾀주머니 랜스키*가 이 두 사람의 동성연애 장면을 찍은 사진을 확보하고 있었던 것이다. 랜스키는 표면적으로는 재벌이자 자선사업가이나 실제로는 갱스터였던 루이스 로젠스틸Lewis Rosenstiel로부터 후버의 성행위 사진을 입수했다. 로젠스틸 역시 동성연애자로서 후버와 톨슨Torsen이 참석한 그룹 섹스 파티에 참여해서 몰래 찍은 사진을 랜스키에게 주었던 것이다. 이 밖에 후버가 호텔에서 감쪽같이 중년 여성으로 변장을 하고 들어가서 어린 소년들과 성관계를 했다는 추문도 나돌았다.

그는 제2차 세계대전과 냉전이라는 격랑의 시대에 나름대로 미국을 안정화시켰다는 긍정적인 평이 없지는 않다. 그의 장례식에 내로라하는 조문객 2만 5,000여 명이 몰렸다는 사실은 이를 방증하고 있기도 하다. 그러나 시간이 흐를수록 그가 끼친 해악이 드러나고 있다. 후버 사망 이

---

* 랜스키(Meyer Kansky 1902~1983)만큼 용의주도하고 두뇌가 뛰어난 마피아는 일찍이 없었다. 뉴욕 마피아의 대부였던 럭키 루치아노의 오른팔이었다. 음모를 꾸미고 조직을 만드는 일에는 천재적이었다. 유대계인 랜스키는 시칠리아계 마피아 보스들을 앞세우고 실질적으로는 뒤에서 암흑가를 지배했다.

후 실시된 의회 조사에 의하면 FBI 공식 수사 문건 가운데 범죄나 국가 안보에 관련된 문서는 20% 미만이었다고 한다. 나머지 대부분은 사회 저명인사나 연예인, 대통령과 상하원 의원 등 정치인들의 구린 곳을 조사한 비밀문건이었다. 이른바 '후버 파일'이었다. 장례식에 참석한 조문객의 상당수는 자신이 관련된 비밀 문건의 존재 여부가 두려웠기 때문이라는 말이 나돌았다. 그 외에도 각종 음모론의 뒤에 그가 도사리고 있다. 대표적인 예가 케네디 형제와 마틴 루터 킹의 암살 배후에 그가 있다는 것이다. 물론 소문만 무성할 뿐 진실은 밝혀지지 않았다.

대부 1

마피아의 역사

I. 영화 <대부 1, The Godfather>

영화 <대부 1>은 1972년 프랜시스 포드 코폴라Francis Ford Coppola 감독이 마리오 푸조Mario Puzo의 원작 소설을 기반으로 만든 175분짜리 대작이다. 이 작품은 나오자마자 세계적인 절찬을 받으며 그해 아카데미 작품상·주연상·각색상을 수상하고 감독상과 조연상(세 명)에 추천되는 영광을 누렸다. 이 영화에는 말론 브랜도·알 파치노·로버트 듀발, 제임스 칸James Caan, 그리고 다이앤 키튼Diane Keaton 등 유명 배우들이 대거 출연해 최고의 연기들을 펼쳤다. 각색은

코폴라와 원작자 푸조의 공동 작업으로 이루어졌다. 이 두 사람은 이 영화의 성공에 힘입어 1974년에도 속편을 만들게 된다.

소설이 나오자마자 역시 이탈리아 계통인 코폴라 감독이 당장 영화로 만들고자 했다. 영화사는 파라마운트 사였다. 그런데 마피아가 "니들, 우리 얘기 영화로 만들면 죽어!" 하며 들고 일어났다. 실제로 파라마운트사에 폭파 장치까지 했다고 한다. 소스라치게 놀란 파라마운트 사는 영화 속에서 마피아라는 말을 절대로 쓰지 않기로 하고 거액을 주기도 하면서 겨우 이들을 무마했다. 그래서 1편에는 마피아라는 말이 한마디도 나오지 않는다. 속편에 가서야 마피아라는 말이 등장한다. 재미있는 것은 영화가 만들어지고 난 다음이었다. 마피아들은 원래 일자무식쟁이들이 태반이다. 이들에게 이 영화는 좋은 교과서가 되었다.

소설은 까막눈이라 아예 못 읽으니 영화만 수십 번씩 보면서 말론 브랜도와 알 파치노의 말·동작·얼굴 표정을 그대로 흉내 내면서 개폼들을 잡기 시작했다. 코폴라 감독이 비토 콜리오네 역으로 점찍은 말론 브랜도는 갖은 기행과 독선적이고 까칠한 태도 때문에 할리우드 제작자들의 기피인물 1호였다. 더구나 영화 속의 콜리오네는 60대 노인인데, 40대에 불과한 말론 브랜도가 60대 노인을 연기해야 한다는 사실도 큰 문제였다. 브랜도는 비토의 모습이 불독을 연상시키는 얼굴이어야 한다고 생각했다. 그래서 즉석에서 입안에 휴지를 말아 넣은 채 우물우물 말을 하면서 테스트를 받아 관계자들을 깜짝 놀라게 했다. 그럴듯했다.

아카데미는 그에게 남우주연상으로 화답했지만, 정작 브랜도는 수상을 거부했다. 그 대신 인디언 의상을 입은 인디언 인권 운동가 사신 리틀페더Sasheen Littlefeather가 나와 미국 인디언에 대한 부당한 처사에 항의하는 브랜도의 뜻을 전달해 또 한 번 화제가 되었다. 역시 브랜도 다운 행동이었다고 뒤에서 수군거렸다. <대부 1>은 이후 많은 아류亞流 갱영화들을 낳았고, 그 결과 할리우드 영화들에 갑자기 갱들이 미화되어 묘사되는 풍조를 불러왔다. 또 이탈리아인들이 만들고 이탈리아인들이 주연한 영화들의 전성시대를 가져오기도 했다. 대부는 정의와 불의의 구별이 모호해진 시대, 법이 힘없는 자들 편에 서지 않는 시대, 그리고 왜곡된 미국의 꿈이 넘쳐나는 시대를 사는 당시 미국인들에게 강렬한 호소력을 지닌 보기 드문 작품이었다.

콜리오네와 아들 마이클

이 영화는 이탈리아 이민자들이 아메리칸드림을 꿈꾸며 마피아 대부로 어떻게 자리 잡아 가는지를 서정미 넘치는 화면과 수려한 음악을 깔면서 장대하게 그려 나가고 있다. 당시로는 신인에 불과한 코폴라의 탄탄한 연출로, 본격적인 TV 시대의 개막으로 위기에 봉착했던 미국 영화계의 탈출을 알리는 신호탄 역할을 했다. 이 영화는 1972년 개봉되면서 미국 영화사상 최고의 흥행 수입을 기록했다. 영화 <바람과 함께 사라지다>가

30년간 유지한 난공불락의 흥행기록을 단숨에 갱신한 것이다. 음악은 <태양은 가득히>, <전쟁과 평화>, <길> 등에서 음악을 담당한 영화음악의 거장 니노 로타Nino Rota가 담당했다. 코폴라 감독은 처음에는 뮤지션인 아버지에게 맡길 예정이었으나 아버지에게서 마음에 드는 곡을 발견하지 못했다. 그래서 공과 사를 분명히 하면서 니노 로타를 찾게 되었다고 한다. 이래서 불후의 영화음악이 탄생되었다. 코폴라 아버지의 작품들은 결혼식 피로연 시퀀스에서만 일부 사용되었다. 이 영화가 개봉이 되고 나서 아주 난처한 입장에 빠진 가수가 있었는데 그가 바로 프랭크 시나트라Frank Sinatra였다.

영화에서는 가수 알 마티노Al Martino가 조니 폰테인 역으로 나오는데 이 조니 폰테인이 실제로는 시나트라라는 소문이 퍼져나갔다. 그동안 마피아가 뒷배를 봐준 덕분에 연예계를 쥐고 흔들 수 있었다는 비난이 그를 몹시 당혹스럽게 만들었다. 여론들 역시 "아니 땐 굴뚝에 연기 나랴." 하는 식으로 시나트라에게 우호적이지 않았다. 당시 제작사인 파라마운트사가 <대부 1>을 개봉하면서 남긴 메시지가 오늘날에도 우리에게 긴 울림을 남겨준다. "정치가는 이 영화에서 인간의 낌새를 터득하라. 그리고 사업가는 이 영화를 보고 현 사회를 배워라. 젊은이는 어버이와 자식 간의 애정을 보라. 여성은 뜨겁고 깊은 사랑의 진수를 만끽하라. 우리는 이 영화 한 편을 인생의 지침으로 삼아야 한다." 한 세기에 한 번 나올까 말까 한 걸작이라는 것이 당시 세간의 평이었다.

제2차 세계대전이 끝난 1945년, 뉴욕의 5대 패밀리 중 가장 막강한 세력의 콜레오네 패밀리의 저택에서는 패밀리의 대부 비토 콜레오네의 막내딸 코니의 결혼식이 진행되고 있었다. 결혼식 도중에 뉴욕의 조폭 두목 중의 하나인 솔로조가 비토에게 터키산 마약을 미국으로 들여오자고 제안한다. 그러나 비토는 마약은 위험하다고 하면서 이를 정중하게 거절한다. 그리고 솔로조와 손을 잡은 타탈리아 패밀리를 정탐하기 위해 부하 루카를 보낸다. 그러나 루카는 솔로조와 타탈리아 패밀리에게 살해당한다. 비토 역시 크리스마스이브 날 길거리에서 타탈리아 패밀리의 총격을 받아 생명이 위태롭게 된다. 한편 갓 제대한 막내아들 마이클은 이 사실을 알게 되면서 아버지에 대한 복수를 다짐한다.

마이클은 형 소니에게 협상자리를 주선해주면 솔로초와 함께 결탁한 경찰서장 맥클러스키를 죽이겠다고 제안한다. 마이클은 평화 협상이 예정된 식당에 가서 솔로초와 맥클러스키 서장을 쏘아 죽인 뒤 시칠리아로 피신한다. 한편 비토는 회복세를 보이며 집으로 돌아온다. 시칠리아로 피신한 마이클은 그곳에서 아폴로니아라는 여자와 결혼까지 하게 되지만, 부하인 파브리지오의 배신으로 아폴로니아는 자동차가 폭발하면서 죽게 된다. 한편 뉴욕에서는 바지니 패밀리 보스인 바지니가 다혈질적인 소니를 함정으로 빠뜨려 살해한다.

이를 계기로 병상에서 일어난 비토는 뉴욕 5대 패밀리의 평화 회담을 주선하여 타탈리아·바지니아 패밀리와 화해하며 소니의 복수를 하지 않을 것을 담보로 마이클의 안전을 보장받는다. 그 사이 뉴욕으로 되돌아온 마이클은 옛 연인인 케이와 결혼을 하게 된다. 비토는 마이클에게 후계자리를 넘기고 곧 심장마비로 세상을 떠난다. 비토가 세상을 떠난 직후 마이클은 코니 딸의 세례식을 하는 와중에 부하들을 시켜 뉴욕의 5대 패밀리의 수장들을 모두 제거하고 차세대 콜레오네 패밀리의 대부로 자리를 굳힌다.

II. 마피아의 역사

마피아의 역사

마피아의 어원은 1282년 시칠리아 만종 사건*을 둘러싸고 시칠리아 기사들이 'Morte Alla Francia Italia Anela(프랑스인들을 죽이자)'라는 구호를 외쳤다고 하는데 바로 이 구호의 이니셜 'MAFIA'를 따서 마피아가 되었다고 한다. 한편 이 말은 지어낸 얘기라는 주장도 있다. 마피아의 어원은 여러 가지 설이 있다. 그중 한 가지는 지역 관리에게 딸이 유린당한 한 어머니가 시칠리아 방언인 '내 딸아!'에 해당하는 'Ma Fia!'를 외치고 돌아다녔고, 그 관리를 비밀 결사 조직이 혼내줬기 때문에 '마피아Mafia'가 됐다는 속설도 있다. 그러나 이 또한 근거가 확실치 않다.

---

* 1282년의 부활절, 팔레르모의 주민들은 성벽 밖에서 축제를 열고 있었다. 당시 시칠리아를 지배하던 프랑스인들은 이 축제가 위협적인 사태로 번지지 않을까 우려하여 병사들을 보냈다. 이들은 시칠리아인들을 난폭하게 취급하고, 여인들을 겁탈했다. 이에 격분한 시칠리아인들은 저녁 기도를 알리는 종소리(만종)를 신호로 반란을 일으켰다. 이를 시칠리아 만종 사건이라고 부른다.

시칠리아 사람들은 오랫동안 외부인들의 핍박 속에서 살아왔다. 그리스·로마·사라센·노르만·스페인·프랑스 등 무수히 많은 타지 사람들의 지배를 받아 온 것이다. 이들 수많은 타민족 하에서 그들은 지배층의 관리들을 완전히 불신하게 되었고 자신의 문제를 해결하기 위해서 지배층에 호소하는 것 보다는 같은 시칠리아인 중 현명하고 능력 있는 사람에게 부탁하는 전통이 생겨났다. 시칠리아인들은 정부 관리나 경찰이 전혀 도움이 되지 않는다는 것을 잘 알고 있었다. 대부분 스스로가 복수를 하는 등 알아서 해결하기도 했고 스스로의 힘으로 해결하기 어려운 문제는 마을의 현자 혹은 해결사에게 부탁했다. 물론 폭력도 불사했다. 이 해결사를 중심으로 점차 조직을 만들기 시작했는데 이것이 마피아의 시작이었다.

19세기에서 20세기를 넘어가면서 마피아는 전국 조직으로 발전했고 미국 이민 붐이 일어나면서 마피아도 대서양을 건너 미국으로까지 진출한다. 사실 마피아라는 명칭은 자신들이 붙인 것은 아니고 이탈리아의 미디어들과 집행기관이 시칠리아 범죄 조직을 들먹이며 만들어진 명칭이다. 미국에서도 이탈리아 이민자들로 이루어진 범죄 조직이 만들어지자, 매체나 수사기관에서 그들을 이탈리아와 같이 마피아라 부르기 시작하면서 일반적인 용어가 되었다.

현대 미국 마피아의 발생지는 뉴욕의 이탈리아 이민자 빈민가였다. 20세기로 넘어오면서 뉴욕의 이탈리아 이민자들의 거주 지역인 이스트 사이드에서 시칠리안 범죄 조직인 파이브 포인츠Five Points 갱이 막강한 힘을 발휘하기 시작했다. 그들은 같은 지역의 유대인 갱단과도 자주 싸움질을 했다. 브루클린에서는 나폴리 출신의 범죄 조직인 니어폴리탄 캐모라Neapolitan Camorra가, 시카고에서는 이탈리아인이 많이 거주하는 19구역에서 '불러디 나인틴Bloody 19'이라 불리는 갱단이 세력을 떨쳤다. 미국 전역으로 이탈리아 이민 범죄 조직이 급속도로 번져나갔다.

마피아의 온상, 금주법

1920년 1월 17일, 근대 민주국가에서는 좀처럼 보기 힘든 일이 미국에서 일어났다. 바로 금주법의 제정이었다. 이 법에 따라 미국 내에서 술을 제조·판매·유통하는 모든 것이 불법이 되었다. 이 금주법은 1933년까지 무려 13년이나 계속되었다. 이런 법령이 생겨난 것은 공중의 도덕성 회복과 건강을 지키기 위한다는 명분 때문이었다. 원래부터 미국은 청교도가 주류를 이루는 사회였기 때문에 음주가 식민지시대부터 문제시되어 왔었다. 그리고 1657년에는 매사추세츠 법원이 럼·브랜디·위스키 등 알코올 도수가 높은 술에 대한 판매를 금지시킨 일도 있어 금주법은 사실 어제 오늘의 일은 아니었다.

그런데 미국이 이슬람 국가같이 전통적으로 금주를 해온 나라도 아니어서 법령에 반대하는 단체도 나오고 국민들 역시 강제로 규제하는 것을 썩 내키지 않아 했다. 술을 마시는 사람들은 잘 알겠지만 술이라는 것이 법으로 못 마시게 한다고 쉽사리 포기하는 것이 아니다. 거꾸로 강제로 못 마시게 하면 더욱 마시고 싶어지는 것이 인지상정人之常

情인 것이다. 따라서 불법 양조가 기승을 부리고 암암리에 유통이 되는 것은 당연한 일이었다. 금주법 기간 동안 주류 불법 유통으로 적발된 사례는 90만 건에 달했는데, 이 불법 유통에 관여한 것이 주로 정치인들과 범죄 조직이었다.

범죄 조직 패거리들에게 금주법이야말로 황금알을 낳는 거위였고, 이를 틈타 이탈리아인 범죄 조직은 급속히 번창하게 된다. 마침 미국의 금주법이 시행되기 시작한 1920년대 초반, 독재자 베니토 무솔리니 Benito Mussolini가 이탈리아 정권을 장악하자 수많은 이탈리아인들이 조국을 떠나 미국으로 이민 길에 오른다. 마피아들 역시 무솔리니 정권의 대대적인 소탕령 때문에 시칠리아를 떠나 미국으로 쫓겨 오게 된다.

무솔리니의 집권은 미국에서 이탈리아 마피아들의 기반을 닦게 해 주는 원인 중의 하나가 되었다. 많은 이탈리아인들이 미국으로 이민을 왔지만, 그들은 끔찍이 가난했고 먹고살기 위해 갱 조직에 가입했다. 결국 범죄 조직이 비대해질 수밖에 없었다. 이탈리아인 범죄 조직들은 당연히 떼돈을 벌 수 있는 불법 주류 제조와 유통에 손을 대기 시작했다. 그 수익은 전통적인 범죄였던 보호 명목의 갈취·도박·매춘 사업은 저리 가라 할 정도로 점차 조직의 막대한 수입원이 되었다.

결국 미국의 금주법은 아메리칸 마피아를 탄생시키는 결정적인 주범이 된 것이다. 애초에 법으로 술을 못 마시게 한다는 의도 자체가 정치인들이나 종교인들의 한심하기 짝이 없는 발상이었다. 그런데 이것이 한심한 것으로만 그친 것이 아니라 오히려 마피아를 비롯한 암흑가의 세력을 키우는 등 사회적으로 커다란 해악을 끼친 악법이 된 것이다. 이렇게 금주법으로 돈을 쉽게 벌자 미국 대도시의 이탈리아인 범죄 조직은 막대한 자금력을 확보해 명실상부한 패밀리 형태를 갖추게 된다. 이렇게 세를 불리기 시작한 이탈리아인 범죄 조직들은 이익을 위해 도처에서 자신들이나 다른 민족의 범죄 조직들과 피비린내 나는 전쟁을 벌이기 시작했다.

갱들의 전쟁

뉴욕에서는 프랭키 예일Frankie Yale이 이끄는 이탈리아 갱 조직이 아일랜드 갱 조직인 화이트 핸드 갱단White Hand Gang과 전쟁을 벌였고, 시카고에서는 알 카포네의 갱 조직이 아일랜드 갱 조직인 노스 사이드 갱단North Side Gang과 피 터지는 싸움을 벌였다. 대공황이 맹위를 떨기 시작하던 1930년과 1931년은 마란자노Maranzano와 마세리아Masseria라는 두 시칠리아인이 뉴욕 지하세계의 패권을 두고 치열한 전쟁을 벌였다. 이 전쟁을 일컬어 일명 '카스텔라마레세 전쟁Castellammarese War'이라고 하는데 이 명칭은 마란자노가 시칠리아의 작은 마을 카스텔라마레Castellammare에서 태어났기 때문이다.

럭키 루치아노

이 전쟁은 마란자노와 손을 잡은 또 다른 군소 갱스터인 럭키 루치아노Lucky Luciano가 마세리아에

20발의 총알을 박아 넣으면서 끝났다. 마란자노는 여타 깡패들과는 달리 정규 대학을 졸업했고 설득력이 뛰어났으며 5개국 언어를 구사할 정도였다. 그는 라틴어로 된 시저의 원본까지 읽었을 정도로 인텔리였다고 한다. 마세리아를 처치한 마란자노는 이제 명실공히 뉴욕의 최고 우두머리로 우뚝 섰다. 여기서부터가 진정한 미국 마피아가 시작되는 시점이고 마란자노는 그 첫 번째 마피아 대부로 기록된다.

마세리아를 처치한 루치아노는 이탈리아 이민들이 몰려 사는 곳으로부터 몇 구역 떨어진 유대계와 슬라브인들이 사는 곳에서 이탈리아 이민의 후손으로 자랐다. 그는 그곳에서 같은 또래의 소년들과 소매치기·좀도둑질 등을 저지르면서 범죄자로서의 이력을 쌓기 시작했다. 큰 체격은 아니었으나 대담하면서도 교활했고 머리도 비상했다. 그는 브루클린에서 꽤 큰 세력인 '파이브 포인트'갱단에 픽업되어 활약하다가 1920년대에 독립하여 그 자신의 갱단을 만들어 사업을 시작했다.

럭키는 별명이고 본 이름이 살바토레 루치아노Salbatore Luciano인 그는 원래 마세리아 조직의 일원이었다. 마세리아와 전쟁을 벌이고 있던 마란자노는 마세리아와 한 편인 루치아노를 조용히 불러 마세리아를 없애버릴 것을 주문했다. 루치아노가 이를 거절하자 심한 고문을 가했으나 다행히 죽이지는 않았다. 그래서 죽지 않고 무사히 살아 돌아왔다고 해서 친구인 유대인 갱스터 랜스키Lansky가 이는 대단한 행운이라고 하면서 '럭키'라는 별명을 붙여 주었다.

그런 루치아노에게 마라자노도 마피아 보스가 된 지 불과 6개월 만에 루치아노에게 살해당한다. 마세리아를 제거한 루치아노에게 크게 빚을 지기도 한 마란자노는 언젠가 루치아노에게 당할 것을 예상해서 호시탐탐 그를 제거할 기회를 노리고 있었다. 그러나 이를 눈치챈 루치아노가 보낸 자객에게 도리어 벌집 투성이가 되었다. 새롭게 뉴욕의 지하세계의 두목이 된 루치아노도 몇 년 세도를 누렸지만 당시 귀신 잡는 검사로 알려진 토마스 듀이*에 의해 1936년 4월 1일 아칸소 주 핫 스프링스Hot Springs의 한 호텔에서 체포되었다. 그는 사전에 국외로 도피할 수 있었으나 잔뜩 벌여놓은 사업을 그냥 팽개칠 수가 없었다. 결국 감옥에 들어가서라도 계속 조직을 운영하겠다고 마음을 먹은 것이다. 루치아노와 절친한 랜스키는 항상 자신의 성공은 루치아노의 덕분이라고 생각했다. 그래서 감옥에 있던 루치아노를 빼내기 위해 열과 성을 다했다. 결국 제2차 세계대전이 한창이던 때 미 정부와 담판을 짓고 비록 미국에서 추방되는 조건이었지만 그를 석방시키는 데 성공했다.

1943년 연합군이 시칠리아에 상륙할 때 가장 필요로 했던 사람이 루치아노였다. 루치아노는 시칠리아 출신 부하들을 시칠리아에 파견하여 주민들과 독일군의 동향 등을 미군에 알려주는 조건으로 가석방된다. 전쟁을 벌이고 있는 미군 측에서는 루치아노가 마피아든 범죄자든 상관없었다. 1945년 제2차 세계대전이 끝나자 루치아노는 미국을 떠난

---

* 토머스 듀이(Thomas Dewey, 1902~1971)는 미국 공화당의 정치인이자 법조인을 지냈다. 그는 뉴욕 주의 검사 재직시절에 마피아 조직범죄를 소탕하는 데 성공하면서 전국적인 스타가 되었다. 듀이는 이를 바탕으로 뉴욕 주지사로 선출되었다. 1944년과 1948년 대통령 선거에서 공화당 후보로 출마하였으나 낙선했다.

다는 조건으로 정식으로 석방된다. 이후 그는 시칠리아에 머물면서 미국으로의 마약 운송에 관여하다가 1962년 1월 26일 65세의 나이로 나폴리에서 심장마비로 사망했다.

　죽고 죽이는 관계였지만 마란자노와 루치아노는 미국 마피아 세계를 정립한 중요한 인물들이었다. 뉴욕의 지하세계를 가장 먼저 통일하고 그 왕좌를 차지한 이는 마란자노였다. 그러나 오늘날 마란자노의 이름보다는 루치아노의 이름이 더 알려져 있다. 그 이유는 마란자노의 역할이 이탈리아·시칠리아 갱단을 통일했던 데만 국한되었지만 루치아노는 단순히 마란자노를 이어받은 게 아니라 이탈리아계·아일랜드계·유대계를 총망라한 미국의 전 조폭세계를 통일한 데 있었다.

　마란자노의 구상은 마피아의 원조인 시칠리아계를 단단히 굳히면서 같은 혈통을 지닌 이탈리아 사람들끼리 끼리끼리 해 먹자는 것이었다. 반면에 루치아노가 구상하는 조직은 수익을 중시하는 비지니스적인 측면이 강했다. 그래서 루치아노의 비전은 단순히 이탈리안 마피아를 통합시킨 데에서 끝나지 않았다. 그는 랜스키·시겔Siegel 등 유대계 갱들도 포함한 보다 큰 규모의 갱스터 조직을 만들어 나갔다. 이때부터 사람들은 이 조직을 마피아를 뛰어넘어선 신디케이트Syndicate라고 부르기도 한다. 그래서 루치아노는 이탈리아계·유대계·아일랜드계 등 민족의 구분을 떠나 미국의 전 지하세계를 통일한 인물로 기록된다. 루치아노의 두뇌이기도 한 랜스키가 전체 신디케이트를 관리하면서 이 지하사업을 더욱 확장하고 견고하게 만들었다. 이렇게 시작된 신디케이트

제국의 사업은 오늘날까지도 면면히 이어져 내려오고 있다.

금주법 해제 이후의 마피아

1933년 금주법이 해제되고 주류 판매가 다시 합법이 되자 마피아는 수입원이 급격히 떨어졌다. 이 시점부터 그들은 방향을 전환해 노조의 장악·건설·위생 사업·마약 거래 같은 분야로 진출한다. 이 시기에 루치아노는 최고 자리에 오르고 평의회를 창설하면서 명실상부한 마피아계의 최고 보스로 등극한다. 이 평의회는 영역 다툼 등 조직 간의 분쟁을 해결하고, 마피아의 이권 사업에 관한 정책 등을 수립했다. 다시 말해 미국 내에 자기들만의 영토를 건설해 놓은 것이다. 그러고는 이 영토를 저희들끼리 '라 코사 노스트라La Cosa Nostra(this thing of ours)'라고 불렀다. 이 말은 이 영토 내에서 우리끼리 죽이고 살리고, 뺏고 빼앗기고 하는 거니까 '너희들은 참견 하지 마!' 대충 이런 뜻이다.

영화 <대부 1>에서 바로 이 평의회가 등장한다. 비토 콜리오네(말론 브랜도 분)의 아들 마이클 콜리오네(알 파치노 분)는 아버지의 복수를 하고 시칠리아로 피신하는데, 비토는 아들의 무사 귀환을 위해 평의회를 소집한다. 전국 마피아 대부들이 모두 한자리에 모인 것이다. 물론 뉴욕 5대 패밀리도 참석한다. 영화에 등장하는 평의회는 지금도 실제로 존재한다. 루치아노가 만든 위원회는 범죄 신디케이트로 거듭나고 패밀리 간의 평화가 시작되면서 이후 마피아는 다시 성장 가도를 달리기 시작한다. 20세기 중반까지 마피아는 뉴욕에 기반을 둔 다섯 개 패밀리를 제외하고 26개 도시에 조직을 구성했다.

뉴욕의 다섯 패밀리란 루치스Lucchese, 보나노Bonanno, 감비노Gambino, 루치아노(추후 제노비스Genovese), 콜롬보Colombo 조직을 말한다. 각 패밀리는 서로 독립적으로 운영되며 각각의 영역에 대한 통제권과 독점권을 가지게 되었다. 과거의 두목이었던 마라자노나 마세리아와 달리 루치아노가 이끄는 젊은 마피아는 유대인 범죄 신디케이트나 다른 민족의 범죄단체들과도 협력을 하면서 더 큰 수익을 창출해 나갔다.

비록 배신을 하고, 자신의 보스를 죽인 인물이지만 루치아노는 구시대와 달리 범죄단체를 기업 경영 하듯이 효율적으로 이끌었다. 20세기 중반에 들어오면서 특히 봉제 노조와 부두 노조에서 마피아들이 많은 활약을 했다. 이 밖에 건설·철거·폐기물 관리·트럭사업 등 수익성 좋은 합법적 기업에 손을 뻗쳤다. 뉴욕시의 건설 프로젝트 대부분은 다섯 패밀리의 승인 없이는 수행할 수 없었고 항구에서 하역 관련된 영역에서 마피아는 조합원들을 장악했다. 말론 브랜도 주연의 영화 <워터 프론트>에서 이와 비슷한 모습을 볼 수 있다.

마피아 세력이 점차 꺾인 것은 루치아노를 감옥에 잡아넣은 귀신 잡는 검사라는 별명의 토마스 듀이와 전직 뉴욕 시장을 지낸 루돌프 줄리아니Rudolph Giuliani 때문이었다. 특히 줄리아니는 연방검사 시절에 적극적으로 마피아 소탕에 나서서 마피아 세력을 잠재우는 데 큰 공헌을 했다. 줄리아니는 뉴욕의 5대 패밀리 중 보수들을 포함해서 11명을 기소했고 이중 가장 악질이었던 앤서니 살레르노Anthony Salerno에 대해서는 100년형을 구형하는 기염을 토하기도 했다. FBI도 마피아에 약점을 잡혀 쩔쩔매던 후버가 죽은 다음에 뒤늦게 마피아 소탕작전에 나서기 시작했다.

유대인 랜스키와 벅시

　루치아노의 절친인 머리가 비상한 마이어 랜스키Meyer Lansky는 폴란드계 유대인으로 1902년 가족을 따라 미국으로 이민 왔다. 조폭들에게 황금의 시절이었던 금주법 시대에 랜스키는 같은 유대인인 벤자민 시겔Benjamin Siegel(벅시Bugsy라고도 부른다)과 손잡고 '벅스 앤드 마이어 Bugs & Meyer'라는 갱단을 조직하여 톡톡히 재미를 보았다. 이때 루치아노로부터 동업을 제의받으면서 이 세 사람은 죽마고우가 된다. 특히 랜스키는 루치아노와 생사를 같이할 정도로 두 사람간의 믿음은 돈독했다. 1936년 루치아노가 감옥에 들어가면서 동료나 부하들에게 남긴 단 한마디는 "랜스키와 협조하라."였다. 그리고 10년 후 이탈리아로 강제추방당할 때도 "랜스키의 말은 무조건 믿고 따르라."라고 할 정도로 둘 사이의 신뢰관계는 대단했다.

　마피아 세계에서 회계의 귀신이라고 소문났던 랜스키는 쿠바에 카지노 세계를 열었고 쿠바산 설탕과 럼주 무역에도 관여하게 된다. 원래 유대인들은 회계 등 머리 쓰는 일에는 도사들이다. 랜스키는 루치아노를 도와 전국적 범죄 신디케이트를 조직하는 데 중요한 역할을 했다. 그는 뉴욕·플로리다·아이오와·네바다의 라스베이거스까지에 이르는 방대

랜스키

한 도박 제국을 건설했다. 그는 마피아와 손잡고 전국적 범죄 신디케이트를 조직하는 데 막대한 영향을 발휘했다. 수십 년간 마피아 세계에서 강력한 영향력을 발휘했다.

랜스키의 오랜 친구인 쿠바 대통령 바티스타Batista가 뒷배를 봐주면서 여러 마피아들이 쿠바의 카지노 사업에 너도나도 뛰어들었다. 하지만 카스트로의 쿠바 혁명이 일어나는 바람에 바티스타는 쫓겨나고 랜스키를 비롯한 마피아들의 쿠바 카지노 사업도 종을 치게 된다. 이후 그는 마피아의 신디케이트를 운영하는 등 편안하게 노년을 보내다가 1983년 플로리다의 자택에서 사망했다. 그가 죽을 당시 재산이 무려 4억 달러에 달했었다고 한다. 죽은 다음에 그 돈을 어디에 썼는지는 모르지만.

해발 620m의 사막 한가운데에 세계 최고의 카지노 도시인 라스베이거스가 탄생된 배경에는 먼저 후버댐이 언급된다. 후버댐은 1930년대 대공황을 극복하기 위한 뉴딜정책의 일환으로 네바다 사막 가운데에 건설되었다. 세계 최대 토목건설 중 하나로 알려진 후버댐은 당시 실업자들의 일자리 창출 등을 위해 시작되었지만 댐이 완공된 이후에는 실업자가 된 근로자들이 아이러니하게도 도박장이 들어서기 시작한 라스베이거스에 몰려들기 시작했다. 또한 후버댐이 사막 한가운데 있는 라스베이거스에 물을 무진장 공급함으로써 대규모 도시 형성이 가능해진 것이다.

두 번째로는 후버댐이 착공되던 1931년, 네바다 주가 미국에서 가장 쉽게 이혼할 수 있는 이혼법과 카지노 도박장을 합법화한 것도 라스베이거스가 유명세를 날리는 데 큰 몫을 했다. 카지노 합법화가 이루어지자 라스베이거스에는 여러 이름난 카지노들이 속속 들어섰다. 1945년까지 엄청난 도박비가 라스베이거스의 현금출납기로 흘러 들어왔고 사업가와 투자가들이 새로운 도시에 눈독을 들이기 시작했다.

세 번째로는 라스베이거스의 번창에 결정적으로 기여한 인물로 뉴욕의 유대인 갱단 두목 벅시 시겔을 손꼽는다. 뉴욕에서 악명을 떨치던 벅시가 1946년 플라밍고Flamingo 호텔을 건립하면서 마피아 자본의 라스베이거스 진출에 물꼬를 튼 것이다. 이 때문에 일부에서는 벅시를 '라스베이거스의 아버지'라고까지 부르기도 한다. 본명이 벤자민 시겔인 그는 다혈질인데다 성질이 말도 못하게 더러웠다. 그 세계에서 엽기적인 살인으로 악명이 자자했다. 벅시Bugsy란 말은 '잔인한 짓을 많이 한 벌레 같은 놈'을 말한다. 그는 뉴욕에서 살인청부업자로 명성을 날렸지만 조직에서 손을 씻고 사업가로 변신한 뒤에는 합법적인 사업을 펼치고 싶었다. 라스베이거스에서 카지노 게임을 하면서 불편한 문제점을 파악한 그는 멋진 카지노와 호텔을 짓는 사업을 구상한 것이다.

그의 사업은 술·여자·도박을 조합해 '사막의 오아시스'를 만드는 것이었다. 1945년 벅시는 루치아노의 마피아 조직에서 돈을 빌려 초대형

호화 호텔인 플라밍고Flamingo 건립을 추진했다. 그러나 공사가 지연되

면서 훨씬 많은 돈이 투입되었다. 그러자 투자자였던 루치아노는 벅시가 밑 빠진 독에 물 붓기로 돈을 쓴다고 불평을 하기 시작했다. 약 2년에 걸친 공사 끝에 라스베이거스 최고 시설의 플라밍고 호텔이 1946년 12월 26일 개장했다. 하지

벅시

만 설상가상으로 겨울비와 추위 때문에 개장식은 엉망진창이 되어버렸다. 초청받은 저명인사와 고객들이 참석을 못 했기 때문이다. 초장부터 호텔 카지노의 출발이 삐끗하고 개장 이후에도 매출이 죽을 쑤자 플라밍고 호텔은 파산위기에 몰렸다. 더구나 벅시는 막대한 액수의 돈을 횡령한 의심을 받고 있었다.

결국 친구였던 루치아노와 랜스키는 벅시를 제거하기로 결정했다. 1947년 6월 20일 벅시는 자택에서 소파에 앉아 신문을 보고 있었다. 밤 10시 30분경, 몰래 들어온 자객의 기관단총에 의해 시겔은 그 자리에서 아작이 났다. 시겔이 암살당한 바로 다음 날 마피아가 플라밍고 호텔 카지노를 접수했고 이듬해부터 경영 정상화에 성공했다. 벅시가 사라지자 동부의 여러 패밀리가 기업가들과 손을 잡고 대규모 카지노 건설에 나서면서 오늘날의 라스베이거스가 탄생했다. 파란만장했던 삶을 산 벅시의 일생은 할리우드의 관심을 끌기에 충분했고 1991년 그

의 일대기를 그린 영화 워렌 비티Warren Beatty 주연의 <벅시>가 개봉되었다.

마피아의 쇠퇴

마피아가 나날이 세를 불려나갔지만 미국 정부에서는 이들에 대한 정확한 정보를 입수할 수가 없었다. 잡아넣으려 해도 마피아들은 증인을 협박하고 수사관들까지도 깡그리 매수했기 때문이다. 무엇보다도 FBI 국장인 후버가 마피아에 약점을 잡히고 있어 마피아 수사에 미적거렸기 때문이었다. 마피아가 전국적인 범죄 조직이라는 것이 국가적으로 인식이 된 것은 1951년 키포버Kefauver 청문회(상원의원 에스테스 키포버 Estes Kefauver)에 의해서였다. 그동안 마피아로 의심되는 인물들에 소환장을 발부하고 일부는 증언도 들었지만 어느 누구도 의미 있는 정보를 발설하지 않았다.

마피아 조직원 중 처음으로 조직에 대한 정보를 까발린 사람은 조 발라키Joe Valachi였다. 발라키는 마란자노와 마세리아가 전쟁을 할 때 마란자노 조직원이었다. 마란자노가 최고 보스가 된 후에는 그의 경호원을 맡았지만 6개월 만에 마란자노가 살해당할 때는 루치아노의 행동 대원으로 재빨리 변신했던 인물이었다. 발라키는 마피아 중에서 최초로 침묵의 계율인 일명 오메르타omerta를 깬 장본인이 되었다.

발라키가 유명해진 것은 1959년 체포됐을 때 뉴욕 5대 패밀리 대부 이름을 죄다 불어버렸기 때문이다. 그전까지는 5대 패밀리를 뭐라고 딱히 부르질 못했는데, 발라키 덕분에 마피아들에 대해 감비오 패밀리니, 콜롬보 패밀리니 하는 말을 쓰게 된 것이다. 발라키는 마피아에게 보복을 당하지는 않았고 1971년 연방교정병원에서 심장마비로 사망했다. 여하튼 발라키가 모조리 까발리는 바람에 마피아는 더 이상 숨어 지낼 수가 없었다. 후버가 죽은 다음이었지만 FBI도 특별팀을 구성해 마피아 조직의 일망타진에 들어갔다. 이런 FBI의 노력에 힘입어 1980년대 초부터 라스베이거스의 카지노 사업을 좌지우지하던 마피아 일당들도 쫓겨났다. 그리고 마피아에 장악되었던 전국의 노조들도 점차 정상을 되찾게 되었다.

뭐니 뭐니 해도 FBI가 마피아에 강력한 대응을 할 수 있었던 것은 리코 법RICO Act 때문이었다. 리코 법은 마피아들을 잡아들이는 데 그야말로 극약처방이 되었다. 이 법은 범죄 조직패들을 가차 없이 잡아 왕창 실형을 선고할 수 있도록 되어 있었다. 리코 법은 유죄로 인정되기만 하면 최고 20년의 실형을 쉽사리 선고할 수 있었다. 이 같은 엄한 처벌은 마피아에게 큰 타격을 주게 되었다. 이 법안으로 1980년 초반부터 10년간 마피아의 부두목 13명과 중간 보스 43명이 줄줄이 쇠고랑을 차기 시작했다. 이때부터 마피아 세력은 급격히 내리막길을 걷기 시작했다.

특히 새미 그라바노Sammy Gravano라는 마피아 부두목이 1991년 FBI에 협조를 하면서 마피아의 쇠퇴는 눈에 띄게 나타났다. 새미는 뉴욕 5대 패밀리 중 하나인 감비노 패밀리의 부두목으로 있으면서 막강한 힘을 휘두르던 인물이었다. 그는 수많은 살인 사건의 배후 인물로 이미 기소가 되어 있는 상태였다. FBI는 새미에게 패밀리의 두목을 잡는 데 협조를 하면 그의 기소에 대한 것은 전부 없는 것으로 해주겠다고 약속하고 그를 증언대에 세웠다. 새미가 증언대에서 마구 나발을 부는 바람에 감비노 패밀리의 보스였던 존 고티John Gotti는 살인 등 죄목으로 종신형을 살게 되었다.

존 고티는 1980년대부터 웬만한 미국인은 다 알 만큼 유명했다. 언론에 자주 얼굴을 드러냈고 여러 차례 재판에 회부되었지만 매번 풀려나와 '돈 테플론Don Teflon'이라는 별명까지 붙었다. 돈 테플론은 '좀처럼 잡아넣을 수 없는 왕초'라는 뜻이다. 테플론은 음식이 눌어붙지 않게 프라이팬의 코팅재로 주로 쓰이는 화학 물질이다. 죽마고우였던 새미의 배신으로 결국 종신형을 선고받았다. 새미 건을 계기로 증언을 한 증인에 대해 실형을 면제하고 재정 지원을 해주는 미국의 연방 증인 보호법이 생겼다.

새미도 이런 증인 보호법에 의해 이름을 바꾸고 애리조나에서 새 생활을 시작했지만 제 버릇 개 못 준다고 그는 다시 범죄 세계에 발을 담근다. 그의 아들 제라드Gerrad가 지역의 젊은 갱 조직 두목과 친구가 되고 새미는 마약 유통 조직을 만들었다. 온 식구가 범죄 조직원이 되었다. 자신의 두목까지 팔아넘기고 살아남으려 했지만 개과천선은 못 했다. 어쨌든 새미 때문에 이후 패밀리를 배신하고 증언을 하는 수십 명의 조직원들이 여기저기 계속 등장하면서 마피아의 세력은 더욱 쇠락해져 갔다.

마피아의 세력이 약화된 또 하나의 요인은 새로운 이탈리아 이민자들이 급격히 미국인으로 동화되기 시작했다는 것이다. 신세대들은 그들의 커뮤니티에 안주하기보다 주류 사회로 들어가 미국인으로 살아가기 때문에 조직원을 구하는 것도 예전처럼 만만치가 않게 되었다. 하지만 오늘날에도 마피아는 살인·협박·도박·고리대금·세금 포탈·주식 조작·돈세탁·마약거래 등 여전히 광범위한 분야에서 못된 짓이란 못된 짓은 다 벌이고 있다.

마피아의 조직과 규칙

마피아의 조직을 보면 먼저 가장 높은 위치에 보스가 있고 그의 곁에는 컨실지엘레Consigliere가 있다. 컨실지엘레는 조직의 자문이며 보스의 오른팔이기도 하다. 다른 조직과의 분쟁이 생겼을 경우 해결사 역할을 한다. 전통적으로 조직에서 오랜 경험을 쌓은 원로로 보스의 신임을 받는 인물이 맡는다. 서열로는 3위에 해당한다. 삼국지에 나오는 제갈량 같은 역할을 한다. 일종의 모사謀士다. 조직의 머리 역할을 한다. 영화 <대부 1>에서 변호사로 나오는 로버트 듀발이 바로 이 콘실지엘레이다.

전통적으로 콘실지엘레는 백퍼센트 이탈리아 사람이어야 하는데 비토 콜리오네가 이 전통을 깬 것이다. 그래서 다른 조직의 눈총을 받는다는 대목이 소설에 살짝 나온다. 보스의 아래는 언더 보스Under Boss로 부두목을 말한다. 보스가 임명한다. 부두목은 조직의 모든 관리를 하며 수익성 높은 이권을 관리한다. 유사시 보스를 대신해 조직을 관리한다. 부두목의 아래에는 카포레짐Caporegime이 있는데 중간 보스급으로 그 수가 여럿이다. 이들은 실무를 담당하고 지역을 관장하기 때문에 왕왕 보스나 언더 보스보다 막강한 파워를 발휘하기도 한다.

마지막은 솔다토Soldato로, 말 그대로 병사, 즉, 행동 대원이다. 솔다토는 원래 부모 모두 이탈리아 사람이어야 될 수 있었는데 요즘은 아버지 쪽만 이탈리아인이면 될 수 있다고 한다. 이탈리아 범죄 조직에 몸담고 있는 인간들치고 마피아 조직원이 되는 것을 마다할 인간들은 없을 것이다. 바로 이 마피아 정식 조직원의 첫걸음이 솔다토이다. 마피아 조직원이 되기 위해서는 그들이 요구하는 절차를 거쳐야 한다. 그것은 살인과 같은 흉악한 범죄를 저지르는 것을 의미한다. 이른바 히트맨이 바로 이들이다. 히트맨은 상대 조직의 두목이나 조직원·배신자·조직을 노리는 수사관 등을 암살하는 자들이다. 일반적으로 살인청부업자나 암살자를 일컫는다.

마피아 조직은 얼핏 벌떼를 생각하면 된다. 일벌에 해당하는 솔다토들이 만만한 업체들을 상대로 등치고, 협박하고, 빼앗아서 수익의 상당 부분을 자기 윗놈인 카포레짐에게 갖다 바치고, 그놈은 또 그 윗놈인 언더 보스에게 상납하고 언더 보스는 최고 윗놈인 보스에게 갖다 바치면서 여왕벌은 떼돈을 왕창 챙기는 것이다. 대신 여왕벌은 법적인 방패막이가 돼주어야 한다. 혹시 조직원이 감옥에 가더라도 그의 가족들을 보살펴서 걱정 없이 옥살이를 하도록 하는 책임이 있는 것이다.

조직원도 지켜야 할 룰이 있다. 바로 첫 번째가 침묵의 계율인 오메르타omerta이다. 조직원이 이것을 깨면 마피아는 결코 그를 가만 놔두지 않는다. 두 번째로 이탈리아인이어야 한다, 세 번째로 패밀리의 사업을 조직원이 아닌 사람에게 까발리지 않는다, 네 번째로 피에는 피로 갚아준다. 하지만 보스의 명령이 있을 때까지 기다려야 하며 단독으로 복수를 하면 처벌을 받는다. 다섯 번째로 같은 패밀리끼리 절대 싸우지 말아야 한다. 주먹다짐도 안 된다.

여섯 번째로 매달 윗놈한테 상납을 해야 하며 상납액을 떼어먹으면 안 된다. 일곱 번째로 다른 조직원의 아내와 간통을 하면 안 된다. 여덟 번째로 콧수염이나 구레나룻 등 어떤 수염도 기르면 안 된다. 영화 <대부 1>에서 비토 콜리오네 역의 말론 브랜도가 가느다랗게 콧수염을 기른 모습으로 등장하는데 이것은 감독의 실수가 아니었다. 당시 마피아들이 공갈과 협박을 하는 바람에 두목의 모습을 살짝 변형시킨 것이다. 어떤 마피아 보스나 조직원의 자료 사진을 봐도 수염을 기른 인간은 없다.

역사적으로 미국 내에서 다른 민족의 범죄 조직들도 여럿 있었지만 이탈리아 마피아만큼 오랜 역사를 누리지 못했다. 어떤 조직이든 튼튼한 전통이 있어야 장구한 세월을 지탱할 수 있는 것은 범죄 세계에도

마찬가지이다. 유구한 역사와 전통을 자랑하는 시칠리아의 마피아가 그
들의 뿌리이기 때문이다.

앵무새 죽이기

흑인 민권운동

I. 영화 <앵무새 죽이기, To Kill a Mockingbird>

이 영화의 원작인 미국의 여성 작가 하퍼 리Harper Lee의 『앵무새 죽이기』에서 '앵무새를 죽이는 일'이 원작의 주제임을 말하고 있다. 즉 1930년대 미국 남부지방의 백인들이 갖고 있는 흑인들에 대한 지독하고 뿌리 깊은 인종차별을 '앵무새 죽이기'로 표현한 것이다. 앵무새는 한국에서 퍼진 말이다. 'mockingbird'는 '흉내지빠귀'라는 이름의 새다. Mockingbird는 미국에만 사는 흉내지빠귀과로 인간에게 해를 끼치지 않고 노래만을 부르는 새이다.

원작은 흑인들에 대한 인종문제를 다룬 책 중에서 가장 뛰어난 문학작품으로 손꼽힌다. 이 작품은 미 고교생의 필독서이며 저널리즘과 문학적 업적 등에 주는 최고의 상인 퓰리처상을 수상했다. 이 영화는 국내에서 개봉할 때 <앨라배마에서 생긴 일>이란 제목으로 소개되었고, 이후에도 꽤 오랫동안 이 제목으로 불렸다. 문학작품을 가장 잘 각색한 영화 중의 하나로 여겨지고 있다.

이 영화의 백미는 단연 애티커스 역의 그레고리 펙Gregory Peck과 스카웃 역의 메리 배드햄Mary Badham의 뛰어난 연기일 것이다. 펙은 온화하고 사려 깊은 아버지이면서 고결한 인격의 소유자이다. 그는 아내와 사별한 변호사로, 한 백인여성을 강간했다는 억울한 누명을 쓴 흑인 로빈슨(브록 피터스Brock Peters 분)을 열정적으로 변호한다. 이를 통해 미국 남부 작은 마을 주민들의 지독한 편견과 인종차별을 폭로한다. 한편 자신의 아이들에게도 여러 일상을 통해 도덕적 용기를 가르치는 역할을 탁월한 연기력으로 소화했다. 펙은 이 영화로 1963년도 아카데미에서 남우주연상을 수상했다. 이 영화는 각색상도 수상했다. 배드햄은 선

애티커스와 딸 스카웃

머슴 같은 여자애지만 한편으로는 섬세한 화자話者의 역할을 당차게 해내고 있다.

이 영화는 편견으로 가득 찬 어른들의 부끄러운 세계를 천진난만한 아이들의 눈으로 바라보기

때문에 더욱 강한 설득력을 갖는다. 이 영화에서 동네 아이들이 괴상하고 무시무시한 광인狂人으로 여기지만 결국은 그 아이들의 구원자가 되는 은둔적인 이웃 '부 레이들리'의 역을 연기한 배우가 바로 로버트 듀발이다. 그의 영화계 데뷔작이기도 하다. 이 영화에서 그는 향후 명배우의 소질이 살짝 엿보이는 멋진 연기를 보여주고 있다. 엘머 번스타인 Elmer Bernstein의 음악도 이 영화의 감동을 불러일으키는 데 손색이 없다. 각색을 맡은 극작가 호튼 푸트Horton Foote는 미국 남부 시골 사람들의 정서를 사실적으로 그려내면서 그의 첫 아카데미상을 거머쥐었다.

이 영화는 인종차별에 관한 고발 말고도 놓칠 수 없는 몇 가지 주옥같은 메시지가 있다. 먼저 스카웃의 이웃에는 사람들이 미친 사람이라고 무서워하는 부 아저씨가 살고 있다. 그러나 스카웃과 오빠 젬은 그와의 접촉을 통해 그에 대한 자신들의 두려움이 아무런 근거나 어른들의 편견이 이유 없음을 깨닫게 된다. 어른들의 편견을 고발하고 있는 것이다. 결국 영화 막판에 부 아저씨는 스카웃과 젬을 죽이려는 악당으로부터 아이들을 구해준다.

두 번째는 바로 애티커스가 보여주는 민주적이고 인본주의적인 모습이다. 애티커스는 자식들에게 자신의 이름을 부르게 하고, 모든 것을 강제가 아닌 설득과 대화로 해결하려고 한다. 또한 그는 새 사냥을 하려고 하는 애들에게 아무런 해를 끼치지 않는 앵무새를 쏘는 것은 나쁜 짓이라고 말한다. 이를 통해 흑인이나 미친 사람, 혹은 가난한 사람들을 멸시하거나 무시해서는 안 된다는 것을 간접적으로 시사하고 있다.

이 영화는 1930년대 대공황 시절, 앨라배마 주의 시골에 사는 스카웃이라는 여섯 살 난 소녀의 눈을 통해 진행되고 있다. 백인 처녀 마옐라는 허드렛일을 도와주던 흑인 청년 로빈슨을 유혹하다 아버지에게 들켜버린다. 화가 잔뜩 난 술주정뱅이 아버지는 "흑인이 감히 백인 여자를 강간하려 했다."며 로빈슨을 고소한다. 스카웃의 아버지이자 마을의 존경받는 정직한 변호사 애티커스는 부당하게 혐의를 쓴 로빈슨의 변호를 맡게 된다. 하지만 인종적 편견으로 가득 찬 당시 미국의 남부 마을에서 흑인을 변호하는 일은 결코 호락호락하지 않다.

로빈슨의 무죄를 확신하는 애티커스는 마을 사람들의 비난을 무릅쓰고 백인들의 편견과 집단 린치로부터 로빈슨을 구하려고 노력하기도 한다. 애티커스는 재판과정에서 로빈슨의 무죄를 입증하는 결정적인 증거를 제시한다. 그러나 백인들로만 구성된 배심원들은 로빈슨에게 유죄 평결을 내린다. 애티커스는 항소하려고 했으나 절망에 빠진 로빈슨은 감옥으로 이송 도중 탈출을 시도하다가 사살되고 만다.

II. 흑인 민권운동

1863년 링컨의 노예해방선언 이후에도 흑인들은 백인들과 동등한 대우를 받지 못했다. 이들은 오랜 기간 백인들의 차별과 압박 속에서 비참한 생활을 해왔다. 인간으로서의 백인과 동등한 권리를 갖는다는 것은 언감생심이었다. 특히 남부지방에서의 인종차별은 참으로 끔찍했다. 흑인들은 1950년대 중반부터 결사적으로 인종 차별에 대한 저항운동과 백인과의 동등한 권리를 요구하는 민권운동을 펼치기 시작했다.

일반적으로 흑인 민권운동은 1954년 '브라운 대 토피카 교육위원회 판결 사건Brown v. Board of Education of Topeka'과 1955년 '로자 파크스에 의한 몽고메리 버스 보이콧 운동'을 그 효시로 본다. 이후 흑인들의 결사적인 민권운동의 결과 1964년 '민권법'과 1965년 '투표권법'으로 결실을 맺었다. 이와 같은 법 제정에 따라 합법적인 차별은 사라졌으나 눈에 보이지 않는 흑인들에 대한 차별은 여전히 계속되고 있다. 경찰 폭력과 인종차별이 원인이 되어 LA 폭동*과 조지 플로이드 사망 사건**에 따른 소요 사태가 연이어 일어나는 등 흑백 간의 갈등은 아직도 미국의 미완의 숙제로 남아있다.

----

* LA 폭동 사건은 흑인 로드니 킹Rodney King을 집단 폭행한 백인 경찰관들이 1992년 4월 29일 재판에서 무죄로 풀려난 것을 계기로 촉발된 인종폭동을 말한다. 폭동이 발생하자 흑인 시위대가 한인 타운으로 몰려가 약탈과 방화를 일삼으면서 한인 상가에 막대한 피해를 입히기도 했다.

** 조지 플로이드George Floyd 사망 사건은 2020년 5월 25일, 미네소타 주 미니애폴리스에서 위조지폐 사용 신고를 받고 출동한 경찰관 데릭 쇼빈Derek Chauvin이 흑인 용의자 조지 플로이드를 검거하는 과정에서 8분 46초 동안 무릎으로 목을 눌러 살해하면서 발생했다. 흑인에 대한 미국 경찰의 과잉진압 및 인종차별에 대한 항의 시위가 미국 전역에서 벌어졌다. 이윽고 이 항의시위는 전 세계적으로 퍼져나갔다.

브라운 대 토피카 교육위원회 판결 (1954)

1951년 캔자스 주의 주도인 토피카Topeka에 사는 흑인 올리버 브라운Oliver Brown은 여덟 살짜리 딸 린다Linda가 먼로 초등학교에 가기 위해 위험한 철길을 건너 1.6km를 가야 하는 게 영 찜찜했다. 집에서 바로 옆에 섬너Sumner 초등학교가 있었지만 그곳은 백인학교라 엄두도 못 냈다. 교육위원회에 시정을 요구했지만 콧방귀만 뀌었다. 이 당시 미국은 흑백문제에 있어서 '분리하되 평등하게'라는 원칙을 고수하고 있었다. 즉, 흑인과 백인을 분리하는 것을 당연하게 여기는 풍조였다. 교육에서도 이런 원칙이 고수되어 흑인과 백인은 따로 학교를 다녀야 했다. 연방대법원에서도 이를 인정할 정도였다. 그러나 현실에서는 말만 평등하게였지 '분리하고 불평등하게'나 다름없었다. 올리버 브라운은 낙심하지 않고 전미유색인연합(NAACP National Association for the Advancement of Colored People)의 도움을 받아 연방대법원에 토피카 교육위원회를 고소하기에 이른다. 비슷한 처지의 다른 흑인 12명이 동참했다.

결국 1954년 5월 17일 연방 대법원장 얼 워렌*과 대법관들은 공립학교의 인종 차별은 위헌이며 모든 공립학교는 흑백 분리 교육을 시정하고 통합하라는 만장일치 판결을 내린다. 브라운 대 토피카 교육위원회 재판의 판결은 미국 사회에 엄청난 파장을 일으켰다. 일부 주들은 흑인 학생들을 백인 전용 학교에 다니는 것을 수용함으로서 판결을 수

---

* 얼 워렌(Earl Warren 1891~1974)은 캘리포니아 주 검찰총장과 주지사를 지냈고 미국의 제14대 연방대법원장을 역임했다. 미국사회를 근본적으로 변화시켰다고 평가받는 여러 판결을 내렸다. 특히 '브라운 대 토피카 교육위원회 재판의 판결'을 통해 '분리하되 평등'이라는 기존의 판례를 뒤집고 '분리 자체가 불평등'이란 이론을 내세워서 미국 흑인민권운동 역사의 한 장을 장식했다.

용했으나 남부 주들은 이 판결을 아예 무시해버렸다. 당시 아이젠하워 대통령조차도 수백 년 동안의 관습을 하루아침에 바꾸긴 힘들다면서 대법원 판결 시행을 거부하는 주 정부들을 그대로 방치했다.

1950년대 후반까지도 흑인 어린이 중 단 1%만이 흑백 통합 학교에 다녔을 정도로 이 판결에 대한 저항은 엄청났다. 또한 판결이 공립학교만을 대상으로 했기 때문에 사립학교들은 적용대상에도 제외되었다. 그러나 브라운 대 토피카 교육위원회 재판은 미국 사회에 중요한 이정표를 제시했다. 그것은 '공립학교에서 흑백 분리가 위헌이라면 다른 부분에서도 흑백 분리는 위헌이 아니겠는가?'라는 근본적인 의문을 제기하게 한 것이다. 결국 이는 이어질 '몽고메리 버스 보이콧 운동'사태에서 중대한 영향을 미치게 된다.

로자 파크스Rosa Parks와 몽고메리Montgomery 버스 보이콧 운동(1955-56)

1955년 12월 3일 앨라배마 주 몽고메리 시내의 페어Fair 백화점 재봉사로 일하던 42세의 로자 파크스는 퇴근길에 시내버스에 탔는데 흑인들이 앉는 뒷자리에 좌석이 없는 것을 보고 중간 쪽의 자리에 가서 앉았다. 버스에 백인 승객들이 더 올라 타자 운전사는 "깜둥이는 뒤쪽으로 가라구!"라고 소리를 빽 질렀다. 흑인은 서서 가는 한이 있더라도 백인 승객을 위해 자리를 양보해야 한다는 것이었다. 전미유색인연합회 회원이기도 한 파크스 부인은 운전사의 명령에 불응했다.

그러나 그녀는 몽고메리 시 흑백분리 조례에 위반했다고 현장에

로자 파크스

서 경찰에 긴급 체포되었다. 그녀는 경찰 조사에서 로자가 앉아있던 곳이 원래 유색인 전용 좌석이란 점이 감안되어 저녁에 풀려났다. 그러나 전미유색인연합회 회원인 그녀는 이 사건에 대해서 그냥 잠자코 있을 수가 없었다. 로자의 친구인 닉슨Nixon은 앨라배마 주립대학 교수인 조앤 로빈슨Joan Robinson에게 이 사건에 대해 상의한 후 보이콧 운동을 실천에 옮겼다. 3만

5,000여 장의 버스탑승 보이콧 유인물을 몽고메리 전역에 살포했다.

12월 4일에 이르러 버스 보이콧 운동은 흑인 교회들에게 알려졌고 몽고메리의 흑인 교회들은 잇달아 버스 보이콧 운동에 동참할 것을 선언했다. 흑인 교회들은 다음날인 12월 5일 하루 동안 버스 탑승을 거부하기로 결의했고 이를 실천에 옮겼다. 벌집을 건드린 것이다. 흑인들은 버스를 타지 않고 직장까지 걸어 다녔으며 버스는 대부분의 좌석이 텅텅 빈 채로 운행되었다. 첫날의 투쟁이 끝난 후 향후 투쟁 방안이 논의되면서 '몽고메리 진보협회'가 결성되었다. 회장에는 덱스터 애비뉴Dexter Avenue 침례교회의 목사가 뽑혔는데 그가 바로 흑인민권운동의 상징적 인물인 마틴 루터 킹Martin Luther King이었다. 킹은 이렇게 외쳤다. "짐승 같은 차별과 탄압의 발길에 걷어차이면서 사는 건 지긋지긋하다. 이제 더 이상 참을 수 없다고 말할 순간이 왔다." 이에 따라 흑인들은

굽히지 않고 꿋꿋하게 보이콧 운동을 이어 나갔다.

일련의 사태에 앨라배마 주는 당황했다. 로자를 불법적으로 보이콧을 행하고 질서를 어지럽혔다는 이유로 기소했고 법정은 그녀에게 10달러의 벌금과 4달러의 벌금을 물도록 판결했다. 작은 액수였지만 로자에 대한 판결은 흑인들을 더욱 분노케 하여 버스 보이콧의 움직임에 더욱 불을 질렀다. 5만 명에 달하는 흑인들이 버스 보이콧 운동에 동참했다. 백인들도 이에 질세라 가만히 있지 않았다. 먼저 지도자급인 루터 킹에게 박해가 시작되었다. 그는 처음에는 음주운전 혐의로, 그다음에는 불법 보이콧운동을 부채질한 혐의로 체포되었다. KKK단은 시가행진을 하는 등 흑인들을 겁박하기 시작했다. 이런저런 방법들이 씨가 안 먹히자 흑인들의 집과 교회에 불을 질렀고, 킹을 위시한 보이콧운동 지도자들의 집에 폭탄이 날아들었다.

로자 파크스와 그녀의 남편은 보이콧 운동을 주도한다는 이유로 직장에서 잘렸고 참가자들도 해고되거나 해고 위협을 받았다. 심지어 자가용을 갖고 있는 흑인들이 카풀carpool로 이 운동에 참여하자 앨라배마 주정부는 그들의 면허나 자동차 보험을 취소하는 등의 온갖 악랄한 짓을 서슴지 않았다. 그러나 흑인들은 악착같이 보이콧 운동을 이어 나갔고 미국 전역으로 버스 보이콧 운동이 TV 전파를 타기 시작했다. 몽고메리의 버스회사들도 엄청난 손실을 입기에 이르렀다. 대부분 자가용을 가지고 있는 백인들과는 달리 흑인들은 주로 버스를 이용했는데 몽고메리 버스 승객 중 75%가 흑인이었기 때문이었다.

흑인 4만 명이 버스회사에 "엿 먹어라."고 하면서 걸어서 출퇴근했다. 버스 요금만큼만 받는 흑인 택시도 등장했다. 킹은 수천 명의 흑인 군중들 앞에서 "보이콧을 계속해 달라."고 열변을 토했고 승차거부운동은 무려 381일간이나 계속됐다. 거듭되는 보복과 압박에도 불구하고 이 사건은 흑인들의 승리로 끝났다. '브라운 대 토피카 교육위원회 재판'의 경우와 마찬가지로 전미유색인협회와 흑인 민권운동가들은 연방대법원에 버스 안에서의 흑백분리에 대한 위헌심판을 청구하기에 이르렀다. 결국 1956년, 연방대법원은 '버스에서의 흑백 분리는 위헌'이라는 판결을 내렸다.

또한 엄청난 손실을 입으면서 똥줄이 탄 몽고메리 버스회사들이 아우성을 치자 결국 앨라배마 주는 백기를 들기에 이르렀다. 이에 따라 흑인들은 보이콧 운동을 시작한 지 381일 만인 1956년 12월 21일부터 버스를 이용하기 시작했다. 몽고메리 버스 보이콧 운동은 흑인민권운동의 방아쇠를 당긴 사건이었고 이후 흑인민권운동은 본격적으로 불붙기 시작했다. 그러나 정작 파크스는 이 사건으로 해고되고 온갖 살해 협박까지 시달리다 1957년 남편과 함께 디트로이트로 이사해야 했다. 2005년 그녀는 92세의 나이로 눈을 감았다. 그녀의 유해는 생전의 공로를 인정받아 여성으로서는 처음으로 의회의사당 중앙 홀에 안치됐다.

에밋 틸Emmett Till 살해사건(1955)

'브라운 대 토피카 판결'은 흑인들에게 한 줄기 빛을 비추기도 했지만 그 다음해인 1955년에 일어난 '에밋 틸 린치 사건'은 흑인들을 다시 절망 속으로 몰아넣었다. 시카고 출신의 흑인 소년이었던 14살의 에밋 틸이 미시시피 주의 삼촌댁으로 놀러갔다가 백인들에게 납치되어 끔찍하게 고문된 다음에 살해되어 미시시피 강변에 버려진 사건이다. 틸은 시카고에서 자랐기 때문에 남부의 흑인 차별에 대해선 별로 개념이 없었다. 어머니가 극구 방문을 말렸지만 그는 미시시피 주 머니Money 시의 삼촌댁으로 놀러 갔다. 그는 물건을 사려고 한 가게로 들어가서 풍선껌을 샀다. 여기서 무슨 일이 있었는지는 확실치는 않지만 틸이 가게 주인인 로이 브라이언트Roy Bryant의 아내인 캐롤린Carolyn에게 휘파람을 불고 손을 건드렸다는 것이었다.

에밋 틸

흑인이 백인 여자에게 감히 이런 짓을 하는 건 남부에선 있을 수 없는 일이었다. 그러나 이런 정황도 죽은 틸이 증언할 수는 없는 일이고 백인들의 일방적인 주장일 뿐이다. 나흘 뒤 브라이언트와 동생 마일럼Milam은 미시시피 강변 숲으로 틸을 끌고 갔다. 둘은 틸이 죽을 정도로 두들겨 팬 다음 눈 하나를 도려낸 뒤 총으로 난사를 해버렸다. 강변에 버려진 그의 시체는 완전히 걸레처럼 너덜너덜해져 있어 차마 두 눈 뜨고 볼 수가 없을 정도였다. 그의 어머니 메이미Mamie가 틸에게 끼어준 반지로 겨우 신원을 확인할 수 있었다. 틸의 어머니는 장례식에서 끔찍한 고문을 당한 틸의 얼굴을 그대로 사람들에게 보여주었다. 장례식에 참가한 무려 10만여 명의 흑인들은 틸의 처참한 몰골을 확인할 수 있었다.

이러한 틸의 참혹한 죽음은 당시 크고 작은 흑백차별로 부글부글 끓고 있던 흑인 사회를 더욱 부채질했다. 체포된 범인 로이와 마일럼은 재판을 받았다. 그러나 항상 같은 일이 반복되는 일이지만, 전원 백인들로 구성된 배심원들은 당연히 무죄로 평결했다. 무죄가 된 로이와 밀란에게 보상금까지 안겨주었다. 더욱이 이들은 틸을 죽인 것에 대해 한 잡지사와의 인터뷰를 통해 무용담으로 미화되기까지 했다. 이 사건 이후 틸의 어머니는 이후 흑인 민권 운동에 적극적으로 투신했다. 또한 그동안 남부의 흑인 차별에 대해서 어느 정도 거리를 두었던 북부의 흑인들이 이 사건을 통해 남부지방의 지독한 흑인 차별에 대해서 각성하는 계기가 되었다.

동시에 이들은 향후 벌어지는 각종 흑인민권 운동에 적극적으로 동참하게 된다. 2004년에 이르러 미국 법무부는 이 사건을 다시 수사하기로 하고 틸의 유해를 발굴해서 사인과 DNA 검사를 실시했다. 다만 시간이 너무 오래 경과되어 새로운 수사 결과는 나타나지 않았다. 틸의 시신은 새로운 관에 넣어서 다시 묻혔고 옛 관은 스미소니언 박물관에 기증되어 전시되기에 이르렀다. 2021년 12월, 이 사건은 완전 종결되었고 영구미제사건으로 끝났다.

싯인sit-in 운동(1960)

　'몽고메리 버스 보이콧 운동'을 촉발시킨 로자 파크스가 뿌린 씨앗은 여기저기서 꾸준히 싹을 트기 시작했다. 1960년 2월 1일, 노스캐롤라이나 주 그린즈버러Greensboro 시에서 1960년대 내내 선풍적인 바람을 일으킨 올 '싯인 운동sit-in movement'이 처음으로 선을 보였다. 일종의 연좌농성이었다. 그날 네 명의 흑인 대학생이 백인 전용 식당에 들어가 음식을 주문했는데 거부당했다. 흑인 학생들은 끝내 식당을 떠나지 않은 채 굳세게 자리를 지켰다. 다음날엔 23명의 흑인 학생이, 또 그 다음날엔 66명이, 또 그다음 날엔 100명 이상이, 급기야 일주일이 되는 날에는 천여 명의 흑인 학생들이 이른바 싯인 운동에 동참했다. 2주일이 지나자 이 싯인 운동은 남부 5개 주 15개 도시로 일파만파로 번져갔다.

싯인 운동

　　싯인 운동의 시작은 먼저 흑인이 백인 전용식당에 들어가 앉아서 주문하는 것으로 시작된다. 얼핏 보기에는 쉬운 일 같지만 문제는 이들이 앉아있는 곳이 백인 전용식당이란 점이었다. 식당 주인이나 점원은 흑인에게 음식을 주문받기를 거부했고 흑인 운동가들은 끝까지 그 자리를 고수하며 죽치고 앉아있는 것이다. 이는 대단히 겁나는 일이었다. 당장 흑인이 백인 전용식당에 들어가면 백인들의 증오에 찬 눈초리를 견뎌야 했다. 그리고 자리에 앉는 일은 꿈도 못 꾸었다. 만약 자리에 앉는 경우 각종 기물들이 여기저기서 날아오고 급기야 여러 명이 떼거리로 달려와 개 패듯 두들겨 팼다. 그리고 이들을 식당 밖으로 질질 끌고 나갔다. 그러나 흑인 운동가들은 백인들의 이 무지막지한 폭력과 공권력의 탄압을 견디며 결사적으로 이 운동을 펼쳐나갔다. 이후 이 싯인 운동은 흑인민권운동의 주요 흐름으로 자리매김을 한다.

이와 같이 백인 식당에서 일어나는 싯인 운동 말고도 일찍이 여러 곳에서 다른 종류의 싯인 운동이 벌어졌다. 1955년 1월 20일, 메릴랜드 주 볼티모어에 있는 리즈Leeds 약국에서 인종차별을 하자 이에 저항하기 위해 모건Morgan 주립대학 학생들로 구성된 코어CORE라는 단체가 이 약국에 들어갔다. 그리고 이들은 싯인 운동을 벌였다. 이들은 30분 정도 리즈 약국에 머물며 평화적으로 연좌농성을 했다. 경찰은 이들을 체포하지 않았고 이틀 후 결국 이 약국은 다시는 차별을 안 하겠다고 약속하면서 리즈 약국 싯인은 성공했다. 아무래도 남부가 아니라 북부지역이라 이나마 쉽게 문제가 풀렸을 것이다. 이것이 최초의 싯인 운동으로 알려져 있다.

2년 뒤인 1957년 6월 23일에는 노스캐롤라이나 주 더럼Durham에서 싯인 운동이 일어났다. 로열 아이스크림이라는 가게에서 벌어진 이 운동은 흑인 목사 더글러스 무어Douglas Moore가 이끄는 시위대가 로열 아이스크림 가게에 들어서며 시작되었다. 그동안 여러 번 이 아이스크림 가게에서 흑인들을 개무시한 것에 대해서 흑인들이 분노한 것이다. 무어 목사를 포함한 7명의 시위대는 백인 전용좌석에 일단 앉았다. 가게주인은 이들에게 백인 전용좌석이니 앉지 말라고 요구했으나 시위대는 거부했다.

결국 경찰이 달려와 이 7명은 체포되었다. 이들은 재판을 받았고 불법침입혐의로 10달러의 벌금이 판결됐다. 시위대는 더럼 카운티 고등법원에 항소했다. 그러나 고등법원은 30분도 안 되는 짧은 심의를 거쳐 오히려 1심보다 더 무거운 25달러의 벌금을 부과했다. 이에 굴하지 않고 무어목사는 이후 인종차별을 철폐하는 운동을 지속적으로 전개해 나갔다. 이 사건은 싯인 운동에 대하여 최초의 공권력에 의한 법적 처벌이 이뤄진 사건으로 기록됐다.

I. 영화 <트럼보, **Trumbo**>

영화 <트럼보>는 익명으로 <로마의 휴일>, <브레이브 원> 등 두 번의 아카데미 각본상을 수상한 천재 시나리오 작가 달톤 트럼보Dalton Trumbo의 숨겨진 이야기를 그린 작품이다. 최고의 몸값을 자랑하던 스타 작가에서 이른바 빨갱이 소탕 운동이라는 매카시McCarthy 선풍에 휘말리며 11개의 가짜 이름으로 재능을 팔기 시작한 작가 트럼보의 극적인 삶을 그렸다. 선풍적인 인기를 모았던 미국 드라마 <브레이킹 배드>로 에미상 남우주연상을 네 차례나 거머쥔 연기파 배우 브라이언 크랜스톤Bryan

Cranston이 트럼보로 열연했다. 감독은 <밤쉘>, <오스틴 파워> 시리즈를 연출했던 제이 로치Jay Roach가 맡았다.

로치 감독은 영화 시사회에서 <트럼보>가 단순히 개인의 삶을 재조명하는데 그치지 않는다고 밝혔다. 영화는 50년대 매카시즘의 광풍이 몰아치는 시대적 부당함에 맞서 자신의 신념을 끝까지 고수하는 용기와 동료들에 대한 의리, 그리고 가족에 대한 사랑 등을 보여주고 있다. 여기에 할리우드 황금기의 흥미진진한 뒷얘기와 비록 대역들이 등장하지만 오토 프레밍거Otto Preminger 감독과 존 웨인, 커크 더글라스, 에즈워드 G. 로빈슨Edward G. Robinson 등 왕년의 유명배우들이 줄줄이 등장하면서 영화에 깨소금 같은 재미를 더해주고 있다.

법정을 나서는 트럼보

시나리오 작가 존 맥나마라John McNamara는 트럼보가 뛰어난 작가였을 뿐만 아니라 할리우드 영화계의 밑바닥에서 종사하는 근로자들과 스태프들의 권익을 위하여 앞장서 대변하는 정치운동가임을 묘사했다. 동시에 가족들을 사랑하는 평범한 가장이라는 점을 부각시키는 등 인간 트럼보의 여러 면을 놓치지 않았다. 이어서 13년간 작품 활동이 금지된 트럼보가 비록 익명이었지만 어떻게 자신의 작품을 세상에 내놓으며 세상과 맞서 갔는지를 풀어간다. 한 인물을 통해 당대 미국 사회의 격렬했던 반공이데올로기와 이에 휘말리는 할리우드의 상황이 흥미롭게 묘사되고 있다.

1953년 윌리엄 와일러 감독의 <로마의 휴일>이 세계적인 히트를 치며 아카데미 시상식에서 각본상을 수상하게 되지만 가까운 친구인 멕켈란 헌터Macallan Hunter라는 이름으로 글을 썼던 트럼보는 수상자로 나설 수 없었다. 1976년 트럼보가 눈을 감자 그의 아들은 <로마의 휴일> 원작자가 트럼보임을 세상에 공표했다. 아카데미상을 관장하는 영화예술과학아카데미에서는 이를 인정하면서 1993년 그에게 아카데미 트로피를 수여했다. <로마의 휴일>이 개봉한 지 40년 만에 원래 주인에게 트로피가 주어지면서 트럼보는 명예를 찾게 되었다.

간략한 줄거리

가짜 이름으로 두 번이나 아카데미상을 수상한 뛰어난 시나리오 작가 트럼보의 삶은 그의 작품만큼이나 극적이었다. 공산주의자라는 이름으로 블랙리스트에 오른 후부터 트럼보는 밖에도 마음대로 나다니질 못했다. 각성제를 먹어가며 하루 절반을 글만 썼다. 역경을 이기고 살아남아야 한다는 불굴의 의지는 치열했다. 툭하면 욕조에 들어가 앉아 몇 시간씩 글을 썼다. 점차 가족들에게 신경질적이고 무심하게 대했다. 훗날 트럼보가 세상 바깥에 자신을 내밀 수 있었을 때, 험난했던 시기를 참고 버텨준 가족에게 고맙다는 말부터 먼저 꺼냈다. 매카시즘은 트럼보의 밥벌이를 뺏어가진 못했지만,

10여 년간 한 가정의 평화를 앗아간 것이다.

　서슬이 퍼렇던 할리우드 주류들과는 달리 트럼보를 포함한 이른바 '할리우드 텐'이라는 블랙리스트에 속했던 영화인들은 하나둘씩 자취를 감추었다. 일거리는 끊기고 재능도 녹슬었고 명성도 점차 사라져 갔다. 블랙리스트가 사라진 후에도 이들은 살아 돌아오지 못했다. 트럼보만이 겨우 살아남았다. '겨우'라는 말에는 광기의 시대를 버티고 살아남은 그의 비통한 애환이 숨겨져 있다. 매카시 선풍이 점차 사라지고 커크 더글라스가 제작·주연한 대작 <스팔타커스>의 각본을 직접 트럼보에게 공식적으로 맡기면서 점차 그의 명성은 되돌아오기 시작했다. 1993년 아카데미는 <로마의 휴일> 트로피를 진짜 주인에게 돌려줬다. 트럼보가 세상을 떠난 지 17년이 지난 후였다. 트럼보가 생전에 원했던 대로 아내 클레오Cleo가 대신 트로피를 수상했다.

II. 달톤 트럼보 이야기

　1950년 미국 상원의원 조셉 매카시Joseph McCarthy가 "미국 국무부에 공산당원 205명이 숨어있다. 나는 그 명단을 갖고 있다."고 말하면서 미국 전역에 이른바 '빨갱이 색출운동'인 매카시즘 광풍이 불어 닥쳤다. 그러나 매카시 선풍이 일어나기 전에 이미 할리우드에서는 빨갱이 사냥이 시작되고 있었다. 당시 영화배우협회장이었던 로널드 레이건Ronald Reagan을 선두로 해서 존 웨인, 월트 디즈니Walt Disney 같은 이들이 바로 이 반공전선에서 앞장선 인물들이었다. 1947년 '반미활동 조사위원회'는 좌익 냄새가 나는 영화계 인사 수십 명을 불러다놓고 "당신은 공산당인가? 아니면 한때 공산당원이었나?"라고 따져 물으면서 최초로 문화계 종사자들의 블랙리스트를 만들었다.

욕조 안에서 집필 중인 트럼보

이 중에서 트럼보를 비롯한 10명의 인물들은 끝내 허리를 굽히지 않았다. 이들을 '할리우드 텐'이라고 불렀다. 앨바 베시Alvah Bessie(각본가), 허버트 비버먼Herbert Biberman(각본 겸 감독), 레스터 콜Lester Cole(각본가), 에드워드 드미트릭Edward Dmytryk(감독), 링 라드너 주니어Ring Lardner Jr(각본가), 존 하워드 로슨John Howard Lawson(각본가), 앨버트 맬츠Albert Maltz(각본가), 새뮤얼 오니츠Samuel Ornitz(각본가), 에이드리언 스콧Adrian Scott(제작 겸 각본가), 달톤 트럼보(각본가) 등 10명이 그들이었다. 대부분이 각본가들이었다. 이중에서도 시나리오 작가 트럼보는 '할리우드 텐' 중에서도 가장 중심인물이었다. 그는 예전에 공산당에 가입해 영화 스태프들의 처우개선 시위에 참여한 전력이 있었다.

결국 트럼보를 비롯한 할리우드 텐은 의회모독죄로 옥살이를 했다. 이들이 수감생활을 끝내고 나온 후에는 영화계에서 기피 존재가 되었다. 부와 명예도 잃고 일감도 없어지는 바람에 경제적 어려움에 봉착했다. 트럼보 또한 시나리오 작가로서 공개적으로 일을 할 수가 없었다. 그는 익명으로 쓴 시나리오를 팔면서 집안 살림을 가까스로 꾸려나갔다. 이런 와중에 멋진 시나리오 한 편을 완성했다. 로맨틱 코미디물이었다. 하지만 이 각본을 사줄 영화사는 없었다. 그 누구라도 '할리우드 텐'과 어울리면 빨갱이로 몰릴 때였다. 트럼보는 친구였던 이언 헌터Ian Hunter를 찾아가 그의 이름으로 자신의 시나리오를 팔아달라고 부탁했다. 트럼보가 넘긴 영화의 각본이 바로 <로마의 휴일>이었다. 이 각본은 다음해 아카데미 각본상을 수상했지만 트럼보는 수상자의 이름에는 없었다.

입에 풀칠을 하기 위해서 트럼보는 B급 영화 제작사 '킹 브라더스King Brothers'를 찾았다. 자신의 수준과 도저히 맞지 않는 회사였지만 트럼보에겐 달리 대안이 없었다. 글을 쓰는 것만으로도 감지덕지해야 했다. '킹 브라더스'는 트럼보에게 조악한 3류급 영화 각본을 주문했다. 사흘에 한 편을 써야 할 만큼 일감은 밀려들었지만 대부분 허접스러운 이야기들이었다. 쉴 새 없이 일해도 가족을 먹여 살리기에 벅찼다. 트럼보는 그렇게 10여 년을 할리우드의 뒤편에서 그림자처럼 일했다.

힘든 여건 속에서도 트럼보는 또 한 번 사고를 쳤다. 1956년 '킹 브라더스'에서 만든 영화 <브레이브 원>이 덜커덕 아카데미 각본상을 받게 된 것이다. <로마의 휴일>에 이어 두 번째 쾌거였지만 이번 시상식에서도 트럼보라는 이름은 들을 수 없었다. 29회 아카데미 시상식에서 각본상을 받은 인물은 로버트 리치Robert Reich였다. 이 이름은 트럼보가 사용했던 11명의 익명의 작가 중 하나였다. <브레이브 원>이 아카데미 각본상을 받았을 때 할리우드에선 이 작품의 진짜 작가가 트럼보라는 소문이 쫙 퍼졌다. 매카시 선풍도 점차 잠잠해지기 시작할 때였다.

그러던 어느 날, 트럼보에게 할리우드 대스타 한 사람이 찾아왔다. 그는 1953년도 아카데미 시상식에서 헌터에게 <로마의 휴일> 각본상을 수여했던 커크 더글라스였다. 영화 <스팔타커스>의 제작자이자 주연으로 나선 더글라스가 트럼보에게 이 작품의 시나리오를 맡긴 것이다. 트럼보가 각본을 썼다는 이유로 반공주의자들이 들고 일어나면서 이 영화에 대해서 온갖 흠을 잡고 잡소리를 해댔다. 1960년, 이들의 비난과 질시를 헤치고 상영된 <스팔타커스>는 케네디 대통령의 칭찬과 함께 대박을 쳤다. 그리고 트럼보 또한 자신의 이름을 찾았다. 그는 1976년 타계했다.

III. 매카시 선풍

1950년부터 5년 동안 빨갱이 소탕운동이라는 이른바 '매카시 선풍'으로 미국을 들쑤셔놓았던 장본인은 조지프 매카시Joseph McCarthy 상원 의원이었다. 그는 1908년 11월 14일, 미국 위스콘신 주 그랜드슈트Grand Chute의 작은 농장에서 7남매 중 다섯째로 태어났다. 집안이 넉넉하지 못

조지프 매카시

해 매카시는 채소 장사를 하며 학비를 마련했고, 마케트Marquette 대학교에서 법학을 전공했다. 졸업 후 변호사 일을 하다가 위스콘신 주 판사직 선거에 출마해서 당선됐다. 그는 현직 판사이기도

한 상대방 후보의 나이가 66세임에도 불구하고 73세라고 억지 주장을 하기도 했다. 나중에 '전가의 보도傳家의 寶刀'처럼 휘두르는 그의 억지 주장과 날조 솜씨의 조짐이 보이기 시작했다. 그는 판사생활을 하면서 저지른 여러 가지 비리로 두 번씩이나 징계처분을 받았다.

제2차 세계대전이 발발하자 해병대 장교로 근무하다 제대한 매카시는 1946년 상원의원 선거를 앞두고 민주당의 맥머레이McMurray에 대해서 또 다시 그의 장기인 중상과 비방 전략을 구사했다. 얼토당토않게 맥머레이가 "빨갱이 냄새가 난다."며 색깔론을 막무가내로 펼치며 당선되었다. 상원의원으로서 그의 활동은 별 볼 일 없었다. 아마도 이목을 끌려고 그랬는지는 몰라도 신성한 의회 안에서 품위 없이 후줄근한 옷을 입고 다니고 아무 의자에 퍼져 누워있거나 해병대 시절에 써먹던 시도 때도 없이 두 주먹을 불끈 쥐고 꺼덕거리며 다니는 등 동료의원들의 빈축을 사기도 했다. 이렇게 어영부영 4년을 지내다 보니까 다음 선거

에서 떨어질 것은 불 보듯 뻔한 일이었다. 초조해진 그는 측근들이 제시한 여러 아이디어들 중 하나를 택해 난국을 돌파하기로 결심했다. 마침 당시 국민들의 타오르는 반공정서를 십분 우려먹겠다고 작심한 것이다. 때는 바야흐로 공산주의 종주국 소련이 원폭실험에 성공하고 유럽에서는 철의 장막이 내려지는 등 미국인들이 공산주의에 대해서 기겁을 하기 시작할 때였다.

1950년 2월 9일, 매카시는 웨스트버지니아 주 휠링Wheeling의 공화당 집회에서의 연설에서 이렇게 지껄였다. "여기 바로, 내 손 안에 205명의 공산당원의 명단이 있습니다. 이들은 지금 이 시간에도 국무부 안에서 미국의 정책을 만들고 집행하는 일을 하고 있습니다!"미국 최고의 관청인 국무부가 '빨갱이 소굴'이라는 매카시의 선언은 국민들에게는 청천벽력 같은 충격을 주었다. 당시 사회분위기는 매카시의 선동이 쉽게 먹힐 조건이 딱 갖추어져 있었다. 매카시 선언 직전에는 중국이 공산화되었고, 선언 직후에는 바로 한국전쟁이 터졌던 것이다. 이렇게 자유진영이 극동 아시아에서 계속 밀리는 것은 국무부 안의 색깔이 붉은 공무원들이 암약하고 있기 때문이라는 가설이 그럴듯하게 먹혔다.

그러나 정작 매카시의 선언은 알고 보면 완전 맹탕이었다. 다음 날 그는 공산당원의 숫자를 205명에서 57명이라고 슬그머니 줄여서 발표했다. 그리고 최종적으로 발표한 명단에는 국무부 시험을 응시했지만 떨어진 사람, 국무부 퇴직자, 국무부 직원이지만 정책 수립과는 관계없는 별 볼 일 없는 부서에서 일하는 사람 등으로 되어 있었다. 사실 이 명단도 이전에 FBI에서 조사한 리스트에 불과했다. 그는 이 리스트에서 '사회주의자'를 '공산주의자'로, '러시아계'는 '러시아인'으로, '가능성이 있다'는 '확실하다'로 살짝살짝 바꿔 놓은 것이었다.

　아무튼 당장의 연설 효과는 컸다. 비록 각색을 했지만 매카시의 폭로는 당시 공산주의의 위협에 바짝 긴장하던 미국인들의 전폭적인 지지를 받아 매카시는 일약 공산주의에 맞서 미국을 수호하는 애국자로 인식되기 시작했다. 특히 바로 이어 터진 1950년 6월 25일의 한국전쟁은 매카시에게 날개를 달아주었다. 공산주의에 대해 공포감을 갖고 있는 국민들은 매카시를 메시아처럼 여기게 됐다. '빨갱이 소탕운동'이라는 마녀사냥을 시작한 매카시에게 여론조사도 완전히 그의 편이었다. 당시 미국 여론이 극우 반공주의로 치닫고 있었기 때문이었다. 그는 신바람이 났다. 초미의 관심 속에서 청문회가 줄줄이 열렸다. 거물들로 알려진 사람들이 하루아침에 빨갱이라는 혐의를 받고 불려 나왔다. 그중에는 제2차 세계대전 동안 육군 총참모총장을 역임했고 전후에는 서유럽의 부흥을 가져온 '마셜 플랜'의 주인공인 전설적인 조지 마셜* 전 국무장관도 있었다.

　또한 미국 원자폭탄 개발의 산파였던 오펜하이머**도 있었다. 마녀

----

* 조지 마셜(George Marshall 1880~1959)은 제2차 세계대전 당시 육군 참모총장을 지냈다. 이후 국무장관을 지내면서 마셜플랜(유럽부흥계획)을 제창했다. 유럽의 경제부흥에 대한 공적으로 1953년 노벨평화상을 수상하였다.

** 오펜하이머(Julius Robert Oppenheimer 1904~1967)는 20세기 미국이 낳은 세계적인 이론 물리학자다. 그는 양자역학·양자장론·상대성 이론·우주선 물리학·중성자별과 블랙홀에 대해서 중요한 업적을 남겼다. 그는 제2차 세계대전 동안 로스앨러모스Los Alamos 연구소의 소장을 지내면서 특유의 리더십과 카리스마를 발휘하면서 세계 최초로 원자폭탄을 제조하는 데 중요한 역할을 수행했다.

사냥의 대상도 국무부를 넘어 연방정부, 그리고 사기업이나 사회단체까지 손이 안 뻗친 데가 없었다. 의심이 가면 누구든 공산주의자로 매도되었다. 일단 블랙리스트에 올라간 정치인은 그것으로 끝이었다. 1952년에 매카시는 상원의원 재선에 성공하고 아이젠하워 행정부가 들어서자 상원 정부운영위원회의 위원장이 되면서 그야말로 무소불위의 인물이 되었다. 그러나 달도 차면 기우는 법이다. 이런 과정이 몇 년씩 지속되자 국민들과 정치인들은 그의 행각에 차츰 지치기 시작했다.

1953년 10월, 공군 중위 한 사람이 아무런 이유 없이 갑자기 강제퇴역당한 사건이 벌어졌다. 사건의 전말인즉슨, 어떤 사람이 그 공군 장교를 그의 아버지 사상이 의심된다는 이유로 고발했고, 군 당국은 해당 장교에게 아버지를 고발할 것을 요청했다가 거절당하자 강제로 예편시켰다는 것이다. 억울하게 퇴역당한 장교는 이 사실을 CBS 방송국에 전달했다. 그렇지 않아도 방송국의 뉴스앵커인 에드워드 머로Edward Murrow와 PD인 프레드 프렌들리Fred Friendly는 오래전부터 이 엉터리 같은 매카시즘을 이대로 방치해서는 안 되겠다고 마음먹고 있었다. 이들은 당사자인 공군 퇴역 장교와 관련한 여러 증빙자료를 차분하게 모아 'See It Now'라는 다큐멘터리를 준비했다. 이들은 공군장교의 사건을 통해, 수틀리면 공산주의자로 몰아가는 매카시즘의 본질을 파헤친 것이다.

CBS TV에 이 다큐멘터리가 방영되자 매카시는 이 방송에 대한 반박문을 냈는데 이 반박문은 방송에서 폭로한 자료에 비하면 찌질하기도 하거니와 근거 없는 인신공격성 내용으로 범벅이 되어 있었다. 실상을 접한 여론이 하나씩 둘씩 매카시에게 등을 돌리기 시작했다. 철벽같던 매카시즘에 금이 가기 시작한 것이다. 한편 미국의 전설적인 코미디언 밥 호프Bob Hope는 "매카시 상원의원이 공산주의자 200만 명의 명단을 공표한다는 정보를 입수했다. 매카시 의원이 모스크바 시내 전화번호부를 막 손에 넣은 모양이다."라고 빈정거리기도 했다.

매카시의 브레이크 없는 좌충우돌은 멈출 줄 몰랐다. 여기저기 정부부서를 마구 씹어대다가 급기야는 국가의 보루인 육군에까지 공격의 화살을 돌렸다. 즉 고위급 군 장교들까지 공산주의자로 몰아가는 결정적인 실수를 저지르고 만 것이다. 육군을 자신의 고향이라고까지 생각하는 아이젠하워 대통령도 발끈했다. 이른바 '육군 청문회'가 열렸다. 육군의 변호인으로 나선 보스턴의 노련한 변호사 조지프 웰치Joseph Welch의 능숙한 말솜씨가 매카시를 코너로 몰아넣기 시작했다. 육군은 먼저 매카시가 자기의 보좌관인 샤인Schine의 군복무 면제를 위한 청탁을 오래전부터 해 왔으며 입대 후에도 특별대우를 요구하는 등 입력을 행사해 왔다는 비리를 폭로했다. 이에 대해 매카시의 해명이 횡설수설로 일관하자 도리어 국민들에게 청탁이 있었다는 확신을 갖게 해주었다. 그러자 수세에 몰린 매카시는 이번에는 웰치 개인에게 화살을 돌렸다. 웰치의 보좌관인 젊은 변호사 피셔가 빨갱이 냄새가 난다고 비난하면서 물고 늘어진 것이다.

그러자 웰치는 매카시를 향해 이렇게 일갈했다. "의원님, 저는 지금까지 당신이 한 사람의 무고한 젊은이를 그렇게 갈가리 찢어 놓을 정도로 그토록 잔인하고, 무지막지한 사람이라는 것을 몰랐습니다…. 당신을 도저히 용서할 수가 없습니다. 당신 같은 사람을 도대체 누가 용서할 수 있겠습니까?" 얼굴이 벌겋게 달아오른 매카시가 뭐라고 반박하려 하자, 웰치는 대번에 무시해 버리고 말을 이었다. "죄 없는 사람을 정치적으로 살해하려는 짓은 이제 그만두시기 바랍니다. 의원님, 그만하면 충분히 할 만큼 하셨습니다. 도대체 당신은 인간에 대한 기본적인 예의가 있는 겁니까? 없는 겁니까?" 웰치에게 된통 얻어맞은 매카시는 정신이 어질어질해졌다. 곧 정신을 가다듬고 반박하려 했으나 의장이 휴회를 선언했다.

웰치는 자리에서 일어나 매카시를 쳐다보지도 않고 뚜벅뚜벅 회의장을 걸어 나갔다. 찬바람이 쌩 불었다. 박수 소리가 터졌다. 여러 해 동안이나 미국을 의심과 불안과 공포의 도가니로 몰아넣은 장본인의 얼굴에 대고 마침내 속 시원한 소리를 내뱉은 사람에게 보내는 열렬한 찬사의 박수였다. 미국 전역에 생중계된 청문회 현장을 지켜보던 미국 국민들도 마음속으로 함께 박수를 보냈을 것이다. 수백만 시청자들은 청문회를 통해 매카시가 피고인들을 거만스러운 태도로 위협하며 증거도 없이 무조건 공산주의자로 몰아가는 것을 보고 아연실색했다. 그리고 이런 인간을 혼쭐낸 변호사 웰치를 응원했다.

청문회가 끝난 후의 여론조사에서 매카시의 지지도는 급전직하했고 그동안 두려움에 벌벌 떨면서 숨을 죽이고 있던 상원의원들이 들고 일어났다. 그리고 언론계·하원·상원 등에 포진되어 있던 그의 우군들도 하나둘씩 그로부터 등을 돌리기 시작했다. 1954년 12월 상원은 67대 22로 매카시에 대한 비난 결의를 의결했다. 상원의 비난 결의 이후 매카시의 영향력은 땅에 떨어졌고 의원들도 슬금슬금 그를 피하며 가까이하려 하지 않았다. 누구도 반겨주지 않는 외로움 속에서 무력감과 심적 고통은 날이 갈수록 더해만 갔다. 술만 들입다 퍼마셨다. 그는 의회에서 거의 잊혀진 존재가 되었고 1957년 5월 2일 술 때문에 생긴 간염으로 고생하다 48세로 세상을 떠났다. 매카시즘으로 무고한 사람들을 공산주의자로 뒤집어씌워 사지로 몰아넣으면서 극심한 고통을 안겨주었던 악당의 비참한 말로였다.

D-13

피그만 침공 사건 / 쿠바 미사일 위기 / 풍운아 피델 카스트로

I. 영화 <D-13, Thirteen Days>

　　<D-13>은 미국이 1962년 10월 22일 부터 11월 2일까지의 13일간, 전 세계를 3차 세계대전의 위기로 몰아넣은 소련의 쿠바 미사일기지 설치에 대응하는 과정을 그린 영화이다. 이 영화는 당시 대통령 특별 보좌관이었던 케네스 오도넬Kenneth O'don-nel(케빈 코스트너 분)의 시각에서 진행된다. 「LA 타임스」, 「뉴욕 타임스」, 「워싱턴 포스트」 등 미국의 유수한 매체들이 이 영화

에 대하여 당시 급박했던 상황을 새롭고도 드라마틱하게 재현했다고 극찬을 아끼지 않았다. 영화의 제목인 <Thirteen Days>는 1969년에

출판된 로버트 케네디[*]의 사후에 출판된 저서의 제목에서 따왔다.

총 8,000만 달러의 막대한 제작비가 투입된 이 영화는 당시 상황을 실감 나게 전달하기 위해 치밀한 연구와 고증, 생생한 인터뷰 자료 등을 동원했다. 특히 많은 대사가 케네디 대통령 시절의 백악관의 녹음 테이프를 토대로 해서 이루어졌다. 백악관 대책회의를 기록한 이 녹음 테이프는 케네디가 만약의 경우 책임소재를 규명하기 위해 특별히 신경을 써서 준비했던 것인데 나중에 영화에서 요긴하게 써먹었다. 쿠바 미사일 기지와 美 공군본부 등의 세트는 필리핀 정글 속에 설치해서 촬영했다.

영화는 쿠바 미사일 위기가 촉발되던 당시의 긴박했던 백악관 내부 상황을 실감나게 묘사하고 있다. 케네디 대통령(브루스 그린우드Bruce Greenwood 분)과 그의 동생 로버트 케네디(스티븐 컬프Steven Culp 분), 그리고 대통령의 친구이자 보좌관인 케네스 오도넬, 이 세 사람이 영화를 이끌어 나가는 주요 인물들이다. 이들은 눈앞에 닥친 쿠바 미사일 위기의 대처에 혼신의 힘을 기울인다. 한편으로는 백악관 안에서 전쟁을 불사하자는 군부 매파를 통제해 나간다.

U2기 격추사건 등 몇 장면을 외에는 볼만한 전투 장면은 없지만 치밀한 각본과 탄탄한 연출로 긴장의 끈을 놓게 하지 않는다. 그리고

---

* 로버트 케네디(Robert Kennedy 1925~1968)는 케네디 대통령의 동생이다. 하버드 대학을 졸업하고 신문기자, 검사를 지냈다. 이후 형의 선거 사무장으로 일했고 형이 대통령으로 당선된 뒤 1961년 법무부 장관이 되었다. 형이 암살된 후에 민주당 대통령 후보로 나서 1968년 6월 5일 LA 앰배서더 호텔에서 지지자들에게 연설을 하고 나오던 중 시르한Sirhan이라는 요르단계 이민자에게 총격을 받고 사망했다.

왼쪽부터 로버트 케네디, 케네디 대통령, 케네스 오도넬

미사일 위기를 둘러싸고 미-소간에 급변하는 정세와 이에 맞물려 돌아가는 미국의 정치 상황이 적절히 병렬되어 영화는 진행된다. 한편으로는 케네디 형제와 오도넬의 인간적인 관계,

그리고 위기 속에서도 간간이 눈에 띄는 깨소금 같은 유머와 오도넬의 가족애 등을 양념으로 섞어 넣으면서 영화의 재미도 소홀히 하고 있지 않다.

조지 W. 부시 대통령은 백악관에서 처음 관람하는 작품으로 <D-13>을 선택했다. 이는 쿠바 미사일 사태에서 보듯이 지도자의 결단력이 얼마나 중요한가를 시사하고 있다. 그리고 이 사건의 주요 당사자였던 쿠바와 러시아에서 이 영화가 특별 상영되었다고 해서 많은 사람들의 주목을 받았다. 쿠바에서는 이 영화 시사회에서 당시 주인공 중의 하나인 카스트로 국가이사회 위원장과 미사일 위기 관련 책임자들이 동석했다. 이 시사회에 배우 케빈 코스트너가 참석했는데 그는 1959년 카스트로의 쿠바 혁명 이후 공식적으로는 처음 쿠바 땅을 밟은 미국 배우였다. 러시아에서는 국제 평화를 기원한다는 명분으로 이 영화가 상영되었다. 영화 시사회가 끝난 후 그 자리에 참석했던 러시아 정부

관계자와 미국 전문가들 간에 양국 간의 핵무기 위기에 관한 토론회를 가졌다는 후문이 뒤따랐다.

주인공 케네스 오도넬은 케네디 대통령의 가장 가까운 사람 중 하나였다. 두 사람 모두 아일랜드계 혈통이다. 그는 하버드 시절에 로버트 케네디와 동급생으로 만나면서 케네디가와 인연을 맺었다. 이후 존 F. 케네디의 상원의원 선거 그리고 대통령 선거 캠페인에도 참가할 정도로 그의 절대적 신임을 얻었다. 케네디 대통령 집무실과 사무실이 직접 연결이 되어있을 정도로 두 사람은 가까웠다고 한다. 후에 케네디 대통령이 암살당하는 댈러스 방문을 계획한 당사자로 구설수에 올랐다.

: 간략한 줄거리

1962년 10월 16일, 미국 U-2 정찰기가 쿠바 상공에서 핵미사일 기지가 건설되고 있음을 발견한다. 이 미사일들은 미 전역을 단 5분 만에 초토화시킬 수 있는 소련제 핵탄두를 장착하고 있었다. 이 미사일들이 발사될 경우 전 미국의 파괴는 물론 제3차 세계대전이 발발하면서 지구의 파멸로 곧바로 이어지는 끔찍스러운 상황이 예상되었다. 발칵 뒤집힌 백악관에서는 케네디 대통령과 동생인 로버트 케네디 법무장관, 그리고 두 형제와 절친한 케네스 오도넬 특별 보좌관을 중심으로 ExComm(Executive Committee of the National Security Council: 비상 대책 위원회)을 소집해 대책을 강구한다.

그러나 내부에서는 강경파, 온건파로 갈리면서 의견이 통일되지 못하고 있었다. 군부에서는 이러한 소련의 태도를 명백한 도전 행위로 간주하고 당장 강력한 군사적 행동을 취하자고 건의한다. 하지만 전쟁을 불사할 경우 제3차 세계대전의 발발로 인한 전 세계의 파멸은 필연적이다. 이러한 절체절명의 문제를 두고 케네디 대통령을 중심으로 한 온건파는 고심을 거듭하면서 해결책을 모색하고 있다. '전쟁이냐' '협상이냐'라는 긴박한 논쟁 속에 강경파와 온건파의 대립은 커져만 가고 있다. 한 치 앞을 내다볼 수 없는 막막한 상황 속에 전 세계인들은 제3차 세계대전의 공포에 휩싸이게 된다. 결국 케네디 대통령은 군부의 강경론을 제압하고 소련과 팽팽하면서도 피 말리는 협상 끝에 소련 미사일을 철거하기로 합의한다. 그리고 세계인들을 인류멸망이라는 막다른 골목에 몰아넣었던 위기는 끝을 맺는다.

II. 피그만 침공 사건

이 사건은 1961년 4월 17일, 피델 카스트로Fidel Castro의 공산정권을 붕괴시키기 위해 미국의 지원 속에 쿠바의 반카스트로 게릴라들이 쿠바의 피그만The Bay of Pig에 상륙을 시도했지만 실패한 작전을 말한다. 쿠바 망명자들을 훈련시켜 쿠바에 쳐들어가 게릴라전으로 카스트로 정권을 전복시킨다는 야심 찬 계획이었다. 그러나 실패로 끝난 이 사건의 여파는 길게는 쿠바의 핵미사일 위기로까지 번지게 하는 원인이 된다.

이 작전은 아이젠하워 정권에서 추진되고 있었으나 케네디 정권으로 바뀌면서 훈련 중이던 1,300여 명의 게릴라는 그대로 낙동강 오리알이 되는가 싶었다. 이 작전은 CIA의 주도로 국무성과 펜타곤까지 개입되어 있었다. 결국 실패의 가능성이 없다고 자신하는 CIA와 대통령 보좌관 등 소위 유능한 엘리트들이 같은 목소리를 내면서 작전은 재추진된다. 신임 대통령 케네디는 잘못하면 외교적으로 리스크가 클 수 있는 이 계획에 대해서 처음에는 반신반의했다. 그러나 정적들에게 전임자 아이젠하워와 비교되면서 애송이라는 이미지를 떨쳐버리기 위해서는 이를 반박할 뭔가를 보여줄 필요가 있었다. 무엇보다도 미국에서 150km밖에 떨어져 있지 않은 미국의 안마당 같은 쿠바에 공산정권이 존재한다는 것은 용납할 수가 없었다.

작전은 15일 새벽, 국적 마크를 지운 A-26 공격기들이 쿠바 공군 기지들을 급습하면서 시작되었다. 한줌밖에 안 되는 쿠바 공군은 그대로 작살이 났다. 그리고 이튿날 1961년 4월 17일 0시, 쿠바 중서부 남쪽의 피그만에 수송선 4척에 분승한 병력 1,300여 명이 해안으로 접근했다. 탱크까지 동원한 침공군의 정체는 카스트로의 쿠바 혁명에 반대해 미국에 망명한 쿠바인들로 조직된 게릴라 세력이었다. 한 시간 뒤, 일부 병력이 해안에 발을 내디뎠다. 이때 침공군을 발견한 쿠바군 순찰차량에서 발사한 기관총 소리가 새벽의 정적을 갈랐다. 이미 쿠바군은 침공군이 내습할 것으로 예상하고 전 해안을 철통같이 방비하고 있었다.

무장 병력이 미처 방어선을 넘기 전에 침공 소식은 전 쿠바군에 퍼졌다. 쿠바군은 상륙부대의 10배가 넘는 병력을 동원해 해안을 봉쇄했고 최정예 공수부대와 전차를 선봉에 세워 반격하면서 격렬한 전투가 벌어졌다. 1년 이상 맹훈련을 해온 침공군에게 쿠바군은 적지 않은 피해를 입었으나 병력의 차이는 감출 수 없었다. 쿠바 공군은 결국 공습을 면했거나 망가진 기체들을 긁어모아 급히 수리하여 출격, 중화기를 실은 수송선을 폭격하여 격침시켰다. 이로서 전세는 완전히 쿠바 쪽으로 기울었다. 결국 피그만에 상륙했던 반군은 114여 명이 사망하고 1,189명이 항복했다.

쿠바는 이 사건을 실컷 우려먹었다. 카스트로 정권은 '조국을 침공한 미제의 앞잡이인 포로들의 명단'을 발표했다. 포로로 잡힌 사람들은 농장주·토지소유자·공장주·사업가 및 바티스타 정권의 군인 등으로 대부분 권력의 단물을 빨아먹던 계층이었다. 이 사실을 알게 된 쿠바 민중들은 공분을 느끼면서 똘똘 뭉치게 되었다. 이 기회에 카스트로의 혁명 이념이 자연스럽게 민중들에게 먹혀들어갔다. 카스트로 정부는 주동자급 포로들을 사형시켰고, 미국은 5천3백만 달러 상당의 의료품을 쿠바에 지불하고 나서야 나머지 1,113명의 포로를 데려올 수 있었다. 아르헨티나의 의사 출신인 카스트로의 혁명 동지이며 당시 쿠바의 산업부 장관을 맡고 있던 체 게바라*Che Guevara는 "침공군과 케네디에게 감사를 드린다."라고 약을 올렸다.

---

* 체 게바라(Che Guevara 1928~1967)는 아르헨티나 출생의 민중 혁명가였다. 카스트로와 함께 쿠바 혁명을 성공시키고 쿠바의 국립은행 총재, 산업부 장관을 지냈다. 이후 볼리비아로 건너가 게릴라 활동을 벌이다가 사살 당했다. 그는 중남미 민중의 비참한 현실을 바꾸기 위해 안락한 지위를 버렸고, 자신이 옳다고 믿는 신념 앞에 누구보다 정직했고 인간과 정의에 대한 사랑의 끈을 놓지 않았다. 총을 든 예수라고도 부른다.

침공군의 패인은 무엇보다 CIA를 비롯한 보좌관들이 "피그만 작전은 반드시 성공할 수 있다."라는 맹랑한 근거에 있었다. "카스트로 정권은 생긴 지 얼마 안 되어 정권이 불안하다.", "게릴라들이 쿠바에 상륙하기만 하면 카스트로 반대파들이 반드시 봉기를 일으킬 것."이라고 확신한 것이었다. 카스트로가 이전의 부패하고 독재적이었던 바티스타 정권보다 쿠바인들에게 압도적으로 지지를 받고 있다는 점을 완전히 무시한 것이었다. 계획의 진행도 상당히 엉망이었다. 작전 수개월 전에 「뉴욕타임스」가 쿠바에 대한 군사행동이 있을 거라고 특정 보도를 했고, 앨런 덜레스Allen Dulles CIA 국장은 "수개월 내에 쿠바의 공산정권은 무너진다."고 공공연히 떠벌리고 다녔다. 이러니 쿠바에서는 미국으로부터 침공군이 곧 내습할 것이라고 개나 소나 모두 알고 있었던 것이다.

한편, 이를 계기로 미국의 위협을 느끼게 된 카스트로는 소련에게 원조를 요청한다. 이렇게 해서 일어나는 사건이 바로 전 인류가 핵전쟁의 공포에 떨게 되는 '쿠바 핵미사일 사태'였다. 피그만 침공이 참담한 실패로 끝나자 케네디는 "내가 왜 어쩌다가 이런 어리석은 계획을 추인했을까?"라고 자책을 했다. 왜 그랬을까? 이와 관련하여 예일 대학의 어빙 제니스Irving Janis는 '집단사고groupthink'라는 개념을 제시했다. 즉 낙관론에 집단적으로 눈이 멀어 버리는 현상이라는 것이다. 이는 응집력이 강한 집단의 구성원들이 어떤 판단을 내릴 때 만장일치를 이루려고 하는 사고의 경향이 존재한다고 그는 진단했다. 실제 CIA·백악관 보좌관·펜타곤 등 피그만 침공 작전을 계획하고 추진한 미국 최고의 엘리트 집단에서는 이 작전에 대해서 단 한 사람도 반대가 없었다. 미국에서 집단사고의 대표적인 경우는 바로 케네디 정부의 피그만 침공, 존슨 정부의 베트남 전쟁 참전, 닉슨 정부의 워터게이트 사건 등을 꼽고 있다.

III. 쿠바 미사일 위기

카스트로는 피그만 침공을 성공적으로 방어하면서 미국에 제대로 한방 먹였다. 그러나 카스트로는 미국의 제2, 제3의 피그만 침공이 계속될 것으로 예상했고 경제적 압박도 더욱 거세질 것으로 내다봤다. 그는 이와 같은 거대강국 미국의 파상적인 공세를 혼자서 버텨내는 것은 불가능함을 뻔히 알고 있었다. 그는 비빌 언덕이 절실했다. 그래서 눈을 돌린 것이 미국과 대치하고 있던 소련이었다. 그는 소련에 협조를 요청했다.

1950년대 말 당시 ICBM(대륙간 탄도미사일), SLBM(잠수함 탄도미사일), 전략 폭격기 등 핵전력에서 미국은 소련에 압도적인 위치에 있었다. 나중에 소련이 붕괴된 이후에 밝혀졌지만 미국의 핵전력은 소련의 17배나 우위에 있었다. 특히 이탈리아와 터키에 배치된 미국의 주피터 핵미사일이 모스크바를 사정권 안에 겨냥하고 있는 상황을 빼더라도 그랬다. 그러나 소련에 대한 정보가 빈약했던 미국은 정작 소련의 핵전력이 미국과 비슷하거나 오히려 더 우월하다고 과대평가하고 있었다. 이는 1957년 소련이 쏘아올린 세계 최초의 인공위성인 스푸트니크 쇼크* 때문에 더욱 그랬다.

이런 자국의 열세를 잘 알고 있던 흐루시쵸프는 카스트로로부터 협조 요청이 날아들자 이게 웬 떡이냐 하면서 쿠바와 냉큼 손을 잡았다. 당시 소련 지도부는 미국의 피그만 침공이 실패로 돌아갔지만 반드시 미국의 쿠바 침공이 재개될 것으로 보고 카리브 해의 동태를 예의 주시하고 있는 터였다. 소련과 쿠바 사이에는 긴밀한 접촉이 시작되었다. 그 결과 카스트로는 맹랑하게도 소련에게 쿠바에 중거리 핵미사일을 설치해달라고 요청했다. 쿠바는 그야말로 미국 플로리다와 90마일밖에 안 떨어진 지근거리에 위치해 있다. 쿠바의 요청이야말로 소련이 안타깝게 생각하는 핵전력 열세를 일거에 만회할 수 있는 절묘한 한 수였다. 장거리 탄도탄에서 절대적인 열세에 놓여 있는 소련에게 그야말로 거부할 수 없는 제안이었던 것이다.

흐루시쵸프와 소련 지도부는 1962년 5월 21일, 쿠바에 미사일 설치 계획을 즉시 결정하였다. 카스트로와 흐루시쵸프는 1962년 7월 7일에 공식적으로 핵미사일 기지 건설에 합의했다. 당시 흐루시쵸프의 측근이었던 미코얀Mykoyan은 워싱턴 주재 소련 외교관에게 "이것이야말

---

* 스푸트니크 쇼크Sputnik shock란 1957년 10월 소련이 세계 최초로 인공위성 스푸트니크를 쏘아 올리면서 미국이 큰 충격을 받은 데서 나온 말이다. 스푸트니크 발사 성공은 소련이 우주과학 분야에서 미국에 대한 우위를 점했다는 것을 의미했다. 이 쇼크는 미국에게 큰 위기의식을 안겨주면서 미국으로 하여금 본격적으로 소련과 우주 경쟁에 뛰어드는 계기가 됐다.

로 공산주의 세계와 자본주의 세계 간의 세력판도를 결정적으로 바꿔 놓을 것이다."라고 말했다. 이후 미국 동남부를 초토화시킬 수 있는 중 거리 R-12 미사일과 여기에 탑재할 핵탄두를 9월 8일, 16일 두 차례에 걸쳐 보냈다. 미사일 기지를 설치 운영할 전문 인력과 장비도 함께 보낸 것은 물론이다. 이어서 미국 전역을 타격할 수 있는 장거리 R-14 미사일 을 보낼 준비를 하고 있었다.

소련의 이러한 미사일 설치 움직임은 당시 미국 정가와 언론계에 소문으로 떠돌고 있었다. 9월 말에 이르자 미국 매스컴들은 소련 선박 이 쿠바로 무기를 이송 중이라고 보도하기 시작했다. 1962년 10월 21 일, 케네디 대통령은 아침 식사를 하고 있었다. 그때 안보담당 보좌관 맥조지 번디McGeorge Bundy가 소련이 쿠바에 핵미사일 기지를 건설하고 있는 항공사진 몇 장을 들고 들어왔다. U2 정찰기에 의해 건설 중인 기 지 전체가 완전히 촬영된 사진이었다. 케네디는 경악했다. 이어서 일련 의 관련 보고를 받았다. 즉 12월까지 약 50기의 전략 미사일이 추가 배 치될 가능성이 있으며 이들 핵미사일은 단지 17분 만에 미국을 완전히 초토화시킬 수 있다는 것이었다.

즉각적으로 전 미군에 비상경계령이 발령되었다. 이어서 백악관과 펜타곤은 북미항공우주방위사령부가 가상해서 그린, 쿠바에 설치된 소 련제 중거리 탄도미사일이 미국을 겨냥한 상황도를 보고 발칵 뒤집혔 다. 쿠바가 중심이 된 붉은 원은 말 그대로 미국 전역을 덮고 있었다. 이 미 배치된 R-12로도 미국 동남부는 물론 수도인 워싱턴 D.C. 타격까지

가능했다. 그리고 추가 배치될 R-14로는 워싱턴 주와 캘리포니아 일부를 제외한 미국 본토 전 지역이 사정권 안에 들어가 있었다.

케네디는 동시에 비상대책위원회(ExComm)를 긴급 소집했다. 린든 B. 존슨 부통령, 로버트 케네디 법무장관, 딘 러스크Dean Rusk 국무장관, 로버트 맥나마라Robert McNamara 국방장관, 더글라스 딜론Douglas Dillon 재무장관, 존 맥콘John McCone CIA 국장, 맥스웰 테일러Maxwell Taylor 합참의장, 맥조지 번디 국가안보 특별보좌관, 시어도어 소렌슨Theodore Sorensen 특별보좌역, 케니 오도넬 보좌관 등 기라성 같은 인물들이 백악관에 속속 모여 들었다. 회의가 시작되자 의견들이 분분했다. 처음에는 폭격밖에 달리 답이 없지 않느냐는 존슨 부통령 등 매파의 의견이 대세를 이루는 것 같았다. 이참에 아예 쿠바라는 후환을 싹 도려내자는 것이었다. 세계 나가더라도 최소한 쿠바만 피해를 본다는 얘기였다.

특히 군부는 한술 더 떴다. 그중에서도 유별난 인물이 있었으니 공군을 대표하는 커티스 르메이Curtis LeMay였다. 그는 전면적인 선제 핵 공격으로 소련과 쿠바를 초토화해서 아예 이들 국가들을 구석기시대로 만들어 버리자고 침을 튀겼다. 태평양 전쟁 당시 제1폭격단 사령관이었던 르메이는 도쿄 대공습을 지휘해서 초토화를 단행한 인물로 그 당시에도 일본을 구석기시대로 만들겠다는 얘기를 입에 달고 다닌 초강경파 인물이었다.

온건파는 한 차례 폭격만으로 소련 미사일 전부를 파괴하는 일은 원천적으로 불가능하며 폭격이 끝난 후 소련 지휘관이 남은 미사일을 미국에 날리면 이것만으로도 심각한 재앙을 낳을 것이라고 덧붙였다. 이어서 소련과의 3차 세계대전이 벌어질 것은 불을 보듯 뻔한 일이 아니겠냐는 것이었다. 일단 강경파의 의견을 묵살한 케네디는 신중 모드로 들어갔다. 그는 이때 제1차 세계대전의 시작을 배경으로 한 바바라 터크먼* 여사의 유명한 역사소설 『8월의 포성』을 막 읽은 터였다. 그는 지도자의 사소한 판단 실수가 얼마나 큰 재앙을 불러 올 수 있는지를 심각하게 걱정하고 있었다. 어쩌면 바바라 터크먼 여사가 인류를 구한 것일 수도 있겠다.

소련 화물선을 정찰하는 미국 정찰기

케네디는 여러 안을 검토하다가 최종적으로 봉쇄안을 채택하기로 했다. 케네디가 쿠바를 봉쇄하기로 마음을 먹은 결정적인 변수는 공군에서 폭격을 하더라도 "90% 이상의 미사일을 제거할 수 있을지는 미지수"라고 보고했기 때문이었다. 10월 22일, 케

---

* 바바라 터크먼(Barbara Tuchman 1912~1968) 여사는 미국 역사가이다. 터크먼은 단순한 역사가를 뛰어넘어 지난 과거의 대사건들을 수백만 독자에게 흥미롭게 펼쳐 보인 역사가였다. 『8월의 포성』, 『짐머만의 전보』, 『바보들의 행진』 등 11권의 명저를 남겼다.

네디는 전군에 데프콘3*을 발령했다. 아울러 항공모함 8척을 포함 90척의 대규모 함대를 집결시켜 쿠바의 모든 영해를 봉쇄했다. 이어서 케네디는 봉쇄선을 뚫고 미사일기지 건설 자재나 전략 물자를 싣고 오는 선박을 발견하면 즉각 압수하도록 지시했다. 이를 거부할 경우 즉시 격침시키라는 단서를 달았다. 그리고 전 국민들에게 TV 방송을 통해 소련이 미국에 핵 공격을 가할 수 있는 미사일 기지를 건설 중이며 쿠바에 대한 해상 봉쇄 조치에 들어갔음을 발표했다.

여기에 맞서 흐루시쵸프는 미국의 쿠바 봉쇄를 "공해상에서 항해의 자유를 제한하는 국제법 위반 행위"라고 강하게 되받아쳤다. 이어서 미사일 부품과 기술자를 태운 자국 선박에게 미국의 해상 봉쇄를 뚫고 핵잠수함 6척의 호위 하에 쿠바로 직진하라는 명령을 내렸다. 이에 미군은 주요 전략폭격기에 핵탄두 탑재 준비를 마쳤으며, 탄도미사일들은 발사 준비 절차에 돌입했다. 인류멸망의 순간이 재깍재깍 다가오고 있었다. 그러나 케네디는 실제로 무력의 사용을 가급적 자제하라고 지시했다. 명령에 불응하거나 무기가 발견될 경우 격침보다 가급적 나포하라고 명령했다. 다행히 봉쇄선에 접근하던 상당수 소련 선박들이 돌아갔다. 방향을 돌린 선박들 중 상당수가 미사일을 탑재했던 것으로 추정되었다. 흐루시쵸프 입장에서도 무력 충돌도 피하고 싶었거니와 자국의 최신 무기인 핵미사일을 미국의 수중에 넘겨줄 수가 없었을 것이다.

---

* 데프콘(Defense Readiness Condition, DEFCON)은 방어준비태세를 가리킨다. 위성·정찰기·기타 전자장비 등으로 수집된 정보를 바탕으로 해서 전군에 발령되는데 총 5단계가 있다. 데프콘5부터 시작해서 전시 상태인 데프콘1까지 차차 수위를 높여간다.

소련 선박들은 핵잠수함의 근접 호위를 받고 있었으며 소련 선박에 사격이라도 했다간 바로 제3차 세계대전으로 번질 수도 있는 숨 막히는 상황이 이어지고 있었다. 한편 24일 합참의 지시하에 전략공군사령부의 토머스 파워Thomas Power는 데프콘2를 발령했다. 제2차 세계대전 이후 가장 높은 경계단계인 준전시태세가 선포된 것이다. 이에 따라 모든 전략폭격기와 ICBM 전체에 비상이 걸렸다.

10월 25일 UN에서도 양국 간에 날선 공방이 벌어졌다. 긴급히 소집된 안전보장이사회에서 미국 측 대사 스티븐슨Stevenson은 쿠바에 배치된 소련의 미사일기지의 정찰 사진을 공개하면서, 소련 측 대사 조린Zorin에게 "귀하는 쿠바에 귀국의 미사일이 배치 중임을 인정하시오? 딴소리하지 말고 예, 아니오로만 대답하시오!"라고 강하게 몰아붙였다. 이에 조린은 "여기는 미국 법정이 아니오. 검사가 죄인을 취조하는 듯한 질문에는 응답할 이유가 없소."라고 응수했다. 이에 스티븐슨은 "하늘이 두 쪽이 나더라도 이 자리에서 귀하의 대답을 기다리겠소."라고 다시 맞서는 등 치열한 설전이 이어졌다. 학교와 가정에서는 대피훈련이 시작되었고 방공호를 파는 등 야단법석을 떨었다. 당시 사태의 책임자 중 한 사람은 "도대체 다음 주까지 인류가 살아남아 있을까?" 하고 고뇌했었다고 회고했다. 작가 노먼 메일러Norman Mailer는 훗날 이때를 회상하면서 "온 세상이 벼랑 끝으로 내몰린 것 같았다. 건물을 지날 때마다 내가 살아서 저 건물을 다시 볼 수 있을 것인가? 하는 의구심이 들었다."고 했다.

10월 27일 흐루시쵸프는 미국이 쿠바를 침공하지 않는다는 약속을 한다면 쿠바에 배치된 미사일을 철수하겠다고 살짝 한발 물러섰다. 동시에 미국이 터키에 설치한 주피터 핵미사일 기지의 철수도 요구했다. 이튿날 10월 28일, 쿠바 영공을 날던 U-2 정찰기가 지대공 미사일에 의해 격추되면서 조종사 루돌프 앤더슨Rudolf Anderson 소령이 사망하는 사건이 발생했다. U-2기가 격추된 순간 미 수뇌부는 당장 쿠바를 폭격해야 한다며 들고 일어났다. 그러나 전날 흐루시쵸프의 제안도 있고 해서 미국은 이를 쿠바 측의 판단 미스로 돌리면서 어찌어찌 용케 참으면서 넘어갔다. 맥나마라 국방장관은 이날 저녁을 기억한다. "숨 가쁘게 돌아갔던 하루를 마치고 백악관을 나서자 아름다운 가을 저녁 하늘이 펼쳐지고 있었다. 이제 저 저녁노을을 보는 것도 마지막이 될지 모르겠구나 하는 생각이 들었다."

　　열흘이 넘는 기간 동안 미-소 양측은 돌파구가 안 보이는 치킨게임으로 치닫고 있었다. 하지만 결국은 핵전력의 급격한 차이에다가 봉쇄를 돌파할 만한 재래식 해상전력조차 없었고, 결국은 모두가 멸망을 피할 수 없다는 현실에 봉착한 흐루시쵸프가 먼저 손을 내밀었다. 10월 28일, 흐루시쵸프는 쿠바 미사일 기지의 폐쇄와 소련 무기의 철수를 약속하고 미국 관리들이 기지 폐쇄 상황을 감시하도록 허용한다는 내용을 발표했다. 11월 2일 소련은 쿠바로 향하던 소련 선단 16척의 방향을 돌렸고 약속대로 쿠바 내 미사일 시설이 제거되었다. 동시에 미국의 쿠바 해상 봉쇄도 해제되었다. 이로써 인류는 지구멸망을 가져오는 끔찍한 핵전쟁 위기에서 간신히 벗어났다.

쿠바 사태는 미국이 국력의 절정에서 전 세계에 미국의 힘이 어떤 것인지를 말이 아닌 행동으로 보여준 상징적인 사건이었다. 앞서 피그만 침공 작전 실패로 스타일을 구겼던 케네디로서는 한 방에 위신을 만회하는 기회가 되었다. 그러나 흐루시쵸프의 체면을 세워줘야 했다. 먼저 쿠바에 대한 무력침공을 하지 않을 것을 소련에 약속했고, 흐루시쵸프가 요청한 대로 터키에 배치되어 있는 주피터 중거리 탄도 미사일기지를 철수시켰다. 터키는 자국의 안전 보장이 흔들린다며 앵앵거렸으나, 이는 3차 대전이라는 중차대한 상황하에서는 사소한 문제로 치부되었다. 이후 미소 양국은 위기 동안 양측의 원활한 의사소통에 문제가 있었다는 데 의견을 같이하고 양국 정상 간에 핫라인을 개설했다.

빈에서 회담하는 흐루시쵸프와 케네디

흐루시쵸프는 훗날 회고록에서 "나는 가장 무도회에서 방귀를 뀌었다고 해서 자살이나 하는 제정 러시아 시대의 못난 장교가 아니다. 전쟁으로 인해 모두가 파멸되는 것보다는 양보하는 길을 택했다."고 말했다. 강경한 입장이었던 카스트로는 흐루시쵸프의 타협에 욕설을 퍼붓고 벽을 발길로 차며 거울을 내던지는 등 난리를 떨면서 '불알도 없는 놈'이라고 씹어댔다. 그러나 그는 10년 후 쿠바를 방문한 대통령 후보 조지 맥거번George McGovern에게 이렇게 말했다. "나는 흐루시쵸프에게 보다 강경하게 나가자고 주장했지만 그가 타협했을 때는 정말 화가 났다. 그러나 흐루시쵸프는 역시 노련했고 현명했다. 지금 돌이켜보면 그가 케네디와의 화해는 정말 다행이었다고 생각한다. 만약 나의 주장을 밀고 나갔다면 끔찍한 재앙이 벌어졌을 것이다."

쿠바 미사일 사태는 미-소 관계의 큰 전환점이 되었다. 미국이나 소련 양쪽 모두 직접적인 군사적 충돌로 치달을 수 있는 긴장을 누그러뜨릴 필요가 있다는 사실을 깨달았기 때문이다. 위기의 재발을 막기 위해 백악관과 크렘린 사이에 '핫라인'이 개설되었다. 다음해 미국과 소련 그리고 영국은, 대기권 내에서 핵실험을 금지하는 획기적인 조약을 체결했다. 이렇게 시작된 대화 분위기가 10년 후 데탕트detente라는 동서 진영 간의 부분적인 화해로 이어졌다. 흐루시쵸프는 쿠바 사태 이후 당내에서 미국에 너무 질질 끌려다녔다고 비판받았고, 공산권 내에서 소련의 위신도 실추되었다. 결국 흐루시쵸프는 2년 뒤인 1964년 10월 최고회의에서 '그의 무모한 계획과 결정, 신중하지 못한 생각과 안이한 행동'을 문제 삼으면서 실각됐다. 결국 후임으로 브레즈네프Brezhnev가 당 총서기로 취임했다.

IV. 풍운아 피델 카스트로

638번이라는 어마어마한 암살시도를 용케 피해 신이라 불렸던 사나이, 쿠바 혁명의 주역이자 풍운아였던 피델 카스트로는 2016년 11월 25일 90세의 일기로 타계했다. 「뉴욕 타임스」는 피델 카스트로의 부고를 헤드라인 뉴스로 전하면서 그는 '미국 대통령 11명의 숙적'이었다고 논평했다. 미국과의 길고도 질긴 악연을 상징하는 말이다. 1959년부터 2008년까지 49년 동안 국가평의회 의장을 지냈던 그는 '세계에서 가장 오래 집권한 독재자'로 불리기도 했다. 명석한데다 카리스마를 지녔고 웅변과 여론 조종의 달인인 카스트로는 자본주의에 대항하여 조그만 섬나라를 세계혁명의 최전선 기지로 삼으면서 쿠바를 이끌어 갔다.

피델 카스트로

카스트로는 1926년 8월 13일, 스페인 갈리시아Galicia에서 이민 온 한 지주의 아들로, 쿠바 동부의 시골 마을 비론Biron에서 태어났다. 건장하고 용맹한 전직 스페인 군인이었던 그의 아버지 앙헬 카스트로Angel Castro는 쿠바로 이민 와서 자수성가했다. 그는 대규모 농장과 비론의 여러 건물을 소유하는 부자가 되었다. 카스트로는 아버지가 정식으로 결혼했던 마리아Maria가 아닌 가정부였던 리나Rina에게서 태어난 사생아였다. 그래서 어릴 때는 아버지랑 같은 집에서 살지 못하고 약간 먼 집에서 농장 노동자들과 같이 지냈다.

덩치가 크고 힘이 셌던 카스트로는 청소년 시절 불량기 있는 골목대장들에 맞서는 싸움꾼이라는 소리를 들었다. 그는 모든 운동에 특출한 기량을 선보였고 특히 야구에는 일가견이 있었다. 대학생 시절에는 메이저리그에 입단하고자 뉴욕 양키스New York Yankees와 워싱턴 세너터스Washington Senators(현 미네소타 트윈스Minnesota Twins)의 입단테스트에 참가했지만 떨어졌다. 카스트로는 놀라운 암기력의 소유자였다. 명문이었던 예수회 학교 시절, 당시의 급우들은 그가 별로 노력하지 않고도 모든 교과서들을 줄줄 외었다고 증언하고 있다.

아바나 대학에 재학하는 동안 카스트로는 격렬했던 학생 운동의 중심인물로 활약했다. 학창시절부터 그는 쿠바의 리더가 되겠다는 웅대한 목표를 세웠다. 카스트로는 19세기 말 스페인으로부터의 독립을 위해 싸우다 죽은 쿠바의 국가적 영웅인 호세 마르티Jose Marti의 후계자가 되고자 했다. 카스트로는 법대에 재학하는 동안 이미 나락에 떨어지고 있던 부패한 독재자 바티스타Batista를 교체할 가장 유력한 인물 중의 하나로 전국적으로 알려지기 시작한다.

졸업 후 카스트로는 1953년 바티스타 정부를 무너뜨리기 위해 몬카다Moncada 병영을 습격했으나 실패로 돌아가면서 감옥에 갇혔다. "역사가 나의 무죄를 증명할 것"이라는 말을 남기며 대중의 지지를 굳혀나 갔다. 2년 후 바티스타 정부가 특별사면을 해주자 멕시코로 망명했다. 그는 그곳에서 혁명가로 이름을 떨치던 체 게바라와 만나 동지들을 규합해서 1959년 쿠바로 돌아와 혁명에 성공했다. 혁명에 성공한 카스트로는 쿠바의 경제부터 손을 보기 시작했다. 미국에 종속돼있던 쿠바의 경제 구조를 바꾸기 시작한 것이다. 당시 쿠바 농경지의 대부분은 사탕수수 작물 재배를 위해 미국의 지배하에 있었다. 그는 이러한 미국의 대농장 시스템을 해체하는 작업을 개시했다. 외국인들의 농지 소유를 제한하는 조치에 농민들은 환호했고, 이어서 외국 기업들을 국유화했다. 이와 함께 지금도 전 세계적으로 유명한 무상교육과 무상의료 시스템을 구축했다. 현재까지도 쿠바의 의료 기술은 세계 최고 수준으로 알려져 있다.

점차 미국에게 카스트로의 쿠바는 '손톱 밑 가시' 같은 존재가 되기 시작했다. 미국계 기업을 국유화하고 소련과 중국 등 사회주의 국가들과 연대하면서 한편으로는 남미 국가들의 혁명을 지원하는 카스트로를 미국이 곱게 볼 리 없었다. 실제 미국은 카스트로가 사회주의 국가를 선언한 바로 다음 날 쿠바를 침공했다. '피그만 침공'이라고 불린 사건으로 미국과 쿠바는 본격적으로 적대 관계에 돌입했다. 소련의 지원과 동구 공산권과의 교역으로 어느 정도 경제수준은 유지할 수 있었다. 그러나 1989년부터 소련을 비롯한 공산주의권이 와르르 무너지면서 쿠바가 기댈 수 있는 우군이 없어져버렸다. 카스트로는 비상수단을 강구할 수밖에 없었다. 관광업과 자영업을 활성화하고, 부분적인 개혁

개방정책도 단행했다. 지하에 떠돌아다녔던 외화자금을 양성화하는 한편, 도시농업 장려 및 유기농 재배농법의 활성화로 식량위기를 넘겼다.

　이렇게 갖은 풍파를 겪으며 쿠바를 이끌어 오던 카스트로는 2008년 국가평의회 의장을 친동생인 라울Raul 카스트로에게 물려주면서 49년간의 권좌에서 내려왔다. 집권기간 동안 그는 북한 김일성 일가들이 호화생활을 누린 것에 반해 검소한 생활을 유지했다. 또한 김일성과 달리 카스트로는 자식이 많은데도 불구하고 권력을 세습시키지 않았다. 동생인 라울에게 권력을 넘기긴 했지만, 라울은 형과 함께 혁명을 이끌었던 개국공신이었다. 마지막으로 카스트로는 자신을 기리는 동상이나 기념비를 세우지 말며 개인 우상화를 금지하라는 유언을 남겼다. 이 유언에는 같은 공산권의 레닌·호치민·마오쩌둥·김일성의 경우, 시신이 보존 처리되어 묘에 안치되는 것을 똑똑히 지켜본 카스트로의 걱정이 고스란히 묻어있다. 호치민의 경우에는 본인이 우상 숭배는 경계했지만 후임자들에 의해서 지켜지지 않았다. 지금도 쿠바에는 체 게바라나 기타 혁명 인사들을 기념하는 동상이나 초상화 등의 기념물은 쉽게 찾아볼 수 있지만 카스트로와 관련된 기념물은 찾아보기 힘들다.

　카스트로의 집권기간 동안 미국의 CIA는 무려 638회나 암살을 시도했다. 얼마나 미워했으면 그랬을까 싶다. 일례로 담배에 독을 바르거나 애용하는 음료수에 독약을 타기도 했고 또 스킨스쿠버 다이빙 수트에 세균을 집어넣는 등 온갖 상상을 초월하는 기발난 방법을 동원했다. 카스트로는 자신과 닮은 사람을 행사장에 대신 내보내거나 20

여 곳에 은신처를 만들어두고 피해 다니면서 암살을 모면했다. 미인계를 이용한 암살 실패 스토리는 유명한 이야기로 회자된다. 미국 CIA에서 암살자로 이용한 여성은 마리타 로렌츠Marita Lorenz라는 독일계 여자였다. 이 여성은 카스트로와 내연의 관계를 유지하다 암살할 계획이었다. 이 여성은 기회가 오자 카스트로에게 권총을 겨누었다. 그러자 카스트로는 "넌 나를 결코 쏘지 못할 걸. 왜냐하면 넌 나를 사랑하니까."라며 도리어 자기 가슴을 권총 앞에 들이밀었다. 이 여성은 끝내 방아쇠를 당기지 못했고 도리어 카스트로의 품에 안겼다. 나중에 이 여성은 이와 같은 내막을 인터뷰에서 밝혔다. 카스트로는 "내 생애 최고의 업적은 수많은 암살 시도에도 살아남은 것."이라고 우스갯소리도 했다.

카스트로는 반미주의자임에도 불구하고 링컨을 존경했다. 혁명 직후 미국을 방문했을 때 링컨의 영묘를 방문하기도 했다. 미국의 꾸준한 위협에 "미국인들은 링컨의 숭고한 정신과 거리가 멀다."고 쏘아붙였다. 카스트로는 집권기간 동안 제3세계에 대한 지원을 꾸준히 지속했다. 단순한 교류협력을 넘어 군사영역까지 확대했다. 남아프리카 공화국군과 자이르 부대가 앙골라를 공격하자 앙골라 대통령 아고스티노 네토Agostinho Neto의 요청을 받아들여 군사적 개입을 하기도 했다. 특히 앙골라 내전이 끝난 후 어떠한 대가도 원하지 않았고 나미비아Namibia 독립에도 지대한 공을 세웠다.

카스트로는 한때 플로리다의 망명 쿠바인들에게 친척들을 모두 미국으로 데려가도 좋다고 선언했다. "떠날 놈은 언제든지 떠나라!"는 거였다. 단 비용은 지불하라는 단서를 달았다. 카스트로는 이들을 쿠바에 남은 마지막 기생충들이라고 간주했고, 그러한 기생충들은 가급적 쿠바에서 없어지는 게 좋다고 생각했다. 곧바로 쿠바의 마리엘Mariel 항을 통해 수백 척의 배가 몰려와 기생충들을 가득 싣고 미국으로 떠났다. 미국 카터 대통령은 이들을 "열린 마음과 열린 두 팔로 받아들인다." 고 했지만 속은 편하지 않았을 것이다. 무려 12만 5,000명이 쿠바를 떠났다. 그 후 또 한 번의 쿠바 탈출사태가 일어났다. 1994년의 이 사건은 지난번과 같은 정치적 이유가 아니라 경제적인 이유에서였다. 약 3만 명의 쿠바인들이 나무상자나 스티로폼으로 만든 급조된 뗏목에 목숨을 걸고 플로리다로 향했다. 흥미롭게도 두 경우 모두 골치 아픈 입장에 처한 쪽은 카스트로가 아니라 바로 미국이었다. 카스트로는 반체제 기생충들을 돈을 받아가며 처분했고, 미국은 수십만 명의 골칫덩어리를 안은 셈이었다.

JFK

케네디 암살 사건

I. 영화 <JFK>

1991년도에 개봉한 영화 <JFK>는 존 F. 케네디 대통령의 암살 사건을 다룬 영화로 항상 정치적·사회적 문제의식을 놓치지 않는 올리버 스톤 감독Oliver Stone 특유의 시각이 돋보이는 작품이다. 스톤은 다큐멘터리 필름을 사용하면서 회상·재연·대사·음악을 능숙하게 구사한다. 영화 대부분이 암살 사건에 대한 수사와 재판을 위주로 전개되지만 3시간이 넘는 러닝 타임에도 불구하고 치밀한 구성과 편집을 통하여 관객들의 몰입도를 고조시킨다. 픽션과 논픽션을 적절히 배합해서 케네디 암살 사건을

재구성하고 있는데 마치 다큐멘터리를 보는 듯한 착각을 불러일으키게 한다.

이 영화는 존 F. 케네디 암살 사건을 짐 개리슨Jim Garrison 검사의 추리를 바탕으로 해서 진행되는데 그의 저서인 『JFK: 케네디 대통령 암살의 진상』을 토대로 했다. 그는 당시 뉴올리언스 지방검사로 재직하면서 그 만이 유일하게 암살 사건 관련 인물들을 법정에 세운다. 개리슨은 케네디 암살은 미국 군산복합체의 음모에 다름 아닌 것이라고 확신했다. 그러나 그가 기소한 클레이 쇼는 결국 무혐의로 풀려나온다. 숨 막히는 세 시간이 지나고 마지막 자막이 올라간 후에도 관객들은 다른 건 몰라도 리 하비 오스왈드Lee Harvey Oswald가 결코 단독으로 벌인 범행은 아니었다는 것만은 확신하게 된다.

영화는 스톤 감독의 뛰어난 연출력과 주인공인 게리슨 검사 역의 케빈 코스트너의 뛰어난 연기력이 빛을 발하고 있다. 이 영화는 게리슨이라는 인물이 홀로 이끌어가는 거나 마찬가지이기 때문에 주인공 역을 맡은 코스트너의 발군의 연기야말로 이 영화의 성공에 큰 공헌을 하고 있다고 할 수 있다. 코스트너 외에도 기라성 같은 배우들이 여럿 등장하고 있다. 클레이 쇼 역에 토미 리 존스Tommy Lee Jones, 윌리 오키프 역에 케빈 베이컨Kevin Bacon, 데이빗 페리 역에 조 페시Joe Pesci, 리 하비 오스왈드 역에 게리 올드만Gary Oldman, 잭 마틴 역에 잭 레먼Jack Lemmon, 그리고 미지의 인물 X로 나오는 도널드 서덜랜드Donald Sutherland 등이 그렇다. 내레이션은 노련한 배우 마틴 쉰Martin Sheen이 맡았고 음악은 영화음악의 거장 존 윌리엄스John Williams가 담당했다.

영화의 서문에 "저항해야 할 때 침묵하는 행위는 사람들을 비겁하게 만든다."라고 밝히듯이 이 영화는 '정의에 관한 영화'라고도 할 수 있다. 이는 게리슨과 아내가 가정 문제로 다투는 장면에서도 살짝 내비치고 있다. 집안일에는 소홀히 하면서 오로지 케네디 암살 사건에만 매달리는 남편에 대해 참다못한 리즈가 투덜거리자 게리슨은 "나만 살자고 모른척하면 우리 애들은 개 같은 세상에 살게 된다구!"라고 대답한다. 여기에서도 사회적 정의에 관한 게리슨 검사의 생각을 읽을 수 있다.

이 영화는 미국뿐만 아니라 전 세계적으로도 흥행에 성공했다. 영화를 본 관객들은 영화가 끝나면서 거의 대부분 음모설에 대하여 고개를 끄덕이며 영화관을 나선다. 이런 이유 등으로 이 영화는 케네디 암살과 관련한 기존의 음모설을 확산시키는 데에 크게 기여했다고 볼 수 있다. 영화에는 실존인물 짐 개리슨이 케네디 암살사건을 조사하는 워렌 위원회의 위원장인 얼 워렌Earl Warren 대법원장 역으로 나온다. 코스트너는 이 영화가 만들어지고 9년 후 쿠바 미사일 위기를 다룬 영화인 <D-13>에서 주인공인 케네스 오도널 역을 맡게 되면서 케네디를 다룬 두 영화에서 모두 주연을 맡았다.

: 간략한 줄거리

1963년 12월 22일 오후 12시 30분, 텍사스 주의 댈러스, 눈부신 햇살을 받으며 케네디 대통령이 타고 있던 링컨 콘티넨털 리무진이 딜리 풀라자Dealy Plaza를 달리고 있었다. 그때 교과서 보관창고 건물 6층에서 오스월드가 총탄 세발을 쏘았다. 첫 발은 빗나가 길바닥을 맞추면서 튕겨나갔고 두 번째 총탄은 케네디의 목을 관통하고 앞좌석에 있던 코널리Connaly 텍사스 주지사까지 부상을 입혔다. 남편 곁에 앉아있던 부인 재클린Jacqueline은 남편이 이상한 것을 눈치채고 남편을 부여잡았다. 이때 3번째 총탄이 날아오면서 케네디 대통령의 머리를 직통으로 관통했다

그리고 총격이 있은 지 2시간이 채 지나지 않아 24세의 한 백인 남자가 체포되었다. 용의자인 오스월드는 해병대 출신으로 한때 소련에 망명한 적이 있으며, 그해 여름에는 뉴올리언스에서 카스트로 지지운동을 하기도 했었다. 그러나 온종일 계속된 수사에서 오스월드는 계속 "나는 아무도 쏘지 않았다."라고 강변했다. 그로부터 2일 뒤, 경찰서에서 호송 중이던 오스월드는 TV로 생방송되는 앞에서 총에 맞아 사망했다. 그를 쏜 것은 잭 루비Jack Ruby(브라이언 머레이Brian Murray 분)라는 자로 스트립쇼를 운영하는 술집 주인이었다. 그리고 잭 루비 역시 2년 뒤 감옥에서 암으로 사망했다.

뒤를 이어 대통령이 된 존슨 부통령은 이 사건을 수사하기 위한 진상조사 위원회를 구성했다. 대법원장 얼 워렌을 의장으로 하는 이 위원회에서는 '워렌 보고서'를 작성, 이 사건은 오스월드의 단독범행이라고 결론지었다. 그러나 그 뒤로 수많은 학자와 수사관들은 이 위원회의 수사에 대하여 여러 의문을 제기했다. 그들 중의 한 사람이 바로 짐 개리슨이라는 뉴올리언스 지방 검사로서 그는 케네디 암살 사건의 배후인물을 재판

장에 최초로 세운 사람이었다. 조사 중에 게리슨 검사에게 새로운 정보를 제공해 주는 X라는 인물이 등장한다.

X는 게리슨에게 "누가, 어떻게 케네디를 죽였는가."가 중요한 것이 아니라 "왜 케네디를 죽였는가."가 사건의 본질이라고 충고한다. 하지만 게리슨이 유력한 증인으로 법정에 세우고자 하는 사람들은 차례로 의문사 당하면서 게리슨은 난처한 지경에 빠진다. 사건이 일어난 지 6년 후인 1969년 게리슨은 케네디 저격사건의 배후 인물로 남부지역에서 행세깨나 하는 클레이 쇼Clay Shaw를 기소해서 법정에 세운다. 하지만 클레이 쇼는 결국 법정에서 무죄 선고를 받으며 영화는 끝난다. 그리고 이런 자막이 화면에 떠오른다. "1979년 짐 게리슨은 대법원 판사가 되었다. 그는 1989년에도 다시 대법원 판사에 재선되었다. JFK의 암살은 아직도 미궁 속에 있다. 그의 대한 기록은 2023년에야 공개된다."

II. 케네디 암살 사건

1963년 11월 22일 오전 11시 38분, 텍사스 주 댈러스 공항에 대통령 전용기가 착륙했다. 비행기 문이 열리고 한 사내와 매력적인 한 여성이 모습을 드러냈다. 바로 대통령 존 F. 케네디와 퍼스트레이디 재클린 케네디였다. 케네디의 댈러스 방문은 이듬해 대선을 준비한 정치적 목적에서였다. 케네디는 1963년 후반기에 접어들면서 선거 결과를 좌

우할 승패를 가늠할 수 없는 몇 개 주를 선택하여 유세할 계획을 세웠다. 특히 텍사스 주가 그랬다. 보수적인 색채가 강한 텍사스 주 주민들은 흑인들의 인권신장 등 케네디의 진보적인 입장과 정책에 반감을 갖고 있었다. 또한 텍사스 주 출신인 존슨 부통령이 현지 민주당 내의 다툼을 중재해 달라고 강력한 요청을 하기도 했다.

이윽고 카 퍼레이드가 시작되면서 케네디는 아내에게 "이제 만만치 않은 나라에 들어가는군요."라고 말했다. 그만큼 텍사스 주는 그에게 부담을 주는 지역이기도 했다. 대통령 내외가 탄

시가행진 중인 케네디 부부

무개차에는 원래 방호용 투명 돔형 덮개가 있었으나 이날은 날씨가 쾌청한 탓에 연도의 시민들이 대통령을 더 잘 볼 수 있도록 그것을 제거했다. 결국 이것이 사달이 난 것이다. 대통령과 재키는 뒷좌석에 앉았고 코널리 주지사 부부는 앞좌석에 탔다. 오후 12시 30분 케네디의 자동차 행렬은 메인 스트리트인 딜리 플라자Dealey Plaza로 들어와 휴스턴 스트리트Houston Street로 우회전했다. 이것이 사실 이상했다. 댈러스에서의 유명인사 퍼레이드는 메인 스트리트를 따라 곧장 직진하여 행진하는 것이 일반적인데 왜 이렇게 구부러진 길을 택했는지, 음모론자들은 여

기서부터 문제점을 지적하기 시작한다.

그리고 한 블록 지나 교과서 창고 앞을 지나는 엘름 스트리트Elm Street 쪽으로 좌회전했다. 이것은 거의 120도 회전이어서 그때 자동차 행렬의 속도가 시속 16㎞로 뚝 떨어졌다. 2대의 경찰 오토바이가 앞장섰고 케네디의 리무진이 그 뒤를 이었다. 엘름 스트리트 연도의 군중들은 환호하면서 손을 흔들기 시작했다. 그 순간 코널리 부인이 "대통령 각하, 이제 당신은 댈러스가 당신을 좋아하지 않는다고 말할 수 없을 겁니다."라고 말했고, 대통령은 "그럼요, 그렇고말고요."라고 맞장구를 쳐주면서 환한 웃음으로 화답했다. 케네디와 재키가 미소를 지으며 손을 흔드는 바로 그 순간, 첫 번째 총탄이 날아왔다. 그것은 빗나갔다. 그 탄환의 잔재는 전혀 발견되지 않았으나 아마도 떡갈나무를 스치고 인도와 차도 사이의 연석에 부딪쳐 튕겨 나갔다. 콘크리트 한 조각이 튀면서 길가에 서 있던 사람의 뺨을 살짝 스치며 지나갔다.

암살 순간

바로 직후, 두 번째 총탄이 날아왔다. 이 총탄은 케네디의 목을 관통한 이후, 앞좌석에 있던 코널리 텍사스 주지사에게 부상을 입혔다. 옆 좌석에 앉아있던 재클린은 갑자기 남편의 움직임이 이상한 것을 눈치채고 손을 뻗었는데 이때 3번째 총탄이 날아왔다. 그 총탄은 케네디의 머리를 관통하면서 두개골 오른쪽이 날아가 버렸다. 코널리 부인은 재키가 절망적인 목소리로 "그의 뇌가 내 손 안에 있어."라고 말하는 것을 들었다. 나중에 케네디가 머리를 저격당한 직후 재키가 차량의 후방 보닛으로 올라타 정신없이 기어가는 사진이 보도되었다. 이는 남편의 뇌 조각을 줍기 위해서라거나 뒤에서 올라타는 경호원을 잡아주기 위해서라는 의견들이 나왔다. 하여튼 대통령 일행의 행진에 환호를 보내던 주위는 순식간에 아수라장이 되었다. 단 6초 동안에 벌어진 일이었다.

대통령이 총에 맞은 사실을 확인되자 리무진은 급히 엑셀레이터를 밟고 5㎞ 떨어진 인근의 파크랜드 메모리Parkland Memory 병원으로 전속력으로 달려갔다. 응급실에서 대기하고 있던 의료진들은 대통령을 소생시키기 위해 온갖 방법을 동원했지만, 총상으로 머리의 1/4 정도가 날아간 대통령을 되살리긴 어려웠다. 30분가량 호흡이 붙어있었지만 결국 과다출혈로 숨을 거두었다. 세 번째 총탄이 두개골을 부숴버리고 뇌의 상당 부분을 날려버렸기 때문에 운 좋게 살았다 해도 식물인간이 되었을 것이다. 시계는 1시를 가리키고 있었다.

대통령의 얼굴 위에 하얀 헝겊이 덮였다. 케네디의 시신은 병원을 출발해 2시 18분 대통령 전용기에 안치되었다. 2시 39분, 혼잡스러운 대통령 전용기 안에서 존슨 부통령은, 피 묻은 옷차림 그대로 충격에 싸여 있던 재클린과 급히 달려온 사라 휴즈Sarah Hughes 연방 판사를 앞에 두고 제36대 대통령 취임 선서를 했다. 미국 정부는 사건이 벌어진 지 약 1시간 후인 오후 1시 30분, 케네디 대통령이 피살당했다는 것을 전 국민에 알렸다. 미국인들은 경악했다. 경찰과 FBI는 목격자들의 증언을 토대로 엘름가 교과서 건물을 포위, 건물 6층에서 탄피 3개와 암살 때 사용된 것으로 추정된 총기를 발견했다.

리 하비 오스왈드

하늘은 맑았고 날씨는 따뜻했으며 군중들은 퍼레이드가 지나갈 길가에 몰려들기 시작했다. 행진 경로는 이미 신문에 공표되어 있었다. 케네디가 탄 리무진은 휴스턴 스트리트를 지나 엘름 스트리트를 지나가도록 계획되었는데 그곳은 오스왈드가 근무하는 교과서 창고 건물 바로 앞이었다. 창고 직원들은 삼삼오오 창가에 모여서 행렬을 내려다보고 있었다. 오스왈드는 그 건물 6층으로 살그머니 올라가 동남쪽 모퉁이에 자리를 잡고 있었다. 그의 손에는 망원 조준기가 달린 이

리 하비 오스왈드

탈리아제 만리커 칼카노Mannlicher Carcano 라이플총이 들려 있었다. 그 총은 시카고에 있는 총기 통신 판매회사로부터 구입한 것인데 그 총은 1초에 600m의 속도로 구경 6.6mm의 총알을 발사할 수 있었다. 오스왈드는 그날 아침 긴 갈색

뭉치를 들고 출근했는데 동료들에게는 '커튼 봉'이라고 둘러댔다. 12시 정오, 오스왈드는 모든 준비가 되어 있었다.

저격을 끝낸 오스왈드는 라이플의 지문을 닦은 후 교과서 상자들 뒤에 살짝 내려놓았다. 그리고 자판기에서 콜라 한 병을 꺼내 목을 축이고 창고 뒤쪽 계단을 통해 내려왔다. 그때 이미 총을 빼들고 건물에 들어와 수색하고 있던 경찰이 그를 검문하려 했으나 오스왈드의 상사가 "그는 우리 회사 직원입니다."라고 말하는 바람에 오스왈드는 유유히 밖으로 나올 수 있었다. 그는 하숙집으로 돌아와 권총을 집어 들고 바깥으로 나왔다. 그의 행동은 누가 보더라도 수상했다. 사이렌 소리를 울리면서 경찰차가 지나갈 때마다 긴장한 표정으로 고개를 획 돌리곤 했다. 이때 티펫Tippet이라는 경관이 그를 불러 세웠다. 오스왈드는 즉시 그에게 네 발을 발사했고 티펫은 그 자리에서 즉사했다. 그때쯤 교과서 창고에서 라이플이 발견되었으며 댈러스 전역에 오스왈드에 대한 긴급 체포 명령이 내려졌다. 얼마 후 그는 숨어있던 극장에서 케네디 대통령과 티펫 경관 살인 혐의로 체포되었다. 기자들에게 그는 "나는 결백하다."고 주장하면서 단지 자기는 소련에 살았다는 이유로 체포된 "희생양에 불과하다."고 지껄였다.

유치장에 갇혀있던 짧은 시간에도 오스왈드는 여전히 자신은 대통령을 살해하지 않았다고 완강히 부인했다. 11월 24일 좀 더 안전한 교도소로 오스왈드를 이송하기 위해 댈러스 경찰서 지하실에서 그를 데리고 나올 때 경찰관들 사이에서 잭 루비Jack Ruby라는 자가 불쑥 나타

잭 루비가 오스왈드를 사살하는 순간

나 권총으로 그를 즉사시켰다. 전국의 시청자들이 이 장면을 TV를 통해 지켜보고 있었다. 이 장면은 마피아가 오스왈드와 루비를 사주해서 케네디를 살해했다고 주장하는 음모론자들에게 근거가 되기도 했다. 마피아는 오스왈드의 입을 다물게 하기 위해 루비를 고용했다는 것이다.

그러나 루비의 마피아 연루는 결코 증명된 바가 없으며, 그와 가까운 사람들은 '루비가 음모의 일부'라는 주장을 비웃었다. 나이트클럽 운영자인 루비는 댈러스 경찰들과 친했기 때문에 오스왈드가 이송될 때 그 주변으로 쉽사리 다가갈 수 있었다는 것이다. 또한 그들은 케네디의 열렬한 지지자인 루비가 케네디를 암살한 오스왈드를 도저히 두고 볼 수 없어 방아쇠를 당겼다고 생각했다. 루비는 1964년 오스왈드 살인죄로 유죄를 선고받았으며 항소심을 기다리고 있었다. 그러나 새로운 재판이 열리기 전에 1966년 폐암으로 사망했다. 죽음이 임박해서도 그는 오스왈드 살해에 관여한 다른 사람은 없다고 주장했다.

오스왈드는 뉴올리언스의 한 가난한 가정에서 유복자로 태어났다. 그의 아버지는 그가 태어나기 두 달 전에 죽었다. 그의 짧은 생애 동안 외톨이라는 단어는 항상 그를 따라다녔다. 십대 시절부터 공산주의 사상에 빠졌고 어머니 마가릿Magaret을 패기도 하는 등 폭력적인 성향을 갖고 있었다. 17세 때, 해병대에 입대했는데 특등 사수의 자격을 획득했다. 특등사수란 망원조준장치의 도움 없이도 열 발 중에 여덟 발을 200m 떨어져 있는 25cm 크기의 과녁 중심을 정통으로 맞출 수 있다는 것을 뜻한다.

후에 이루어진 오스왈드에 관한 많은 연구는 그가 전형적인 고독한 암살자의 성향을 가졌음을 암시한다. 해병대 복무 중에는 공산주의적 성향 때문에 동료들로부터 따돌림을 당했다. 제대 후 그는 본격적인 공산주의자로서의 모습을 보여주기 시작했다. 오스왈드는 기어코 꿈에 그리던 공산주의 종주국인 소련에 입국했다. 그곳 민스크의 라디오 제작 공장에서 일하면서 여공인 마리나 프루사코바Marina Prusakova와 결혼을 했다. 이후 소련 시민권을 얻고자 했으나 소련관청에서 그가 정신적으로 문제가 있다면서 거부했다. 잔뜩 화가 난 그는 별수 없이 미국으로 돌아왔다. 처와 딸을 데리고 댈러스 인근의 포스워스Fort Worth에 정착했다. 그는 여러 잡다한 직업을 전전하며 생계를 유지했다. 틈틈이 공산주의 신념을 실천하기 위한 행동을 이어갔다.

'쿠바를 위한 페어플레이'라 불리는 조직에 잠시 들어가기도 했고, 멕시코로 가서 쿠바와 소련대사관을 찾아가 망명을 위한 비자를 얻으려고 노력했으나 실패했다. 이 모든 공산주의적 행동들이 후일 오스왈드가 소련이나 쿠바 심지어 CIA를 위해 일했다고 믿는 또 다른 음모론자들에게 빌미를 제공하기도 했다. 그러나 그를 아는 사람들은 오스왈드는 극히 불안정한 정서의 소유자이며 성격은 종잡을 수가 없고 지능도 떨어져서 고도의 두뇌를 요구하는 정보기관에는 맞지 않은 인물이라고 입을 모으고 있다.

오스왈드는 케네디 암살 전에도 살인미수 경력이 있었다. 1963년 4월 그는 전직 육군 대장이며 지독한 보수 꼴통이자 인종분리주의자인 에드윈 워커Edwin Walker의 뒷마당으로 몰래 들어가 그를 저격했다. 총알은 창문턱에 맞은 다음에 워커를 스쳐지나갔다. 케네디 암살 후 경찰이 오스왈드의 집을 뒤져 워커의 집을 찍은 사진을 발견하면서 이 사실을 알게 되었다. 이후 오스왈드는 좌익이나 우익을 가리지 않고 세상의 모든 힘 있는 자들에 대한 증오심을 불태웠다.

재프루더Zapruder 필름

재프루더 필름은 딜리 플라자에 있는 가게의 의류 제조업자인 58세의 아브라함Abraham 재프루더가 당일 케네디 암살 장면을 우연히 찍은 것을 말한다. 이 필름은 미국 역사상 가장 중요한 역사적 기록의 하나로 간주돼 75년부터 국립문서보관소에 소중히 보관돼 있다. 재프루더는 골수 민주당원이었고 케네디의 열성적인 지지자였다. 그는 당일 8㎜ 비디오카메라를 들고 딜리 플라자로 가서 엘름 스트리트를 따라 걸어 내려갔다. 그리고 교과서 창고 앞을 지나 케네디의 카퍼레이드 행렬이 지나게 되어 있는 3중 교차로 가까이에 있는 정자 위로 올라가 암살 장면을 찍게 되었다. 그의 영상은 이후 JFK 암살 수사에서 아주 요긴한 증거물이 되었다.

이 필름은 암살 사건 이후 6년이 지난 1969년에 짐 게리슨 검사에 의해 법정에서 공개된 바 있다. 국립문서보관서에 보관되어있는 이 필름은 유족들에게 소유권이 있다. 영화 <JFK>를 촬영하기 위해 올리버 스톤 감독은 8만 달러를 유족들에게 지불하고 사용하기도 했다. 필름을 돌려달라는 유족들의 요구에 미국 정부는 엄청난 액수의 보상금을 지불하기도 했다. 영화에서 짐 게리슨 역을 맡은 케빈 코스트너는 법정에서 이 필름을 통하여 총을 맞을 당시 케네디의 머리가 어느 방향으로 움직였는가를 여러 차례 보여준다. 이 장면은 워렌 보고서가 주장하고 있는 오스왈드의 단독범행에 대해 의구심을 불러일으키게 해주는 중요한 자료이기도 하다.

여러 가지 의문점

사건 이후 존슨 대통령마저 암살 음모론에 휩싸이게 되자 독립적인 조사위원회의 구성이 불가피해졌다. 대법원장 얼 워렌이 조사위원장을 맡았다. 워렌 위원회는 10개월간 552명의 목격자들로부터 증언을 청취한 뒤 1964년 9월 암살 보고서를 발표했다. 워렌 보고서에 따르면, 케네디 암살은 오스왈드의 단독 범행이었고 배후도 물론 없었다고 했다. 극단적인 공산주의자이자 자신의 감정을 잘 통제하지 못하는 오스왈드가 대통령을 암살했다는 것이다. 보고서는 오스왈드가 텍사스 교과서 창고 건물 6층 창문에서 케네디를 단독으로 저격했으며, 루비의 오스왈드 살해도 그의 단독 범행이라는 결론을 내렸다.

그러나 워렌 위원회의 공식적인 발표와는 달리 케네디 암살 사건에는 석연치 않은 여러 의혹이 있었다. 가장 이상한 점 하나는 오스왈드가 소련에 망명했다가 다시 미국으로 돌아올 때 아무런 제재를 받지 않았다는 사실이다. 냉전이 극단적으로 치닫던 시절에 소련에 망명했던 자가 쉽사리 미국에 돌아올 수 있었다는 것이 가능한 일일까? 또한 목격자들의 진술과 수사결과도 일치하지 않았다. 목격자들 대부분은 총알이 오스왈드가 있던 텍사스 교과서 창고에서 약간 떨어진 조그만 잔디 언덕grassy knoll 쪽에서 날아왔다고 증언했다. 그들은 이 언덕에서 총성을 들었고 화약 연기를 직접 목격했다고 진술하기도 했다. 케네디가 저격당한 장소에서 볼 때 교과서 창고와 이 언덕은 방향이 서로 다르다. 그러나 워렌 위원회는 목격자들의 증언을 무시하고 창고에 있던 오스왈드를 단독 암살범으로 지목했다.

파크랜드 병원에서 대통령의 죽음을 확인했던 의료진들이 목격한 케네디의 머리 상처와 워렌 위원회에서 발표한 그것도 크게 달랐다. 병원의 의사들은 뒤통수에 큰 구멍이 있다고 한 반면, 워렌 위원회는 머리 앞부분에 큰 구멍이 있다고 발표했다. 보통 총상은 총알이 날아온 방향을 밝히는 데 매우 중요한 단서가 된다. 총알이 들어갈 때는 조그만 구멍을 내나, 나올 때는 커다란 구멍을 만들기 때문이다. 이것만 봐도 총알이 날아온 방향이 틀리다는 것을 얘기하고 있는 것이다. 그러나 워렌 위원회 조사보고서는 이런 의문점들을 묵과했다. 그들은 오스왈드를 단독 범인으로 지목하고 그에게 모든 혐의를 씌웠다. 과연 오스왈드 혼자 케네디를 암살한 것일까? 앞에서 살펴본 드러나지 않은, 혹은 FBI와 워렌 위원회가 무시한 증거들을 보면 그가 단독으로 케네디를 암살한 것 같지는 않다.

음모론

댈러스에서의 그 길고도 암울했던 날 이후 수많은 음모론이 판을 쳤다. 마피아의 소행이라는 둥, CIA의 공작이라는 둥, 소련 또는 쿠바의 카스트로 정권이 배후에 있다는 둥 온갖 설이 난무했다. 연방 대법원장 얼 워렌이 진두지휘한 공식 수사는, 지금까지 암살당한 모든 미국 대통령들처럼, 케네디 역시 오스왈드라는 광신자의 단독 범행이라는 결과로 마무리되었다. 그러나 여러 가지 정황을 살펴 볼 때 단 한 사람의 암살자 이상이 연관되어 있다는 가설에는 타당성이 없다고는 할 수 없을 것이다. 몇 가지 그럴듯한 가설들을 살펴본다.

첫째 CIA 음모설이다. CIA의 일부 과격한 요원들이 케네디가 빨갱이들에 굴복해 CIA를 해체하려 한다고 불안해하고 있었기 때문에 소련에 망명한 적이 있는 오스왈드를 고용해 범행을 사주했다는 설이다. 심지어는 오스왈드는 위장에 사용됐을 뿐 실제로는 다른 장소에 배치된 명사수에게 케네디를 저격하도록 했다는 얘기도 있다. 케네디는 대통령 초기 시절, CIA가 주동해서 벌였던 피그만 침공계획이 실패하자 CIA에 대해서 삐딱하게 생각하고 있었다. 그리고 공산주의 축출이라는 미명하에 제3국가에서 벌이고 있는 CIA의 어설픈 장난질에 염증을 내고 있었다. 이 밖에 음모를 곁들인 CIA의 여러 제안들을 물리친 적도 있었다. 이런저런 일로 케네디와 CIA는 다소 불편한 관계였겠지만 CIA 음모설은 지나친 억측으로 보인다.

둘째, 마피아 음모설이다. 케네디의 아버지 조지프 케네디Joseph Kennedy는 금주법 시절 마피아와 관계를 맺으며 밀수를 하는 등 막대한 부를 축적했었다. 이후 아들의 대통령 당선을 위해 그때 맺은 친분 관계를 이용, 선거 때 마피아의 입김이 센 노조들의 도움을 받았다고 한다. 그러나 케네디는 대통령으로 당선되자 오히려 동생 로버트 케네디 법무장관을 앞세워 마피아 소탕작전을 벌이자 이를 배은망덕이라고 간주하면서 암살했다는 설이다. 오스왈드에겐 마피아 조직에 숙부가 있었고, 루비에게도 마피아에 친구가 여럿 있었다. 그래서 오스왈드나 루비 같은 조무래기를 이용하는 편이 유리하다고 생각한 마피아 두목이 있었을지도 모른다는 것이 마피아 주도설을 주장하는 이들의 얘기다. 그러나 대통령 암살이라는 엄청난 위험한 일을 과연 이들 조무래기들에게 맡기려 했을까. 어떤 방법으로 루비에게 오스왈드를 살해하도록 설득했는지도 알 수 없고, 오히려 루비가 입을 열어 꼬리가 잡힐 위험도 있었을 것이다.

셋째, 쿠바 음모설이다. 카스트로는 미국이 쿠바혁명 이후 자신에 대한 암살을 끊임없이 기도하고 있다는 것을 충분히 알고 있었다. 그래서 거꾸로 케네디 암살을 지령했다는 설이다. 암살 음모설을 믿은 존슨

전 대통령이 적극적으로 지지한 설이다. 오스왈드는 자칭 마르크스주의자로서 친 카스트로파였다. 그는 케네디 암살 2개월 전에 멕시코시티의 쿠바 대사관을 방문한 적도 있었다. 나중에 이 음모설을 전해 들은 카스트로는 '벼락 맞을 소리'라고 하면서 펄쩍 뛰었다. 그는 자신은 미국의 암살 위협에 끊임없이 시달리고 있지만 미국이라는 초강대국의 대통령을 암살하라는 지시를 내리는 그런 멍청이는 결코 아니라고 거품을 물었다.

넷째, 군산 복합 음모설이다. 올리버 스톤 감독의 영화 <JFK>에서 주장한 이론이다. 미국은 아이젠하워 대통령 시기에 소련과의 대립이 격화됨에 따라 군비가 급격히 증가했다. 그러나 후임자인 케네디는 군비가 너무 비대하다며 군비감축 움직임을 보이자 군부와 마찰이 상당히 심해지기도 했다. 그래서 군부와 군수업체들이 손을 잡고 케네디 암살을 기도했다는 것이다. 그러나 암살집행부대·검시 팀·워렌 위원회 등 진상 은폐 협력자들의 규모가 이 정도라면 어떻게 이런 방대하고도 치밀한 계획을 세워 진행할 수 있는 것일까 하는 의구심이 제기된다. 또한 하필이면 많은 사람들이 지켜보는 퍼레이드 와중에 암살을 저지를 필요가 있었을까 하는 의문점이 제기되기도 하는 음모설이다.

23장

아폴로 13

아폴로 13호 사고 전말

I. 영화 <아폴로 13, Apollo 13>

<아폴로 13>은 고장 난 우주선 아폴로 13호의 필사적인 지구 귀환의 과정을 그린 영화이다. 1995년에 개봉되었으며 그해 박스 오피스 1위를 차지했다. 1970년 아폴로 13호의 우주사고는 NASA 최악의 실수이자, 최고의 휴먼드라마를 낳은 실화로 역사에 기록된다. 영화는 당시 아폴로 13호의 사령관이었던 짐 러블Jim Lovell 이 제프리 클루거Jeffrey Kluger와 함께 쓴 『Lost Moon: The Perilous Voyage of Apollo 13』에 기반하고 있다. 감독은 론 하워드Ron Howard, 주연은 미국의 국민배우라고 일컬어지는

톰 행크스를 비롯하여 빌 팩스톤Bill Paxton, 케빈 베이컨Kevin Bacon, 게리 시나이즈Gary Sinise, 에드 해리스Ed Harris 등 베테랑 배우들이 열연을 펼쳤다. 각각의 캐릭터들이 죽음의 위기를 벗어나기 위한 필사적인 노력을 펼치는 모습이 무척 인상적이다. 음악은 제임스 호너James Horner가 담당했다.

아폴로 12호에 이어서 1970년 4월 11일 세 번째로 달에 착륙할 계획으로 발사된 아폴로 13호는 발사 3일째 되는 날, 산소탱크가 폭발하는 바람에 우주선의 기능들이 하나하나 마비되어 간다. 영화는 4일 동안 우주공간 속에서 고립무원孤立無援의 상황에서 지상요원들과 조종사들의 필사적인 노력 끝에 갖은 난관을 극복해가며 무사히 귀환하는 내용을 실감나게 묘사하고 있다. 아폴로 13호는 달에 착륙하지는 못했으나, 사고 이후 조종사들이 구사일생으로 살아 돌아오기까지 미국인들뿐만 아니라 전 세계인들의 주목을 받았다.

영화는 당시를 고증하는 여러 소품들을 사용하여 더욱 실감나게 완성했다는 평을 들었다. 특히 여러 장면을 실제 무중력에서 촬영해서 주목을 끌었다. 여러 다른 영화에서 무중력 장면의 경우 컴퓨터 그래픽 등을 사용하기도 하는데, <아폴로 13호>은 아예 실제 무중력에서 촬영했다. NASA에서 직접 무중력 실험기를 사용하도록 편의를 봐주었다고 한다.

실제 주인공인 짐 러블과 그의 아내 마릴린 러블Marilyn Lovell이 카메오로 출연했다. 마릴린의 경우 발사를 구경하러 올라가는 사람들 중

왼쪽부터 헤이즈, 스와이거트, 러블

에 섞여있었고, 짐 러블은 마지막 장면인 바다에 착수한 우주인들을 구하기 위하여 출동한 이오지마 항모의 함장인 미 해군 대령으로 출연한다. 아폴로 13호는 비록 월면 착륙을 달성할 수는 없었지만 관계자들이 신속하고 과감하게 대응하면서 위기를 극복한 것 때문에 '성공적인 실패'라고도 불린다. 이 공로 때문에 우주비행사들과 지상의 관제사들은 나중에 대통령 자유의 메달 훈장을 받았다. 톰 행크스와 론 하워드 감독은 이후 이 영화의 제작 장비와 노하우를 활용하여 다큐드라마 <지구에서 달까지>를 만들었다. <아폴로 13>은 아카데미 편집·음향 부문에서 수상했다.

: 간략한 줄거리

여러 번의 우주비행을 해낸 노련한 42세의 우주비행사 짐 러블은 1969년 7월 20일, 동료 닐 암스트롱Neil Armstrong의 역사적인 달 착륙 장면을 TV로 지켜보며 "반드시 달에 가보고 말겠다."라는 자신의 꿈을 다시 한 번 마음에 다진다. 그러던 어느 날 그에게 뜻밖에도 그 기회가 찾아온다. 6개월 후에 발사될 아폴로 13호의 선장이 건강상의 이유로 도중하차하게 된 것이다. 대신 러블이 13호 탑승 팀의 선장으로 긴급 교체 투입된 것이었다. 노련한 선장 짐 러블과 완벽주의자인 사령선 조종사 켄 매팅리Ken Mattingly(게리 시나이즈 분), 용의주도한 달착륙선 조종사 프레드 헤이즈Fred Haise(빌 팩스턴 분), 세 사람은 6개월 동안 힘든 훈련을 이겨내며 달 착륙의 그날만을 기다린다.

그러나 발사 이틀 전 예비 탑승팀에 홍역환자가 발생해 홍역을 앓아 본 적이 없는 매팅리가 팀에서 탈락된다. 대신 신참인 잭 스와이거트Jack Swigert(케빈 베이컨 분)가 사령선 조종사로 발탁된다. 졸지에 지상에 남게 된 켄은 허탈감에 빠진다. 드디어 발사 당일, 아폴로 13호는 새턴 5호 로켓에 실려 하늘로 치솟아 오르며 달 탐험의 여정이 시작된다. 지구 궤도를 이탈하고 이윽고 달 궤도 진입 직전에 갑자기 폭발소리가 들려온다. 산소 탱크가 폭발한 것이다. 냉정하고 주도면밀한 휴스턴 관제센터의 진 크란츠Gene Kranz(에드 해리스 분) 관제 본부장은 신속히 사태수습에 나선다.

크란츠는 '즉시 귀환' 대신 달 인력을 이용해 우주선이 달 궤도를 돌고 나온 후 회항하도록 한다는 이른바 '스윙바이*' 방식을 시도하도록 지시한다. 이어서 사령선을 지구 재진입 시 활용하기 위해 일시 폐쇄하고 착륙선을 구명정으로 삼아 재진입 지점까지 운항하기로 결정한다. 여러 가지 난관에 봉착하지만 끈질기고도 슬기롭게 하나하나 해결하면서 아폴로 13호는 무사히 지구로 귀환한다.

---

* 스윙바이swingby는 우주선 혹은 탐사선이 자체의 연료에 의하지 않고 행성의 중력을 이용하여 궤도를 수정하는 방식을 말한다. 스윙바이는 아주 멀리 있는 행성의 탐사에는 불가결한 방식이다. 1974년 NASA에서 발사한 탐사선 보이저 2호가 스윙바이하여 목성·토성·천왕성·해왕성과 조우한 후, 1988년 8월 25일 다시 스윙바이하여 우주공간으로 영원히 사라진 적이 있다.

II. 아폴로 13호 사고 전말

사고 및 귀환

1970년 4월 11일 발사 예정인 아폴로 13호는 예전만큼 사람들의 관심을 끌지 못했다. 이미 아폴로 11호와 12호에 의해 달 착륙이라는 목표가 달성되었기 때문에 달 탐험에 대한 열기가 식기 시작할 때였다. 아무튼 제임스 러블·잭 스와이거트·프레드 헤이즈 3명의 우주인을 태우고 계획대로 달의 '프라 마우로Fra Mauro' 고원高原을 향한 여정이 시작될 참이었다. 그런데 13이라는 숫자의 저주를 상기시키듯 발사 초장부터 불길한 조짐이 보였다. 추진 로켓에서 문제가 발생한 것이다. 2단계 추진을 할 때 5개의 로켓 엔진이 동시에 예정된 시간까지 추력을 내줘야 되는데 공교롭게도 중앙 엔진이 2분이나 일찍 꺼졌던 것이다.

이로 인해 우주비행사들과 휴스턴 관제센터에서는 발사를 취소해야 되는 것 아니냐는 소리가 나왔지만 나머지 4개의 엔진을 좀 더 오래 작동하면 정상적으로 궤도에 올릴 수 있다고 판단하면서 발사는 진행됐다. 우주비행사들과 관제센터 관계자들은 이 사소한 문제점에 대해, 13이라는 숫자의 저주를 떠올리면서 액땜한 것 정도로 치부했다. 그러나 13이라는 숫자는 결국 애를 먹이고 만다. 발사 56시간이 지난 후 지구에서 321,860㎞ 떨어진 지점이었다. 사령선* 오디세이에서 TV 방송을 막 끝냈

---

* 아폴로 우주선은 사령선·기계선·착륙선 세 부분으로 되어있다. 사령선은 우주인들이 거주하면서 우주선 전체를 통제한다. 지구에 진입할 때 유일하게 귀환하는 부분이다. 기계선은 주요 추진 장치가 있고 에너지·전기·물·식량 등을 공급한다. 착륙선은 2인의 우주인이 탑승하여 달에 착륙한다.

을 때 갑자기 기계선의 산소탱크 하나가 폭발하는 사고가 벌어진 것이다. 그야말로 3명의 우주인들의 생사의 갈림길이 시작된 것이다.

폭파된 기계선

당시 기계선에는 두 개의 산소탱크가 설치되어 있었다. 이 두 개의 산소탱크가 나란히 배치되어 있는데, 산소와 수소를 섞어주며 내부의 기체를 관리한다. 우주인들에게는 단순한 일상 업무 중 하나인 산소탱크 내의 수소와 산소를 섞어주는 과정 중에 그만 2번 산소통이 폭발하고 만 것이다. 조종사가 제2탱크의 교반기에 스위치를 넣었을 때 전선 합선으로 인해 발화가 되면서 순간 압력을 견디지 못하고 폭파되었다. 불행하게도 이 충격으로 옆에 붙어있던 1번 탱크까지 폭발해 버렸다. 우주비행사들은 조그만 운석 같은 것이 날아와 우주선에 부딪쳤을 것으로 단순하게 생각했다. 보고를 받은 휴스턴 관제센터에서도 사고가 발생했음을 알아차렸지만 역시 무엇이 폭발했다고는 몰랐다. 관제센터 본부장인 진 크랜츠는 "알았어. 우리가 해결해줄테니까 우주여행이나 계속하라구."라면서 대수롭지 않게 생각했다.

우주비행사들이나 관제센터에서는 문제가 얼마나 치명적인지 당장에는 정확한 상황 파악이 어려웠다. 일단 관제센터에서는 2번 탱크는 파손됐지만 1번 탱크까지 이상이 생겼다고는 생각하지 못했다. 하지만 무심코 창 너머를 본 러블 팀장이 우주선에서 하얀 가스가 뿜어 나오고 있는 것을 발견했다. 뭔가 큰 문제가 발생했다는 것을 파악한 러블은 관제센터에 "Houston, We've had a problem."(휴스턴, 문제가 생겼다.)이라고 보고했다. 결국 우주비행사들과 관제센터에서는 두 개의 산소 탱크가 모두 박살이 난 것을 확인했다. 전기 공급이 끊기면서 당장 사령선은 사용할 수 없게 되었다. 관제센터에서는 사실상 달 착륙을 포기하는 방향으로 가닥을 잡았다. 일단 우주비행사들에게 잠시 후 공기가 바닥날 사령선을 폐쇄하고 공기가 있는 달착륙선인 아쿠아리우스 Aquarius로 이동할 것을 지시했다. 이렇게 되면서 아폴로 13호의 예정되었던 달 '착륙 미션'은 졸지에 우주비행사들을 무사히 돌아오게 하기 위한 '생환 미션'으로 급변했다.

당장 관제센터에서 결정해야 될 문제는 우주비행사들을 어떻게 지구로 데려올 것인가란 점이었다. 우선 우주선을 그 자리에서 U턴시켜 지구로 돌아오는 방식과 달까지 운행을 계속해서 달의 뒷면을 선회한 다음 다시 지구로 돌아오는 방식이 고려되었다. 검토 끝에 관제센터에서는 즉시 U턴은 불가능하며 후자의 방식이 그나마 실현 가능하다는 판단을 내렸다. 이른바 '스윙바이' 방식으로 돌아오자는 것이었다. 이 방식은 우주선이 행성 가까이 다가가면 중력에 끌려 들어가며 속도가 빨라지는데, 이를 이용해 우주선의 속도와 방향을 조절하며 추력을 받는 것을 말한다. 이미 아폴로 13호는 달의 중력권에 접어든 상태였고,

그 자리에서 U턴을 하자면 이미 산소 탱크가 날아가면서 연료전지가 절단 난 상태에서 엔진을 한 번 점화하고 컴퓨터로 궤도를 계산하는 것 자체가 전기를 엄청나게 소모하는 일이었다.

이렇게 귀환 방법이 결정되었으나 이번에는 귀환할 때까지의 필수적인 전력 문제가 대두되었다. 산소탱크가 절단 나는 바람에 연료전지가 정상가동이 불가능한 상황이었다. 남아있는 전력은 사령선에 있는 배터리와 달착륙선의 배터리가 전부였다. 게다가 사령선에 있는 배터리는 추후 지구 재진입할 경우를 대비하여 무턱대고 사용할 수도 없었다. 이 골치 아픈 문제를 해결하기 위해 또다시 관제센터의 전 엔지니어들이 매달려 머리를 싸매기 시작했다. 결국 필수 불가결한 장비만 작동토록 하고 나머지는 모조리 꺼버리기로 결정했다. 난방 등 기초적인 건강 유지에 필요한 것은 물론이며 심지어 항법 컴퓨터마저도 필요할 때 잠깐씩만 켜기로 했다. 그나마도 전력이 달랑달랑해지자 아예 우주비행사들은 수동으로 항로를 계산할 수밖에 없었다. 어쨌든 관제센터와 우주비행사들의 피 말리는 노력 끝에 지구로 돌아올 때까지 버틸 수 있는 전력을 간신히 확보할 수 있었다.

어느 정도 상황이 안정단계에 접어들었다고 판단했을 무렵, 이번에는 이산화탄소 문제가 불거져 나왔다. 우주선에는 이산화탄소 제거기(필터)를 사용하는데, 이들이 옮겨온 달착륙선은 2명만 탑승하도록 되어 있어 3명이 내뿜는 이산화탄소를 처리할 수 있는 장치가 없었다. 달착륙선 내의 이산화탄소 수치는 쉴 새 없이 올라가고 있었다. 관제센터에서는 사령선의 이산화탄소 제거기를 달착륙선에 이식해서 문제를 해결하려고 했다. 그러나 사령선의 이산화탄소 제거기는 사각형 모양이었고 달착륙선의 제거기는 원통형이어서 서로 호환성이 없었다. 난감한 일이 발생한 것이다. 어쨌든 관제센터에서는 이 장치를 연결할 수 있는 방법을 끙끙거리면서 강구해야만 했다. 우주선 안에 있는 재료만을 써야 됐기 때문에 쉽지 않은 문제였다. 결국 하룻밤을 꼬박 샌 끝에 비행사들의 양말과 파이프를 잇는 테이프, 메뉴얼 책자 겉표지를 이용하는 등 '메일박스Mail Box'라 불리는 필터를 고안했는데 이름하여 우체통이다. 우주비행사들은 관제센터의 지시에 따라 빠르게 제작에 착수했고 결국 완성했다. 이를 통해 이산화탄소 문제도 이럭저럭 해결되었다.

이런저런 불거지는 사태를 해결하느라 정신없이 시간을 보냈지만 착륙선 내에 옹기종기 끼어 앉아있는 우주비행사들의 생존 환경은 점차 열악해져가기 시작했다. 전력소모를 줄이기 위해 히터까지 사용하지 못하게 되면서 내부 온도는 영하 이하까지 떨어졌다. 당연히 히터를 사용할 줄 알고 따뜻한 옷을 준비하지 않았기 때문에, 이들이 착용할 수 있는 보온장비는 달착륙선에 비치된 월면화와 장갑뿐이었다. 하지만 달착륙선은 원래 2명만 타도록 되어 있어 월면화와 장갑도 당연히 2켤레뿐이었다. 그래서 나머지 1명은 그냥 참고 견뎌야 했다. 이로 인해 헤이즈는 우주 감기라는 이전까지 듣도 보도 못한 희귀한 질병에 걸렸다. 식사와 물도 문제였다. 우주비행사들에게 하루 동안 주어진 식량은 핫도그 한 개와 물 3온스, 즉 90㎖였다. 일회용 종이컵의 용량은 190㎖

이다. 그러니까 이들은 하루 반 컵 정도의 물로 버틴 것이다. 원래 물은 별도로 싣고 가는 게 아니라 연료전지가 가동을 하면서 나오는 물을 정수해서 마시도록 되어 있었다. 그런데 산소가 부족하니 물이라고 잘 나왔을 리가 없었고 심지어 그 핫도그와 물조차도 영하의 기온 속에 딱딱하게 굳거나 얼음으로 변하고 말았다. 이로 인해 헤이즈는 우주 감기에다가 신장염까지 얻게 되어 귀환 후 오랫동안 후유증으로 고생했다.

이러한 고난으로 우주비행사들의 체력은 극한에 내몰렸다. 하지만 이들의 초인적인 의지와 관제센터 엔지니어들의 헌신적인 노력에 힘입어 마침내 4월 17일 지구 재진입 단계에 이르렀다. 우주비행사들은 지구 궤도에 진입하기 직전, 사령선으로 옮겨 탔다. 그리고 사령선 배터리를 이용해 사령선을 재부팅하고, 기계선을 먼저 분리했다. 이제 그동안 생명선이기도 했던 달착륙선 아쿠아리우스를 분리할 때가 되었다. 나중에 이들은 달착륙선을 분리하는 순간이 가장 슬펐다고 했다. 마치 생사고락을 같이 한 동료를 잃어버리는 것 같은 기분이었다고 술회했다. 영화에서도 이 장면이 상당히 감동적으로 묘사되고 있다.

재돌입 과정에서는 4분 정도 통신이 두절되는데, 실제로는 무려 6분 정도 깜깜이 상태였다. 착수着手하고 나서도 30초 동안 통신이 두절되었다. 피를 말리는 시간이었다. 지상에서는 그 30초 동안 우주인들은 모두 사망했을 것이라 생각하며 정적이 감돌았다. 그때 "반갑다. 휴스턴!Hello, Houston"이라는 무전이 수신되었다. 우주인들의 무전을 목메어 기다리던 가족들을 비롯하여 많은 사람들이 울음을 터트렸다. 아폴로

왼쪽부터 헤이즈, 스와이거트, 러블

사령선은 1970년 4월 17일 오후 6시 7분 41초에 사모아 섬 남서쪽 태평양 상에 성공적으로 착수했다. 미군은 항공모함 이오지마를 대기시켰고 결국 항모로부터 6.5㎞ 거리에 착수한 아폴로 13호 조종사 모두를 구조하는 데 성공했다. 닉슨 대통령은 이오지마 함으로 헬리콥터 마린 원Marine Won을 타고 날아가 아폴로 13호 미션을 '성공적인 실패Successful Failure'라고 선언했다. 재미있는 표현이었다.

사고원인과 후일담

우주비행사들이 돌아온 후 곧바로 사문위원회查問委員會가 구성되어 조사에 착수하였다. 사고발생의 원인은 탱크 내부 상태를 알려주는 유일한 관측수단인 센서기의 고장 등 여러 가지 소소한 문제가 있었으나 가장 큰 문제는 잘못된 산소탱크 히터의 온도조절장치에 부속된 전류차단장치에 있었다. 원래 28볼트가 최대 수용가능 전압으로 설계되었던 전류차단장치에 아폴로 우주선의 통용 전압인 65볼트가 넘는 전압이 계속 걸렸던 것이다. 아폴로 우주선의 통용 전압이 65볼트라는 사실은 이미 아폴로 우주선이 제작되면서 NASA가 부품업체에게 통보

했으며, 업체도 이에 따라 각종 전기규격을 65볼트로 바꾸긴 했다. 하지만 이 업체는 전류차단장치는 28볼트 전압용으로 그냥 놔두는 어처구니없는 실수를 저지른 것이다.

케네디 우주센터에서 점검할 때 전류차단장치는 처음에는 정상적으로 작동하는 것처럼 보였다. 하지만 점검이 계속되면서 28볼트용으로 제작된 전류차단장치에 65볼트의 과전압이 계속 걸리면서 전류차단장치가 녹아버렸다. 이렇게 장시간에 걸쳐서 가열이 진행된 나머지 탱크의 중앙관 속의 동선다발을 피복하는 테프론Teflon으로 된 절연체까지 녹아버렸고 이 절연체의 쪼가리들이 후에 크게 문제를 일으키고 만다. 이렇게 계속되는 케네디 우주 센터에서의 점검으로 인해 해당 산소 탱크 내부의 배선계통 피복은 모두 녹아있었으며 액체산소 위에 불이 아주 잘 붙는 테프론제 절연체 쪼가리들이 내부에서 둥둥 떠다니고 있었던 것이다. 이런 상황에서 발사 이후 56시간이 경과되었을 즈음 우주비행사가 점검 차 전류를 넣었는데 그때 산소·가연물질·전기 스파크가 합체되면서 폭발하게 된 것이다. 이어서 1번 탱크까지 폭발하는 바람에 기계선이 깡통으로 변해버린 것이다. 해당 부품업체는 당장에 잘렸다.

아폴로 13호 우주조종사 3명은 '지구에서 가장 멀리 나간 인간들'로 기네스북의 공인을 받았다. 달에 착륙하기 위해서는 아폴로 모선은 달 저궤도를 돌게 되어 있었다. 그러나 문제가 생긴 아폴로 13호는 달에 착륙하기 위해서가 아니라 달을 돌아 지구로 귀환하는 게 목적이었기 때문에 통상의 달 저궤도보다 훨씬 높은 궤도를 돌아야 했다. 이 때문에 아폴로 13호는 달 표면에서 254㎞, 즉 지구 표면에서 400,171㎞까지 나가게 된 것이다.

　　아폴로 13호가 발사되었을 때에는 이전에 아폴로 11호와 12호의 연속적인 달 착륙으로 달 탐험에 대한 대중의 관심은 시들해지고 있었다. 그래서 아폴로 13호의 발사 및 달을 향한 여정에 관해서는 매스컴에서도 별로 보도되지 않았다. 하지만 사고가 터진 이후부터는 역설적으로 세인들로부터 최초로 달에 착륙했던 아폴로 11호를 능가하는 지대한 관심을 받게 되었다. 영화 <아폴로 13> 이후 론 하워드 감독과 배우 톰 행크스 등 제작진은 의기투합하여 아폴로 계획 전체를 다룬 TV 미니시리즈 <지구에서 달까지>를 만들었다. 그 시리즈에서는 아폴로 13호 우주비행사들이 귀환 도중 죽을 고생을 하는 장면을 보여주는 한편 지상에서는 기자들이 갑자기 관심을 보이면서 어떤 설레발을 치는지를 보여주고 있다. 영화에서도 러블의 아내 마릴린이 "우리 남편이 달 간다고 할 때는 무관심하던 기자 양반들이, 이젠 우리 남편이 죽게 생겼으니까 난리들을 치고 있다."라며 기자들에 대한 환멸을 드러내는 장면이 나온다.

　　한편으론 우주비행사들이 달 착륙을 하기 전에 폭발이 일어난 것이 역설적으로 그들의 목숨을 구한 셈이 되었다. 만약 달 착륙을 한 후에 산소통이 폭발했다면, 지구로 돌아올 방법은 영영 사라졌을 것이다. 즉 아폴로 13호가 달 착륙 후 재이륙하여 착륙선을 폐기하고 달 궤도에 있던 상태에서 사고가 발생했다면 달 궤도를 탈출할 추력을 잃고 말게 되기 때문이다. 적어도 우주정거장이 만들어지고 달 궤도를 마음대로 컨트롤할 수 있는 시점이 될 때까지 수십 년 동안 세 명의 우주비행사들을 실은 관棺이 달의 궤도를 돌고 있었을 것이다. 달 궤도에서 탈출하여 지구로 귀환하던 중에 사고가 발생했더라도 착륙선이 없는 상황에서 역시 전력과 산소 부족 등으로 비행사들의 귀환은 난관을 겪었을 것이다. 다행히 지구 궤도 진입 직전에 사고가 났다면 혹시 모를 일이다.

이 사건 이후의 승무원 3명과 매팅리의 운명도 묘하게 흘러갔다. 홍역 문제가 불거지면서 졸지에 멤버에서 틸락된 매팅리와는 달리 아폴로 13호에 탑승했던 세 명은 모두 그 후로 달은커녕 추가적인 우주비행도 하지 못했다. 반면에 매팅리는 아폴로 16호에 탑승했고 우주왕복선 비행도 두 차례 더 하고 해군 소장으로 진급해서 복무하다가 전역하는 등 우주비행사로서 더할 나위 없는 화려한 행보를 보였다. 인생사 새옹지마塞翁之馬라는 말이 떠오르는 대목이다.

24장

더 포스트

불알 달린 여자, 캐서린 그레이엄

I. 영화 <더 포스트, The Post>

이 영화는 「워싱턴 포스트」의 신문 발행인 캐서린 그레이엄Katharine Graham과 편집국장 벤자민 브래들리Benjamin Bradlee가 정부가 숨기고 있던 펜타곤 기밀문서(페이퍼)를 입수하고 이 문서에 담긴 베트남 전쟁 진실을 용기 있게 보도한 실화를 바탕으로 했다. 펜타곤 페이퍼The Pentagon Papers란 미 국방성에서 작성한 미국의 베트남 전쟁 개입 관련 최고 기밀문서를 말한다.

최근에 들어서 흥행성보다는 작품성에 애착을 보이고 있는 거장

스티븐 스필버그Steven Spielberg가 이 영화의 메가폰을 잡고 다시 한 번 완벽에 가까운 연출력을 보여주었다. 스필버그 감독은 처음에 이 각본을 접하고 "이 이야기에 본능적으로 이끌렸다. 지금 당장 만들어야겠다고 생각했다." 이어서 "힘없는 여성 사주社主에서 언론 역사에서 가장 중대한 결정을 내렸던 캐서린 그레이엄 여사의 용기 있는 모습을 표현하고자 하는 것이 이 영화의 주제였다."라고 소감을 밝혔다.

영화는 「워싱턴 포스트」가 기밀문서를 손에 넣게 되지만 이를 보도하고자 하는 편집장 브래들리와 그 보도가 회사에 미칠 영향을 심각하게 고민하는 발행인 캐서린과의 갈등이 고조되면서 극적 긴장감이 조성된다. 결국 「워싱턴 포스트」는 보도를 하게 되고, 이후 「뉴욕 타임스」와 대등한 수준의 전국지로 발돋움하게 된다.

브래들리와 그레이엄

이 영화에서는 할리우드에서 연기의 신神으로 불리는 메릴 스트립Meryl Streep과 미국 국민 배우라 일컬어지는 톰 행크스가 최고의 환상적인 연기 앙상블을 보여주고 있다. 먼저 메릴 스트립은 「워싱턴 포스트」의 첫 여성 발행인 캐서린 역할을 맡아 1970년대 남성 우위의 미국 사회에서 당당히 자신의 역량을 드러내는 모습을 치밀하고도 탄탄한 연기력으로 소화했다는 평을 받았다. 또한 출연하는 영화마다 최고의 감동을 선사하는 톰 행크스가 진정한 언론인으로 추앙받는 「워싱턴 포스트」의 편집장 벤자민 브래들리 역을 맡아 영화의 완성도를 높였다.

메릴 스트립은 걸음걸이를 비롯한 모든 것이 캐서린을 떠올리게 했고 톰 행크스 역시 브래들리의 사소한 버릇까지도 완벽하게 연기했다고 「워싱턴 포스트」의 관계자들이 입을 모아 칭찬했다. 특히 캐서린의 아들인 도널드Donald 그레이엄은 "만약 어머니가 살아계셔서 메릴 스트립의 연기를 보셨다면 굉장히 만족했을 것."이라고 말했으며, 브래들리의 아내인 샐리 퀸Sally Quinn은"마치 남편이 살아 돌아온 것만 같다."라고 극찬을 아끼지 않았다.

: 간략한 줄거리

1971년, 「뉴욕 타임스」의 '펜타곤 페이퍼' 특종 보도로 미국 사회가 발칵 뒤집힌다. 트루먼·아이젠하워·케네디·존슨에 이르는 네 명의 대통령이 30년간 감춰온 베트남전쟁의 비밀이 드러난 것이다. 정부는 관련 보도를 금지시킨다. 그러나 경쟁지 「워싱턴 포스트」의 편집장 브래들리는 "우리가 보도하지 않으면, 우리가 지고, 국민도 지는 겁니다."라고 말하면서 베트남 전쟁의 진실이 담긴 '펜타곤 페이퍼' 입수에 사활을 건다. 결국 4천 장에 달하는 정부기밀문서를 손에 쥔 브래들리는 미 정부가 개입하여 베트남 전쟁을 조작한 사건을 세상에 공개해야 한다고 주장한다. 미국 최초의 여성 발행인 캐서린은 회사와 자신을 비롯한 모든 것을 걸고 고뇌에 찬 결단 끝에 역사에 남는 보도를 허가하기에 이른다.

　펜타곤 문서는 미국이 베트남 전쟁 정당화와 명분을 위해 조작되었던 통킹만 사건 내용의 진실이 담겨있었다. 이 문서를 유출한 것은 다니엘 엘스버그*라는 미 국방성의 전략연구가에 의해서였다. 그는 미국의 젊은이들이 베트남에서 무의미하게 희생되고 있는 걸 막아야겠다는 일념에서 유출했다. 「뉴욕 타임스」가 처음 보도를 했고 이어서 「워싱턴 포스트」가 후속 보도를 이어갔다. 닉슨 정부는 언론 탄압을 시작했고 정부는 국가기밀 누설 혐의로 제소, 1심에서 보도 정지 판결을 내렸다. 그러나 2심 연방 대법원은 신문사의 언론자유를 옹호하는 판결을 내렸다. 당시 휴고 블랙Hugo Black 판사는 "언론은 통치자가 아닌 국민을 섬겨야 한다."는 명언을 남기기도 했다. 이는 영화에서도 그대로 나온다.

II. 불알 달린 여자, 캐서린 그레이엄

　캐서린 그레이엄은 1917년 6월 16일 유대인 사업가이자 고급 관료를 지낸 유진 메이어Eugene Meyer와 독일 루터교 목사의 딸인 애그니스 언스트Agnes Ernst의 넷째 딸로 뉴욕에서 태어났다. 아버지는 뉴욕에서 금융계통의 사업가로 부자였고, 이후 워싱턴에서 고위관리를 지내면서

---

* 다니엘 엘스버그(Daniel Ellsberg, 1931~)는 하버드대 출신으로서 미국의 전략연구가이자 평화운동가이다. 미국의 베트남 전쟁 개입 과정을 다룬 국방성의 비밀문서 작성에 참여했다. 이후 이 문서를 유출하면서 반전反戰 여론에 불을 지폈다. 이후 반핵反核 데모에 나서면서 체포되기도 하였다.

7명의 미국 대통령과 인연을 맺었다. 그래서인지 후일 연방준비제도이 사회(FRB) 의장과 세계은행 총재 등 금융계 최고위직을 역임했다. 1933 년 경영난으로 경매에 나온 「워싱턴 포스트」를 매입하면서 언론계에도 발을 디뎠다. 「워싱턴 포스트」는 1877년에 창간된 유서 깊은 신문이었 지만 부실경영으로 재정난에 시달리다 메이어가 사들일 때에는 지역신 문으로 간신히 명맥을 유지하고 있었다. 「워싱턴 포스트」를 사들인 후 메이어는 신문의 독립성의 추구와 정확한 보도를 통하여 차츰 신문사 의 위상을 높이기 시작했지만 갈 길은 멀기만 했다.

캐서린 그레이엄

캐서린은 다섯 남매 중에서 아버지와 가장 가까웠다. 아버지는 캐서린이 다섯 살 때 당시 대통령이었던 루스벨트에게 "후에 캐서린이 깜짝 놀랄 만한 일을 보여 줄 것."이라고 말한 적이 있다. 아마도 딸 의 재능을 일찌감치 간파하고 있었는지도 모른다. 그녀는 아버지로부터는 탁월한 정 치적 감각과 뛰어난 사업 능력을, 어머니 에게는 예술적이고 사교적 감각을 물려받

았다. 부유하고 문화적인 분위기 속에서 자란 캐서린은 고등학교를 졸 업하고 당시 명문 여자 대학인 바사Vassar 대학에서 2년을 다니다가 시 카고 대학 3학년으로 편입했다. 그녀는 대학생활 동안 당시 언론자유에 대한 뛰어난 식견을 지니고 있었던 시카고대학 총장이었던 로버트 허친

스Robert Hutchins에게 매료되었으며 그로부터 언론계에서 일해 볼 것을 권유받기도 했다. 그녀는 방학 때에는 아버지가 운영하는 「워싱턴 포스트」에서 인턴사원으로 일하기도 했다.

대학을 졸업한 뒤 캐서린은 「워싱턴 포스트」에서 일하라는 아버지의 제안을 거절하고 서부로 가서 「샌프란시스코 뉴스」에 입사했다. 지금도 그렇지만 당시 샌프란시스코는 진보적 분위기로 꽉 차 있었던 도시였다. 그녀는 그곳에서 기자생활을 하면서 이전까지 부잣집 딸로 자라면서 전혀 몰랐던 사회적 부조리와 가난한 하층민들의 삶을 접했다. 그녀는 부두 노동자들과 싸구려 독주를 나눠 마시며 어울리면서 이들의 삶을 취재해 신문에 연재했다. 이때 그녀는 부모의 영향으로 막연히 지지했던 공화당에서 민주당으로 지지정당을 바꾸기도 했다. 비록 반년이라는 짧은 기간이었지만 그녀에게 독특한 사회적 경험과 한편으로는 독립심과 배짱을 키워준 토양이 되었다.

이후 아버지가 워싱턴으로 계속 돌아오라고 재촉하자 1939년, 결국은 동부로 돌아와 「워싱턴 포스트」에 입사했다. 신문사에서 그녀가 처음 맡은 일은 '독자란'으로서, 샌프란시스코에서와 같이 바닥에서 뛰는 활동적인 업무는 아니었다. 당시 보수적이었던 동부의 워싱턴 분위기는 서부와는 달리 여성의 사회활동은 극히 제한적이었고 캐서린도 이런 분위기에 순응했다. 그러는 와중에 그녀는 아버지가 점찍어둔 전도양양한 청년 변호사 필립 그레이엄Philip Graham을 만나 사랑에 빠지고 1940년 6월 5일 결혼했다. 그녀는 이제 캐서린 메이어에서 캐서린 그레이엄이 되었다. 하버드대 법대를 졸업한 필립은 제2차 세계대전 당시 태평양 전선에서 정보장교로서 종군했다. 후일 대통령이 되는 케네디와 절친한 친구 사이이기도 했다.

1946년 장인인 메이어는 아들 대신 명민했던 사위 필립에게 「워싱턴 포스트」의 발행인 자리를 물려주었다. 이후 「워싱턴 포스트」의 급격한 성장은 필립이 등장하면서부터였다. 필립은 유능한 편집장을 영입하여 신문의 수준을 높였으며 1954년에는 경쟁지였던 「워싱턴 타임스 헤럴드」를 합병함으로써 워싱턴 5개 신문사 중 만년 꼴찌의 타이틀을 떼고야 말았다. 곧이어 플로리다 TV방송국과 뉴스위크도 인수하는 등 경영 다각화를 시도하면서 몸집을 불려나갔다. 그러나 캐서린과의 결혼 생활은 그리 순탄하지는 못했다. 필립은 자사의 여기자와 공공연히 바람을 피우면서 캐서린의 속을 태웠고 아울러 조울증에도 시달리고 있었다. 결국 필립은 1963년 8월3일 권총자살로 48세의 삶을 마감했다. 그러나 훗날 캐서린은 남편의 죽음에 대해 "나는 남편을 진정으로 사랑했노라."라고 자서전에서 심경을 토로했다.

네 자녀를 키우면서 조용히 전업주부로 지내던 그녀는 결혼 23년 만에 갑자기 사회로 떠밀려 나오게 되었다. 아버지가 헐값에 사들였을 때보다 남편의 영향에 힘입어 엄청나게 성장하면서 미국의 주력 신문 중의 하나가 된 「워싱턴 포스트」가 그녀에게 덜커덕 안겨진 것이다. 대부분 여성들의 사회진출이 드문 당시, 여성들의 일자리는 많지 않았고 여성은 결혼하면 으레 집안에 들어앉는 것으로 여겨졌다. 그녀 역시 한 남자의 아내로, 2남 2녀의 어머니로 살면서 정계진출을 꿈꾸던 남편을 여필종부女必從夫의 입장에서 조용히 내조했다. 이후 아버지가 남편에게 「워싱턴 포스트」의 발행인 자리를 물려주었을 때부터 남편이 워싱턴 구석의 군소 신문사를 미국 전국지로 키워갈 수 있도록 보필했다.

이제 캐서린은 남편의 갑작스런 죽음으로 "「워싱턴 포스트」를 팔아버리던지, 다른 경영인을 내세우던지, 자신이 직접 경영에 뛰어들던지" 셋 중 하나를 선택해야 하는 기로에 서게 됐다. 그녀는 처음엔 망설였지만 고심 끝에 그동안 집구석에서 머물던 삶을 박차고 과감하게 신문사 경영 일선에 나서겠다는 결심을 한다. 나중에 그녀는 자신의 일생에서 발행인으로 나선 것이 가장 훌륭한 판단이었다고 회고했다. 그녀는 1963년 9월 20일 「워싱턴 포스트」의 발행인으로 취임했다. 남편의 죽음으로 인한 충격에서 채 벗어나기도 전에 대大신문사를 맡아야 하는 책임을 지게 된 것이다. 그녀는 후일 자서전에서 "눈을 감은 상태에서 일을 시작해서 눈을 뜨고 보니 어느새 발을 땅에 디디고 있었다."고 고백했다.

캐서린은 처음에 자신은 아무것도 모른다는 자세로 경영을 시작했다. 그래서 그녀는 누구든지 자신에게 도움이 될 만한 사람은 닥치는 대로 스승으로 삼았다. 먼저 「뉴욕 타임스」의 제임스 레스턴*과 저명

---

* 제임스 레스턴(James Reston, 1909~1995)은 미국의 전설적인 저널리스트였다. 수많은 특종기사를 취재하여 「뉴욕 타임스」의 상징적인 존재가 되었다. 「뉴욕 타임스」의 부사장으로 재직하면서 많은 유명기자를 길러냈다.

한 칼럼니스트인 월터 리프만*으로부터 저널리즘에 대해 배웠다. 또한 정치인·사업가·문화계 인사들과도 폭 넓은 관계를 맺으면서 조언을 들었다. 이 밖에 컴퓨터업계의 황제 빌 게이츠Bill Gates, 다이애나Diana 영국 왕세자빈, 투자의 귀재 워런 버핏Warren Buffett 등과도 친교를 맺었다. 특히 그녀는 워런 버핏과 밀접한 관계를 맺었다. 그녀는 일생동안 그와 자주 만나면서 투자에 대한 그의 고견을 하나도 허투루 듣지 않았다. 워런 버핏도 「워싱턴 포스트」의 주식을 매입하기 시작해서 나중에는 170만 주를 보유하면서 대주주가 되었다. 이는 「워싱턴 포스트」 소유권의 18%에 이르는 수준이다.

벤자민 브래들리

캐서린은 자신의 일생 중, 대신문사의 발행인을 맡는다는 결정 다음에 두 번째로 잘한 일은 벤자민 브래들리를 편집장으로 영입한 것이었다고 회고했다. 브래들리는 펜타곤 보고서 폭로 사건과 워터게이트Watergate 사건을 진두지휘한 인물이었다. 브래들리는 위의 두 사건이 몰고 온 엄청난 정치적 격랑 속에서 캐서린이 옳은 판단을 내릴 수 있도록 탁월한 동료였다. 한편으로는 정론직필正論直筆을 실천한 전설적인 언론인이었다. 캐서

---

* 월터 리프만(Walter Lippman, 1889~1974)은 지난 세기 미국을 대표하는 저널리스트였다. 해박한 지식과 미래를 내다보는 통찰력, 유려한 필치로 많은 글을 썼다. 1962년 퓰리처상을 받았으며 '냉전Cold War'이란 말을 처음 쓰기도 했던 20세기 최대의 논객論客이었다.

린은 자서전에서 브래들리의 강직함과 공정하고도 성실한 보도 자세, 언론인으로서 보기 드문 훌륭한 품격을 칭찬했다. 그녀는 그가 있었기에 펜타곤 보고서 폭로와 워터게이트 사건 보도가 가능했고 더 나아가 세계적인 언론사로 자리매김한 지금의 「워싱턴 포스트」와 자신이 있을 수 있었다고 했다.

그녀는 정치권으로부터의 독립성을 강조하면서도 정계와 재계, 그리고 문화계의 명사들과의 친분을 돈독히 하는데 게을리하지 않았다. 그녀는 자신의 집에서 때때로 '라운드 테이블' 만찬이라는 이름의 파티를 열곤 했다. 십여 명 정도의 저명인사들을 초청하여 '오프 더 레코드'라는 전제조건을 달고 흉금을 터놓고 속내를 말할 수 있는 자리를 마련했던 것이다. 그녀의 만찬에 초청받지 못하면 진정한 명사가 아니라는 말까지 있을 정도로 이 자리는 '워싱턴의 명물'로 소문이 나기도 했다. 17, 18세기 프랑스에서 교양과 지성으로 무장한 귀부인이 자신의 저택에서 작가·예술가·철학가·사상가 등을 불러 우아한 분위기에서 시낭송 혹은 연주회를 갖거나 담소를 즐겼던 살롱Saloon을 연상케 하는 대목이다. 실제로 캐서린은 이 만찬자리를 통해 얻은 워싱턴 정가의 흐름에 관한 정보들을 신문사 편집진에 슬쩍슬쩍 전달하기도 했다. 이 만찬자리에는 레이건 대통령이 두 번, 클린턴과 부시는 백악관 입성 직전에 초대를 받은 적이 있었다. 또한 전직 미국 대통령·외국의 지도자·외교관·행정부의 고위 인사와 이 밖에 사업가·예술인·언론인들이 이 자리를 거쳐 갔다.

차츰 신문사 사주로서 입지를 굽혀갈 무렵인 1971년부터 캐서린에게 자의적이던 타의적이던 간에 역사적인 격랑이 휘몰아치기 시작했다. 먼저 베트남 전쟁의 추악한 진실을 담은 펜타곤 기밀문서 폭로 사건이 벌어졌다. 로버트 맥나마라Robert McNamara 국방장관의 지시로 만들어진 베트남 전쟁 관련 이 극비문서에는 미국이 베트남 전쟁에 군사개입을 강화하는 구실로 삼았던 '통킹 만 사건'이 조작이었다는 놀라운 내용도 담겨있었다. 원래 이 기밀문서의 내용을 밝힌 것은 라이벌 언론사였던 「뉴욕 타임스」였다. 「워싱턴 포스트」는 한발 늦었지만, 「뉴욕 타임스」보다 더 적극적으로 취재하면서 기밀문서에 대한 기사를 쏟아냈다. 화가 치민 닉슨정부는 국가기밀 누설 혐의로 두 신문사를 제소하여 1심에서 보도정지 판결을 이끌어냈다. 두 신문사는 즉각 대법원에 항소했다.

법적인 판결이 미결인 상태에서 보도를 계속하는 것은 무척이나 위험했다. 「워싱턴 포스트」의 법률 고문 팀은 캐서린에게 대법원 판결이 날 때까지는 가급적 보도를 하지 말 것을 권유했다. 반면 기자들은 지금 당장 보도해야 된다고 주장했다. 잘못하면 신문사의 기둥뿌리가 흔들릴 수 있는 문제였다. 대법원에서 닉슨정부의 손을 들어줄 경우 신문사는 꼼짝없이 국가 기밀을 누설했다는 어마어마한 죄를 뒤집어 쓸 상황이었다. 캐서린은 기자들의 편이 되었다. 그녀는 간단하게 "계속 갑시다go ahead."라고 말했다. 이 말은 모든 책임은 자신이 짊어지겠다는 것을 의미했다. 이와 같은 사주 캐서린의 다부진 용기에 기자들은 큰 힘을 얻었다. 「워싱턴 포스트」에서 연일 관련 보도가 터져 나오고 타 신문사에서도 보도를 하기 시작했다. 이와 함께 베트남 전쟁에 반대하는 분위기도 전국적으로 펴져 나가기 시작했다. 그리고 마침내 대법원은 정부가 제소한 지 2주 후에 국민들의 알 권리가 중요하다면서 언론의 자유를 외치는 신문사들의 손을 들어 주었다. 이는 곧 「워싱턴 포스트」의 승리이자 캐서린의 승리이기도 했다.

이어서 정치계를 뒤흔드는 엄청난 대지진이 1년 뒤에 터졌다. 1972년 6월 워싱턴의 워터게이트 호텔 건물에서 소소하지만 의심스러운 사건이 일어났다. 5명의 괴한들이 민주당전국위원회 본부 사무실의 문을 따고 들어가려다 경비원에게 적발된 것이다. 당시 「워싱턴 포스트」에서 신참 기자였던 밥 우드워드Bob Woodward는 수도권 편집장인 해리 로젠펠드Harry Rosenfeld로부터 취재지시를 받는다. 곧 바로 칼 번스타인Carl Bernstein 기자가 합세한다. 두 기자는 범인들이 도청장치를 지닌 것에 대해 의아하게 생각했다. 더더구나 침입 장소가 민주당전국위원회였다. 두 기자는 범인들이 민주당 전국위원회 사무실에 도청기를 설치하려고 했던 사실과 이를 뒤에서 지휘하던 인물이 닉슨 대통령 측근이란 것도 파악했다. 사주인 캐서린은 이 사건을 즉각적으로 보도하는 것을 허락했다. 이는 결국 닉슨 정부와 「워싱턴 포스트」 사이의 3년간의 험난한 싸움으로 이어졌다.

그렇지 않아도 펜타곤 기밀문서 폭로사건으로 닉슨에게 미운털이 박혀있던 「워싱턴 포스트」에 대해 각종 비열한 압력이 가해지기 시작했다. 당시 닉슨의 선거본부장이자 나중에 법무장관이 된 존 미첼John Mitchell은 번스타인과 우드워드 기자에게 "캐서린의 젖가슴을 세탁기에 집어넣어 쥐어짜버리겠다."는 폭언을 퍼붓기도 했다. 이어서 세무조사·방송국 허가권 갱신문제·제3자에게 「워싱턴 포스트」 주식을 사게 해 경영권을 빼앗으려는 시도 등, 닉슨과 그 측근들의 전방위적이고도 집요한 압박으로 신문사는 곧 문을 닫아야 할지도 모를 위기에 봉착하고 있었다. 캐서린은 눈 하나 깜빡하지 않았다. 그녀는 이미 주사위는 던져졌기 때문에 이대로 갈 수밖에 없다면서 기자들을 독려했다. 이때 그녀가 보여준 두둑한 배짱으로 캐서린은 '불알 달린 여자Ballsy Woman'라는 아름답지 못한 닉네임까지 얻었다.

사건 초기에 캐서린은 편집실로 들어와 기자들에게 "우리가 지금 도대체 무슨 일을 하고 있지?"하고 걱정스럽게 묻기도 했지만 나중에는 확신을 가지게 되면서 틈틈이 내려와 편집국장 브래들리와 여러 기자들의 힘을 북돋아주었다. 특히 우드워드와 번스타인 기자에게는 세심한 주의를 기울였다. 당시 캐서린과 가까운 월가Wall Street의 한 친구는 그녀에게 혼자 다니지 말라는 충고를 하기도 했다. 진흙탕 같던 이 싸움의 결과는 닉슨의 목소리가 실린 녹음테이프가 공개되면서 언론의 승리로 막이 내렸다. 악전고투를 무릅쓰고 워터게이트 사건을 보도하고 닉슨과 그 측근들의 비리를 밝히는데 앞장섰던 「워싱턴 포스트」는 결국 퓰리쳐상을 받았다. 이 사건으로 워싱턴포스트는 세계적인 언론사로 거듭나게 되었다. 아울러 언론의 기본 사명을 잊지 않고 어떤 외압에도 머리를 숙이지 않는 용기 있는 발행인 상을 구현한 캐서린이라는 이름도 전 세계적으로 알려지게 되었다.

언론인으로서 캐서린은 올바른 언론을 표방하고 알려야 할 사실을 알리는 데 중점을 두었지만 그렇다고 경영인으로서 업무를 도외시한 것은 아니었다. 그녀는 언론사가 제대로 역할을 하려면 정부로부터 자유로워져야 하고 그러기 위해선 재정적으로 반드시 자립해야만 한다고 생각했다. 그러기에 그녀는 사업에도 심혈을 기울이면서 탁월한 수완을 발휘했다. 그녀는 「워싱턴 포스트」를 포천지가 선정한 '미국의 500대 기업'의 하나로 성장시켰다. 또한 워싱턴포스트 외에 신문·잡지·TV·케이블 및 교육사업 등을 망라하는 기업군으로 키워냈다. 캐서린이 발행인으로 취임할 당시 「워싱턴 포스트」는 매출액이 1억 달러에도 못 미쳤다. 그러나 30여 년 후인 1991년, 그녀가 장남 도널드에게 경영권을 넘겨줄 때는 매출액이 14억 달러 규모로 성장했다.

캐서린은 일찍부터 큰아들을 후계자로 점찍고 혹독한 경영수업을 시켰다. 도널드는 하버드대를 졸업한 뒤 베트남 전쟁에 참전한 후 경찰 근무를 거쳐 1971년 「워싱턴 포스트」에 입사했다. 이후 그는 여러 부서를 거쳐 1976년 부사장에 임명됐다. 1979년 「워싱턴 포스트」 발행인이 되었고 1991년엔 '워싱턴포스트 컴퍼니'의 CEO 자리에 올랐다. 그해 캐서린은 30년 동안의 노고 끝에 경영권을 아들 도널드 그레이엄에게 물려주고 일선에서 물러났다. 은퇴 후에도 캐서린은 언론 분야를 비롯해서 사회 각 분야에서 왕성한 활동을 펼쳤다. 그녀는 AP통신의 첫 번째 여성이사로 재임했고 이외에도 미국 신문발행인협회회장·광고주협회 이사·워싱턴 및 시카고 대학 이사 등도 역임했다.

그녀는 80세 때인 1997년 유명 인사들과의 교분 관계 등을 밝힌 자서전 『개인의 역사Personal History』를 펴내 퓰리처상을 수상했다. 그녀는 자서전에서 「워싱턴 포스트」도 여러 보도 과정에서 권언유착이 없지는 않았다고 솔직히 고백했다. 1952년 대선 당시, 아이젠하워에 대한 비판적인 사설 등을 빼도록 압력을 행사했고, 훗날 대통령이 되는 린든 B. 존슨을 위해 찬조연설을 하고 연설문을 작성하기도 했으며 케네디가 존슨을 후보로 지명하도록 영향력을 발휘한 사실 등도 열거하고 있다. 그녀는 이에 대해 그때는 그런 일이 다반사였다고 술회했지만 한편 지나친 경우도 있었음을 반성했다. 또한 「워싱턴 포스트」가 미국의 베트남 전쟁 개입을 적극 찬성하다가 반전으로 돌아선 사실도 언급했다.

캐서린은 내향적으로 보이는 외모와 달리, 필요할 땐 한 가닥 하는 성깔을 보여주기도 했다. 「뉴스위크」의 한 간부회의에 참석한 유일한 여성이었던 캐서린은 "왜 여성 참석자는 없느냐?"고 물어봤다. 그러자 한 간부직원이 "안 그래도 복잡한 일이 많은데 여자까지 회의에 참석하면 골치가 아프다."고 귀신 씨나락 까먹는 소리를 늘어놓았다. 그러자 캐서린에게서 바로 재떨이가 날아갔다. 이어서 와장창 부서지는 소리가 나면서 캐서린은 그 간부에게 "이 성차별주의자!"라고 소리쳤다. 그 사건 이후 어느 회의에서도 여성 직원들의 참석이 가능하게 되었다.

캐서린은 2001년 7월 14일, 넘어져 머리를 다친 후 수술을 받았으나 의식을 되찾지 못하고 17일 84세의 나이로 운명했다. 캐서린의 유족으로는 도널드 외에도 1명의 딸과 2명의 아들이 있고, 모두 10명의 손자와 손녀들이 있다. 캐서린의 장례식에서 「워싱턴 포스트」의 격랑기를 그녀와 함께 헤쳐나간 명콤비이자 위대한 편집국장이었던 브래들리가 손수건으로 눈물을 닦는 장면이 많은 이들의 눈시울을 뜨겁게 했다. 브래들리는 추모사에서 '위대한 신문을 만드는 것은 바로 위대한 신문사 사주'라며 그녀를 기렸다. 워터게이트 사건으로 사임한 닉슨 대통령 밑에서 국무장관을 지낸 헨리 키신저Henry Kissinger는 '캐서린은 고위 공직자들이 윤리와 사법적 규범에 따르도록 한 인물'이었다고 추모했다. 역사학자 아서 슐레진저 2세*는 "그녀는 독립적이고 부패하지 않아야 한다는 언론의 중요성을 새롭게 인식시켰다. 워터게이트 사건을 계기로 '제왕적 대통령제'가 힘을 잃었다."고 말했다.

한때 미국에서 발행부수 5위권을 자랑하던 「워싱턴 포스트」는 점차 종이신문업계의 추락과 2008년도의 경제위기의 여파로 경영난에 허덕이기 시작했다. 이후 2013년 아마존의 창업자 제프 베이조스Jeff Bezos가 「워싱턴 포스트」를 인수하여 디지털 기업으로 대변신시키면서 과거의 명성을 되찾고 있다

---

* 아서 슐레진저 2세(Arthur Schlesinger Jr. 1917~2007)는 '제왕적 대통령'이란 말을 최초로 사용한 미국 역사학자다. 냉전시대에는 미국 자유주의 철학을 정립하기도 했다. 그는 저서 『제왕적 대통령 지위』를 통해 베트남 전쟁을 수행하면서 무리하게 권력을 행사한 닉슨 대통령을 비난하고 그를 탄핵해야 한다고 주장했다. 이후에도 각종 저서와 기고문을 통해 이라크전을 비판한 그는 부시 정부로서는 '눈엣가시'와 같은 존재였다.

25장

모두가 대통령의 사람들

워터게이트 사건

I. 영화 <모두가 대통령의 사람들, All the President's Men>

이 영화는 미국 역사에서 최초로 재임기간 중 사임한 닉슨 대통령 측근들의 1972년 워터게이트 도청 사건을 취재한 밥 우드워드(로버트 레드포드 분), 칼 번스타인(더스틴 호프만 분) 두 기자의 취재실화를 그리고 있다. 영화는 두 기자가 사건 발생 2년 뒤인 1974년, 취재 내용과 비화를 엮어 만든 『모두가 대통령의 사람들』이라는 책을 바탕으로 만들어졌다. 엔딩 크레딧에 오른 각본가는 윌리엄 골드먼William Goldman이었지만 두 기자는 직접 영화의 시나리오 수정 과정에도 참여했다. 영화는 닉슨의 본격적인

낙마 과정이 아니라 이의 도화선이 되었던 워터게이트 사건 초기 7개월 간의 이야기를 다루고 있다.

　　로버트 레드포드가 제작과 주연을 겸했고, 알란 J. 파큘라 Alan J. Pakula가 감독을 맡았다. 평소 정치에 관심이 많은 로버트 레드포드가 두 기자를 설득해 원작의 판권을 사들였다. 이 영화는 49회 아카데미에서 각색상·남우조연상·미술상·음향상을 수상했다. 진정한 저널리즘이 무엇인지, 그리고 진실을 파헤치기보다는, 단지 독자가 듣고 싶어 하는 내용만을 기사화하는 그래서 기자 정신이 희미해져가는 오늘날의 저널리즘을 되짚어 보게 하는 의미 있는 영화이기도 하다.

왼쪽 칼 번스타인과 밥 우드워드

　　<모두가 대통령의 사람들, All the President's Men>이라는 영화 제목은 「워싱턴 포스트」 기자들 외에는 모두가 대통령에게 매수되었다는 것을 의미한다. 두 기자는 자사의 편집국장인 벤 브래들리에게 사건과 관련한 모든 사실을 보고하는데 그때 브래들리 편집국장이 한 말이다. 브래들리는 미 국방부에서 작성한 1급 기밀문서인 '펜타곤 페이터'에 대한 후속보도 관련 내용을 다룬 영화 <더 포스트>에서도 나오는데, 톰 행크스가 그의 역을 맡아 열연했다.

1972년 6월 미국 워싱턴 워터게이트빌딩 내에 소재한 민주당 전국위원회 본부에 도청장치를 갖고 침입한 다섯 명의 수상한 인물들이 체포된다. 취재를 담당한 「워싱턴 포스트」 기자 밥 우드워드는 이들의 심리가 열리는 재판정에서 수상한 징후를 발견한다. 그는 이 사내들이 CIA, 더 나아가 현직 대통령이자 차기 대통령 후보인 닉슨의 측근들과 연계되어 있다는 의혹을 갖게 된다. 이 사실을 보고받은 편집국장은 또 다른 젊은 기자 번스타인을 우드워드와 함께 일하도록 붙여준다.

사건의 배후를 쫓는 과정에서 우드워드는 '딥 스로트Deep Throat'라 불리는 정체불명의 정보원과 접촉하게 된다. 모든 상황을 상세히 알고 있는 듯 보이는 그는 우드워드에게 "돈의 흐름을 추적하라."라는 알쏭달쏭한 조언을 한다. 이 조언에 따라 두 기자는 다섯 명의 수상한 인물들을 움직인 돈이 닉슨 대통령의 재선위원회로부터 나왔다는 정보를 포착한다. 그리고 두 기자는 선거운동 담당 직원들에 대한 적극적인 취재를 시작한다.

영화에서 닉슨은 TV 뉴스에 비친 모습 외에는 직접 등장하지 않는다. 영화는 아직 워터게이트 스캔들이 닉슨에게 치명상을 입히기 전, 닉슨이 재선에 성공하는 장면에서 끝이 난다. 닉슨의 추락은 영화 속에서는 앞으로 등장할 미제의 사건으로 남겨진다. 영화 마지막 부분에서 두 기자는 이런 대화를 주고받는다.

"갤럽 여론 조사 봤나?"

"워터게이트 사건에 대해서는 국민의 절반도 관심이 없어."

"이건 보통 일이 아니라구. 헌법 위반의 문제이고 언론의 자유와 국가의 장래가 걸린 문제야."

   이런 이유로 두 기자는 생명의 위협을 무릅쓰고 외롭지만 진실을 향한 투쟁을 지속
하기로 다짐한다. 영화는 이런 과정까지를 묘사한다. 그리고 마지막 부분에서 닉슨 대
통령이 재선되어 취임식을 하는 TV 속에서의 장면과 한편으로는 타자기로 열심히 기
사를 쓰고 있는 두 기자의 모습을 보여주면서 막을 내린다.

II. 워터게이트 사건

   1972년 6월, 워터게이트 호텔 경비원이 건물에 괴한이 침입한 낌새
를 눈치채고 경찰에 신고하였다. 급히 출동한 경찰은 민주당 전국위원
회 본부에 침입한 배관공으로 위장한 다섯 명의 남자를 현장에서 체포
했다. 체포된 범인들은 끝까지 단순 절도임을 주장하였다. 그러나 이들
은 도청 장비를 갖추고 있었다. 또한 일당 중 한 명이 가지고 있던 수첩
에서 닉슨의 변호사인 하워드 헌트Howard Hunt의 전화번호가 발견되었
고 또 한 명은 닉슨재선위원회의 간부였다. 침입자들은 동시에 CIA에
도 줄이 닿아 있었다. 수상하기 짝이 없는 배관공들이었다. 경찰 수사
결과 이들은 3주전에도 민주당 사무실에 침입했으며, 이번 침입은 고장
난 도청기를 교체하기 위한 목적이었다는 게 밝혀졌다. 언론들의 주목
을 받으면서 FBI가 직접 수사에 착수했다.

왼편 칼 번스타인과 밥 우드워드

처음 이 사건은 대통령 선거 열풍에 휩싸여 세인들에게 큰 주목을 받지 못했다. 특히 민주당 측에서는 워터게이트 선거 사무실에 별다른 비밀문건이 없어 이 사건을 크게 문제 삼지 않았다. 그러나 「워싱턴 포스트」의 밥 우드워드와 칼 번스타인 두 기자는 '딥 스로트Deep Throat'라는 익명의 취재원으로부터 제보를 받으면서 관련 보도를 쏟아내기 시작했다. 그들은 6개월 동안 휴가도 반납하고 하루 16시간씩 일하면서 거의 매일 특종 기사를 하나씩 터뜨렸다. 한편 「워싱턴 포스트」에 대한 닉슨과 그 측근들에 의한 가공할 협박과 방해 공작이 시작되었다. 그해 1972년 대선에서 닉슨은 압승을 거뒀으나 워터게이트 사건에 대한 사법절차는 여전히 진행되고 있었다. 경찰 수사와 검사의 기소를 거쳐서 재판 끝에 1973년 1월, 도청장치를 기도한 범인들에게 유죄 판결이 내려졌다.

그리고 사건 발생 1년이 조금 못 미친 1973년 5월 7일, 고군분투한 「워싱턴 포스트」에 워터게이트 사건 보도에 대한 퓰리처상이 주어졌다. 그동안 우드워드, 번스타인 두 기자의 끈질긴 노력도 대단했지만 「워싱턴 포스트」의 사주 그레이엄 여사의 지원 사격도 만만치 않았다. 처음에는 이 사건에 대해 긴가민가하던 그레이엄은 점차 확신을 갖게 되면서 이 두 기자들을 적극적으로 지원하고 보호하는 데 앞장섰다. 또한 그녀는 워터게이트 사건 내내 닉슨 진영으로부터 각종 압력과 공갈에 강단 있게 맞섰다. 또한 편집국장 브래들리는 자칫하면 위험할지도 모르는 이 사건에 대한 기사를 냉철하게 편집하는 한편 보도 과정을 무난히 조율해냈다. 「워싱턴 포스트」의 적극적인 보도에 힘입어 선거가 끝나면서 이 사건은 점차 국민들이 이목을 집중시키기 시작했다.

드디어 그해 5월 17일부터 37일 동안 워터게이트 청문회가 시작됐다. 이 청문회는 전 미국인의 이목을 집중시킨 가운데 전국적인 화제로 등장했다. 5일째 되던 날에는 무려 미국인들의 73%가 TV 앞에 앉아 있었다. 워싱턴 정관계에서 내로라하는 증인들이 줄지어 나와 새로운 사실들을 까발리면서 워터게이트 중계방송은 점점 더 열기를 더해갔다. 각자 살아남기 위해 닉슨 행정부에 속해 있는 사람들이 줄줄이 입을 열기 시작했다. 그들은 법정에서, 상원의 진상조사위원회에서, 그리고 언론사에 관련 정보를 밝혔다. 워터게이트 사건은 점차 파국으로 치달고 있었다.

닉슨의 수석 보좌관 로버트 홀더먼Robert Holdeman과 존 에일리크먼John Ehrlichman 등이 유죄 판결을 받았다. 결국 닉슨도 깊이 관련되어 있었다는 것이 밝혀지기 시작한 것이다. 1973년 6월 25일에는 전 대통령 법률고문 존 딘John Dean이 닉슨이 워터게이트 사건 은폐에 관련되어 있다고 폭탄발언을 했다. 7월 16일에는 백악관 보좌관 알렉산더 버터필드Alexander Butterfield가 닉슨이 1971년 자신의 집무실 안의 녹음장치에 의해서 이곳에서의 모든 대화를 담은 녹음테이프가 있음을 폭로했다. 이에 따라 녹음테이프 여부에 대한 관심이 집중되기 시작했다. 이 녹음장치는 1972년 2월, 닉슨이 훗날 자유주의 역사가들이 자신의 베트남 정책을 잘못 평가할까 두려워 설치한 것인데 결국은 자승자박이 된 꼴이었다.

녹음테이프가 있다는 이 증언이야말로 닉슨 몰락의 치명타였다. 이 사건 조사를 위하여 임명된 아치볼트 콕스Archibald Cox 특별검사와 상원 특별위원회는 녹음테이프를 증거로 제출하라고 백악관에 줄기차게 요구했지만, 닉슨은 행정 특권을 들먹이며 못 내놓겠다고 똥고집을 부렸다. 그러자 콕스는 녹음테이프를 빨리 내놓으라고 열화와 같이 성화를 부렸다. 약이 오른 닉슨은 콕스의 목을 자르기로 마음먹고 엘리엇 리처드슨Elliot Richardson 법무부 장관에게 콕스 특별검사를 당장 자를 것을 명령했으나 엘리엇은 명령을 거부하고 사임했다. 장관이 사임하자 닉슨은 이번에는 윌리엄 러클샤우스William Ruckelshaus 차관에게 해임을 명령했지만, 그 역시 명령을 거부하고 사표를 냈다. 닉슨은 로버트 보크Robert Bork 차관보에게 해임을 지시하는 궁색한 지경에까지 몰렸다. 결국 보크 차관보에 의해 콕스 특별검사는 해임되었다.

20일 토요일 단 하루 동안 특별검사가 해임당하고 법무부 장관과 차관이 연달아 사퇴한 이 전대미문前代未聞의 사태를 두고, 언론은 '토요일 밤의 대학살'이라고 부르면서 닉슨의 막무가내식의 권력 행사를 맹렬하게 비판했다. 닉슨은 결국 자신의 뜻대로 특별검사를 해임하는 데는 성공했지만, 미국인들은 닉슨에게서 등을 돌렸다. 1973년 11월 17일 똥줄이 탄 닉슨은 '토요일 밤의 대학살'로 인한 악화된 여론을 잠재우려고 직접 기자회견에 나섰다. 그는 여기서 "나는 사기꾼이 아니다."라는 유명한 말을 했다. 이러한 닉슨의 전면적 부인과는 상관없이 대통령이 말한 "사기꾼"이라는 단어만 국민들의 뇌리에 콕 박히면서 여론은 오히려 걷잡을 수 없이 악화되어만 갔다.

'토요일 밤의 학살'이후 새로 임명된 특별검사 레온 자보르스키 Leon Jaworski는 연방항소법원에 이의를 제기했고, 항소법원은 이를 연방대법원에 제출했다. 그리고 8명의 대법관은 만장일치로 녹음테이프를 제출하라고 판결했다. 이 판결은 대통령의 권한과 특권의 한계를 정리한 기념비적 판결로 역사에 남는다. 결국 닉슨은 테이프를 제출했다. 이 테이프에서 닉슨이 거짓말을 한 사실이 들통 났다. 그동안 닉슨은 계속해서 워터게이트 사건 및 사건은폐 공작과의 관련성을 부인했다. 그러나 테이프에는 CIA 국장에게 직접 FBI의 수사를 방해하라고 지시하는 내용과 주변 측근들과 사건에 관해 논의하는 내용들도 있었다. 더구나 테이프의 내용 일부가 의도적으로 지워지고 내용 자체도 조작된 흔적마저 있었다.

이제 닉슨은 더 이상 빠져나갈 방법이 없게 되었다. 대통령으로서 보낸 그의 마지막 9개월은 사임을 향해 줄곧 내리막길로 굴러떨어지는 기간이었다. 급기야는 권한 남용과 사법절차 방해라는 사유로 탄핵

이라는 올가미가 닉슨의 목을 조여 오기 시작했다. 곧이어 닉슨의 탄핵안이 연방 하원에 제출되었고 하원 법사위원회는 탄핵안을 승인했다. 1974년 여름, 상원 법사위원회에서도 마침내 닉슨의 탄핵을 결정하면서 탄핵안이 상원을 통과할 것이 확실시되었다. 이날 밤 백악관에서는 닉슨의 아내와 딸, 사위가 여기서 물러서면 안 된다고 하는 등 식구들이 모두 울고불고하면서 뜬눈으로 밤을 새웠다. 1974년 8월 8일 닉슨은 기어코 사임을 발표했다.

딥 스로트와 후일담

마크 펠트

우드워드와 번스타인은 끝내 취재원을 끝내 밝히지 않았다. 이는 제보자와 처음 접촉할 때 끝까지 그의 이름을 밝히지 않겠다는 약속을 했기 때문이었다. 이들에게 정보를 준 익명의 제보자를 가리켜 흔히 '딥 스로트Deep Throat'라고 불렀다. '목구멍 깊숙이'라는 뜻의 '딥 스로트'는 1972년에 개봉된 한 포르노 영화의 제목이었다. '딥 스로트'의 정체는 2005년 5월에 한 월간 잡지에 의하여 밝혀졌다. '딥 스로트'는 당시 FBI 부국장이었던 마크 펠트Mark Felt였다. 펠트는 후버 국장이 죽자 본인이 당연히

FBI 국장이 될 것으로 생각했는데 FBI와는 업무상 연관이 없는 이력의 엉뚱한 패트릭 그레이Patrick Gray가 국장으로 임명되었다. 뿔이 난 펠트는 결국 그런 연유로 '딥 스로트'가 된 것으로 알려지고 있다. 한편으로는 그가 FBI라는 조직을 개인적인 정략으로 이용하려는 닉슨의 태도에 분노했기 때문이라는 얘기도 있다. 자세한 스토리는 2017년 리암 니슨Liam Neeson이 주연한 영화 <백악관을 무너뜨린 사나이>에서 상세하게 묘사되어 있다.

닉슨의 사임 이후 부통령 제럴드 포드Gerald Ford가 대통령직을 계승했다. 이후 포드 대통령에게 닉슨의 사면 문제가 현안으로 떠올랐다. 닉슨의 사임 후 부인·딸·사위가 백악관의 포드에게 계속 전화를 해대면서 고통스러운 나날을 보내고 있는 남편이자 아버지를 사면해 달라고 요청했다. 착한 성품의 소유자였던 포드는 닉슨 가족들의 간절한 애원을 모른 체할 수 없었다. 그는 결국 9월 8일 포드는 닉슨의 재임기간 중 범죄사실에 대해 사면 조치를 취함으로써 이 사건은 일단락되었다. 그러나 닉슨에 대한 사면결정을 국민들은 납득을 못했고 급기야 이는 포드의 재선을 가로막는 장애물이 되었다.

닉슨 본인은 워터게이트의 도청장치 설치와 관련되어서는 죽을 때까지 자신이 개입했다는 걸 부정했다. 왜냐하면 닉슨 입장에서는 대놓고 민주당 본부에 침입하여 도청기를 설치하라고 명령을 내린 적이 없기 때문이다. 대부분의 미국인들도 닉슨이 직접 지시를 내렸다고는 보고 있지 않다. 단지 도청과 관련해서 전혀 몰랐었다는 거듭되는 거짓

말에 진저리를 친 것이다. 한편 말년의 닉슨은 재임 시절 중국의 죽의 장막을 걷어 올리고 소련과 데탕트* 시대를 여는 등 세계적인 긴장완화에 큰 기여를 했고 이 밖에 정치적으로도 비범한 통찰력을 가졌다는 등 과거의 좋았던 명성을 상당히 회복하기도 했다.

---

* 데탕트détente는 불어로 완화, 휴식을 뜻한다. 제2차 세계대전 이후 미국과 소련을 양극으로 하는 냉전체제가 수립되었으나 60년대 말부터 변모의 조짐이 생겨났다. 핵확산금지조약 조인·전략무기제한협정 교섭 등으로 긴장완화 분위기를 조성하다가 1972년 닉슨의 모스크바 방문으로 미-소간의 데탕트가 실현되었다.

위트니스

미국 소수 기독교(아미시, 퀘이커, 몰몬)

I. 영화 <위트니스, Witness>

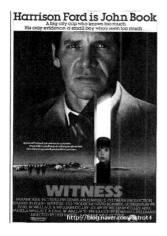

영화 <위트니스>는 흥행배우 해리슨 포드Harrison Ford의 주연 작품 중 비교적 덜 알려진 작품이다. 이 영화는 예상외로 흥행에 성공했다. 이 영화를 연출한 호주 출신의 피터 위어Peter Weir 감독의 대표작이라면 짐 캐리Jim Carrey 주연의 <트루먼 쇼>, 로빈 윌리엄스Robin Williams의 <죽은 시인의 사회>를 들 수 있을 것 같다.

피터 위어는 1970년대 오스트레일리

아 '뉴 웨이브*'영화를 이끈 인물로 손꼽힌다. 그는 문명에서 벗어난 원
시적인 세계나 시원始原적 공간과 문명이 만나는 순간을 포착하는 데
일가견이 있는 감독으로 정평이 나 있다. 이 영화는 원작 없이 얼 월
리스Earl Wallace의 오리지널 각본을 영화화했다. 월리스는 1955년부터
1975년까지 CBS TV에서 방영된 <건 스모크>라는 시리즈에서 소재를
얻어서 이 영화의 각본을 썼다고 밝혔다.

<위트니스>에서의 해리슨 포드의 연기는 그동안 여러 액션 영화에
서 보여줬던 마초적인 매력이 풍기는 캐릭터와는 또 다른 면을 보여주
고 있다. 이 영화에서는 해리슨만의 독특하면서도 부드러운 카리스마를
보여주면서 새로운 인물을 창조했다는 평을 받았다. 여주인공으로 나오
는 켈리 맥길리스Kelly McGillis는 사실상 이 영화를 통하여 그녀의 이름
을 널리 알리는 계기가 된다. 큼지막하고 선한 눈망울의 그녀 특유의 착
한 이미지가 이 영화의 여주인공 레이첼 역에 딱 어울리는 것 같다.

이 영화는 현대문명과 19세기 청교도적 문명 사이의 긴장감이 어우
러지면서 이채롭게 그려진다. 드라마와 스릴러, 그리고 로맨틱한 요소가
적당하게 어우러진 뛰어난 구성으로 비평가들에게 좋은 평을 받았고
관객들의 호응도 뛰어났다. 이 영화는 개봉 당시 미국 소수 기독교의 하
나인 아미시교의 전국위원회에서 보이콧 운동을 벌이기도 했다는 소문
이 나기도 했다. 1985년 아카데미상에서 각본상과 편집상을 수상했다.

---

* 뉴 웨이브New Wave란 1950년대 이후 일어난 일련의 "새로운 흐름"을 일컫는 영화용어이다. 프랑스에서 먼
  저 일어났으며, 이를 "누벨 바그Nouvelle Vague"라고 부른다. 프랑스어권에서는 누벨 바그라는 단어를 많
  이 쓰고 기타 국가에서는 뉴 웨이브를 더 많이 쓴다.

가운데 존, 오른쪽 레이첼

이 영화는 쫓고 쫓기는 스릴러물로서의 흥미도 빼놓을 수 없지만 한편 서로 다른 신념들이 충돌할 때 겪는 인간적인 고뇌와 갈등을 살펴보는 측면도 지나칠 수 없다. 자신이 철석같이 믿어온 세계를 더 이상 믿을 수 없게 됐을 때 겪게 되는 당황스러움, 이 영화의 밑바닥에 깔려있는 질문이기도 하다. 경찰 내부의 부패상을 목격한 경찰관인 주인공 존(해리슨 포드 분)은 자신이 고수해온 정의와 신념이 흔들리는 걸 자각한다. 반면에 여주인공 레이첼은 존에 대한 애정이 커져 갈수록 자신이 굳게 믿어온 아미시 사회의 오랜 관습과 전통에 반해야만 한다는 생각에 괴롭기는 마찬가지인 것이다.

이 영화에서 주요 배경으로 등장하는 아미시 공동체는 17세기에 신대륙으로 이주해온 개신교의 한 종파인 재세례파* 계통의 후손들이다. 이들은 자신들의 종교적, 문화적 전통을 소중하게 지키며 외부와는 단절된 채 살아가는 것으로 유명하다. 지금은 약간 달라지긴 했지만 영화가 제작되던 1985년 즈음에는 전기는 말할 것도 없고 자동차·전화

---

* 재세례파Anabaptists란 자각이 없는 유아에게 주는 세례를 비성서적이라 보고 있는 기독교의 한 종파이다. 성장한 다음에 자각적인 신앙고백이 있어야만 세례를 줄 수 있다고 주장한다.

같은 소위 현대문명의 이기들을 거부하며 살아간다. 영화를 보면 이들의 복장과 턱수염을 기른 모습과 이동 수단으로 마차를 이용하는 모습 등이 아미시 공동체의 독특한 생활상을 짐작케 해준다.

: 간략한 줄거리

미망인 레이첼의 아들 사무엘이 역에서 우연히 살인사건을 목격하면서 사건은 시작된다. 사무엘이 화장실에서 한 남자가 흑인에 의해 살해되는 장면을 목격하고, 이어서 들키기 직전까지 가는 숨 막히는 상황이 긴박하게 전개된다. 곧이어 형사 존(해리슨 포드 분)이 그 흑인이 동료 형사인 맥피라는 것을 알게 되지만 존은 도리어 맥피와 그의 부패한 동료들에게 쫓기는 입장이 된다. 총에 맞은 존은 레이첼과 함께 아미시 마을로 숨어 들어가서 부상을 치료하게 된다. 이때부터 존과 레이첼 사이의 사랑이 싹트기 시작한다.

라스트 20분 동안, 부패 형사들과 존 사이의 숨 막히는 혈투가 벌어진다. 영화는 초반부를 제외하고는 시종일관 잔잔하게 흘러가다가 마지막 부분에서 갑자기 분위기가 고조되며 긴장감이 폭발한다. 특히 존이 동료 형사인 맥피와 대결하는 장면에서는 영화의 클라이맥스를 보여주고 있다. 이윽고 추적하는 동료 형사들을 모두 물리친 존은 아미시 마을을 떠난다. 사랑하지만 맺어질 수 없는 여인을 뒤에 두고 떠나는 안타까운 장면은 흡사 정통 서부극을 보는 것 같다.

II. 미국 소수 기독교(아미시, 퀘이커, 몰몬)

아미시Amish

영화에서 등장하는 미국의 펜실베이니아 주 중부에 있는 랭카스터Lancaster는 아미시라고 불리는 종교적 공동체가 살아가고 있는 곳으로 유명하다. 17~18세기의 모습으로 살아가는 이들은 기독교의 재세례파 계열로 분류된다. 아미시는 1693년 강력한 개혁을 부르짖으며 기존 교파에서 탈퇴한 스위스의 목사 야곱 암만Jakob Ammann이 창시한 종교이다. 현재의 아미시 교인들은 유럽의 종교 박해를 피해 300여 년 전에 신대륙으로 건너온 사람들의 후손들로, 창시자의 이름을 따서 '암만파'라고 불리기도 한다.

펜실바니아 주 외에 오하이오 주·일리노이 주·인디애나 주와 캐나다에도 소수가 존재하고 있다. 미국 내 아미시는 20만 명가량으로 펜실베이니아 주에 가장 많이 거주하고 있다. 이들은 지금도 '펜실베이니아 독일어'라는 특유의 독일어 방언을 쓰고 있지만 주로 집안 내에서나 예배드릴 때 사용하고 평상시에는 영어를 사용한다. 규모와 성격이 다르지만 한국의 청학동 마을과 비슷하다. 참고로 청학동 또는 도인촌道人村이라고 부르는 이 마을은 지리산 삼신봉의 동쪽 기슭에 위치한 마을이다. 집단생활을 하고 있는 이들의 가옥은 초가집과 기와집의 형태로 되어 있으며, 의생활도 전통적인 한복차림을 고수하고 있다.

아미시 마을

아미시 공동체 주민들은 자동차·세탁기·컴퓨터 등을 사용하지 않으면서 현대 기계문명을 멀리하며 살아간다. 마차를 이동수단으로 사용하고, 농사도 말을 이용하는 옛날 방식을 고집한다. 또한 이들은 영혼이 빠져나간다고 사진도 찍지 않는다. 아미시 사람들은 다른 지역 사람들이 자신들의 삶의 방식을 케케묵은 구닥다리 방식이라고 생각하고 있다는 것을 잘 알고 있다. 하지만 그들은 오늘날 자동차와 각종 가전제품들처럼 자유로움을 주는 편리한 여러 도구들이 오히려 사람들의 삶을 얽매이게 한다고 말한다. 그래도 트랙터 같은 농기구는 사용하고 먼 친척을 만나러 갈 때는 영화에서도 나오지만, 차나 철도를 이용하기도 한다. 아이들을 워낙 많이 낳아서 그런지 한 가족이 마차에 타기가 버거워서 택시를 이용하기도 한다.

물론 이들도 오늘날의 기계문명을 거부하는 것은 여러 면에서 불편함을 안겨준다는 것도 잘 알고 있다. 이들 중에도 휴대전화를 사용하는 이들도 있고, 아이들은 몰래 소셜미디어를 이용하고 있기도 한다. 그리고 사업을 하는 이들은 e메일과 인터넷도 이용한다. 아미시 사람들이 현대 기계문명을 거부하는 것은 그 기계 자체가 나쁜 것이 아니라 그것들이 그들의 가치관과 생활방식을 무너뜨리게 할지도 모른다는 걱정 때문이다.

모든 아이들은 부모의 감독하에 직업교육을 도제식으로 받는다. 아이들은 가장 먼저 지혜와 지식이 서로 다르다는 것을 배우며 학교는 부모들이 감독한다. 아이들은 공동체에서 설립한 학교에 다니는데, 종교는 연구대상이 아니라는 취지에서 종교와 과학은 가르치지 않는다. 읽기·쓰기·계산하는 법 등 생활에 필수적인 기본지식만 배울 뿐이다. 대부분 학생은 중등교육만 이수한다. 단지 소수의 우수한 학생, 가정형편이 좋은 학생만 타 지역의 고등학교와 대학교로 진학한다. 남자는 결혼하면 콧수염을 밀고 구레나룻을 기르며, 여자는 19세기식 보닛을 쓰며, 유럽의 옛 농민의 풍속을 그대로 답습해 오고 있다. 남자들은 버클 달린 벨트를 차지 않고 멜빵으로 된 바지를 입는다. 이들이 콧수염과 버클 달린 벨트를 거부하는 이유는 과거 유럽에서 이들을 탄압하던 병사들의 버클 달린 벨트와 콧수염을 연상시키기 때문이라고 한다.

일상생활에서 18세기의 검은 모자나 검은 양복을 착용하고 예배당도 없이 각각 개인 집에서 예배를 드린다. 또한 노동을 소중하게 여기며 부를 쌓으려고 하지 않는다. 그래서 보석 등 귀금속도 없다. 절도나 강도가 없는 것도 이 때문이다. 거의 모든 성인 남자는 농장 소유주이거나 소규모 사업체를 경영하면서 스스로 생계를 이어간다. 아미시 공동체에는 범죄·폭력·알코올 중독·이혼·약물 복용이 거의 없다. 의료·노인복지 또는 8학년 이후의 교육에 절대 정부 보조를 받지 않는다. 1980

년대에는 그들의 전통적인 수제 기술들이 주목을 받기도 했다. 최근에는 그들의 오랜 전통인 유기농업이 화려하게 주목을 받으면서 뉴욕 시에 유기농 식료품점을 개점하기도 했다.

이들에게는 '럼스프링가Rumspringa'라는 독특한 성인식이 치러지는 시기가 있다. 청소년이 되면 공동체에 남을지 외부에 나가서 살지를 결정하는 시기이다. 이 기간 동안 젊은이들은 도시 생활도 해보는 등 다양한 세속적인 경험을 한다. 아미시의 교리는 교회에 대한 헌신 서약이 자유로운 선택임을 강조한다. 그래서 럼스프링가는 세속적인 삶에 대한 포기가 자발적인 것임을 보여주려는 것이다. 럼스프링가 기간이 끝나 헌신 서약을 하고 나면, 공동체는 일탈의 정도가 심한 사람들을 일탈자로 구분하면서 멀리한다. 일탈자들은 다시 돌아올 수 있으며 실제로 많은 이들이 돌아온다. 단지 일탈을 온전히 고백하고, 공동체의 관례를 존중하며 따르겠다고 서약해야 한다.

피임을 기피하기 때문에 대가족이 많다. 자녀가 1가구당 평균 5명 ~10명 정도이다. 대가족을 먹여 살리기 위해 아미시가 없는 지역으로 이주해오는 경우가 종종 있다. 아미시들은 열심히 일해 돈 벌어서 허투루 낭비를 하지도 않고, 일단 들어오면 그 동네에 잘 적응하고 있다. 술과 마약도 안 하고 법을 잘 지키기 때문에 기존 거주민들이 싫어하지 않는다. 도리어 아미시가 동네를 깔끔하게 만들어 집값이 오른다고 좋아하는 사람들이 있을 정도다. 한편 일부 지역에서는 아미시 인구가 계속 늘어날 경우 해당 지역의 개발이나 발전 원동력이 약해지기 때문에 반드시 고운 시선만으로 보고 있지는 않다.

이들은 술이나 도박을 멀리하지만 미국의 국민스포츠인 야구를 즐기기도 한다. 이 밖에 마을 대항 달리기 대회, 수확 축제, 어린이들이 엄마 손잡고 아빠 목에 타고 하는 지역축제 등도 열린다. 워낙 물의가 없고 자기들끼리 조용히 살아가고 있어 미국에서의 평판은 좋은 편이다. 아미시는 훌륭하고 정직한 농부라는 이미지도 따라다닌다. 1960년대의 반문화 저항세대인 히피들이 문명 거부 선구자로 이들을 우러러보기도 했다.

한 세기 전만 해도 북아메리카 전체의 아미시 사람은 5,000명에 불과했는데 현대문명의 이기利器를 거부하는 아미시 공동체가 갈수록 늘어나고 있다는 소식이다. 소식통에 의하면 펜실베이니아 주 등지의 몇몇 지역에 집중돼 있던 아미시 인구가 지난 20년간 2배로 증가했으며, 거주지역도 크게 늘었다고 한다. 1989년에는 북아메리카 전역 179개 정착촌에 10만 명 정도의 아미시 사람들이 살고 있었는데, 최근에는 546개 정착촌 33만여 명으로 늘어났다고 한다. 현재 미 대륙에서 가장 빠르게 성장하는 종교단체로 알려지고 있다. 앞으로도 문명세계가 더욱 진화되어 가겠지만 한편으로는 소박하고 원시적인 전원생활을 추구하는 사람들도 함께 증가할 것으로 예상된다. 일부에서는 2050년에는 아미시 추종자들의 수가 100만 명에 이를 것으로 예측하고 있다.

퀘이커Quaker

퀘이커 교는 영국인 조지 폭스George Fox가 창설한 프로테스탄트의 한 교파로서 영국에서 창시되어 아메리카 식민지로 건너간 급진적 청교도 운동의 한 부류다. 폭스는 어려서부터 구둣방, 목장주의 집에서 일하며 가난하게 자라서 학식이 별로였으나 경건하고 진실한 성품의 소유자였다. 그는 1647년 성직자나 기존교회의 형식이 없어도 인간은 내면의 빛을 통해 구원을 얻을 수 있다는 확신에 도달하면서 이러한 자신이 깨달은 진리의 빛을 전파하기 시작하였다. 그는 성경보다는 내적內的 계시를 중시하고 별도의 교리도 만들지 않았다. 예배 시간에도 인도자 없이 정해진 시간에 정해진 처소에서 침묵과 명상을 하는 방식을 택했다.

그의 순수한 열정과 신실한 모습은 당시 많은 청교도들에게 큰 감명을 심어주었다. 그래서 1652년 '친구들의 모임'이라는 퀘이커 공동체가 생겼다. 폭스는 진리의 말씀을 듣거든 '떨라quake'고 가르쳤다. 퀘이커라는 명칭은 1650년 영국의 치안판사 베네트Bennett가 조지 폭스와 그를 따르는 무리를 가리켜 '몸을 떠는 자들'이라 조롱한 데서 비롯되었다. 그의 이런 가르침과 방식은 기존의 국교도와 청교도들의 반발을 불러와 여러 차례 잡혀가기도 했다. 각지에서도 많은 박해를 받으면서 1661년까지 거의 3,000여 명이 투옥되었다. 1656년 일부 퀘이커 교도들은 박해를 피해 아메리카 식민지로 이주했다. 그러나 청교도가 뿌리를 내린 식민지에서도 이들을 철저하게 이단시했다. 매사추세츠에서는 이들을 '사탄의 사자'라고까지 규탄했다.

윌리엄 펜

그러나 식민지에 퀘이커교가 뿌리를 내릴 수 있는 절호의 기회가 찾아왔다. 귀족이자 퀘이커 교도인 윌리엄 펜*에게 국왕 찰스 2세가 식민지 땅 12만 평방킬로미터의 넓은 땅을 하사한 것이다. 이는 북한 면적과 맞먹는 크기이다. 펜의 아버지가 찰스 2세의 왕위 복권을 추진했던 공신功臣이었기 때문에 왕이 이를 잊지 않고 의리를 지켰던 것이다. 왕의 주장에 따라 그 지역은 아버지 성을 따라서 펜실베이니아Pennsylvania라 불렀다. '펜의 숲'이라는 뜻이었다. 1682년 식민지로 건너온 펜은 펜실베이니아를 '거룩한 실험'의 땅으로 삼았다. 그는 평화를 추구하는 퀘이커 교리를 실천하기 위해 다른 식민지와는 달리 먼저 인디언들과 평화 협정을 맺었다. 그리고 그리스어로 '형제애Brotherly Love'란 뜻을 가진 '필라델피아Philadelphia'란 이름의 도시를 건설했다.

이후 필라델피아는 퀘이커 교도들이 중심이 되어 보스턴과 쌍벽을 이루며 아메리카 대륙의 중심지가 되어갔다. 이때 보스턴에서 강압적인 형兄을 피해 훗날 미국 건국의 아버지라 불리는 벤자민 플랭클린Benjamin

---

* 윌리엄 펜(William Penn 1644~1718)은 찰스 2세에게 북미 신대륙의 델라웨어 강 서안에 대한 지배권을 출원하여 허가를 받았다. 이후 아메리카로 건너가 왕으로부터 허가 받은 땅을 펜실베이니아라 명명하고, 퀘이커 교도를 중심으로 종교의 신천지로 만들었다. 스스로 총독이 되었고 양원제 의회에 의한 정치를 실시했다. 필라델피아를 건설했고 인디언들과도 평화롭게 지냈다.

Franklin이 필라델피아에 도착했다. 그의 선도에 의해 여러 인쇄소가 설립되었고 신문들이 발행되면서 문화도시로 확고한 자리매김을 했다. 이 밖에 식민지 최고의 병원과 자선단체도 출현했다. 또한 퀘이커 교도들에 의해 유명한 필라델피아 화재보험 회사도 설립되었다. 이 밖에도 펜은 여러 가지 뛰어난 업적을 남겼지만 그 자신의 삶은 풍찬노숙이었고 가시밭길이었다. 반역죄를 뒤집어썼다가, 식민지 소유권을 잃었다가 하면서 갖은 풍파에 시달렸다. 말년에는 사기에 걸려 빚을 걸머지면서 영국 감옥에 갇히는 등 온갖 불행을 겪다가 1718년 영국에서 죽었다.

퀘이커교는 성직자 또는 교회라는 제도가 없이도 하느님을 내적으로 깨달을 수 있다고 주장하는, 이른바 '내면의 빛'을 중시한다. 이런 이유로 퀘이커는 그들 특유의 예배방식을 지니고 있다. 성직자의 영적 우월성을 받아들이지 않고 있어 목사·신부 같은 직제가 없다. 교인들은 주로 예배처소라 불리는 곳에서 일정한 시간에 모여 침묵과 명상으로 이루어진 예배를 드리며 어느 누구도 이끌거나 가르치지 않는다. 퀘이커교는 역사적으로 사회개혁에 많은 노력을 기울여 왔다. 여러 세대에 걸쳐 노예제 철폐·여성들의 권리 신장·금주령·사형제도 폐지·형법 개혁·정신병자들에 대한 보호 등을 주장해왔다. 특히 남북전쟁 직전, 남부의 흑인노예를 캐나다로 탈출시키던 지하조직인 이른바 '지하철도'에도 퀘이커 교인들이 다수 가담하기도 했다. 아무튼 퀘이커 교인들은 개신교가 주류인 미국 사람들로부터 별난 사람들로 간주되면서 교세도 많이 약화되었다. 현재 북미 대륙에 약 13만 명 이상의 교인들이 있는 것으로 추정되고 있다. 한국의 대표적인 퀘이커 교인으로는 함석헌*이 있다.

몰몬Mormon

몰몬 교회는 최초 미국 북동부의 버몬트 주의 작은 마을에 살고 있던 15세 소년 조지프 스미스Joseph Smith가 꾸었다는 꿈에서 시작되었다. 그에 의하면 어느 날 밤, 꿈에서 깨어나 보니 하나님과 그의 아들 예수가 나타나 기성의 종교는 모두 사람들을 기만하는 것이라고 단언했다는 것이다. 그리고 1823년 어느 날, 숲속에서 기도를 하던 중에 천사 모로나이Moroni에게 고대 기록이 담긴 금판을 얻어 신에게 신권神權과 교의敎義를 회복하는 사람으로 선택되었다고 주장했다. 그는 1830년 이 금판에 새겨진 글을 번역했다는 '몰몬경Book of Mormon'을 펴냈다. 이 책에는 새로운 종교 지도 원리가 담겨 있었다. 곧바로 스미스는 미국 뉴욕 주의 맨체스터에서 동료 6명과 함께 이 몰몬경을 들고 초기 기독교 교회의 권위와 조직을 회복하겠다는 신념으로 본격적으로 포교 활동을 시작했다.

그가 품고 있던 꿈이 이루지는 데는 17년이라는 세월이 필요했다. 몰몬교인들에게 있어 이 17년간은 가혹하기 짝이 없는 형극의 세월이었다. 학대받은 이유는 몰몬교의 교리인 이른바 신정정치神政政治가 당시 미국

---

* 함석헌(1901~1989)은 독립운동가·언론인·민중운동가·사상가·문필가로 활동했다. 1971년 『씨알의 소리』를 창간하여 1989년 군사정권에 의해 폐간당할 때까지 발행했다. 우리나라에서는 무척 보기 드문 퀘이커 신자였다.

개척민들의 정서와 동떨어졌고, 무엇보다도 그들이 채택한 일부다처제가 가는 곳마다 극도로 혐오감을 불러일으켰기 때문이었다. 처음에 스미스는 뉴욕에 교회를 건설하려다 박해를 받아 오하이오로 쫓겨났다. 오하이오에서도 주민들의 박해에 부딪쳐 도저히 견딜 수 없게 되자 1836년에는 미주리 주로 옮겨 '파 웨스트Far West'라는 정착촌을 세웠다. 그곳 주민들은 한층 더해 몰몬교인들을 '신에게 선택받은 자들'이 아니라 '간통자의 집단'에 불과하다면서 이들의 재산을 약탈하고 주택이나 농장에 불을 지르고 살인을 자행하는 등 극심한 박해를 가했다. 이윽고 1844년, 주민들로 이루어진 민병대가 지도자인 스미스를 총살시켜 버렸다.

브리검 영

이때 살아남은 신도 중에 브리검 영*이라는 용감한 사람이 있었다. 영은 교회 창시자인 스미스와 같은 버몬트 주 출신으로 일찍이 그가 교회를 세울 때 가입한 창립 멤버였다. 스미스가 죽은 후 영이 이끄는 신도들은 옛날 유대인들처럼 젖과 꿀이 흐르는 가나안을 찾아 멀고도 정처 없는 여정에 올랐다. 이들은 먼저 네브라스카로 헤치고 들어갔다가 이어서 와이오밍에서

─────────────

* 브리검 영(Brigham Young 1801~1877)는 유타 주 솔트레이크시티에 몰몬 공동사회를 건설하고 그 지도자가 되었다. 그는 유타 대학교와 브리검 영 대학교를 세웠다. 유타 주 초대 준주 지사를 역임하였고 이 밖에 금융과 상공업 분야에서 다양한 사업체를 설립하거나 설립을 지원하였다.

록키 산맥을 넘고 네바다·유타·캘리포니아 등의 여러 주에 걸쳐 있는 그레이트 베이슨Great Basin으로 들어갔다. 그리고 마침내 1847년, 솔트레이크Salt Lake 협곡의 하얀 분지를 발견했다. "이곳이야말로 우리들이 찾고 있던 장소다."라고 브리검 영은 외쳤다.

교인들은 영의 지도하에 반세기 동안 이 소금밭을 필사적으로 개간을 해서 기름진 땅을 일구는 놀라운 업적을 이루었다. 처음에 이들은 그레이트 솔트레이크를 발견하고 여기에 정착하면 물 걱정은 없겠다고 생각했으나, 정작 이 지역은 식수나 농업용수로 사용할 수 없는 소금물 호수였던 지역이었다. 하얀 평지가 바로 소금밭이었던 것이다. 하지만 주변 산 위의 만년설을 관개를 해서 담수를 얻는 등 악착같은 노력으로 점차 비옥한 농토로 만들어 나갔다. 그러나 태생적으로 일부다처제는 이들의 발전에 계속적으로 걸림돌로 작용했다. 미국인들 대부분이 이들을 정신 나간 사람들이라고 생각하고 있었다. 일부다처제는 몰몬교의 창시자인 스미스가 교회는 고대 성경 시대와 같은 조직과 신앙을 유지해야 한다는 취지에서 채택한 교리였다.

유타 주에 도착하자마자 영을 비롯한 최고 지도자 회의에서는 이 제도는 교회의 기본 교리라고 다시 한 번 천명하기도 했다. 그러나 일부 지도자들은 이 제도를 꺼림칙하게 생각하기도 했으나 대부분은 이를 받아들였다. 그러나 그들이 일부다처제를 실행하고 있는 한 연방정부의 가혹한 대우는 지속될 터였다. 먼저 연방정부에서는 준주準洲였던 유타를 주로 승격하는 것을 거부했다. 연방 의회도 일부다처제는 미국에서 형사상의 죄에 해당된다고 선언하고 몰몬교가 소유한 전 재산의 몰수도 불사한다는 태도로 나왔다.

1889년 드디어 미국 정부는 몰몬 교회의 일부다처제가 국법에 위배된다며 교회의 모든 재산을 동결하는 극약처방을 내렸다. 그러자 1890년 몰몬 교회의 4대 회장인 우드러프Woodruff는 두 손을 번쩍 들고 교회가 더 이상 일부다처제를 인정하지 않겠다는 선언문을 발표하기에 이르렀다. 1896년 클리블랜드Cleveland 대통령이 유타 주를 승인했다. 더 나아가 1904년에는 6대 회장인 조지프 스미스 시니어가 일부다처제를 옹호하는 교인에 대해서는 파문을 하겠다고 선언했다. 이후 일부다처제는 폐지되어 오늘에 이르고 있다. 현재 유타 주 주민의 60% 정도가 몰몬교인이다.

한국에서는 몰몬 교회를 1955년 한국 본부 설립 이후 '말일성도 예수 그리스도 교회'라는 명칭을 사용했었다. 말일성도라는 이름은 일본어 명칭에서 따온 것이다. 그러나 2005년 말일성도라는 호칭이 말세未世를 연상시킨다고 말일성도를 후기성도로 바꾸어 '예수 그리스도 후기성도 교회'로 공식명칭을 바꾸었다. 하지만 한국보다 먼저 선교활동이 시작된 일본에서는 '말일성도 예수 그리스도 교회'라는 명칭을 지금도 사용하고 있으며 대만과 홍콩에서는 '말일성도 예수 그리스도 교회'라는 명칭을 사용했다가 한국처럼 '예수 그리스도 후기 성도 교회'로 명칭을 바꿨다.

27장

디어 헌터

베트남 전쟁

I. 영화 <디어 헌터, The Deer Hunter>

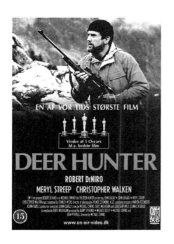

            <디어 헌터>는 약관 28세의 마이클 치미노Michael Cimino 감독이 베트남 전쟁을 소재로 하여 만든 서사적이고 감동적인 영화이다. 이 영화는 이전에 베트남 전쟁을 그린 여타 영화들과는 달리 미국의 패전 분위기를 최초로 영상화한 작품으로 많은 관심을 불러 모았다. 이 영화는 베트남 전쟁의 실체에 대한 사실적인 묘사와 등장인물들의 섬세한 내면 연기, 그리고 영혼을 울리는 테마곡인 애잔한 선율의 '카바티나Cavatina'가 깊은 감동을 안겨주고 있다.

아카데미 5개 부문(작품상·감독상·남우조연상·편집상·음향상)을 수상했다. 원래 할리우드의 유명한 시나리오 작가이기도 한 치미노 감독은 각본·제작·감독 등 1인 3역을 맡으면서 기염을 토했다. 상업적으로도 성공한 작품이었다. 이 작품이 그의 두 번째 연출 작품이라니 놀랍기 그지없다. <디어 헌터>는 3시간이 넘는 시간 동안 배우들의 뛰어난 연기가 관객들을 압도한다. 특히 로버트 드 니로·크리스토퍼 월켄Christopher Walken·메릴 스트립의 연기는 강렬하다. 드 니로의 무표정한 외면과 이에 대비되는 복잡한 내면 연기, 월켄의 러시안 룰렛 도박장에서의 광기 어린 모습, 메릴 스트립의 안타까운 감정표현 등이 인상에 남는다. 그리고 도입부문에서 장황하게 이어지는 결혼식 장면과 많은 논의 대상이 된 끔찍한 러시안 룰렛 게임도 이 영화에서 눈여겨 볼만한 독특한 시퀀스이다. 영화 초반의 결혼식과 피로연은 러시아정교회식으로 진행되는데 이 영화에 출연하는 많은 인물들이 우크라이나 이민 후손들이었다는 후문이다.

마이클과 린다

이 영화는 펜실바니아 주의 철강 공장에 다니며 휴일에는 사슴 사냥을 즐기는 평범한 세 명의 노동자들의 삶이 갑작스러운 베트남 전쟁 참전으로 인해 어떻게 변질되고 파멸되어 가는가를 그리고 있다. 전쟁이 빚어내는 잔혹한 허무감을 통해 미국인들이 순수함을 상실하는 과정을 사실적으로 묘사하고 있다. 이 영화에서 사냥의 대상인 사슴은 베트콩에게 사로잡힌 미국 병사들에 다름 아니다. 포로인 그들에게 러시안 룰렛을 강요하는 베트콩들에게는 룰렛은 심심풀이 게임에 불과하지만 미국 병사들에게는 잔인한 고문에 지나지 않는 것이다. 그래서 영화 마지막 부분에 전쟁에서 돌아온 마이클이 사슴 사냥에 나갔다가 겨누었던 총구를 거두는 것도 그 일이 연상되었기 때문이었을 것이다.

이 영화에서 관객들의 가슴을 적시면서 흘러나오는 카바티나는 일종의 주제곡으로 영화 전체의 분위기를 이끌어가는 역할을 한다. 카바티나는 오페라에 나오는 짧고 서정적인 기악곡인데 이 영화에서 삽입되면서 널리 알려졌다. 이 곡 카바티나는 1970년 스탠리 마이어스Stanley Myers가 피아노곡으로 작곡했는데 세계적인 기타리스트 존 윌리엄스John Williams의 부탁으로 마이어스가 기타 곡으로 편곡한 것이다. 이 곡은 영화 개봉 이후 클래식기타의 고전으로 자리 잡았다.

︵ 간략한 줄거리 ︶

미국 펜실베니아 주 작은 마을의 제철 공장에 다니는 마이클과 닉, 스티븐은 절친한 친구 사이다. 이들은 휴일이면 종종 사슴 사냥을 즐긴다. 이들은 스티븐이 결혼식을 마치자마자 베트남으로 떠난다. 전투 중에 이들은 모두 포로가 된다. 그리고 베트콩의 잔인한 고문과 죽음의 공포로 육신과 정신이 피폐해지기 시작한다. 리더 격인 마이클은 점점 이성을 잃어가는 스티븐과 닉을 이끌고 필사적인 탈출에 성공한다. 이후 제대를 하고 고향에 돌아온 마이클은 닉이 베트남에서 실종되었고 스티븐은 반신불수가 된 것을 발견하게 된다.

마이클은 친구들을 제대로 챙기지 못했다는 죄책감에 시달린다. 더구나 닉의 약혼 녀였던 린다(메릴 스트립 분)와 사랑에 빠지면서 그의 입장은 더욱 복잡 미묘해진다. 마이클은 행방불명이 된 닉을 찾아 다시 베트남에 돌아간다. 그곳 도박장에서 마이클은 목숨을 걸고 러시안 룰렛을 하는 닉을 발견한다. 이미 실성 상태인 닉은 마이클을 알 아보지 못한 채, 자신의 머리를 향해 방아쇠를 당긴다. 마이클은 닉의 시신을 고향으로 운반해서 장례를 치른다. 장례식장에서 모두 'God Bless America'를 부르면서 닉을 위해 건배하며 영화는 끝이 난다.

II. 베트남 전쟁

미국의 레드 콤플렉스Red Complex와 도미노 이론

베트남은 오랫동안 프랑스의 식민지로서 숱한 억압과 수탈을 당해 왔다. 제2차 세계대전 중 잠깐 일본이 점령하기도 했지만 대전이 끝난 후 프랑스는 제국주의의 미련을 버리지 못하고 베트남을 다시 점령했 다. 즉각적으로 호치민Ho Chi Minh이 이끄는 북베트남군은 무력 독립 투쟁을 시작했고, 1954년 디엔비엔푸 전투*에서 프랑스군을 패배시켰다. 긴 세월 동안 베트남을 지배하면서 단물을 빨아먹던 프랑스는 미련을 버리지 못하고 발버둥 치기도 했지만 기어코 쫓겨나고 말았다. 그러나 베트남인들의 독립의 기쁨도 잠깐이었다. 제네바 협정에 의해 베트남은 친서방적인 남베트남과 공산주의적인 북베트남으로 나누어진 것이다.

제2차 세계대전이 끝나면서 공산주의 소련에 의해 동구권에 철의 장막이 내려지고 곧바로 거대한 중국 대륙이 공산화되자 미국은 어린 아이 경기驚氣하듯 질겁을 했다. 이러다가 아시아 전체가 빨갛게 물들여지지 않을까 하는 공포가 엄습했다. 미국이 레드 콤플렉스에 빠지기 시작한 것이다. 이런 차제에 한반도에서 공산주의자들에 의해 전쟁이 터졌다. 미국은 공산주의 확산을 막기 위해 많은 피를 흘리면서 기를 쓰고 이 전쟁을 치렀다. 간신히 한반도의 공산화를 막고 한 숨 돌리는 순간, 베트남 문제가 불거져 나온 것이다.

프랑스가 쫓겨난 다음 등장한 베트남이 인도차이나반도에서 공산 세력의 거점이 될지도 모른다는 위기감이 엄습했다. 이른바 도미노 이론의 늪에 빠져들기 시작 한 것이다. 1954년 아이젠하워 대통령은 인도 차이나 정세와 관련한 기자회견에서 이렇게 늘어놓았다. "도미노를 한 줄로 세워놓고 첫 번째 패를 건드리면 마지막 패까지 몽땅 쓰러지는 것

---

* 1941년 독립운동가 호치민이 이끄는 북베트남이 공화국 정부 수립을 선언하자, 프랑스군과 전투가 벌어졌다. 결국 1954년 3월부터 5월까지 북베트남군과 나바르Navarre 장군이 이끄는 프랑스군 사이에 최후의 전투가 라오스 국경 근처에 있는 디엔비엔푸Dien Bien Phu에서 벌어졌다. 공군력을 과신한 나바르는 보 구엔 지압Võ Nguyên Giáp이 이끄는 북베트남군에 항복했고 이로써 프랑스의 인도차이나 지배가 끝났다.

은 한 순간의 일입니다." 즉 베트남이 공산화되면 인접 국가들인 라오스·캄보디아 등 인도차이나반도가 벌겋게 물드는 것은 불을 보듯 뻔한 일이라는 것이었다.

곧이어 이웃의 태국·버마·말레이시아·인도네시아도 위험해지며 궁극적으로 동남아시아 전체가 공산화된다는 것을 의미하는 것이었다. 이 이론에 집착한 미국의 정치 군사전문가들은 먼저 베트남의 공산화를 적극적으로 막아야 한다는 데 필사적이 되어 갔다. 그래서 프랑스군이 물러가자마자 미국은 베트콩(남베트남 공산 게릴라)의 공격에 시달리는 남쪽의 응오딘지엠Ngô Đình Diệm 정권을 지원하기 시작했다. 이와 같은 지원은 이미 아이젠하워 행정부 때 시작되었으며, 케네디가 암살될 즈음에는 이미 1만 6,000명의 미군이 베트남에서 군사 활동을 수행하고 있었다. 이제 케네디의 뒤를 이어 등장한 존슨 정부도 베트남 전쟁의 늪에 한 발자국씩 들여놓기 시작했다.

통킹만Gulf of Tonking 사건

1964년 8월 2일, 베트남 북부 통킹만 북부 해안 10마일 밖에서 염탐활동을 벌이던 미국 구축함 매덕스Maddox 호가 북베트남 어뢰정 3척의 공격을 받자 이에 대응하여 발포하는 사건이 벌어졌다. 매덕스 호는 즉각 대응하면서 어뢰정 1척을 격침하고 2척에 타격을 가했다. 주변에 있던 항공모함 타이콘데로가Ticonderoga 호도 가세하여 함재기들이 날아갔고 다른 구축함 터너죠이Turner Joy 호도 공격에 가세하였다. 미국은 매덕스 호가 공해상에 있었는데도 북베트남의 어뢰정이 공격했다고 주장했지만, 사실 이는 미국이 일부러 북베트남의 도발을 유인하려고 한 행동이었다.

1971년 「뉴욕 타임스」와 「워싱턴 포스트」는 이른바 펜타곤 문서(미국방부의 비밀문서)를 입수해 매덕스 호는 북베트남 영해에 있었다고 폭로한 바 있다. 8월 4일, 존슨은 즉각적으로 북베트남 폭격 명령을 내렸다. 그리고 8월 7일, 이 소식에 접한 미국 의회는 월맹의 미국에 대한 군사적 공격을 격퇴하고 이후의 공격을 사전에 차단하기 위해 필요한 조치들을 취할 수 있는 권한을 존슨 대통령에게 전폭적으로 부여했다. 미국의 '베트남 악몽'이 본격화되기 시작했다.

이어서 존슨은 즉각 대규모 전투 병력을 투입했다. 1965년 말에 이르기까지 18만 4,000명의 미군 병력이 베트남에 도착했고, 1968년에는 그 숫자가 무려 53만 8천 명에 늘어났다. 열대 정글에서의 승리를 위해 네이팜탄·고엽제 같은 비인도적 살상무기가 무진장 사용되었다. 그러나 압도적으로 우세한 화력과 병력을 가지고도 게릴라 전술로 맞서는 월맹군에 대해 미군은 결정적 승기를 잡을 수가 없었다. 전쟁이 질질 끌면서 끝이 보이지 않게 되고 사상자도 부쩍 증가하면서 국내에서 점차 반전 여론이 일어나기 시작했다.

호치민 통로Ho Chi Minh Trail

　　호치민의 북베트남이 남베트남을 패배시키고 베트남을 통일할 수 있었던 요인은 무엇보다도 남베트남 지도자들에게 만연된 부정부패와 불교의 탄압 등으로 인한 민심의 이반 등을 들 수 있다. 다음으로는 게릴라전을 능숙하게 전개하였기 때문이었다. 북베트남은 제2차 세계대전 이후 프랑스군을 몰아낸 게릴라전이야말로 미국의 막강한 화력도 이겨낼 수 있는 최고의 무기라고 판단하고 있었다. 게릴라전이야말로 오랜 옛날부터 중국군과 몽고군을 물리친 유구한 역사와 전통을 자랑하는 베트남인들의 비장의 무기이기도 했다. 이 게릴라전을 성공적으로 수행할 수 있었던 배경에는 '호치민 통로'와 '구찌 터널Cu Chi Tunnel'의 존재가 있었다. 게릴라들의 의식주 해결을 위해서는 현지 조달도 필요했지만 대부분의 전투장비 및 물자 등의 공급은 바로 '호치민 통로'와 '구찌 터널'을 통해 이루어졌다.

호치민 통로

　　호치민 통로란 베트남의 중부를 가르는 17도선에서부터 사이공 인근까지 총 1,600㎞ 길이에 달하는 군수물자 운송 경로를 말한다. 미군은 이 길을 북베트남의 지도자였던 호치민의 이름을 인용하여 '호치민 통로'라고 불렀다. 1963년 북베트남은 남쪽에서의 베트콩(viet cong, 남베트남 공산당의 약자)의 활동을 적극 지원하기로 하면서 신속히 병력과 물자를 운송키 위한 루트 개발을 서두르게 되었다. 호치민 통로의 개척은 결코 호락호락한 게 아니었다. 첩첩한 산과 빽빽한 밀림지대를 뚫는 험난하기 짝이 없는 대공사였다. 대공사가 끝나면서 북베트남에서 출발해서 캄보디아·라오스를 잇는 도로에는 물자를 수송하는 트럭이 다닐 수 있게 되었다. 이 밖에도 주유 시설 및 물자를 비축할 수 있는 중간 기착지도 갖추게 되었다. 이제 북베트남군은 이 호치민 루트를 통해서 각종 무기와 보급물자를 운반하면서 자기네들이 원하는 시간과 장소를 골라가면서 전투를 벌일 수 있었다.

북베트남은 이 호치민 통로를 십분 활용하면서 울창한 밀림으로 뒤덮인 지형적 조건을 최대한 이용한 게릴라식 전법을 구사했다. 이 호치민 통로에는 미군의 B-52 폭격기의 어마어마한 융단폭격과 고엽제 살포로 초목이 말라버린 베트남 전쟁 최대 격전지인 캐산Keh Sahn 지역을 포함한 치열했던 전투지역들이 곳곳에 자리 잡고 있다. 그만큼 미군도 베트남 전쟁에서 호치민 루트가 지니고 있는 중요성을 지나칠 수 없었기 때문이었다.

이 밖에 북베트남의 게릴라 활동과 관련하여 구찌 터널을 빼놓을 수가 없다. 베트남 전쟁이 발발하자 모든 것이 열세인 베트콩은 미군과의 효과적인 전투를 위해 구찌 터널을 최대한 활용하였다. 구찌 터널은 호치민(과거 사이공)에서 가까운 곳에 위치하는 지역으로 미군을 상대로 동시다발적인 게릴라 전술을 펼치기에 유리한 지역이었다. 원래 구찌 터널은 1948년 인도차이나 전쟁 당시 베트남인들이 프랑스에 대항하기 위해 만들어졌다. 구찌 터널의 총길이는 무려 250㎞에 이르고 깊이는 지하 3~8m까지 만들어져 있다. 내부에는 여러 층에 분산된 방들이 만들어져 있고 4층 구조로 넓게 만들어진 공간도 있다.

심지어 학교·식당·병원들까지 설치하면서 땅굴 속에서 간단한 생활도 영위할 수 있도록 되어있다. 베트콩들은 10여 년 이상 이 땅굴 터널 속에서 치열한 게릴라 활동을 펼쳐나갔다. 터널의 통로는 세로 약 80㎝, 가로 50㎝로 되어있다. 무척 협소하여 움직이는 데 불편하지만 몸집이 작은 베트남인들이 잽싸게 이동하는 것은 일도 아니었다. 덩치가 큰 미군들에게는 아주 고약한 땅굴이었다. 터널의 입구는 나뭇잎과 가지 등으로 정교하게 위장이 되어있어 외부에서 쉽사리 발견되지 않는다. 베트남 전쟁 당시, 미군기지 바로 밑으로 터널이 지나가기도 했으나 미군들은 땅굴의 존재를 까맣게 몰랐다. 현재 이곳은 베트남의 인기 관광코스로 개발되어있다.

북베트남의 구정 공세

북베트남군과 베트콩은 1968년 설 연휴 동안에 미리 잠입한 병력을 투입하면서 남베트남 주요 도시에 파상적인 공격을 감행했다. '테트 Tết 공세'라고도 한다. 이 구정 대공세는 베트남 전쟁의 분수령을 이루는 사건이었다. 1968년 1월 31일 새벽 2시 30분, 19명의 베트콩이 사이공의 미 대사관 정문을 택시로 뚫고 들어갔고, 한편으로는 담장을 폭파시킨 후 총을 난사하며 대사관 건물로 돌진했다. 미국을 대표하는 건물이 싸움판이 되었다. 대사관을 지키던 해병대원들과 치열한 총격전이 벌어졌고, 미 해병 5명이 사망한 끝에 침입자들을 간신히 격퇴할 수 있었다.

이 광경을 본토에서 미국인들은 TV를 통해 생생히 지켜보고 있었다. 미국인들은 경악했다. 그동안 미국이 베트남 전쟁에서 연전연승하고 있다는 보도들이 모두 새빨간 거짓말이 아닌가 하고 의심하기 시작한 것이다. 미 대사관 공격을 신호탄으로 베트콩 특공대가 사이공의 탄손누트Tan Son Nhat 공항, 남베트남 정규군 사령부, 대통령궁을 차례로 급습했다. 문화와 종교의 중심지인 옛 도시 후에Hue에서는 5,000여 명의 북베트남 정규군이 점령했다. 남베트남의 중소도시 13개가 베트콩에게 함락되었다.

후에 시가지 전투

구정 공세는 10일쯤 지나서 막을 내렸다. 미군은 적의 전사자가 3만 7,000여 명이라고 발표했다. 미군 전사자는 2,500여 명에 불과했지만 문제는 그게 아니었다. 이번 기습공격은 백악관은 물론 미국 국민들에게 깊은 충격과 회의 懷疑를 안겨줬다. 실제 구정 공세는 북베트남이나 베트콩 측으로 볼 때 는 군사적인 면에서 완패였다. 그러나 군사적 득실을 떠나서 미국의 TV 를 비롯한 각종 매체들은 너도나도 이 구정 대공세를 미국의 결정적인 패배라고 떠들어대기 시작했다. 어떤 매체는 구정 공세야말로 베트콩 들에게는 '제2의 디엔비엔푸'라고까지 비아냥거렸다.

「타임」은 이렇게 보도했다. "놀라운 일이었다. 감쪽같이 사라져 흔 적을 찾아볼 수 없었던 적군이 갑자기 전국 도처에서 출현하면서 동시 다발적으로 공격을 감행했다." 남베트남에서 벌어지고 있는 이들 격렬 한 전투장면은 특파원들의 보도를 통해 생생하게 미국 국민들에게 전 달되고 있었다. CBS 텔레비전에서는, 자애로운 아저씨 인상의 존경받 는 뉴스 앵커 월터 크롱카이트Walter Cronkite가 현장중계 방송을 하면서 이렇게 물었다.

"도대체 지금 무슨 일이 벌어지고 있는 겁니까? 저는 그동안 미국 이 베트남 전쟁에서 이기고 있다고 철썩같이 믿고 있었습니다. 그런데 이게 도대체 무슨 일입니까? 바로 이 순간 미국 대사관이 유린당하고 있습니다."

당시 남베트남에는 50만 명이 넘는 미군과 한국을 비롯한 몇몇 지 원국의 병사들, 그리고 남베트남 정규군 등 무려 100만 명이 넘는 병사 들이 도처에 포진되어 있었다. 그리고 미국은 엄청난 전비를 끝도 없이 쏟아붓고 있었다. 그런데도 소리도 없이 나타난 수만 명의 북베트남 병사들과 베트콩에게 속수무책으로 기습을 당한 것이다. 한편으로는 쉽게 끝나리라고 예상되던 베트남 전쟁은 끝날 기미가 안 보이면서 젊은 미군 병사들의 주검이 속속 본국에 도착하고 있었다. 여기에 대사관까지 유린당하기 직전까지 몰리게 된 것이다.

그제서야 미국인들은 이 전쟁이 정의롭지도 않으며 도덕적이지도 못하다는 실체를 깨닫기 시작했다. 군사전문가 브라이언 젠킨스Bryan Jenkins는 이렇게 말했다. "베트남에서 미국은 공산군과 싸우는 것이 아니라, 오랜 세월 동안 독립운동을 지속해온 베트남의 민족주의자들과 싸우고 있는 것이다." 대학가를 필두로 전국적인 반전운동이 동시다발적으로 일어나기 시작했다. 수십만 명의 젊은이들이 징병을 거부했고 베트남 전쟁을 둘러싸고 미국 사회가 분열되고 반목하기 시작했다. 온 미국이 벌집 쑤셔놓은 것처럼 난리 법석을 떨고 있었다. 결국 존슨 대통령은 굴복했다. 그는 베트남 주둔 미군을 현 수준에서 동결하고, 북베트남에 대한 공습을 제한하며, 평화협상을 모색한다고 발표했다. 그리고 자신은 그해 대통령 선거에 나서지 않겠다고 선언했다. 그해 가을 대선에선 공화당 후보 리처드 닉슨이 당선됐다.

베트남 전쟁의 종결

닉슨은 취임하자마자 베트남 전쟁의 종식을 위해 미군의 단계적 철수를 발표했다. 그리고 우여곡절 끝에 드디어 1973년 1월 27일 종전

협정이 체결되었다. 그해 8월부터 인도차이나반도에서 미국의 군사적 행동을 일체 금지했고, 1973년 말까지 거의 모든 미군이 베트남에서 철수했다. 그러나 불행하게도 남북 베트남 간의 전쟁은 계속되고 있었고 주도권은 북베트남이 쥐고 있었다. 1975년 1월, 북베트남군의 대공세가 시작되어 4월에는 남베트남의 북쪽 절반이 공산군의 수중에 넘어갔다. 사이공 함락이 눈앞에 닥치면서 미국인들은 해로와 공로를 이용해 황급히 베트남을 빠져나왔다. 티우Thieu 대통령은 타이완으로 꽁지 빠지게 도망갔다.

4월 30일 남베트남 정부는 드디어 무조건 항복을 선언했고 북베트남군의 탱크가 굉음을 울리며 대통령궁으로 굴러 들어갔다. 10년간에 걸친 베트남 전쟁은 관련된 모든 국가들에 가혹한 희생을 가져다주었다. 남베트남 정부군 25만이 사망하고 60여만 명이 부상당했다. 북베트남의 경우는 희생이 더욱 커 90만 명의 병사가 사망하고 200만 명이 부상당했다. 수백만 명의 민간인들이 목숨을 잃었다. 네이팜탄 폭격과 고엽제 살포로 전 국토가 거의 황폐화되고 말았다. 한편 미국은 4만 7,000명의 미군이 사망했고, 30만 명이 부상당했다. 10년간 전쟁을 치르는 데 무려 2,000억 달러의 천문학적인 돈이 들어갔다. 그럼에도 불구하고 결과는 참담한 패배였다.

케네디와 존슨 정부에서 국방장관직에 있으면서 베트남 전쟁을 치렀던 로버트 맥나마라Robert McNamara는 전쟁이 끝난 후 25년 뒤에 쓴 회고록『과거를 돌아보며 : 베트남 전쟁의 비극과 교훈In Restospect:The

Tragedy & Lessons of Vietnam』에서 패전 요인을 다음과 같이 요약했다.

첫 번째, 월맹과 베트콩이 정글이라는 지정학적 이점을 십분 활용하고 있음을 미국은 처음부터 모르고 있었다. 두 번째, 남베트남 지도층이 미국식 자유와 민주주의를 추구하는 것으로 잘못 판단했다. 그들이 필사적으로 공산군과 싸울 준비가 돼 있는 것으로 착각한 것이다. 세 번째, 미국은 오랜 식민지 지배하에서 저항하면서 뿌리내린 베트남의 민족주의를 이해하지 못했다. 북베트남과 베트콩은 미국과의 전쟁에서 그들의 독립을 위해 언제든지 목숨을 바칠 수 있다는 대의에 충만해 있었다. 네 번째, 미국은 베트남의 역사·문화·정치·종교·습관·정서 등을 간과하거나 무시했다. 다섯 번째, 미국은 비록 재래식 무기이지만 사기가 충천한 북베트남과 베트콩을 상대로 최첨단 무기를 비롯한 무진장하게 쏟아부을 수 있는 화력을 너무 과신했다. 여섯 번째, 미 정부는 국민들에게 애초부터 베트남 전쟁의 의의·정당성·필요성을 이해시키지 못했다. 일곱 번째, 대규모 군사 개입 후에도 베트남에서 어떤 일이 일어나고 있는지를 국민에게 소상하게 알리지 못해 군사 행동에 대한 미국인들의 지지를 받지 못했다. 여덟 번째, 미국은 자국의 안보에 직접적인 위협이 되지 않는 이 전쟁에서 국제적 협조와 호응 없이 독단적으로 전쟁을 치렀다.

호치민을 오판한 미국

미국이 막대한 희생을 치루고 패배하면서 베트남에서 철수했을 때, 초기에 미국이 호치민의 제안을 거들떠보지도 않으면서 전쟁을 피할 수 있는 황금 같은 기회를 놓쳤다는 이야기들이 속속 터져 나왔다. 일본의 패전이 점차 가시화되던 1944년 초, 베트남의 독립운동을 이끌던 호치민은 중국의 남부 쿤밍昆明에서 처음으로 미국과 접촉을 하기 시작했다. 접촉 대상은 CIA 전신인 OSS(전략 사무국)의 인도차이나 담당관이자 정보장교인 패티Patty 소령이었다. 호치민은 패티를 만나 자주 이런 이야기를 했다. "베트남 사람들은 미국 사람들을 좋아하며 미국을 지지한다. 미국 사람들에게 베트남 사람들의 충정을 잘 전해 달라. 베트남 사람들은 결코 미국과 싸우지 않을 것이다."

당시 호치민은 미국에 대해 존경심을 갖고 있었으며 베트남 독립선언문에 "모든 사람은 평등하게 태어났다. 사람들은 모두 생명·자유·행복을 추구할 천부의 권리를 조물주에게 부여받았다."라는 미국의 독립선언서에 나와 있는 구절들을 집어넣기도 할 정도였다. 원래 루스벨트 대통령은 영국과 프랑스 등 제국주의 국가들의 식민지 지배에 관하여 반감을 갖고 있었고 제2차 세계대전이 끝나면 이들 국가들의 식민지 통치에 대하여 손 볼 생각도 갖고 있었다. 호치민은 이를 잘 알고 있었던 것이다. 오랜 세월을 오로지 독립운동에만 평생을 바쳐왔던 그가 이런 미국에 기대를 한 것은 당연한 일이기도 했다.

호치민에 관한 이러저러한 내용을 담은 패티의 보고서가 여러 차레 국무부에 도착했지만 관계자들은 애초부터 이 보고서를 깔아뭉갰다. 호치민에게 된통 혼쭐이 난 프랑스가 호는 빨갱이라고 계속 쏘삭거리는 바람에 미 국무부는 호치민이 공산주의자라고 철썩 같이 믿고 있었다. 더구나 그때 미국은 레드 콤플렉스에 휩싸여 있을 때여서 패티의 보고서는 거들떠보지도 않았다. 패티의 뒤를 이어 부임한 화이트White 소령도 호치민과 여러 번 만남을 가졌다. 화이트는 베트남 전쟁이 막바지에 접어든 1972년 상원 청문회에서 이렇게 말했다.

"호치민은 민족주의자였으며 공산주의 자체에 큰 비중을 두고 있는 것 같지 않았다. 그는 비록 소련으로 가서 마르크스와 레닌을 공부했고 한때 공산주의 이상을 선호했지만 공화국 체제를 갖춘 민족주의를 지향하고 있었다." 청문회에 나왔던 사람들은 이 말을 듣고 기가 막혔다. 왜 이런 얘기가 이제야 나왔느냐 하면서… 그러나 이미 미국은 막대한 희생을 치른 뒤 발을 빼기 시작하던 때였다. 미국 사람들이 호치민의 이러한 실체를 알게 되기까지 30년이라는 긴 세월이 지났다는 사실은 안타깝기만 하다. 베트남이나 미국에게 엄청난 희생과 고통, 그리고 비극을 안겨주고….

호치민은 1890년 베트남 중부 호앙쭈Hoang Tru라는 작은 마을에서 출생했으며, 본명은 '응우옌신꿍Nguyễn Sinh Cung'이었다. 어린 시절 어머니가 죽고 독립운동가인 아버지는 관직에서 면직되면서 빈곤하게 살았다. 사춘기가 지나서 프랑스 증기선 아미랄 트레빌Amiral Treville 호의 주방에서 일하며 여러 나라를 다니며 인생 경험을 쌓았다. 이후 런던 등

호치민

지에서 밑바닥 인생을 전전했고 1919년 제1차 세계대전이 끝나면서 파리에 정착하였다. 그곳에서 정원사·웨이터·청소부 등으로 일하며 '응우옌 아이 꾸옥Nguyễn Ái Quốc'이란 이름으로 사회주의 운동을 시작한다. 그는 생전 50여 개가 되는 가명과 필명 등을 사용했다.

1924년 모스크바로 가서 코민테른*에 적을 두고 공산당 혁명사상을 접했다. 이후 그는 중국 남부 및 태국 등 베트남 주변을 돌아다니면서 혁명운동을 계속한다. 눈에 불을 켜고 쫓아다니는 프랑스 경찰 때문에 고국으로 들어갈 수가 없었다. 그는 중국 남부에 근거지에 근거지를 만들어 베트남 혁명청년동지회를 결성했고 이곳에서 훈련받은 베트남인들을 베트남의 지하조직으로 내보냈다. 1941년 기어코 고국에 잠입해서 베트남독립동맹을 결성하여 해방을 위한 본격적인 독립운동에 들어갔다. 이때부터 '호치민'이라는 이름을 사용하게 된다.

일본이 패망하고 물러난 후 1945년 9월, 호치민은 베트남민주공화국의 독립을 선언하면서 정부 주석으로 취임하였다. 1954년에는 직접 프랑스에 대한 항전을 지휘하여 독립을 지켜냈지만 완전한 독립에

---

* 코민테른Comintern은 공산주의 인터내셔널Communist International의 약칭이다. 레닌에 의해 1919년 모스크바에서 창립되었다. 각국의 공산당에 그 지부를 두고 공산주의 혁명운동을 지원했다.

이르지는 못했다. 관련된 여러 국가들이 참여한 제네바 회담에서 베트남은 17도 선을 경계로 남북으로 분할되었기 때문이었다. 곧이어 미국이 남베트남을 지원하면서 피비린내 나는 베트남 전쟁이 시작되었다. 당시 호치민은 정계 일선에서 물러났으나 여전히 막후에서 영향력을 행사하고 있었다.

그러던 중 1969년 9월 2일, 3년 후 조국이 통일되는 것을 보지 못하고 파란만장했던 독립운동가의 일생을 마감했다. 하노이는 121개국으로부터 2만 2,000통의 조문 메시지를 받았다. 우루과이의 한 신문에서는 "그는 우주만큼 넓은 심장을 가진 사람이었으며, 특히 어린이들에 대한 끝없는 사랑을 가진 사람이었다. 그는 모든 면에서 소박함의 모범이었다." 「뉴욕 타임스」도 "그와 가장 심하게 적대적인 관계에 있던 사람들조차 이 체구가 작고 허약한 호 아저씨에 대해 존경과 숭배의 감정을 갖지 않을 수 없었다."라고 보도했다.

그는 생전에 옛 프랑스 총독의 관저를 주석궁으로 해서 거주하기를 원했던 당의 간절한 요구를 단호히 물리치고, 총독관저의 정원사가 살았던 초라한 집에서 무소유無所有의 삶을 살았다. 호치민은 낡은 옷을 기워 입었고, 폐타이어를 잘라 신발을 만들어 신었다. 그의 집무실에는 고물 라디오 한 대와 책 몇 권이 있는 게 전부였다. 그는 유언장에서 자신을 위해서 동상을 만들지 말고, 무덤도 만들어서는 안 되며 화장을 해서 그 재를 베트남 북부·중부·남부에 나누어서 뿌려달라고 했다. 그러나 후임자들은 그의 희망과는 달리 그의 시신을 방부제로 처리해서 기념관에 보존했고 동상도 세워놓았다.

살아생전에 한없이 소박하고 진실했고 친절했던 그를 베트남 사람들은 '호 아저씨(월남어로 박 호Bac Ho)'라고 불렀다. 지금도 그들은 '국부'라고 부르기보다는 '호 아저씨'라고 부르는 것을 좋아하고 있다.

28장

플래툰

미라이 학살 사건

I. 영화 <플래툰, Platoon>

영화 <플래툰>은 올리버 스톤Oliver Stone 감독이 직접 베트남 전쟁에 참전했던 생생한 경험을 바탕으로 직접 각본을 쓰고 메가폰을 잡으면서 만든 수작이다. 이 영화는 19세의 한 젊은 병사의 눈을 통해 베트남 전쟁을 벌거벗은 날것 그대로 묘사한 역사상 가장 강력한 전쟁영화 중 하나로 손꼽히고 있다. 동시에 이 영화는 10년 동안 이 대본을 쓰면서 고투했던 스톤의 개인적인 승리라고도 볼 수 있다. 스톤은 베트남 전쟁에서 두 번이나 부상을 당하고 '퍼플 하트purple heart'훈장을 받고 귀국했다. 이

훈무 복무 도중 전사했거나 부상을 입은 상이군인들에게 수여한다. <플래툰> 이후 스톤은 그의 베트남 전쟁 삼부작인 <7월 4일생>과 <하늘과 땅>을 완성한다.

1987년 당시 아카데미 4개 부문(최우수 작품상·감독상·편집상·음악상)을 수상했다. 역사적으로 베트남 전쟁은 20세기 후반, 미국에서 도덕적으로나 정치적으로나 가장 논란이 되었던 이슈였기에 <지옥의 묵시록>, <디어 헌터>, <귀향>, <풀 메탈 자켓> 등의 많은 명작들이 탄생되었다. 그러나 <플래툰>만큼 베트남 전쟁을 직시하고 리얼하게 묘사한 작품은 없었다. 2019년에는 미국 의회도서관의 'National Film Registry'에서 영구히 보존하는 영화로 선정되기도 했다.

이 영화는 감독이 베트남 전쟁 경험자였던 만큼 양민 학살 등 충격적인 장면이 여럿 등장한다. 특히 가장 화제가 되었던 것은 프래깅frag-ging이라고 불린 고의적으로 상관을 사살하는 장면이었다. 영화 후반부에 주인공 크리스(찰리 쉰Charlie Sheen 분)가 반즈(톰 베린저Tom Berenger 분)를 사살하는 장면이 나오는데 실제로 이 장면은 미국 보수층을 중심으로 엄청난 반발을 불러일으켰다. 실제로 베트남 전쟁에서는 이런 군기문란 사건이 비일비재했다.

이 영화에서는 소대원들이 두 하사관에 의하여 둘로 나누어져 으르렁거리고 있다. 전쟁의 악몽에서 탈피하기 위해 마약을 사용하지만 아직 손상되지 않은 휴머니즘을 지니고 있는 엘리어스(윌렘 데포Willem Dafoe 분)와 생존을 위해서라면 어떤 폭력도 불사하는 반즈가 그렇다.

크리스

주인공 크리스는 처음에는 반즈의 남자다움에 끌리지만 점차 정의로운 엘리아스에 기울어져 간다. 영화 마지막 장면에서 크리스는 귀환하는 헬리콥터에서 다음과 같이 독백한다. 이 독백은 피 터지고 살점이 찢겨나가는 살육의 현장을 겪으면서 깨달은 그의 마음을 그대로 보여준다. 한편으로는 스톤 감독이 말하고자 하는 이 영화의 주제이기도 하다.

"이제 돌이켜보면 우린 적군과 싸우고 있었던 것이 아니라 우리끼리 싸우고 있었습니다. 적은 우리 안에 있었습니다. 이제 전쟁은 끝났으나 그 상흔은 남은 평생 동안 내 마음속에 남아있을 것입니다. 살아남은 자에게는 그 전쟁을 다시 떠오르게 할 것이고… 우리가 경험했던 것들을 남에게 알려줘야 하며… 생명의 존귀함을 찾아야 할 의무를 우리 모두에게 알려줍니다."

처음에는 제작사인 오라이언 영화사Orion Pictures Corporation나 배급을 맡은 컬럼비아사에서는 이 영화를 그다지 기대하지 않았다고 한다.

왜냐하면 비슷한 시기에 베트남 전쟁을 소재로 다룬 거장 스탠리 큐브릭*의 <풀 메탈 재킷>이 만들어진다는 소식이 있었기 때문이었다. 당시만 해도 감독으로는 신참이었던 스톤이어서 모두들 이렇게 성공할 줄은 몰랐기 때문이었다. 배우들도 모두 겸사겸사 동남아시아에서 적당히 즐기고 오자는 분위기였다. 막상 개봉을 하자 대박을 쳤다. 제작비는 겨우 600만 달러였으나 북미에서만 무려 1억 3,900만 달러를 벌어들였다. 한편 <풀 메탈 재킷>은 1,700만 달러 제작비로 북미 흥행 4,650만 달러에 그쳤다.

주인공 크리스로 나오는 찰리 쉰은 베트남 전쟁 영화 <지옥의 묵시록>에서 주인공으로 나오는 마틴 쉰Martin Sheen의 아들이다. 부자父子가 베트남 전쟁을 배경으로 하는 대표적인 두 영화에서 주인공으로 나온 것이다. 이 영화에서 반즈 중위로 나온 톰 베린저와 엘리아스 중위로 나온 윌렘 데포의 탁월한 연기는 이 영화의 완성도를 높이는데 뛰어난 공헌을 하고 있다. 영화 곳곳에서 흘러나오는 새뮤얼 바버Samuel Barber의 '현을 위한 아다지오Adagio for Strings'는 어느 전쟁영화음악보다 관객들의 심금을 울리고 있다. 영화 초반 비가 내리는 가운데 미군 주둔지와 주변 풍경이 펼쳐지면서 이 음악이 흘러나온다. 강한 열대성 빗줄기, 멀리서 들려오는 포성 소리와 함께 이 선율은 관객들에게 기가 막힌 울림으로 다가온다.

---

* 스탠리 큐브릭(Stanley Kubrick, 1828~1999)은 20세기 최고의 거장 중 한 명으로 꼽히는 감독이다. 그의 작품이 국내에 널리 알려진 것은 영화 <스팔타커스>를 통해서였다. 그의 <2001년 스페이스 오딧세이>는 현재까지도 가장 독창적이며 실험적인 SF의 고전으로 추앙받고 있다. 숨질 때까지 현장에서 살다간 그의 마지막 작품은 톰 크루즈Tom Cruise와 니콜 키드만Nicole Kidman이 주연한 <아이즈 와이드 샷>이었다.

영화 중반부 엘리어스 중사를 극도로 증오하는 반즈가 엘리어스를 살해하고 헬기를 타고 철수한다. 그러나 가까스로 살아남은 엘리어스가 자신만 홀로 남겨두고 떠나는 전우들의 헬기를 바라보며 양손을 들고 애타게 구원의 손길을 뻗으며 절규하는 장면이 나온다. 이 장면에서 흘러나오는 아다지오야말로 잊을 수가 없을 정도로 강렬하다. '현을 위한 아다지오'는 이 영화 이후 많은 대중들의 사랑을 받아 오고 있다.

ː 간략한 줄거리

가난한 사람들만 징집되어 베트남 전쟁에서 총알받이로 내몰리는 현실이 못마땅했던 대학생 크리스는 자원입대한다. 베트남의 전쟁터에 도착한 크리스는 시체가 널브러져 있는 참혹한 전쟁터의 현실을 목격하고 한편으로는 반쯤 미쳐있는 듯한 고참들에게 부대끼기도 한다. 그럭저럭 선임인 엘리어스를 비롯한 여러 전우들 덕분에 현실에 적응해나간다. 하지만 전쟁의 잔혹함과 하나둘씩 죽어가는 동료 병사들을 보면서 전쟁이 시궁창에 다름없음을 절실히 깨닫게 된다. 그러던 중 수색정찰 도중 부비트랩에 병사 두 명이 당하고, 후미의 대원 하나는 베트콩에게 처참히 살해된 채로 발견된다. 병사들이 분노한 가운데, 근처에 있던 마을을 수색하던 병사들은 마을의 민간인들이 무고한 양민이 아니라 베트콩 의심자 내지 협력자들로 인식한다. 병사들은 반즈 하사의 주도하에 이들을 도륙해버린다. 그리고 마을을 불질러버리고 나머지 주민들을 모두 추방해버린다.

뒤늦게 나타난 엘리어스가 항의하면서 반즈와 주먹질을 벌인다. 이 일로 소대는 두 개로 쪼개진다. 이후 다시 행군하던 도중 적의 매복에 당하게 된다. 사방이 포격과 총격으로 난장판이 되어가는 상황에서 반즈가 전투 도중 홀로 남은 엘리어스를 구하러 가는 척한다. 그는 깊숙이 들어가 엘리어스를 쏴버린 후 적에게 죽었다고 둘러대고 헬기를 타고 후퇴한다. 엘리어스는 살아있었으나 결국 필사적으로 도주하다가 전사한다. 이후 크리스의 소대의 진지에 가해진 북베트남군의 대규모 야습에 다수의 사상자가 생긴다. 결국 사방이 적군인 상황에서 크리스도 반즈도 참호에서 뛰쳐나와 악귀처럼 싸운다. 치열한 전투의 밤이 끝나고, 간신히 살아남은 크리스는 부상당해 쓰러져 있던 반즈를 발견한다. 결국 그를 사살해 버리면서 엘리어스의 복수를 하고야 만다. 그리고 크리스가 헬기를 타고 전투지역을 떠나면서 영화는 끝난다.

II. 미라이 학살 사건

1968년 봄, 베트남에서 전투를 벌이고 있는 미군들은 극도로 독이 올라 있었다. 북베트남군과 베트콩의 구정 대공세를 간신히 물리치기는 했지만 미국 대사관이 한때 이들에게 유린되는 등 체면이 말이 아니었다. 거기다가 여기저기서 불쑥불쑥 나타나면서 게릴라전을 펼치는 베트콩들의 출현에 진저리를 치고 있었던 것이다. 신경이 바짝 곤두선 미군 병사들은 곳곳에서 베트콩 소탕작전을 벌이다가 1968년 3월

16일 기어코 최악의 사고를 치고 말았다.

　3월 15일 23사단 20보병연대 1대대 찰리 중대는 베트남 중부에 위치한 미라이 마을을 소탕하라는 명령을 받았다. 미라이 마을을 베트남 사람들은 손미Son My 마을이라고 불렀다. 작전 당시 미군은 이 마을을 핑크빌Pinkville이란 암호명으로 불렀다. ‘빨갱이pink 마을’ 정도의 의미이겠지만 그 이름만으로 병사들은 이 마을에 대한 적의감에 불타올랐을 것이다. 의도했든 의도하지 않았든 지휘관들은 이 작전이 구정대공세 중 베트콩들이 벌인 아군의 피해에 대한 보복이라는 점을 은연중에 드러냈다.

　베트콩 준동 마을로 손꼽히는 미라이 마을에 대해서 핸더슨Henderson 연대장은 “쓸어버리라.”는 명령을 내렸고 베이커Baker 대대장은 “가옥을 불사르고 우물을 폐쇄하고 가축을 죽이라.”는 지시를 내렸다. 그 밑의 메디나Medina 중대장은 “베트콩으로 의심되는 모든 민간저항군”을 다 쓸어버리라고 휘하 소대에게 다그쳤다. 지휘관들이 줄줄이 내린 명령들은 모조리 “쓸어 버려라.”는 것이었다. 미라이 마을에 대한 진입은 먼저 윌리엄 캘리William Calley 중위가 지휘하는 1소대가 맡았다. 임지에 부임한 지 넉 달밖에 안되고 평소에 띨띨하다고 소

윌리엄 캘리

문났던 켈리 중위의 머릿속에는 지휘관들의 "쓸어버리라."라는 거듭되는 명령에 따라 "마을을 아예 갈아 버려야겠다."라는 생각밖에는 없었다.

캘리는 부대원들로부터 '고약한 놈'이라는 별명으로 불리었다. 그는 플로리다 팜비치에서 출생했고 팜비치초급대학에서 낙제하고 식당에서 접시닦이, 철도 교차로 간수 등의 일에 종사했다. 1966년 7월 뉴멕시코에서 장교후보생 학교에 입학했으나 평균 이하의 지능을 가지고 있었고 우둔했다. 그는 장교후보생 학교를 졸업할 때까지 독도법도 제대로 이해하지 못했다. 켈리 중위가 이끄는 소대원들은 미라이 마을로 들어갔다. 소대원들은 그 동네 사람들 중 누가 게릴라인지 구분하지 못해 그저 '붉은 동네'라고만 알고 있었다. 미라이 마을이 썩 기분이 안좋은 동네라고만 알고 있었다. 원래 게릴라들은 "나 게릴라요." 하는 게아니다. 그러니 아무리 눈을 씻고 봐도 알 수가 없었다. 그놈이 그놈 같았다. 소대원들은 마을 사람들을 동네 한가운데로 집합시켰다. 주민들은 긴장했지만 별 두려울 게 없었다. 그들은 어엿한 남베트남 공화국의 양민이었다.

미군 병사들이 모르는 말로 소리를 지르면서 마을 가운데로 몰아갈 때에도 그들은 불안하기는 했지만 설마 하는 심정이었다. 그러나 애초부터 "쓸어버리겠다."라고 작심을 하고 마을에 들어온 미군 병사들에게 이들은 한낱 학살의 대상물이었을 뿐이었다. 곧 자동화기의 난사와 수류탄 투척 등으로 '묻지 마 살륙'이 시작되었다. 1소대에 이어서 마을에 들어 온 다른 다른 소대원들까지 가세한 미군들은 온 마을 사람들을 몰살시켰다. 남녀를 가리지 않았고 노소 차별도 없었다. 마을 사람들은 피투성이가 되면서 쓰러져 갔다. 시체들은 엉키면서 쌓여갔다. 젊은 여자들의 경우 강간이라는 절차를 거쳐야 했다. 아비규환이 따로 없었다. 이런 식으로 504명의 사람들이 죽어갔다.

노인 하나는 총검으로 난자당했으며 어떤 이는 우물 속으로 던져진 다음에 수류탄 세례를 받았다. 마을 밖 사찰에서 불공을 드리고 있던 몇몇 아이들과 여자들은 등 뒤에서 병사들의 총을 맞고 즉사했다. 겁탈한 여자아이 대여섯 명을 한 오두막에 집어넣은 다음 수류탄을 던져 폭사시켰다. 그러나 이 끔찍한 학살극 속에서 「성조지」의 로널드 해벌Ronald Haeberle 종군기자는 학살 장면을 찍어 나중에 당국에 제출했으나 깜깜무소식이었다. 다행히 자신의 개인 카메라에 이 끔찍한 장면들을 낱낱이 담아 놓았다. 이 밖에 현장에는 없었지만 찰리 소대의 퇴역병이었던 로널드 라이덴하워Ronald Ridenhour는 나중에 동료의 입을 통해 이 사실을 알았다. 그리고 닉슨 대통령부터 언론에 이르기까지 수십 군데에 이 죄악상을 고발하는 편지를 보내기도 했으나 대답 없는 메아리였을 뿐이었다.

거의 묻힐 뻔했던 이 학살극에 대한 소문이 슬금슬금 퍼져가기 시작했다. 처음에 미군은 아예 모른 척했다. 그러자 종군기자 로널드 헤벌이 학살 장면 사진을 전문잡지 「라이프」에 공개했다. 한편 프리랜서 기자인 시모어 허시Seymour Hersh는 미 국방부의 한 취재원으로부터 솔깃한 얘기를 하나 들었다. 한 장교가 베트남에서 민간인을 살해한 혐의로 군사법정에 서게 될 거라는 내용이었다. 그는 곧 그 장교가 머물고 있던 조지아로 달려가, 베트남에서 벌어졌던 미라이 학살 사건을 취재했다. 알고 보니 1968년 베트남 어느 마을에서 미군들이 어린아이까지 포함해 504명의 주민들을 몰살시켰다는 끔찍한 일이 벌어졌다는 것이었다.

그의 기사는 「워싱턴 포스트」를 비롯해 미 전역에 수십 여 개의 신문에 일제히 보도되었다. 철군 여론에 결정적으로 불을 지른 '미라이 학살'사건은 이렇게 세상에 알려졌다. "정부에 속고 사는 국민들을 위해, 타락된 미국의 인간성과 도덕을 살리기 위해 무엇인가 해야 한다."는 것이 이 학살을 세상에 보도한 허쉬 기자의 일성一聲이었다. 마지못해 가까스로 조사가 시작되었다. 사건과 관련해 14명이 조사를 받았으나 소대장인 캘리 중위만이 기소돼 종신형을 선고받았다. 지휘관들의 지시가 명확한 학살 명령임이 증명되지 않았다는 이유에서였다. 켈리 역시 3년 후인 1971년 닉슨 대통령에 의해 가택연금 조치로 감형되면서 국내외의 공분을 샀다. 학살의 주범에게 집에서 편히 쉬라는 조치였다.

당시 살육의 현장에는 용감한 의인義人이 한 사람 있었다. 지원 나온 헬기 조종사 휴 톰슨Hugh Thomson 준위였다. 그는 공중에서 헬기를 몰다가 학살극에 정신 나간 병사들을 보면서 도저히 이 참극을 두고 볼 수가 없다고 판단하고 헬기를 착륙시켰다. 헬기는 마치 하늘에서 내려온 천사처럼 참혹한 현장 한가운데에 사뿐하게 착륙했다. 톰슨은 캘리 중위에게 자신의 헬기에 부상자들을 실어 옮기겠다고 말하자 켈리는 대번에 이를 거부했다. 분노한 톰슨은 뒤따라온 헬기 기관총 사수들에게 병사들이 구조를 방해할 경우 사살해도 좋다는 지시를 내리고 학살에 몰두하고 있는 병사들과 대치하면서 민간인 구출을 강행했다. 그는 아이들을 중심으로 모두 16명을 구출하는 데 성공했다. 그와 동료들은 부상자를 후송하는 과정에서 시체들 속에서 살아 있는 4살짜리 아이도 구해냈다.

후에 미라이 학살 사건이 알려지고 켈리 중위를 비롯한 혐의자들이 법정에 섰을 때 증인으로 나섰던 톰슨은 여기저기서 싸늘한 눈총을 의식해야 했다. 그가 장교 클럽에 들어서면 장교들은 그를 째려보면서 썰물처럼 빠져나갔다. 협박도 가지가지였고 그의 집무실 현관에는 "이 XX! 엿 먹어라!" 하면서 각종 동물들의 사체가 던져지기도 했다. 심지어 몇몇 하원의원은 "군법회의에 회부돼야 할 놈은 바로 너야!"

미라이 촌민들

라면서 톰슨에게 욕설을 퍼부었다. 전쟁이 끝나고 한참 후에 그가 베트남을 방문하여 자신이 살린 소녀를 만났다. 그때 그는 그 처절한 학살극 속에서 미쳐 날뛰던 병사들과 맞서면서 양민들을 구출했던 순간이 떠올랐을 것이다. 나중에 1998년에 톰슨 준위는 공군수훈십자훈장을, 그의 동료 글렌 앤드로타Glenn Andreotta와 로렌스 콜번Lawrence Colburn은 동성무

공훈장을 수여받았다. 사건이 발생한 지 무려 30년이 지나서였다. 미국 정부가 늦게나마 이들에게 훈장을 수여한 것은 그나마 죄의식에서 벗어나려는 눈 가리고 아웅 하는 식의 제스처였는지도 모른다.

수십 년이 지난 뒤 몇 안 되는 생존자 가운데 한 명인 하티뀌는 베트남 매체와의 회견에서 당시를 기억했다. 사건 당일 마을 근처 밭에서 아침 일찍 시장에 내다 팔 고구마를 캐던 하티뀌는 미군이 마을에 진입하는 것을 목격하고 단숨에 달려가 베트콩이 없다고 말했지만 소용없었다고 증언했다. 학살 과정에서 겁에 질려 자신의 팔에 기댄 17살 된 딸이 미군이 쏜 총에 그 자리에서 숨졌다. 또 시어머니와 친척도 함께 목숨을 잃었다. 하티뀌는 학살자의 시체 옆에 죽은 척하고 있다가 목숨을 건졌다. 또 다른 생존자인 도바도 미군 병사들의 무차별 총탄에 9살 된 남동생과 어머니가 학살됐다며 "총소리는 마치 천둥소리 같았다. 지옥이 따로 없었다."고 당시 상황을 기억했다.

당시 기적적으로 살아난 소년 팜탄콩은 이렇게 회상했다. 그는 현재 손미 학살 기념관 관장으로 재직 중에 있다.

"우리 마을은 아주 조용한 농촌 마을이었어요. 우리 집에는 어머니와 다섯 형제가 있었는데 그날 새벽 갑자기 미군이 쳐들어왔죠. 논에서 일하던 사람을 죽였고, 집집마다 들어가 사람들을 끌어내 죽였습니다. 미군 3명이 우리 집에 들어왔어요. 우리는 집 안 땅굴에 숨었습니다. 제가 제일 처음 들어갔고, 어머니는 동생을 업고 마지막에 들어갔지요. 그런데 미군이 땅굴에 수류탄을 까서 던졌습니다." 나중에 마을 사람이 시신을 매장하기 위해 땅굴을 팠다가 홀로 살아남은 그를 발견했다.

　재판이 끝난 후 캘리는 미군 평균 이하의 지능을 가지고 있었으며 우둔했고 황당한 인물이었다는 주장이 쏟아져 나왔다. 그래서 그런 학살극을 벌였다는 것이었다. 나중에 합참의장과 국무장관을 역임한 당시 육군 소령이었던 콜린 파월*은 이렇게 변명 비슷한 발언을 했다. "전쟁이 오랫동안 질질 끌려가던 도중에 임명된 장교들이라, 모두가 자질이 있었던 것은 아니었다. 자질이 부족한 장교와 하사관이 넘쳐남으로써 병사들도 끝도 없고 분별도 없는 학살극에 무감각해져 간 것이다." 이후 장교들의 자질을 높이기 위한 엄격한 기준을 세우는 조치가 뒤따르기도 했다. 그러나 베트남 전쟁 기간 동안 무수히 벌어진 학살과 강간 등의 범죄 등을 장교들의 자질로만 탓해서는 안 된다는 얘기들도 나왔다. 병사들의 정신상태는 아래와 같은 이유로 막장 상태로 가고 있었던 것이다.

　미군 병사들은 뚜렷한 전선도 없고 적과 동지도 구별하기 힘든 듣도 보도 못한 게릴라전에 맞닥뜨렸다. 거기다가 자기들이 수행하고 있는 베트남 전쟁에 대한 모국의 성원도 뜨뜻미지근했다. 그래서 미라이 학살 사건은 이런 혼란스러운 감정 속에서 병사들의 어쩔 수 없이 표면으로 나타난 하나의 집단 히스테리라고 보기도 한다. 미군들은 베트

---

* 콜린 파월(Colin Powali, 1937~2021)은 뉴욕시립대학교에서 지질학을 전공했고, 조지워싱턴대학교에서 경영학 석사를 취득했다. ROTC로 군 생활을 시작해 4성 장군에 올랐다. 백악관 국가안보 보좌관, 합참의장 등을 지냈고, 2001년부터 2005년까지 국무장관을 지냈다. 2021년에 코로나로 인한 합병증으로 사망했다. 대표적인 저서로는 『콜린 파월의 실전 리더십』이 있다.

남 사람들을 언제나 적으로 간주하라고 끊임없이 교육을 받았다. 병사들은 누가 이기고 지느냐에 대해서는 아예 관심이 없었다. 그저 살아남기 위해서 발버둥 쳤을 뿐이다. 삶과 죽음에 대한 생각은 무딜 대로 무디어졌으며 시련과 고통에 대해서도 무신경해져 갔다. 병사들은 무지할 때는 어떻게 해야 하는지에 대해 갈팡질팡했으며 그러면 그럴수록 더욱더 무지해져 갔다.

이 무지에 대한 반발은 곧바로 파괴적인 모습으로 나타났다. 닥치는 대로 죽이고 폭파시키고 불태워 버렸다. 무지한데다가 적의 존재를 확인할 수 없다는 불안과 초조함이 상승 작용을 낳으면서 파괴와 살육으로 이어진 것이다. 병사들의 하루하루는 외줄타기처럼 아슬아슬했다. 마을을 지나갈 때도 언제 어디서 총알이 날아올지 몰랐고 양순해 보이는 마을 사람들이 언제 적으로 돌변할지 도대체 알 수가 없었다. 숲속을 행군할 때에도 어떤 끔찍한 부비트랩이 설치되어 있을지도 몰랐다. 어느 부대는 귀국을 한 달 앞둔 병사 한 명이 죽자 보복이라고 하면서 마을 하나를 쑥대밭으로 만들기도 했다. 정치적으로 전쟁이 거의 끝나가는 전쟁 말기에는 군대는 거의 붕괴 직전에 놓여 있었다. 병사들은 전투를 피하거나 거부했고, 직속상관이 아닌 장교들을 사살하기도 했다. 마약이 극성을 부렸고 부대 내의 분위기는 살벌했으며 병사들의 정신 상태는 막장으로 흘러가고 있었다.

아르고

이란 인질 사태

I. 영화 <아르고, Argo>

2012년 12월 개봉된 영화 <아르고>는 긴장감이 극도로 넘치는 정치 스릴러물이다. 벤 애플렉Ben Affleck이 제작·감독·주연을 맡았고 크리스 테리오Chris Terrio가 각본을 썼다. 이 영화는 미국 CIA의 구출 전문요원 안토니오 멘데스Antonio Mendez의 책 『The Master of Disguise』를 원작으로 주 이란 미국 대사관 인질 사건에서 실제로 벌어진 인질구출작전(작전명: 캐나디안 케이퍼Canadian Caper)을 소재로 만들어졌다. 벤 애플렉은 <가라, 아이야, 가라>, <타운>에 이어 연출한 이 영화로 아카데미 최우수 작품상

을 받는 기염을 토했다. 그는 "스릴러 드라마로서의 시나리오가 뛰어났고 전체적으로 스토리텔링이 조화롭게 구성돼 있었다."고 연출 동기를 설명했다.

또한 벤 애플렉은 CIA 구출 전문요원인 멘데스를 연기했다. 멘데스는 자신의 아들이 보고 있던 영화 <혹성탈출: 최후의 생존자>에서 힌트를 얻어 기상천외의 작전을 구상했다. 그는 할리우드 영화 제작자들과 손을 잡고 테헤란의 캐나다 대사관에 숨어 있는 미 대사관 직원 6명을 구출했던 인물이었다. 영화는 수많은 비평가로부터 찬사를 받았다. 2013년 미국 아카데미 최우수 작품상·각본상·편집상을 수상하면서 3관왕을 차지하였고, 골든 글로브 최우수 작품상·감독상을 수상했다. <아르고>는 1979년 이란혁명군을 속이기 위해 인질들을 할리우드 영화 스태프로 위장한다는 내용으로서 CIA 작전 실화를 바탕으로 했다. 이 실화는 18년간 기밀에 부쳐졌고, 2007년 한 잡지에 의해 공개됐다. CIA 역사상 가장 기발난 작전이란 평가를 받기도 했다.

공항 출국장에서의 탈출자들

이 영화의 장점은 비교적 긴 상영 시간임에도 불구하고 역사적 사건을 생동감 넘치고 재미있게 만들었다는 데 있다. 영화는 시시각각 좁혀오는 이란 측의 손길과 필사적으로 탈출 길을 찾고 있는 대사관 직원들을 교차해 보이면서 분위기를 긴박하게 몰아가고 있다. 또한 외부의 정치 상황 등을 생략하고 오로지 사건 자체에만 관심을 집중토록 한다. 출국을 기다리는 탈출자들을 마치 칼질을 기다리는 도마 위의 생선처럼 몰아가는 살 떨리는 클라이맥스 시퀀스는 관객들로 하여금 손에 땀을 쥐게 한다. 실제 인물들과 비슷한 배우들이 캐스팅됐고 뿔테 안경 등 당시 의복과 소도구들도 치밀하게 고증을 거쳤다.

이 영화의 실제 주인공인 안토니오 멘데스는 지난 2019년 1월 19일 78세를 일기로 타계했다. 그는 1979년 이란 테헤란 미국 대사관 인질 사건 당시 캐나다 대사관저로 대피한 미국 외교관 6명을 탈출시킨 극비 작전 '아르고Argo'의 책임자였다. 그는 25년간 CIA에 재직하면서 수많은 작전을 수행한 베테랑 요원이었다. 특히 자타가 인정하는 변신의 귀재로 인종을 뛰어넘어 흑인이나 아시아인으로까지 모습을 바꾸는 등 신출귀몰하는 활약을 펼쳤다. 결국 고인의 뛰어난 스파이 능력은 2012년 영화 <아르고>를 낳게 한 것이다. 이 영화의 감독과 주인공을 맡았던 애플렉은 고인의 추도사에서 "멘데스는 진정한 미국의 영웅이었고 자신의 활동으로 관심을 받으려고 하지 않았으며, 단지 국가를 위해 일하는 데만 충실했다"라고 높이 평가했다.

이슬람 혁명이 난리를 떨던 1979년 테헤란의 미국 대사관은 시위대에 점거된다. 혁명으로 축출된 국왕이 미국으로 망명하면서 반미 정서가 극에 달했던 결과였다. 그 혼란 중에 6명의 미국인 직원은 몰래 대사관을 몰래 빠져나와 캐나다 대사관저로 몸을 숨긴다. 혁명정부 당국은 그들의 뒤를 쫓아 서서히 포위망을 좁혀온다. 이때 CIA 구출 전문요원 토니 멘데스는 우연히 TV에서 영화 <혹성탈출>을 보다가 엉뚱한 방안을 구상한다. 인질들을 영화 스태프로 가장해서 탈출시킨다는 기발난 작전이다. 멘데스는 할리우드 관계자들과 <아르고>라는 가짜 SF영화를 만들기로 입을 맞추고 유령 영화 제작사를 만든다. 가짜 시나리오를 만들고 배우들까지 캐스팅한 뒤 기자회견까지 연다.

멘데스는 로케이션 헌팅이라는 명목으로 캐나다 위조여권을 들고 테헤란으로 들어간다. 할리우드와 CIA가 손잡고 이란 혁명 정부를 감쪽같이 속이면서 이 희대의 사기극은 시작되었다. 이후 손에 땀을 쥐게 하는 우여곡절 끝은 탈출자들은 무사히 테헤란을 빠져나온다. 당시 카터 대통령은 이 작전이 성공한 이후 CIA의 주도하에 이루어졌음에도 불구하고 이를 기밀에 붙이도록 했다. 이는 여전히 미국 대사관에 억류된 다른 인질들의 무사 구출을 위한 배려에서였다. 아르고 작전은 17년 동안 기밀에 붙여졌다가 1997년 클린턴 대통령에 의해 기밀에서 해제되었다.

II. 이란 인질 사태

이란 인질 사태란 1979년 11월부터 1981년 1월까지 미국인 52명이 이란 주재 미국 대사관에서 인질로 억류되어 있다가 풀려나온 사건을 말한다. 이 사태는 팔레비Pahlavi 이란 국왕의 폭정과 미국의 지원이 그 단초를 제공했다.

팔레비의 폭정

팔레비는 1919년 이란의 수도인 테헤란에서 카자르 왕조Qajar Dynasty의 군인이던 레자 칸Reza Khan의 장남으로 태어났다. 1925년 레자 칸은 카자르 왕조를 쿠데타로 뒤엎고 레자 샤Reza Shah로 즉위하면서 팔레비 왕조를 열었다. '샤Shah'는 이란어로 왕이란 뜻이다. 한편 제2차 세

팔레비 국왕

계대전 당시 레자 칸은 이란 국내에 거주 중인 독일인의 추방을 거부하고 연합국의 철도사용을 반대하면서 이란은 추축국인 독일 편에 선 모양새가 되었다. 그래서 영국과 소련은 1941년 8월 25일에 철도를 포함한 보급로와 석유 등의 자원 확보를 위해 이란을 침공하게 된다. 이를 '페르시아 침공'이라고 부른다. 결국 1941년 9월 17일 이란군은 소련과 영국에게 패배했

다. 결국 레자 샤는 아들이던 팔레비에게 왕위를 물려주고 본인은 망명의 길을 떠났다.

팔레비의 지배하에서 민주적으로 선출된 애국자 모사데크Mossadegh 총리는 영국이 장악하고 있던 이란의 석유 산업을 국유화하기 시작했다. 그러나 평소 영국·미국과 친하게 지내던 팔레비는 석유국유화를 추구하는 모사데크 수상을 못마땅하게 생각했다. 기어코 1953년에 미국의 CIA와 영국의 MI6의 지원을 받아 부하 장군을 시켜 쿠데타를 일으키게 해서 모사데크를 쳐냈다. 팔레비의 본격적인 친정이 시작되었다. 모사데크 축출 후 팔레비는 이란을 완전한 친 서방 세속국가로 만들어 나갔다. 1961년부터 부왕父王 때부터 시작한 서구화 정책을 대폭 수정한 이른바 백색 혁명을 시작한다. 백색 혁명의 명분이나 슬로건 자체는 문제될 것이 없었다. 히잡* 착용 및 일부다처제 금지, 이란이 아시아가 아닌 서양 즉 아리안이라는 정체성 부각, 여성참정권과 교육 기회의 확대 등을 추진했다. 이웃 나라 터키의 케말 파샤가 추구하던 정교분리, 근대화 등으로 요약되는 케말리즘**Kemalizm과 거의 짝퉁이었다.

그러나 팔레비의 백색 혁명은 실패하고 말았다. 팔레비는 겉으로는 이란의 현대화를 추진했지만, 뒤로는 착취해서 쌓은 어마어마한 재산을 흥청망청 써댔고 황실과 그 측근들의 사치와 부정부패는 극에 달

* 히잡Hijab은 이슬람 여자들이 머리와 상반신에 뒤집어쓰는 베일을 말한다. 히잡은 '가리다, 숨기다'의 뜻을 가진 동사 '하자바Hajaba'에서 파생된 말이다.

** 케말리즘이란 터키 초대 대통령 케말 아타튀르크가 터키의 서구화를 위해 정치·사회·문화·종교적인 대대적인 개혁에 대한 사상을 말한다. 세속적인 공화국 체제·서구적인 교육제도 도입·문자 개혁 등이 이루어졌다.

했다. 자신의 정권 유지를 위해 정치인들을 철저하게 억압했으며, 반대세력에 대한 고문·암살·위협 등을 자행하는 비밀경찰조직인 사바크SAVAK를 움직이면서 이란을 철권 통치했다. 이 과정에서 그는 적을 너무 많이 만들었다. 먼저 페르시아의 전통적 상인 계급인 바자르Bazaar들의 상권을 정리하면서 거센 반발을 불렀다. 히잡 착용의 금지및 사원의 토지를 농민에게 강제 분배하는 등 이슬람의 세속화 정책을 실시했는데, 이는 호메이니 같은 이슬람 율법자들의 거센 반발을 사게 되었다. 게다가 이스라엘을 국가로 인정한 것도 국민들의 분통을 샀다. 결국 나중에 이들 이슬람 세력과 지방 토호, 바자르 상인들이 똘똘 뭉쳐 반反 팔레비 왕정 혁명의 기반이 된다.

팔레비는 즉위 시작부터 노골적인 친미·친영 노선을 표방했다. 그는 '중동의 경찰'을 자처하면서 미제 무기를 수입하면서 군비를 강화했고 미국 정유사들과의 유착관계는 깊어만 갔다. 이런 팔레비가 미국은 예뻐 보일 수밖에 없었다. 미국은 팔레비 절대왕정에 대해 음으로 양으로 지원을 했지만 이에 비례해서 이란 국민들의 반미 정서는 날이 갈수록 커져갔다. 팔레비의 거침없는 폭정으로 인한 국민들의 불만은 점차 극한으로 치달았고 한편 팔레비에 대한 미국을 비롯한 서방의 묻지마 식의 지원과 옹호는 급기야 이란 혁명을 불러왔다.

이란 혁명

1978년 1월 성지 꼼Qom에서 이슬람 신학생들의 데모가 벌어졌다.

득달같이 들이닥친 치안경찰의 진압과정에서 많은 희생자가 발생했다. 이란도 대부분의 다른 나라의 혁명 초기 과정을 똑같이 밟기 시작했다. 희생자들에 대한 추도 데모가 40일마다 전국적으로 열리기 시작했다. 이 추도 데모가 순식간에 퍼져 나가면서 이는 곧 반 팔레비 데모로 변질되었다. 급기야는 9월 테헤란 광장의 추도 데모대에 발포하면서 수천 명의 희생자가 나왔다. 이를 '검은 금요일'이라고 불렀다. 시위는 걷

호메이니

잡을 수 없이 번져갔고 군대마저 등을 돌리게 되자 결국 팔레비는 "나는 지쳤다."라고 하면서 1979년 1월 16일 휴양이라는 핑계를 대고 전용 보잉 727기에 가족들과 측근들을 싣고 이집트로 도주했다. 이윽고 프랑스에 망명 중이던 종교 지도자 아야톨라 호메이니Ayatollah Khomeini가 귀국하고 2월 11일 혁명정부가 권력을 장악하면서 이란 혁명은 그 대미를 장식했다.

호메이니는 1902년 9월 24일 이란의 호메인Khomeyn에서 태어났다. 일찍이 종교지도자의 길로 들어선 그는 젊은 시절 팔레비 국왕의 서구화 운동인 '백색 혁명'에 강력하게 저항했다. 그는 이 정책을 거짓된 터번을 쓴 정책이라고 호되게 비난하기 시작했다. 호메이니는 1950년대 후반 '아야톨라Ayatollah'라는 칭호를 부여받았다. 아야톨라는 페

르시아어로 '알라의 징표'라는 뜻으로 시아파* 고위 성직자에게 주는 칭호이다. 드디어 그는 1960년대 초에는 이란 내 시아파 종교 공동체의 최고지도자가 되었다. 1963년, 팔레비가 토지 개혁으로 사원 토지를 축소하고 여성 해방 조치를 취하자, 그는 팔레비 정부를 공개적으로 비난하고 반대 시위를 이끌다가 체포되어 8개월간 옥고를 치렀다.

이듬해인 1964년, 석방된 호메이니는 이번에는 미국을 맹비난하기 시작했다. 이로 인해 강제 출국당한 그는 이라크로 가서 반정부 투쟁을 계속했다. 그는 이라크에 있는 시아파 성지인 나자프Najaf에 머무르면서 팔레비의 퇴출과 이란에 이슬람 공화국을 세우기 위해 노력했다. 1970년대 중반부터 팔레비 정권에 대한 국민들의 저항이 거세지면서 이라크에 있던 호메이니의 영향력이 커지기 시작했다. 이에 수니파이기도 한 이라크의 사담 후세인은 1978년 10월 6일 시끄럽기 짝이 없는 호메이니를 국외로 내쫓아버렸다. 호메이니는 터키를 거쳐 프랑스 파리의 교외 노플르샤토Neauphle-le-Chateau에 정착해서 고국으로 귀국할 때까지 이란의 반정부 세력을 원거리에서 진두지휘했다. 호메이니는 그곳에서 육성 녹음테이프를 만들어 고국으로 쉴 새 없이 보냈다. 그는 오로지 목소리만을 통해 이란 국민들의 마음을 움직였다. 혁명이 끝나고 팔레비가 도망가자 망명에서 돌아온 호메이니는 1979년 4월 국민투표로 신권적 지배, 즉 이슬람의, 이슬람을 위한, 이슬람에 의한 이슬람 공화

---

* 이슬람교에는 시아파와 수니파 2대 교파가 있는데 수니파는 약 90%, 시아파는 약 10%를 차지하고 있다. 시아파는 이란·이라크·바레인에 속해있고 나머지 이슬람 국가들은 거의 대부분 수니파에 속한다.

국을 수립했다.

　　그는 비이슬람 국가들의 형법 체계를 우습게 여겼다. 오늘날의 사우디 등에서도 찾아볼 수 있지만 역사적으로 이슬람 국가에서는 복잡한 재판절차를 거치지 않고 즉시 판결을 내리는 전통이 내려오긴 한다. 그는 이슬람식의 형 집행 방식에 대해 이렇게 말했다. "범죄는 응보의 법칙으로 다스려야 한다. 살인자는 죽여라. 간음한 남녀는 흠씬 때려줘라와 같은 이슬람의 형법을 단 1년만 적용해 보아라. 모든 파멸적인 불의와 부도덕은 단숨에 뿌리 뽑힐 것이다." 호메이니의 형 판결과 집행에 대한 이런 단순 무식한 방법은 통치 전반에도 적용하기 시작했다.

인질 억류

　　혁명으로 쫓겨난 팔레비는 이제 세계 어느 곳에서도 받아들이지 않는 처량한 신세가 되었다. 그는 이집트를 거쳐 모로코·바하마·멕시코 등지로 정처 없이 떠돌아다녔다. 팔레비는 오랫동안 앓고 있는 암 치료를 위해 미국의 입국을 요청했다. 그러나 카터는 이란의 눈치를 보느라고 잠깐 망설였다. 테헤란 주재 미국 대사관 측에서도 "만약 미국이 팔레비를 받아들인다면 이란 내 미국인들에게 심각한 화가 미칠 것이다."라고 경고를 한 터였다. 카터는 팔레비를 미국에서 받아들이라는 록펠러와 키신저 그리고 팔레비의 오랜 친구들의 압력에 봉착했다. 결국 "뉴욕의 병원에서만 적절한 암 치료를 받을 수 있다."라는 궁색한 조건을 붙여 1979년 10월 그를 입국시켰다. 아마도 미국이 지원하고 있는 우방국의 여러 독재

부서지는 미국 대사관 정문

자들을 의식하지 않을 수 없었을 것이다. 팔레비는 10월 22일 뉴욕에 도착했고, 이란인들은 미국의 이런 조치에 격앙했다.

이란에서는 미국이 팔레비를 입국시킨 것이 단순한 의료 치료의 목적이 아니라 그에 대한 지원이라고 생각했다. 1979년 11월 4일 500여 명의 과격한 이슬람 대학생들이 테헤란의 미국 대사관 앞에서 난리를 피웠다. "팔레비를 당장 돌려보내라! 카터를 죽여라! 미국은 지옥에나 떨어져버려라!"라는 살벌한 구호를 연신 외쳐댔다. 이윽고 이들은 호메이니가 'CIA 스파이들의 소굴'이라고 매도했던 대사관 정문의 쇠줄을 단숨에 절단하고 대사관으로 난입했다. 그리고 90명의 대사관의 직원들을 붙잡아 인질극을 벌이기 시작했다. 이들은 팔레비의 즉각 송환을 요구했다. 어떤 학생은 "우리가 불쌍한 베트남인들을 대신해 복수해주겠다."라고 악을 썼다. 어떤 시위대원은 25년 전 CIA가 음모를 꾸민 팔레비의 쿠데타를 들먹이며 "이란에서 CIA가 다시는 그따위 짓을 해서는 안 된다는 것을 똑똑히 보여 줄 것이다."라고 목청을 높였다. 이후 인질 가운데 여성과 흑인들은 차례로 풀려났지만 52명은 이후 444일이나 창살 없는 감옥에서 억류된다.

인질 구출 작전

　　이란의 인질극에 대응해서 카터는 미국 내 이란 자산을 동결했으며 이란에 대한 무기 판매를 중단하고 이란의 석유 수입을 금지하는 등 압력을 가했으나 별무효과였다. 왜냐하면 이란은 더 이상 미국의 무기를 원하지 않았기 때문이다. 게다가 당시 이란의 석유 생산량은 자국의 필요를 충족시키기에도 부족한 수준이었다. 미국은 이런 상황에서도 협상할 상대를 찾지 못했다. 이란은 혁명적 상황에 처해 있어 국내정세가 어수선했다.

　　이란은 1980년 2월이 되어서야 요구를 제시했다. 제시된 조건은 팔레비의 이란 귀국 및 재판 회부, 팔레비 재산의 이란 귀속, 미국이 과거 이란에서 행한 행동에 대한 잘못의 인정과 사과, 장래 이란문제에 개입하지 않겠다는 약속 등이었다. 이러한 요구는 미국이 도저히 받아들일 수 없었다. 4월 7일, 카터는 대이란 외교관계 단절, 이란에 대한 전면적 경제금수 단행, 미국 내 이란 자산에서 공제할 대이란 재정적 청구권 목록 등을 발표하고 이란 외교관들에게 24시간 내에 미국을 떠나라고 통고했다.

　　재선을 코앞에 앞두고 똥끝이 타기 시작한 카터는 어떻게 하든 인질 사태를 해결하고자 했으나 대화 자체가 불가능했다. 결국 강제로 인질을 구출해오는 길밖에 없었다. 이에 따라 군에서는 구출작전을 수립하기 시작했다. 작전명은 '독수리 발톱 작전Operation Eagle Claw'이라고 붙였다. 11월 17일 델타포스Delta Force라는 이름의 구출부대가 만들어졌다. 델타포스는 이란인들 모르게 이란에 잠입해 테헤란으로 들어가 인질들을 구해올 터였다. 수십 명이 탄 수송기 및 급유기와 헬리콥터 8대가 순식간에 적지 한가운데로 들어가서 한 치의 오차도 없이 수십 명을 구출해서 데리고 나온다는 참으로 험난하고 아슬아슬한 작전이었다. 거기다가 구출과정이 무척이나 복잡다단하기도 했다.

1단계는 1980년 4월 24일 09시 이집트 와디 케나Wadi Kena 공군 기지에서 델타포스를 태운 C-141 수송기와 헬리콥터 연료를 실은 수송기가 '데저트1'으로 향한다. '데저트1'은 인질구출 작전에 나선 델타포스의 최초 집결지를 말한다. 테헤란에서 남서쪽으로 270마일쯤 떨어진 지점이었다. CIA 사전 조사결과 이란 혁명군의 감시가 미치지 않는 안전한 곳이라고 했다. 그리고 당일 19시 05분 이란에서 60마일 떨어진 바다에 자리 잡고 있던 항공모함 니미츠Nimitz 호에서 헬기 8대도 '데저트1'을 향해 날아가기로 되어 있었다. 이들은 '데저트1'에서 델타포스와 합류하기로 했다.

2단계는 '데저트1'에서 구출부대가 모두 합류한 다음, 헬리콥터를 타고 테헤란 인근의 '데저트2'로 이동한다. 밤이 깊어지면 트럭에 각각 분승하여 미국 대사관으로 신속히 이동하여 인질을 구출한다. 동시에 대사관 인근의 축구 경기장에 헬기가 착륙하면 인질들을 싣고 바로 점령 예정인 만자리예Manzariye 공항으로 날아간다. 인질을 구출하는 사이 수송기로 날아온 특수부대원들이 낙하산으로 만자리예 공군 기지에 강하하여 공항을 제압하고 인질과 구출부대원들을 태울 C-141 수송기를 착륙시킨다. 마지막으로 공항에서 인질과 구출부대는 수송기에 탑승하여 항공모함으로부터 발진한 해군 전투기의 호위 속에 안전히 귀환한다. 이런 계획이었다. 그럴듯하다고 하기에는 지나치게 무모하다는 느낌이 드는 계획이었다.

워싱턴의 카터는 전화로 출발 직전의 구출부대에게 이렇게 호기롭게 외쳤다. "자, 그럼 이제 이란으로 가서 그들을 모두 데려오시오." 그런데 제1단계서부터 문제가 꼬이기 시작했다. 헬기 조종사들은 실제 작전 시 확실한 안전 확보를 위해 200피트 이하로 날도록 명령을 받았다. 그게 문제였다. 너무 낮게 비행한 탓에 헬기 2대가 '하붑haboob'이라 불리는 모래바람에 휘말린 것이다. 조종사들은 아무것도 볼 수 없었다. 8

부서진 헬리콥터 잔해

대의 헬기 중 2대가 작전 수행이 불가능하게 되었다. 이제 대사관에서 인질들을 싣고 수송기가 기다리는 공항으로 가기 위해서는 6대의 헬기만 남았다. 그런데 이 헬기들 중 또 1대가 유압기

고장으로 탈락하게 되면서 헬기 5대만 남았다.

헬기 5대만으로는 대사관의 인질들과 델타포스 대원들을 실어 나를 수가 없게 된 것이다. 인질구출 작전이 불가능해진 델타포스는 작전 포기

를 결정했다. 그리고 귀환을 서두를 수밖에 없었다. 독수리 발톱 작전은 발톱 한 번 제대로 내밀어 보지도 못하게 된 것이다. 하지만 그게 끝이 아니었다. 작전을 포기한 이후에 사태가 더욱 꼬였다. 귀환을 위해 서두르던 헬기 1대가 서서히 이동 중이던 연료운반을 담당한 수송기에 충돌한 것이다. 이 충돌로 두 기체에 화재가 발생했고, 5명의 수송기 승무원과 3명의 헬기 승무원이 사망했다. 그나마 이 정도가 다행이었다. 훨씬 더 비극적인 참사가 발생할 뻔했다. 충돌한 수송기에 무려 40여 명의 델타포스 대원들이 탑승하고 있었던 것이다. 순식간에 연료가 탑재된 수송기가 불길에 휩싸이자 대원들은 신속하게 수송기에서 뛰어내렸다. 나머지 수송기로 옮겨 탄 대원들은 황급히 항공모함으로 날아갔다.

인질 석방

1980년 4월 25일의 군사작전이 참담한 실패로 끝나면서 인질 석방 문제가 장기화되기 시작했다. 9월에 접어들자 호메이니는 인질 석방을 위한 조건 네 가지를 미국에 제시했다. 첫째, 팔레비의 재산 반환, 둘째, 이란에 대한 모든 재정적 청구권 취소, 셋째, 미국 내 이란 자산의 동결 해제, 넷째, 이란 문제에 결코 개입하지 않겠다는 약속이었다. 미국의 행동에 대한 사과 요구가 없어서 적어도 협상을 위한 여지는 남겨둔 것이다. 카터는 이에 대해 만일 이란이 인질을 석방한다면 이란 자산의 동결을 해제하고 경제제재를 종식시키며 이란과의 관계를 정상화하겠다고 발표했다.

질질 끌려가던 인질 사건은 엉뚱하게도 다른 일련의 사건으로 해결의 실마리를 찾게 되었다. 팔레비가 1980년 7월 이집트에서 사망한 것이다. 이어서 이란에서는 호메이니가 이끄는 회교 성직자들이 의회 장악에 성공하면서 이제 더 이상의 정치적 목적으로 인질극을 연장할 필요가 없어졌다. 9월 들어 이란-이라크 전쟁*이 터진 것도 인질 사건 해결에 도움이 되었다. 11월 4일, 대통령 선거에서 레이건은 카터에 승리했고 카터는 이란이 인질을 석방하는 대가로 동결된 이란 자산을 80억 달러로 평가하는 합의에 동의했다. 1980년 1월 20일 레이건의 대통령 취임에 맞춰 52명의 인질들이 오랜 억류 생활을 마치고 조국과 가족의 품에 안겼다.

---

* 이란-이라크 전쟁은 샤트 알 아랍 수로水路와 호르무즈 해협의 3개 도시를 노린 이라크의 후세인이 혁명으로 어수선한 이란을 깔보고 벌인 전쟁이었다. 이 전쟁은 1980년 9월 시작돼 1988년 8월까지 장장 8년 동안 진행되었다.

아메리칸 스나이퍼

크리스 카일 이야기 / 이라크 전쟁

I. 영화 <아메리칸 스나이퍼, American Sniper>

영화 <아메리칸 스나이퍼>는 크리스 카일Chris Kyle, 스콧 맥퀸Scott McEwen, 짐 디펠리스Jim DeFelice의 공동저서 『아메리칸 스나이퍼』를 원작으로 해서 제작됐다. 미군 역사상 최고의 저격기록을 지닌 특등사수 크리스 카일의 생애를 줄거리로 해서 만든 영화다. 명장 클린트 이스트우드가 메가폰을 잡았다. 이 영화는 이스트우드가 연출한 역대 영화 중 최고의 수익을 기록했다. 철저한 보수주의자답게 이스트우드는 선한 자와 악한 자를 딱 가르면서 미국적 시각에서 영화를 만들었다는 평을 받기도 했다.

한편 이스트우드는 영화가 끝난 후 한 인터뷰에서 "비록 이 영화가 저격행위를 미화하는 것 같지만 저격수 카일이 때때로 이를 후회하는 모습을 보여주고 있어 결코 폭력을 찬성하는 영화는 아니라는 것을 말하고 싶다."라고 말했다.

원래 이 영화는 스티븐 스필버그가 메가폰을 잡을 예정이었으나 사정상 중도에 하차했으며 주인공이기도 한 크리스 카일이 후임으로 이스트우드 감독을 원하면서 그가 연출을 맡게 되었다. 크리스 카일은 영화 제작 준비 중에 총격으로 숨졌다. 카일은 죽기 이틀 전만 해도 제작진과 대본 수정과 관련해 모임을 갖기도 했다. 때문에 제작진에서도 이 사건에 매우 충격을 받았고 카일의 죽음이 없었다면 영화의 마지막 얘기도 달라졌을 것이다.

영화는 이라크 전쟁 당시 네 차례나 파병되어 120명 이상을 사살한 최고의 저격수 크리스 카일의 이야기이다. 브래들리 쿠퍼Bradley

크리스 카일 역의 브래들리 쿠퍼

Charles Cooper가 카일 역을 맡았다. 카일은 네이비실*의 저격수로 발탁되어 뛰어난 사격 실력으로 이라크 전쟁의 전설이 된다. 카일은 어린

---

* 네이비실Navy SEAL은 미 해군 특수부대를 말한다. 'SEAL'은 해상Sea, 공중Air, 지상Land에서 활동하는 전천후 특수부대라는 뜻이다. 1962년 케네디 대통령 때 창설됐다. 1942년에 생긴 '수중폭파대UDT'를 뿌리로 삼고 있으니 그 역사가 80년에 이른다.

시절부터 나쁜 짓은 그냥 두고 보지 못하는 성격의 소유자였다. 그래서 전쟁터에서의 카일은 아군을 공격하는 적은 결코 용서하지 않는다. 그는 고국에 두고 온 임신한 아내를 그리워하는 일 외에는 저격 자체에만 열중하는 단순한 캐릭터이다.

카일은 저격행위에만 몰두하지만 간혹 전투 중 동료를 잃는 등의 어려움을 겪는 순간에서는 인간적으로 흔들리는 모습을 보여주기도 한다. 영화는 거창하게 이라크 전쟁에 대한 여러 가지 담론을 말하려 하는 것이 아니다. 단지 저격이라는 자신의 임무에 충실했다가 귀국해서 다른 제대 군인에게 사살당하는 한 병사의 얘기를 담담하게 다루고 있다.

: 간략한 줄거리

병사 카일은 아내를 지극히 사랑하는 남편이자 아버지이다. 녹색 얼굴의 악마들이라고 일컬어지는 해군 특수부대인 네이비실 사이에서도 전설이라 불렸다. 총탄이 난무하는 전투지역에서도 카일이라는 든든한 저격수가 있었기에 동료 병사들은 안심하고 전투에 임했다. 단 4일간의 허니문이 주어졌고 이후 첫 아이가 태어나는 순간에도 그는 전쟁터를 떠나지 못한다. 저격수 임무에 몰입하는 그를 보고 더 이상 자신이 사랑했던 남자가 아닌 것 같다고 아내는 눈물을 흘리지만 그는 한 명의 전우를 더 지키기 위해 적에게 총구를 겨눈다.

이라크에서 8차례의 작전을 끝으로 전역한 카일은 고향 텍사스로 돌아온다. 크리스는 가족들과 행복한 시간을 보낸다. 그러나 카일도 한 사람의 인간인지라 전쟁터에서 얻은 정신적 후유증으로 돌발행동을 하게 된다. 카일의 행동을 염려한 아내의 권고로 정신과 상담을 받는다. 카일은 상담의사에게 적을 죽인 건 동료를 구하기 위해서였기 때문에 신 앞에서도 당당하다고 말한다. 단지 현장에서 여러 동료들을 구하지 못한 점이 못내 안타깝다고 심경을 토로한다. 한편 의사는 PTSD(외상후 스트레스 장애)로 고생하는 퇴역 군인들을 돌봐주는 일을 할 것을 제안한다. 카일은 이들 퇴역 군인들을 사격장에 데려가 사격술도 지도하며 그들을 보살펴주는 역할을 한다. 그러던 어느 날 사격장에서 해병대에서 제대한 루스에게 살해당했다는 자막과 이어서 크리스를 실은 영구차가 연도를 가득 메운 군중들 사이를 달리는 것으로 영화는 끝난다.

II. 크리스 카일 이야기

크리스 카일

크리스 카일은 1974년 4월 8일 텍사스 주 오데사Odessa에서 출생했다. 그는 8세 때 아버지로부터 사격을 배웠다. 입대 전에는 프로 로데오 선수로 진출을 희망했으나 여러 차례 부상을 입는 바람에 프로 진출을 포기했다. 이후 군 입대를 결심, 1999년 해군 특수부대인 네이비실에 입교했고 2001년 3월에 졸업했다. 이후 이라크에 8차례 파견되어 SEAL 3팀의 저격수로서 10년간 활동했다.

그는 은성·동성 무공훈장 등 다수의 훈장을 수여받았다. 카일의 뛰어난 저격 실력은 반군들에게도 널리 알려져 있었다. 반군들은 그의 무시무시한 살상 능력에 공포에 떨었다. 그들은 처음에는 그에게 2만 1,000달러의 현상금을 내걸었다가 나중에는 8만 달러까지 액수를 높이기도 했다. 반군들은 그를 '라마디의 악마Shaitan Ar-Ramadi'라는 별명으로 불렀다. 라마디는 카일이 작전을 수행했던 지역이었다. 카일의 공식적인 저격 기록은 160명이고, 비공식 기록으로는 255명 이상이라고 한다. 매번 작전 후 상부에 올리는 보고서를 합산하면 255명이었고 목격자가 있어서 확인된 것이 160명이란 의미이다. 매번 목격자가 있다는 것이 쉽지가 않아 실제 기록은 255명 쪽에 가까울 것이다.

카일은 다른 병사들과는 달리 PTSD(외상 후 스트레스 장애) 같은 증상으로 심하게 힘들어하는 타입은 아니었다. 오히려 마초 끼가 다분한 전형적인 특수부대 출신 스타일의 캐릭터였다. 그는 기자들에게 동료들을 보호하기 위해 해야 할 일을 했을 뿐이라고 하면서 많은 수의 적을 죽였지만 이에 대해 크게 개의하는 것 같지는 않았다. 카일은 전역 후 PTSD를 앓고 있는 제대 군인들을 돌보는 일을 하고 있었다. 2013년 2월 2일, PTSD를 앓고 있던 에디 레이 루스Eddie Ray Rourh라는 전직 해병을 치료하기 위해 텍사스 인근 사격장에서 그와 만났는데 느닷없이 루스가 총격을 가하는 바람에 친구인 리틀필드Littlefield와 함께 그 자리에서 절명했다. 그때 카일의 나이는 38세였다.

루스는 범행 당시 '마약과 술에 취한 상태여서 만약 그때 자신이 카일과 리틀필드를 죽이지 않았으면 그들이 자신을 죽일 것'이란 망상에 사로잡혔었다고 증언했다. 루스는 평소에 카일을 영웅처럼 숭배했다고 한다. 루스는 1987년생으로 사건 당시 만 25세였다. 그는 해병대에 입대하여 2007년 이라크에 파병되었다. 그는 바그다드 인근 포로수용소의 경비병 등으로 근무했지만 실제 전투 경험은 없었다. 2011년 여기저기 근무하면서 7년간의 군 복무를 마치고 제대를 하면서 바로 PTSD 판정을 받았다. 해병대 전우들의 증언에 따르면 전투에 참가하지도 않은 그가 PTSD 판정을 받은 것에 의아스러워했다. 한편 의사들은 그를 알콜 중독으로 의심하고 있다.

그러던 중 카일의 애들이 다니는 학교에 근무하던 루스의 어머니는 전쟁 영웅 카일이 제대 군인들의 PTSD 재활을 돕는다는 얘기를 듣고, 자신의 아들을 도와 달라는 부탁을 했다. 카일은 쾌히 돕겠다고 했고 루스와 함께 사격장에서 사격을 하며 스트레스를 풀기로 약속했다. 당시 술에 취해 있던 루스는 초면인 카일과 그의 친구 리틀필드를 만나자마자 갑자기 숨겨둔 45구경 권총을 꺼내 두 사람을 즉사시켰다. 루스는 재판정에서 총격 당시 '망상에 사로잡혀 어쩌고저쩌고' 횡설수설하면서 지껄였지만 결국 무기징역이 선고되어 감방에서 복역 중에 있다.

III. 이라크 전쟁

2001년 9·11 테러가 일어난 뒤 부시 대통령은 북한·이라크·이란 3국을 '악의 축'으로 선언했다. 부시는 특히 사담 후세인이 지배하는 이라크에 대해 집중적으로 비난을 하기 시작했는데 이는 진작부터 이라크와의 전쟁을 염두에 두고 있었던 것으로 보인다. 부시와 측근인 딕 체니Dick Cheney 부통령, 도널드 럼스펠트Donald Rumsfeld 국방장관도 이라크에 대량살상무기(WMD, Weapons Of Mass Desctruction)가 있다고 줄기차게 나발을 불어대면서 군불을 때기 시작했다. 나중에 UN 조사단에 의해서 대량살상무기는 손톱만치도 발견되지 않았지만 말이다. 이밖에 부시 정부는 사담 후세인Saddam Hussein의 잔인하고 불법적인 행위들을 비난했다. 후세인은 1988년에 소수민족인 쿠르드Kurdish 족 5,000명을 생화학무기로 학살했던 적이 있었다. 그러나 당시 미국은 그 건에 대해서는 입도 뻥긋 안 했다. 그때는 미국이 오히려 이란과 전쟁을 치르고 있는 이라크를 지원하는 입장에 있었기 때문이었다.

기어코 미국은 이라크의 대량살상무기를 제거함으로써 자국민을 보호하고 세계평화를 위한다는 구실로 동맹국인 영국·호주와 함께 2003년 3월 20일 오전 5시 30분, 바그다드 남동부 등에 미사일을 발사하면서 전쟁을 개시하였다. 작전명은 '이라크의 자유'였다. 이라크의 후세인은 미국과의 전쟁을 앞두고 큰소리를 탕탕 쳤지만 8년간의 이란과의 전쟁과 아버지 부시가 벌인 걸프전쟁* 때 이미 전력이 탈탈 털려 버린 상태였다.

이라크 전쟁

전쟁 개시와 함께 연합군은 이라크의 미사일 기지 등 주요 기지에 수차례 파상적인 공습을 감행하고, 3월 22일에는 이라크 남동부의 바스라 Basra를 점령하였다. 이어 바그다드를 공습하고 대통령궁과 통신센터 등을 집중적으로 파괴하였다. 이후 바그다드로 향한 쾌속 진격이 이어졌다. 4월 4일에는 사담 후세인 국제공항을 장악하고, 4월 7일에는 바그다드 중심가로 진입한 4월 10일 미국은 바그다드를 완전히 장악하였다. 4월 14일에는 미군이 이라크의 최후 보루이자 후세인의 고향인 북부 티크리트Tikrit 중심부로 진입함으로써 전쟁 발발 26일 만에 전쟁은 사실상 끝이 났다. 어린아이 손목 비틀기보다 쉬웠다. 부시는 '임무 완수'라는 플래카드가 펄럭이는 항공모함으로 날아갔다.

그러나 전쟁은 쉽게 이겼지만 끝난 후가 더 문제였다. 잔존 이라크군의 저항 때문에 점령지에 대한 통제가 안 되었다. 2003년 12월에는

---

* 걸프 전쟁Gulf War은 1990년 8월 2일 이라크가 쿠웨이트를 점령하자, 미국·영국·프랑스 등 34개 다국적 군이 이라크를 상대로 벌인 전쟁이다. 다국적군은 1991년 1월 17일 '사막의 폭풍작전'이라는 이름으로 공격을 개시했다. 2월 28일 쿠웨이트로부터 이라크군을 축출하고 전쟁종식을 선언하였다.

후세인을 잡아 처형했지만 이라크 저항군들의 공격은 끈질겼다. 시간이 흐를수록 일반 이라크인들은 자기 나라가 미국에 점령당했다는 사실에 점점 분통이 터지기 시작했다. 미군의 폭격으로 수많은 이라크 사람들이 목숨을 잃기도 했지만 그들은 미국이 이라크의 석유를 노리고 쳐들어왔다고 여기고 있었다. 또한 미국의 침략으로 후세인 시절보다 살기가 더 나빠졌다고 생각했다.

이라크 점령 기간 중 미군은 반군으로 간주되는 수천 명의 이라크인들을 닥치는 대로 감옥에 가두었다. 미군들이 이라크 포로들을 고문하는 사진들도 여기저기 나돌아다녔고 그런 행위가 미 국방부의 승인 하에 이루어졌다는 증거들까지도 나타났다. 이러한 모든 일들이 미국에 대한 이라크인들의 적개심을 더욱 불태웠다. 조사에 의하면 거의 모든 이라크인들이 미국의 이라크 철수를 원하고 있었다.

그러는 동안 미군의 사상자는 나날이 늘어만 갔다. 2006년에는 미군의 사상자수는 2,500명을 넘어섰다. 중상자를 포함한 부상자수는 수천 명 이상이 발생하고 있었다. 이라크인들의 사상자 규모는 미국에 비해 어림도 없이 많았다. 이라크인의 사망자수는 수십만에 달했다. 나라 전체가 도살장이나 다름없었다. 이라크인들은 미군들의 폭격 여파로 전기 부족은 물론이거니와 식수도 확보하기가 어려웠다. 폭력과 혼돈의 도가니 속에서 가까스로 하루하루를 살아가고 있었다. 제2의 베트남 전쟁의 악몽이 어른거리기 시작했다.

전쟁이 시작될 때만 해도 대다수 미국인들은 후세인이 대량살상무기를 보유하고 있으며 이라크 공격이 '테러와의 전쟁'의 일환이라는 정부의 주장을 철썩 같이 믿고 있었다. 주요 언론매체들도 이에 의문을 제기하지 않았으며 민주당까지도 전쟁을 전폭적으로 지지했다. 그러나 전쟁이 끝나 점령기간이 길어질수록 미국인들은 점점 더 사태를 파악하게 되었다. '이라크 자유 작전'이 이라크에 선사한 것은 민주주의도 아니고 자유도 아니었으며 더더구나 안정도 아니었다. 부시 정부는 있지도 않은 '대량살상무기'가 있다고 떠들어대면서 국민을 속였던 것이다. 또한 부시 정부는 아무런 증거도 없이 9.11 테러와 이라크가 연관되었다고 어처구니없이 주장하기도 했다. 미군은 이라크인들을 체포하여 쿠바의 미국의 군사기지 관타나모*에 마구잡이로 잡아넣었다. 그곳으로부터 고문에 관한 소문들이 끊임없이 흘러나왔으며 수감자 중 일부는 자살을 선택하기도 했다.

미국의 이라크 침공이후 전쟁을 반대하는 시위가 세계 곳곳에서 벌어졌다. 미국의 이라크 침공 목적이 대량살상무기가 아니라 이라크의 원유확보에 있다는 비난이 따랐다. 또한 민간지역에 대한 오폭 등으로 인해 사상자가 늘어나면서 비난의 강도도 더욱 거세졌다. 베트남 전쟁 때보다는 규모는 작았지만 미국의 곳곳에서도 이라크 전쟁에 대한 반대 시위가 일어나기 시작했다. 전쟁이 계속되면서 군에 입대한 젊은이들의 생각도 달라졌다. 전쟁이 시작되고 2004년이 지날 때까지 무려

----

* 관타나모Guantanamo는 쿠바 동부 관타나모 주州에 있는 도시로 미국-스페인 전쟁의 결과 1903년 이래 미국의 해군기지가 되었다. 미국은 9·11테러 이후 아프가니스탄과 이라크 전쟁에서 붙잡은 일부 포로들을 마구잡이로 관타나모 수용소에 구금했다. 인권침해 문제에 대한 논란이 일어났다.

5,500명의 병사가 병영을 이탈했다.

대부분은 캐나다 국경을 넘어갔다. 미국의 젊은이들이 점점 입대를 기피하기 시작했다. 2006년의 여론조사에 의하면 미국인들 대부분이 전쟁에 반대하며 부시 대통령을 신뢰하지 않고 있다고 했다. 그동안 꿀 먹은 벙어리처럼 잠잠하던 언론과 정치인들도 여기저기서 목소리를 내기 시작했다. 보수적으로 유명한 유타 주의 솔트레이크시티 앤더슨 Anderson 시장은 부시를 '역사상 최악의 대통령'이라면서 씹어댔다. 부시의 지지도는 연일 바닥을 치고 있었다.

부시가 주도한 이라크 전쟁은 실패로 돌아갔다. 2003년 3월부터 8년여 동안 전쟁에 쏟아부은 돈은 7,000억 달러에 달했으며 미군 4,400여 명이 사망했다. 부시와 체니, 럼스펠트 등은 후세인에게 핵폭탄 제조계획을 비롯한 대량살상무기를 숨기고 있다는 혐의를 뒤집어씌웠다. 전쟁이 끝난 후 UN은 수백 명의 조사단을 파견해 이라크 구석구석을 조사했다. 조사단은 대량살상무기를 찾아내지 못하였으며 더더구나 이라크가 핵무기를 만들고 있다는 증거도 발견하지 못했다.

이라크 전쟁의 주역 3인방

이라크 전쟁을 일으킨 장본인은 부시 대통령과 체니 부통령 그리고 럼스펠트 국방장관 이 세 명이 거론된다. 사실 부시는 얼굴마담이었고 뒤에서 부시를 충동질한 것은 이들 두 인물로 보는 사람들이 많다. 하지만 이 둘의 상관인 대통령 부시도 이 책임에서 자유로울 수가 없다. 9.11 테러 이후 부시는 기회가 있을 때마다 사담 후세인을 '흉악한 폭군', '야수', '살인자'라고 비난해댔다. 그는 후세인이 "핵무기를 제조하고 있으며 생화학무기로 미국을 공격할 음모를 꾸미고 있다."고 터무니없는 거짓말을 늘어놓으면서 미국민들에게 "우리는 최악의 사태를 막아야 할 의무가 있다."라고 거품을 물곤 했다.

부시 대통령

근거도 없는 부시의 이런 확신은 그의 종교관에서 비롯된 것으로 보인다. 그는 입만 열었다 하면 성경 구절이 튀어나왔다. 그는 아침 일찍 5시 30분에 일어나 기도와 성경 읽기로 하루를 시작했다. 집무 도중에도 시도 때도 없이 눈을 감고 기도를 했다. 그리고 주 1회 이상 콘돌리자 라이스Condoleezza Rice 백악관 안보담당관을 포함한 10여 명의 백악관 직원들과 성경 읽기 모임을 가졌다. 도대체 부시가 대통령인지 목사인지 헷갈린다는 말을 하는 사람도 있었다. 근본주의 냄새가 강하게 풍기는 복음주의 교파에 속하는 부시는 외국을 대하는 태도에서도 이런 선과 악의 이분법적 접근방법에서 벗어나지 못하고 있었다. 그는 9.11 테러를 계기로 걸핏하면 성서를 인용하고 악과의 대결은 피할 수 없는 것이라고 강조했다. 이라크·이란·북한을 '3대 악의 축'이라고 공개적으로 떠든 것도 이런 연유에서였다. 이 악을 제거하는 것이야말로 신이 자기에게 부여한 소명이라고 철썩같이 믿고 있었다. 바로 후세인이야말로 부시가 반드시 제거해야 할 거대한 악이었던 것이다.

　두 번째로는 딕 체니 부통령이었다. 그는 워싱턴에서 네오콘*들의 왕초로 군림했다. 아버지 부시 대통령 밑에서 국방장관을 역임하면서 아들 부시와 깊은 인연을 맺었다. 비록 부통령 직책이었지만 아들 부시 대통령 밑에서 사실상 정부 내 최고 권력자 행세를 했다. 부시가 그를 전폭적으로 신임하는 바람에 사실상 체니의 말이 곧 법이었다. 부시는 얼굴마담이고 진짜 대통령은 체니라는 말이 나올 정도로 막강한 권한을 행사했다. 부시는 열심히 성경 공부만 하면 되었다. 체니는 부시의 신임을 뒷배로 하면서 정부의 주요 포스트에 자기 입맛에 맞는 네오콘 친구들을 쏙쏙 박아 놓았다.

딕 체니 부통령

그리고 아들 부시에게 계속 쏘삭거리면서 기어코 북한·이란·이라크 등을 악의 축으로 규정하게 만들었다. 이어서 이들 국가들을 극단적으로 몰아 부치면서 다른 아랍권에 대해서도 강경일변

* 네오콘은 네오 콘서버티브neo-conservatives를 줄여서 한 말이다. 미국 공화당의 신보수주의자들을 중심으로 해서 이들과 비슷한 생각들을 공유한 세력을 통틀어 일컫는다. 힘이 곧 정의라고 믿으며 군사력을 바탕으로 미국이 세계의 패권국으로 유지하는 것을 목표로 한다.

도로 나가게 만들었다. 나중에 실패로 끝나지만 이라크 전쟁이나 아프간 전쟁 모두 체니의 입김에서 비롯된 것이라고 봐도 과언이 아니다. 한편 그는 방산업체인 핼리버튼Halliburton 사장 출신이었다. 그래서 부시가 벌이고 있는 아프간 전쟁과 이라크 전쟁 모두가 거대 군수업체들의 배를 불리기 위한 것이 아니냐는 의심의 눈초리에 휩싸이게 되었다. 사실 두 전쟁 때문에 체니와 이런저런 관련이 있는 군수업체들이 덕을 많이 보긴 봤다. 본인은 아니라고 딱 잡아뗐으나 그때마다 바로 들통이 나면서 이라크 전쟁을 벌이고 있던 부시의 이미지는 나날이 구겨져 갔다. 결국 화가 잔뜩 난 부시는 정부의 요직을 차고 앉아있던 체니의 네오콘 친구들을 상식적인 인물들로 갈아치웠고 체니는 공화당 내에서도 눈총을 받는 천덕꾸러기로 추락했다.

세 번째 인물은 럼스펠트 국방부 장관이었다. 그는 베트남 전쟁 다음으로 미국 최악의 실패로 꼽히는 이라크 전쟁을 부추긴 장본인이었다. 체니는 겉으로 표가 안 나는 부통령 자리에 있어 전쟁 실패의 몫은 국방장관인 럼스펠트에게 오로지 돌아갈 수밖에 없었다. 이라크 전쟁의 대의명분인 대량살상무기의 존재에 대하여 그는 이렇게 지껄였다. "세상에는 알려진 사실이 있지만 알려지지 않은 미지의 사실도 있다. 이는 우리가 알지 못하는 것을 알지 못한다고 말하고 있는 것과 마찬가지다." 요상한 말장난 같은 이 발언은 대량살상무기가 실제 있는지는 알지 못하지만 있을 가능성에 무게를 두도록 국민들을 현혹시켰다. 이 발언으로 그는 '헛소리(Foot in Mouth)'상을 수상하기도 했다. 영국의 한

단체가 공식석상에서 애매모호한 발언을 하는 유명인사에게 수여하는 상이기도 하다.

럼스펠트 국방장관

장관 시절 럼스펠드는 자신감이 넘치면서 거들먹거렸고 군 고위 장성들을 거만하게 마구 대한다는 오명을 남겼다. 부하들에게 이라크 전쟁을 준비를 시키면서 그는 이라크의 언어와 종교·정서·관습 기타 정치적 세력관계 등을 깡그리 무시하고 그냥 미군이 우당탕탕하고 밀고 들어가면 되는 줄 알았다. 그러면 후세인의 독재와 압제에 시달리던 이라크인들이 자유의 해방자 미군에게 양손을 들고 만세를 부르며 환영할 것이라는 망상에 빠져있었다. 그리고 장기적인 점령에 따른 문제에 대해서는 심각하게 고려하지 않았다.

전후 재건은 이라크 석유를 판 돈으로 미국의 기업들에 맡기면 되고 국내 정치는 이라크 망명자들을 끌어모아 친미정부를 세워서 그럭저럭 꾸려 나가면 된다고 생각했다. 이렇게 친미정권을 중동 한복판에 떡 세워서 주물러 나가면 만사 오케이가 될 것으로 럼스펠드와 네오콘들은 오만하게 판단하고 있었다.

그러나 이라크 전쟁이 생각보다 질질 끌면서 미군들의 사상자가 증가하자 럼스펠드에 대한 비난이 고조되기 시작했다. 이라크 내의 아부

그라이브Abu Ghraib 수용소*와 쿠바 관타나모 수용소에서의 포로 학대에 대한 논란은 민주당은 물론 공화당에서도 럼스펠드 경질론에 기름을 부었다. 럼스펠드는 2004년 두 차례 부시에게 사의를 밝혔으나 부시는 이를 받아들이지 않았다. 결국 2006년 11월 공화당이 의회 선거에서 왕창 깨진 뒤에야 럼스펠드는 교체되었다.

---

* 아부 그라이브 수용소는 이라크 바그다드 인근의 아부 그라이브 시에 있었던 감옥소다. 후세인 정권 때도 말도 못하게 악랄했고 이라크 전쟁 때는 더 참혹했다고 한다. 미군이 전쟁 범죄를 저지른 장소로 낙인이 찍혀 있다.

참고 문헌

강준만_ 2010.『**미국사 산책**』인물과 사상사

그레고리 토지만_ 2005.『**카스트로의 쿠바**』홍인표 옮김. 황매

그레이엄 앨리슨_ 2005.『**결정의 엣센스**』김대현 옮김. 모음북스

김성곤_ 1995.『**김성곤 교수의 영화에세이**』열음사

김성곤_ 1997.『**문학과 영화**』민음사

김영덕_ 2008.『**영화로 본 미국사**』신아사

김진묵_ 2011.『**흑인 잔혹사**』한양대학교 출판부

김준봉_ 2002.『**이야기 남북전쟁**』동북공동체연구소

김현숙_ 2015.『**미국문화의 이해**』신아사

니콜라우스 슈뢰더_ 2001.『**클라시커 50 영화**』남만식 옮김. 해냄

라이너 M. 슈뢰더_ 2000.『**개척자 탐험가 모험가**』이온화 옮김. 좋은생각

로버트 로젠스톤_ 2002.『**영화,역사**』김지혜 옮김. 소나무

로버트 크런든_ 1996.『**미국문화의 이해**』정상준 옮김. 대한교과서

로버트 어틀리_ 2001.『시팅불』김옥수 옮김. 두레

루치아노 아모리초_ 2006.『알 카포네』김영범 옮김. 이라크네

리더스 다이제스트_ 1977.『20세기 대사건들』동아출판

마르크 뒤갱_ 2006.『대통령을 갈아치우는 남자』이원희 옮김. 들녘

민영기_ 2012.『우주개발탐사』일진사

박보균_ 2005.『살아 숨 쉬는 미국역사』랜덤하우스

박정기_ 2002.『남북전쟁』삶과꿈

박홍진_ 1993.『시네마, 시네마의 세계』동지

박태_ 2015.『베트남 전쟁』한겨레 출판

밥 우드워드 & 칼 번스타인_ 2014.『워터게이트』양상모 옮김. 오래된 생각

빌 브라이슨_ 2014.『여름, 1927, 미국』오성환 옮김. 까치

솔로몬 노섭_ 2014.『노예 12년』유수아 옮김. 웅진

서정남_ 2009.『할리우드 영화의 모든 것』이론과 실천

실비아 앵글레트르_ 2006.『상식과 교양으로 읽는 미국사』장혜경 옮김. 웅진

스테판 앰브로스_ 2003.『대륙횡단철도』손원재 옮김. 청아출판사

스티븐 슈나이더_ 2005.『죽기 전에 꼭 봐야할 영화 1001』정지인 옮김. 마로니에 북스

스티븐 얼리_ 2020.『**미국영화 톺아보기**』장세진 옮김. 헤드림

신문수_ 2010.『**시간의 노상에서**』솔

알리스테어 쿠크_ 『**도큐멘터리 미국사**』윤종혁 옮김. 한마음사

앙드레 모로아_ 2015.『**미국사**』신용석 옮김. 김영사

이일범_ 2004.『**세계명작 100선**』신아사

앨리스 슈뢰더_ 2009.『**스노볼**』이정식 옮김. 랜덤 하우스

연동원_ 2018.『**영화로 역사 읽기**』학지사

연동원_ 2001.『**영화 대 역사**』학문사

유달승_ 2009.『**이슬람 혁명의 아버지, 호메이니**』한겨레 출판

유시민_ 1988.『**거꾸로 읽는 세계사**』푸른 나무

존 M. 오언 4세_ 2017.『**이슬람주의와 마주보기**』이종삼 옮김. 한울

존 코리건_ 2008.『**미국의 종교**』배덕만 옮김. 성광문화사

제임스 도허티_ 2012.『**아메리카 대장정**』오소희 옮김. 리빙북

안혁_ 2015.『**마피아**』지성문화사

유종선_ 2012.『**미국사 다이제스트**』가람기획

이구한_ 2010.『**이야기 미국사**』청아출판사

이근욱_ 2021.『**이라크 전쟁**』한울

이형식 외 25인_ 2017.『**영화로 보는 미국역사**』건국대학교 출판부

윌리엄 J. 듀이커_ 2003.『**호치민 평전**』정영묵 옮김. 푸른숲

조셉 커민스_ 2008.『**만들어진 역사**』김수진 옮김. 말,글빛냄

주경철_ 2013.『**크리스토퍼 콜럼버스**』서울대학교 출판문화사

프랜시스 휘트니_ 2004.『**미국의 역사**』이경식 옮김. Human & Books

폴 존슨_ 2016.『**미국인의 역사**』명병현 옮김. 살림

하워드 진_ 2008.『**하워드 진 살아있는 미국역사**』김영진 옮김 추수밭

크리스 카일 외 2인_ 2014『**아메리칸 스나이퍼**』양욱,윤상용 옮김. 플래닛 미디어

최웅, 김봉준_ 1992.『**미국의 역사**』소나무

최희섭_ 2007.『**미국문화 바로알기**』동인

Ann Rinaldi_ 2003.『**A Story about the Salem Witch Trials**』Graphia

Bob Wooeward & Carl Bernstein_ 2014.
『**All the President's Men**』Simon & Schuster

Charles Mann_ 2012.
『**1493: Uncovering the New World Columbus**』Random House

Deirdre Bair_ 2017.『**Al Capone**』Random House

Geatrice Harris_ 2021.『**The Trails of Tears**』Gareth Sevens Publishing

James Blaine Sammons_ 2002. 『**Little Big Horn**』 Xlibris Corp

Jordan Chambers_ 2019. 『**Gold Rush**』 Independently Published

Lewis Baker_ 2017. 『**Chris Kyle**』 Createsspace Publishing

Max Hastings_ 2019.
『**Vietnam:An Epic History of a Tragic War**』 Charles River Editors

Michael Sharra_ 2019. 『**The Killer Angels**』 Ballantine Books

Solomon Northup_ 2013. 『**12 Years a Slave**』 Penguin Group

Tyler Bowen_ 2016. 『**Fidel Castro**』 Createsspace Publishing

Wilson_ 2019. 『**French & Indian War**』 Leonaur Ltd.

Stephen Ambrose_ 1997. 『**Undaunted Courage**』 Perfection Learning